名师大讲堂

王小盾 著

中国音乐文献学初阶
（第二版）

北京大学出版社
PEKING UNIVERSITY PRESS

图书在版编目（CIP）数据

中国音乐文献学初阶 / 王小盾著. —2版. —北京：北京大学出版社，2022.4
（名师大讲堂系列）
ISBN 978-7-301-32946-7

Ⅰ.①中… Ⅱ.①王… Ⅲ.①音乐－文献学－中国 Ⅳ.①G257.33

中国版本图书馆 CIP 数据核字（2022）第 046980 号

书　　　名	中国音乐文献学初阶（第二版） ZHONGGUO YINYUE WENXIANXUE CHUJIE（DI-ER BAN）
著作责任者	王小盾 著
责 任 编 辑	徐丹丽　徐　迈
标 准 书 号	ISBN 978-7-301-32946-7
出 版 发 行	北京大学出版社
地　　　址	北京市海淀区成府路 205 号　100871
网　　　址	http://www.pup.cn　　新浪微博：@北京大学出版社
电 子 信 箱	pkuwsz@126.com
电　　　话	邮购部 010-62752015　发行部 010-62750672　编辑部 010-62752022
印 刷 者	三河市北燕印装有限公司
经 销 者	新华书店
	890 毫米 × 1240 毫米　16 开本　30 印张　392 千字 2014 年 1 月第 1 版 2022 年 4 月第 2 版　2022 年 4 月第 1 次印刷
定　　　价	89.00 元

未经许可，不得以任何方式复制或抄袭本书之部分或全部内容。
版权所有，侵权必究
举报电话：010-62752024　电子信箱：fd@pup.pku.edu.cn
图书如有印装质量问题，请与出版部联系，电话：010-62756370

目 录

第一讲 进入学术工作的十条经验 　　001
　　一、引言 　　001
　　二、个人经历 　　002
　　三、十条经验 　　006
　　四、结语 　　031

第二讲 学会阅读：以《礼记·乐记》为例 　　033
　　一、关于培养阅读习惯 　　033
　　二、阅读《礼记·乐记》的两个方案 　　039
　　三、结论 　　059

第三讲 掌握文史研究方法的三条途径 　　062
　　一、引言 　　062
　　二、第一条途径：做一项练习 　　066
　　三、第二条途径：进行音乐文献学研究 　　072
　　四、第三条途径：按跨学科研究的需要，系统阅读 　　078

第四讲 古典文献学的构成 　　091
　　一、引言 　　091
　　二、目录学 　　097

三、版本学　　108

　　四、校勘学　　113

　　五、传注学　　117

　　六、辑佚学和辨伪学　　126

　　七、小结　　131

第五讲　利用工具书搜集专题资料　　135

　　一、引言　　135

　　二、借助资料索引搜集有关研究成果　　138

　　三、借助辞书了解关于某一事物的语言学记录　　142

　　四、借助类书建立知识线索，确定主题词　　158

　　五、借助目录学著作阅读古籍　　167

　　六、结语　　180

第六讲　关于编纂音乐史料的学术规范　　182

　　一、引言　　182

　　二、整理音乐古籍要用好文献学方法　　185

　　三、汇编音乐史料要有"体例"意识　　191

　　四、进行音乐古籍辑佚工作要注意结构复原　　195

　　五、总结　　201

第七讲　从《琴操》版本谈音乐古籍辑佚学　　206

　　一、《琴操》的版本　　207

　　二、读画斋本的文献学性质　　210

　　三、从辑佚学角度看读画斋本《琴操》　　214

　　四、从音乐文献传播的角度看《琴操》诸本　　221

　　五、总结　　224

第八讲　域外汉文献中的音乐史料：越南和韩国　　228
　　一、引言　　228
　　二、越南汉文古籍中的音乐史料　　232
　　三、韩国汉文古籍中的音乐史料　　247

第九讲　域外汉文献中的音乐史料：日本　　270
　　一、引言　　270
　　二、日本的早期音乐及其记录　　271
　　三、中古大陆音乐的输入及其典籍遗存　　277
　　四、日本近世音乐和"明清乐"的资料　　290
　　五、从日本音乐文献看唐传古乐谱研究　　299

第十讲　遗落在民间的音乐文献　　311
　　一、民间音乐文献的分布　　313
　　二、从仪式看民间唱本的分类　　321
　　三、如何为民间唱本编写目录　　328
　　四、民间音乐文献学的特点和意义　　341

附录一　古典文献学参考书解题　　349
附录二　音乐典籍在大型丛书中的分布　　362
附录三　类书中的音乐资料　　393
附录四　日本、韩国古代音乐文献目录　　418

后　记　　472

第一讲　进入学术工作的十条经验

一、引言

> 《玉篇·系部》释"经"："常也，经纬以成缯帛也，法也，义也。"

我曾多次向中国音乐学院研究生讲授"中国古代音乐文献学"课程，本讲是这几次演讲的讲稿。我也在其他学校向青年教师或研究生做过相关演讲，在这样的活动中，对讲稿有所充实。现在，每当中国古代文学专业的研究生入学，我也喜欢向他们讲解大致相同的内容。之所以反复说这一番"老话"，是因为我觉得老话有"经常"的意义，涉及某种普遍性——各位是不是知道：按照《玉篇》的解释，"经"的含义就是"常"，因为布帛是通过经纬相交而织成的，所以"经""常"代表法度和大义。其次，这些话是讲自己的经验，向听众提供的与其说是一门知识，不如说是获得知识的方法，因而有其价值。这也就是老话说的"授人以鱼，不如授人以渔"。另外，从内容上看，这里讲的是我作为硕士研究生、博士研究生时候的经验，其实也就是讲 20 世纪 80 年代初期的研究生教育，可以反映某种传统。当我们"与时俱进"到 21 世纪以后，我们也丢失了一些有价值的东西。为此，需要用

> 授人以鱼，不如授人以渔。

"反思"的方式——回过头来学习传统的方式——进行总结。总之，今天我讲的是个人的经验，也许有独特性，也许又有片面性，供大家批评、参考。

二、个人经历

在和音乐学界朋友接触的过程中，我发现，这些朋友所取得的成就不一定和课堂学习有关。其实我也是这样，是一个对课堂比较陌生的人。从小学四年级起我就不听课了。有一次我逞能，上课的时候不听讲，而去猜测作业题；下课的时候，老师布置作业，说"今天家庭作业是第一题、第三题"等等，我就把写好的作业提前交给老师。没想到老师很宽容，对我并不指责；我想，大概因为她知道我毕竟学会了。这样一来，我就养成了不听课的习惯。小学毕业的时候，老师给我的算术总评分是 100 分。当然，分数高并不是因为我聪明，而是因为我警惕。一般来说，阅读是比较主动的学习，必须由自己来承担责任。在同老师胡闹的时候，我总是不敢大意，养成了仔细检查的习惯。这样一来，我的学习成绩就比较好。

> 阅读是比较主动的学习。

初中二年级"文化大革命"开始，我下乡了。实在没有书看，就找高中课本来看。1977 年恢复高考，我作为一个"知识青年"，顺利地考进了大学。当时的想法很简单，能进大学就行。在填志愿的时候，第一志愿填的是"江西师范学院南昌分院"，是一个办在茅棚里的学校；第二志愿、第三志愿填的是"江西师范学院中文系"和"北京大学图书馆学系"，是代表某种理想的学校和专业。但我当时太幸运了，第一志愿就被录取了。后来才知道,在这一届,在这所学校,只有我是按第一志愿录取的,也只有我是语文、数学、外语都达标的(是从外语系录取后转入中文系的),老师们于是对我很照顾,鼓励我提前报考研究生,并且给了我一个便利条件——上课可以不听讲,坐在最后一排看书。

1979年,大学二年级的时候,我考上了复旦大学的研究生。复旦是名校,又正好碰到刚打开国门的年月,于是有很多海内外著名学者来讲学。我问王运熙老师要不要去听?他说:与其花一个小时听这位学者演讲,不如用十几分钟时间去阅读他的著作;而用上一个小时,你就可以看一整卷《史记》了。不去听讲,时间上更经济。因此,读硕士研究生的时候,我没有怎么进课堂,而是在图书馆泡了三年。

> 与其花一个小时听演讲,不如用十几分钟时间去阅读演讲者的著作。

到了博士生阶段仍然如此。我的导师名任讷,字中敏,第一个笔名叫任二北,第二个笔名叫任半塘。其他别名、笔名还有很多,但以上这两个笔名却比较特殊,反映了他在两个不同阶段的学术理想。他起初喜欢北宋词和元代北曲,因此自称"二北"。1957年他被划成"右派",为了出版一部关于唐代戏剧的书稿,就用了"半塘"的笔名。"塘"字去掉"土"旁,就是唐代的"唐"字,"半塘"的意思是说他研究唐代文艺,包括文学、戏剧、音乐、舞蹈等等。任先生当时给我订了两条纪律:第一,一年365天,除了大年初一,其他时间都不休息。任先生说:"我已经88岁了,能不能活到90岁,还很难说;你要抓紧。"但他长寿,到95岁才作古。这样一来,我完成博士论文以后,又在扬州陪了任先生将近一年。第二,这个学校的人,你一个都不要认识。他这样要求,是怕我的学习受干扰。这个不认识人的要求,我基本上做到了,因为我的社交活动仅限于每天打一场篮球,而打球的时候,我和球友只以外号相称。在这样的情况下,我当然没有办法接近课堂。

总之,我的知识,很大程度上是来自课堂以外的。这次讲座,我的想法也是:借助中国音乐学院这个课堂,讲一些超越课堂的话。因为所谓音乐文献学,就是超越课堂的学问——是"目治"的学问,而不是"耳治"的学问。研究音乐的人,习惯于耳治,所以,有必要做一个根本的修改。

> 音乐文献学是"目治"的学问。

1994年,我应《古典文学知识》的邀请,写过一篇《我的学术经历》(后发表于《古典文学知识》1995年第2期,此处引用时文字略有修改),其中有以下一段话,现在念给大家听一听,因为从中可以概括出进入学术工作的十条经验。凡括标阿拉伯数字的地方,请大家稍微注意一下:

> 1979年,我作为大学二年级的学生提前参加了研究生入学考试,被复旦大学录取(1)。从此以后,由王运熙老师引导走上了学术道路。那时我的研究方向是中国文学批评史,按导师要求,对《史记》《汉书》《论语》《孟子》《诗经》《楚辞》《文选》《四库全书总目》等经典著作及其注疏书作了反复阅读(2)(3)。我很崇拜王老师,对他的只言片语铭记不忘。于是在阅读上述作品的过程中,注意加强自己在文史各方面的知

图1-1 作者博士学位论文答辩后和任半塘先生合影（1985年）

识素养，也懂得了客观而完整地掌握历史著作的重要性（4）。这时我也读了许多学术名著，例如清代学者的考据学著作、近代几位史学大师的论文集，以及王师所著的《六朝乐府与民歌》《乐府诗论丛》等。这使我注意到传统文学研究之外的一些学术领域，对王师习惯使用的"读书得间"的方法（5），或者说重视从历史条件和事物关系方面来研究古代文学艺术的方法，有所领会。我的硕士学位论文《明曲本色论的渊源及其在嘉靖时代的兴起》（6），即曾尝试在较广阔的历史视野中，联系作家生平及其文学创作实践，来对文学思想之变迁加以考察。

> 重视从历史条件和事物联系方面来研究古代文学艺术。

1982年，在完成硕士生阶段的学习之后，我又师从任中敏先生，成为扬州师范学院隋唐燕乐歌辞专业的博士生（7）。这三年的经历是刻骨铭心的。一方面因为任师要求严格，另一方面也因为更换了一个专业，必须付出加倍努力：三年的读书量远远超过了过去的想象。那时总是凌晨五时起床，往任师处报到，然后紧张工作到深夜；一年里只有春节那一天可以休息。当然，天道是

> 天道酬勤。

第一讲 进入学术工作的十条经验 | 005

酬勤的。由于任师以他在"唐艺发微"方面的巨大建树为我的工作提供了资料基础，又以他勇于开拓、勇于批判的宏伟气概，鼓舞了我的学术自信，我获得了一次超常发挥的机会。从技能培养的角度看，任师注重博大的学术作风迥异于王师注重精审的作风，这也恰好在我身上形成了一种互补（8）。我按照任师的指导及其工作习惯，在撰写博士学位论文《隋唐五代燕乐杂言歌辞研究》之前编辑了一部资料考订性质的作品《隋唐五代燕乐杂言歌辞集》，借此对隋唐五代音乐文学资料做了一次全面清理（9）；同时也按照王师的习惯和方法，注重运用目录学的成果，注重专书研究，比较细致地探讨了清商曲与相和歌的关系、琴曲发展与《胡笳十八拍》之年代的关系、《乐府诗集》的史料来源等问题。总之，幸赖两位好老师的指导，当六年研究生生活结束之时，我毕生的学术事业便有了一个扎实的基础。

三、十条经验

现在，我就从那些括标阿拉伯数字的文句中，提出十条经验加以介绍：

（一）从事实出发，而非从原则出发

我读大学的时候，不知道天高地厚，和其他年轻人一样，有一种迅速把握知识世界的冲动。好像只有对世界进行比较简单的解释，并且在这种解释中获得某种自信，内心才会平衡。所以，在1977年、1978年，我把朱光潜、宗白华两先生编写的书、翻译的书，比如《西方美学史》《美学》《判断力批判》，都读了一遍；报考研究生的时候，我的愿望是学美学。

但命运有时候是很照顾人的。报考的那年，恰好中国社会科学院不招美学研究生，相近的专业只有两个：复旦大学的中国古代文学批

评史和另外一所大学的中国古代文论。我糊里糊涂就选了复旦大学。现在看来，这个糊涂之选，是我一生中最走运的事情。

为什么这样说呢？因为"中国古代文学批评史""中国古代文论"看起来相似，它们的研究对象相同——都是中国古代文学理论；但实际上，它们在方法上有很大区别，几乎可以说是两个专业——大家是不是这样认为：专业的区别常常表现为研究方法的区别？复旦大学的中国古代文学批评史专业，是从中国文学史等本土学术中产生的专业，倾向于从中国文学的实际运动出发来观察理论现象，加以研究；而古代文论专业却不大相同，它是在外来因素的推动下产生的，倾向于依靠某种认识框架，直接对古代文学理论进行分析和解释。

> 从方法角度看专业。

关于以上这一区别的来源，说起来话很长。简单说就是：中国古代文学批评史是传统的中国文学研究的分支，而古代文论却不是这样。20世纪50年代，在苏联文艺学的影响下，北京办起了马克思主义文艺理论讲习班。中国古代文论这个专业，就是由这个班的学员们在后来创建的。其基本路线是用马克思主义文艺理论来解释中国文学批评的资料。如果从方法角度来看这两个专业，那么可以说，中国古代文学批评史是重视归纳的专业，讲究从事实出发来取得理论认识；古代文论是重视演绎的专业，讲究用某种理论框架——比如内容与形式、现实主义与浪漫主义等模式——来解释事实。20世纪50年代有两个比较著名的学术命题，一叫"论从史出"，二叫

> "论从史出"和"以论带史"。

第一讲　进入学术工作的十条经验　|　007

"以论带史"。两个专业的区别也正好对应于这两个命题的区别。那时尽管也有人讲"实事求是",搞"论从史出",但"以论带史"却是一个更加时髦的潮流。

有一句老话:"郎怕选错行。"我很庆幸,在 20 多岁的时候,没有进入"以论带史"的专业,而走上了一条比较务实的学术道路。为此,我愿意把我的宝贵经验推荐给大家,这经验就是"从事实出发,而非从原则出发"。我的意思是:现在学术界学科林立,但"学科"不等于"科学"。若要对这两者加以判别,那么你就要看,这个学科的理论是不是能够解释经验事实。换一句话说,要看它的方法论,是从事实出发,还是从原则出发。马克思本人就表述过这个意思:科学研究的正确方法是从事实出发,而不是从原则出发。他在《资本论》第二版跋语中说过一段很精彩的话:"研究必须充分地占有材料,分析它的各种发展形式,探寻这些形式的内在联系。只有这项工作完成以后,现实的运动才能适当地叙述出来。"

现在学术界是由各种各样的人组成的。永远都有从原则出发的人,永远都有人喜欢造海市蜃楼。为什么呢?因为海市蜃楼不光美丽,而且制造起来非常容易。因此,制造海市蜃楼的工作很容易诱惑青年人。怎样破除这种诱惑呢?我想,大家不妨观察一下、注意一下两个浅近的事实。第一是注意自己的经验。我们认识事物,是不是从事实开始的?让我们放心的那些认识,是不是和经验相契合的认识?做学问同样如此。那种轻易产生的认识,绝不会是真理。第二是注意学术史。20 世纪学术史有一个重要贡献,那就是用科学的认识、经分析得来的认识、同经验事实相联系的认识,代替了笼统的认识——例如古典哲学的认识。学术史的这一成绩巩固下来了;事实上,在学术史上,也只有同经验事实相联系的认识才能巩固下来。20 世纪 80 年代,在文学研究界出现过一种新方法的思潮，也就是主张用西方理论来研究中国文学艺术的思潮。这一思潮是有意义的，但它不像50年代"以论带史"的思潮那样幸运，没有得到政治的支持，于是在实践中遇到很大阻力。从积极方面看，它被各种传统的方法消化了；从消极方面看，它变形了。这种情况说明什么呢？它说明，只有从事实出发，我们的认识才能接近真理，而这种认识也才有生命力。在学术研究中，当我们遇到困惑而无法抉择的时候，解决问题的最好办法，是去寻找新的事实。尽管归纳与演绎都是思维的方法，都是学术工作的方法，但它们有主次之分。从事实出发的归纳法，通过归纳而获得认识，是进行演绎的基础。

> 当我们遇到困惑而无法抉择的时候，解决问题的最好办法是去寻找新的事实。

（二）读原著

在研究生阶段，按照王运熙老师的要求，我对《史记》《汉书》《论语》《孟子》《诗经》《楚辞》《文选》《四库全书总目》等经典著作及其注疏书做了反复阅读。这样做，最大的收获是熟悉了原著，也懂得了读原著的必要性。与此相联系，我还懂得了学习的方法和道理。我们的必修课有四门：一是中国文学史，二是中国思想史，三是中国历史学，四是文献学。这些课程都是围绕原著展开的。比如，中国文学史课从仔细阅读《诗经》《楚辞》开始；中国思想史课从仔细阅读《论语》《孟子》《老子》《庄子》开始；中国历史学课从仔细阅读《史记》《汉书》开始；文献学课从仔细阅读《四库全书总目》开始。这样做，就把现代教育同传统的国学教育贯通起来了。

> 把现代教育同传统的国学教育贯通起来。

在以上四门课中，最基础的应当是文献学，因为它实际上是我们这个学科的材料学。所以王老师多次强调了读《四库全书总目》的重要性。我在工作中，对这一点体会越来越深，因为《四库全书总目》的意义就是可以指导读原著。读原著这一点很重要。因为研究生阶段的阅读有决定意义，它达到了什么水平，我们这一辈子的知识素养也就达到什么水平。研究生阶段一旦结束，那种纯粹的读书生活就很难得到保证。所以在这个阶段大家一定要努力读书，好好读几部原著。这是治理国学最重要的事情。学习中国音乐史，也应该好好读几部经典古籍。

> 《四库全书总目》的意义是指导读原著。

如果围绕读原著来进行课程考试，那么考试的方式会很不相同，即主要考察对古代经典的熟悉程度。比如我后来给研究生上《史记》课，考试中就有这样一项：找一段原文，翻译成现代白话，看你能不能理解；或者反过来，提供一段白话文，让你复原为《史记》原文。李方元、孙晓辉他们都上过这门课，成绩不错，基本上都达到 80 分。在中国音乐学院能不能按这种方式上课呢？从条件上看是可以的。上午我在中国音乐学院图书馆看了一下，一楼阅览室有《四库全书总目》，总书库有两万多册线装书，电脑目录中可以检索到几千种新印本古籍，其中中华书局出版的新印古书和关于古籍的书有 5280 册。同国内其他艺术院校相比，水平是比较高的。为此，今天我想留给大家一个作业：利用现有条件去翻看一下中国古籍，对《史记》《汉书》《论语》《孟子》《诗经》《楚辞》《文选》《四库全书总目》做一个粗浅的了解，了解它们的基本内容，也了解它们的主要版

> 第一份练习题。

本。如果不这样做，就学不了文献学。

（三）寻找材料、阅读材料、分析材料——关于学术能力的三句话

学术能力是什么？是逻辑能力还是记诵能力？有的人认为是记诵能力，所以要求学生背诵元典——有的背诵《史记》，有的背诵《说文解字》，有的背诵《资治通鉴》，有的背诵《十三经》。这样做是有道理的，符合远古时代训练巫师的传统，古代人一直是这样学习的。另外有人认为是分析能力，所以强调思维训练。现代学者喜欢这样做。从西方学术的角度看，这样做也是有道理的，因为在历史文献不多的情况下，需要思考和想象。不过在我看来，进行国学研究，最基本的学术能力却应该是三句话的综合，即找得到材料，读得懂材料，能够分析材料。为什么这样说呢？因为对于文史研究者来说，学术工作就是一个寻找材料、阅读材料、分析材料的过程。

> 学术工作是一个寻找材料、阅读材料、分析材料的过程。

以上这三句话，说起来容易，但做起来并不容易。要找材料，就要熟悉中国古代的文献学，包括目录学、版本学、校勘学；要熟悉图书馆，了解资料的有无，以及资料的分布。要读懂材料，就要有尊重古书的态度，同时有读古书的丰富经验，掌握基本的语言学知识，起码认识繁体字。在这样的基础上，才谈得上分析材料。

> 只讲分析材料，就好像在造空中楼阁。

正如上面说到的那样，现代人喜欢片面地讲分析材料——只讲分析材料而不讲其他。这样做，就好像在造空中楼阁。这种习惯，在我看来就像造海市蜃楼的习惯一样，出发点是某种浮躁，缺点是不踏实。其

实，只有建立在找得到材料、能够阅读材料的基础上，我们的研究才是可靠的。正因为这样，王运熙老师才用刚才讲到的方式来安排中国文学史、中国思想史、中国历史学和中国文献学这四门课程。这四门课程可以归纳为两个类型：中国文献学主要解决找材料的问题；其他课程解决读懂材料的问题，以及分别从文学、史学、哲学角度分析材料的问题。

我们当时的课程结构就是这样的。按现在的研究生管理制度，这样做可能很难了。有关方面今天来一个教材，明天来一个检查，大家学会了应付，却难有时间练习基本功了。

（四）即类求书，因书究学——完整地掌握历史著作

如果我们给中国传统学术做一个总评，那么，它最重要的方法是什么呢？据我看，就是"即类求书，因书究学"。即类求书指的是以目录学为治学门径。古代目录学讲究分类，用分类的方式来"辨章学术，考镜源流"，也就是通过分辨古书的部类及其源流来说明一门知识的结构。以这种结构为背景，无论是寻找材料还是治理学问，都很方便。这种情况，我想大家是容易明白的。在图书馆里面，书是分类排列的；在商店里面，各类物品也是分类排列的。为什么要这样排列？既是为了方便挑选，也是为了方便比较，可以收到触类旁通之效。在面对资料、面对研究对象的时候，我们同样要有分类的意识。

不过，关于因书究学的道理，一般人却了解不多。因书究学是指通过研究一本书去建立一门学问。这最初是中国经学的特点，也就是把六经作为课本，对它进行解释，并建立解释的系统。后来，因书究学成为中国

> 中国学术特点同经学的关联。

文献学的主要内容,并进而成为国学各部门的常用方法。这是很有道理的。

为什么呢?因为,因书究学代表了一种充分尊重原始材料的方法论思想。它认为,对认识的客观性的强调可以落实为对古书的尊重。具体说来,既要注意古代书籍在年代学、史源学上的意义,又要尊重它的完整性。20世纪中期以来,中国的研究者是不太在意古书的完整性的。比如《文心雕龙》研究,通常就没有把《文心雕龙》这本书看作一个互相关联的整体,而采用"七宝楼台,眩人眼目,碎拆下来,不成片段"的研究方法——有的人通过它研究创作思维,有的人通过它研究风格,有的人则研究现实主义与浪漫主义的关系,如此等等——通常从现代概念出发,而违反了尊重古籍完整性的原则。当然,也有人不这样做,而是把《文心雕龙》这本书看作一个有机的系统,充分尊重它的形式,尊重由它的篇章结构所包含的信息,进行"因书究学"式的研究。复旦大学中文系古典文学教研组编的《中国文学批评史》就是这样。

> 对认识的客观性的强调可以落实为对古书的尊重。

孙晓辉博士《两唐书乐志研究》出版的时候,我写了一篇序文,其中讲了一个考古学家的故事。我说,现代意义上的考古学,在中国的历史并不长,充其量不到一百年;在此之前,另一种"考古学家"早就活跃在历史舞台上了。这种"考古学家"是一些暴发户。他们一手拿着铁钎(考古学的名称叫"探铲"),一手拿着竹竿,每发现一个古墓,就用铁钎打出孔道,然后顺着竹竿滑入墓穴,迅速取走一切可以取走的东西。这让现代考古学家总是觉得

> 关于考古学家和盗墓贼。

沮丧，因为在他们到达现场之前，好东西都已经被捞完了。古代的"考古学家"是以"挖宝"为目的的，他们造成了一批被称作"存世文物"的可怜的宝贝。这些宝贝可以像艺术品那样供鉴赏，供摆设，供拍卖，却不方便用作历史研究的资料，因为宝物身上的年代信息、地理信息都被破坏了。可见"挖宝"纵然痛快，却很糟蹋学术。现代考古学家与此不同。他们讲究发掘工作的科学规范，讲究按单元全面地揭露遗址，注意地层，注意遗物的位置、布局及其变迁，还注意对遗物做类型学研究。他们的目的是尽可能完整地保存遗址和遗物的历史信息，以全面再现人类历史的真相。在他们看来，前一种"考古学家"只能算是盗墓贼。实际上，所谓"因书究学"，它的思想是和现代考古学的思想相通的，它的目的也是尽可能多地保存古文献的历史信息。

举个例子，当我们研究中国史学的时候，我们不可避免地要研究史学体裁的形成。比如《史记》，从组成部分看，它先是"本纪"，其次是"表"，再次是"书"，复次是"世家"，最后是"列传"。《史记》为什么会形成这样一个结构？其历史文化原因是什么？《史记》体裁为何会影响到其他史书，以至形成一个"正史"系列？这些问题是中国史学史的重要问题。同样，每一部古代典籍，其结构本身也是有意义的，不能在研究中忽略。王运熙先生在年轻时候写过一本很出色的书——《六朝乐府与民歌》。它实际上就是对《乐府诗集·清商曲辞》八卷的研究成果，是采用"即类求书，因书究学"的方式完成的。王先生写过一篇《研究乐府诗的一些情况和体会》，附录在《乐

> 每一部古代典籍，其结构本身也是有意义的。

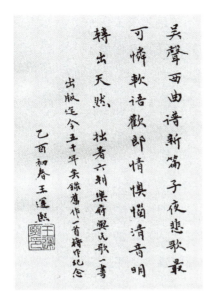

图1-2　王运熙先生手迹

关于"读常见书"。

府诗述论》一书当中,介绍他的研究心得。他说到这样几点:第一,学术上的进步"首先得归功于懂得一点目录之学";第二,"要把力量集中在主要的资料上",比如"仔细阅读《乐府诗集》中的清商曲辞";第三,"要理解乐府诗,必须懂得乐府诗的体例"。这些说法,合起来就是"即类求书,因书究学"。

(五)读书得间——两种比较:同背景比,同相近事物比

在座各位是不是知道"读书得间"这句话?不知道?好,那我就稍微详细地介绍一下。

回想起来,这句话大概是在20世纪80年代初流行的。那时上海古籍出版社为陈寅恪先生编辑出版了一套论文集。大家谈到陈寅恪治学特点的时候,喜欢用"读书得间"这句话,意思是说他能够从一本书的字里行间读出旁人认识不到的意义。这话和"读常见书"的说法有关。陈寅恪先生就是主张读常见书的。"读常见书"的说法流行于20世纪前期。那时出版印刷事业大大发展,普通图书不足为奇了,稀见书被人视为珍宝,于是造成一种倾向——以稀见书自炫的倾向。正是针对这种倾向,学者们提出读常见书的主张。比如钱穆说:"书要看第一流的,一遍一遍读;与其十本书读一遍,不如一本书读十遍。"陈寅恪说:"中

第一讲　进入学术工作的十条经验 | 015

国书虽多，不过基本几十种而已，其他不过翻来覆去，东抄西抄。"按照这种观点，书读得好不好，就要看你能不能读出深刻的心得，是不是能够"得间"。

对于现在的文史研究者来说，是不是应该提倡"读书得间"呢？我认为应该提倡。这一方面是提倡一种学习策略：读常见的书，也就是读古代知识分子反复阅读的书。这些书是其他各种书的基础，代表了民族文化的重要积累，当然是我们阅读的重要对象。另一方面，它也是提倡一种学习方法：要从常见书中看出常人看不到的东西。只要这些东西能够被证明是真理，那么，我们就对知识有所贡献，建立了实在的学问。

> 读古代知识分子反复阅读的书。

从学习方法的角度看，如何才能"读书得间"，就是一个值得思考的问题了。我对这个问题的回答是："得间"的要点，是要学会在比较中读书。"比较"的要点则有两方面：一方面要注意同背景比，另一方面要注意同相近的事物比。为什么这样说呢？这是因为，上述两种比较是人类认识事物的一般规律。比如，我们之所以能看清对面的人，是因为那人的身体同背后的景色有反差。又比如有句老话说："有比较才能有鉴别。"意思是说要把相近的事物进行比较，从比较中得出认识。总之，我们是在比较中看清楚事物的。陈寅恪读书也是这样，读一本书的时候，他总是要去找很多相关联的材料——背景材料和类似的材料——进行比较，先是反反复复地写眉批，然后把眉批写成书。《元白诗笺证稿》就是这种采用眉批或注解的方式完成的书。看看其中的内容，我们就可以归纳出"读

> 在比较中认清事物。

书得间"的要点：其一，是和背景材料做比较；其二，是和相类似的材料做比较。

中国另外有一句老话，叫作"不动笔墨不读书"。这句话是什么意思呢？它是说，在读书的时候要点句读，要校勘，要写眉批，这样才能读懂。这不同于现在人的读书，只是在书上画很多平直的或波浪的下划线。这种下划线，只代表你对书中的内容被动地接受了；而前者那种点、校、批，则是主动地寻求理解。由此看来，"读书得间"既是一种读书的方法，也是一种文献学的方法，因为在读书过程中要运用版本学、校勘学的手段。一旦了解了古人的读书习惯，我们就知道，中国的版本学、校勘学等等，也是在读书过程中产生的——古人的习惯是：每当他得到一部好书，就要去寻找最善之本，来校勘它、补正它，使它成为真正的善本。这种做法正是"再造善本"。这和现在中国国家图书馆的"再造善本"工程不太一样。现在的方式是影印古书，是一种工艺行为；古代的方式则是通过校勘来追求古本，把较晚的版本恢复成最早的版本，是一种学术行为。

> 古今两种"再造善本"。

除掉以上所说的那些意义之外，"读书得间"还有一个意义，就是把读书上升到游戏的境界。实际上，所谓学术，也就是进入游戏境界的读书。不知道在座各位是不是同意我的看法。我想，对于古代人来说，这种看法是很容易理解的，也就是说，会有很多人把学术看成是一种游戏和竞技。比如古代学者讲究"以不知一事为耻"，这里就有竞技的意思。陈寅恪也有这种心态。他说："'不为无益之事，何以遣有涯之生。'伤哉此语！实为寅恪言之也。"意思是说：一个人不做无用的事，怎么去打发自己的一生呢？这说的就是学术的非功利性，也就是游戏性。陈寅恪这句话，人们一般认为他想表明某种谦虚，但在我看来却不是这样——实际上表明了一种自信。因为以自己的一生来做"无益之事"，这是一种高超的境界，需要很高的能力。大家是不是比较过大学和中专的区别？是不是知道，中专教的是手艺，是明显有用的知识和技能；而大学教基本理论，教不那么有用的知识？如果再把大学部和研究生部做一比较，这区别就更明显了。总之，有用的知识是有限的，而未知（包括未知其用）才是无限的。我们读书，越读到后来，就越需要探索，学到的东西就越是无用了。从这个角度看，所谓"无益之事"，也就是超越现实之事，庸人是不懂得它的高妙的。

> "无益之事"也就是超越现实之事。

在我们生活的环境中，可能明白以上这个道理的人不太多；但在其他地方却不是这样。我在韩国教书的时候，曾经让汉阳大学中文系的学生讨论什么是"学术"。一个同学说："学术就是研究地学习。"说得对吗？对，说到了学术的动机——是一种深度的求知。第二个同学说："学术就是对事情问一个为什么。"说得对吗？也对，说到了学术的本质——通过追根究底，创造关于事物原因和原理的新知识。到第三个同学，这说法就不同了。他说："学术就是研究没有用的知识。"这话说得对吗？我认为，说得更加透彻，看到了学术的超越性。高超的学术是研究宝塔尖里的事情，怎么能够讲有用、无用呢？真正的学者自然懂得这一道理，不去追求有用于世；相反，他们愿意为兴趣而工作，愿意在无益之事上消耗自己的一生，同时也借这种无益之事检验自己的水平。陈寅恪晚年的时候，双目失明，这时他却写了一部考据性的著作《柳如是别传》。这事引起了很多争议。有些学术权威批评他说：你有这么大的本事，怎么为一个妓女作传呢？怎么不去写一本中国通史呢？甚至说：你这种学问，同现实斗争有什么关系呢？这些批评是很可笑的，完全不知道搞政治同搞学问的区别。而在我看来，这本书其实是"读书得间"的一次实践。除了"借他人之酒杯，浇自己之块垒"之外，写这本书还有两层意思：一是要表明考据学的力量，它能够超越双目失明的限制，而达到如此精密的程度；二是要从汗牛充栋的典籍里，从文字的缝隙当中，找出一个卑微而伟大的人生。

（六）小题大做

> 讲小题大做，其实质是讲透彻地解决问题。

许多好学者都有小题大做的经验，这一经验甚至上升成了研究工作的策略和原则。讲小题大做，其实质是讲透彻地解决问题；其相反一面则是大题小做，讲宏观。当然，做学问既要有显微镜又要有望远镜，也就是说，既需要微观地看问题的人，也需要宏观地看问题的人。不过，我们日常的研究工作，主要任务还是解决问题。那么，能不能深入地解决问题呢？这往往取决于我们的研究方法——是小题大做，还是大题小做。

关于小题大做，有一个常见的误解，也就是认为它在视野上过于狭窄。是这样吗？其实不是这样。打一个比方，人们灌溉农田，需要引水，常见的办法是开渠；但还有一种方法，也就是打井。把井打到 10 米深，也许方圆 100 米的地下水就流过来了；若打到 20 米深，那么，流过来的水可能就是方圆几公里的水。这就是说，深和广是不冲突的，博大和精深往往可以兼容。这也就是我理解的做学问的诀窍。按学术界的通常表述是"掘井式的研究"，按我的经验是通过深度可以追求广度。尽管不采用这种"掘井"方法也可以产生学术影响力，比如梁启超；但历史地看，能够更久远地留下来的学术成果，还是通过"掘井式研究"获得的成果。各个领域的真正的专家，都是喜欢做掘井式研究的人。

> 通过深度追求广度。

我的硕士学位论文题为《明曲本色论的渊源及其在嘉靖时代的兴起》。它就属于小题大做式的研究。我读研究生是 1979 年。前面说过，按老师的要求，一进校就开始阅读《史记》《汉书》《诗经》《楚辞》《四库全书总目》。接下来几个学期也是阅读原著，只不过换成了《昭明文选》《乐府诗集》《文心雕龙》，或者唐宋时代、明清时代的总集和别集。读到第五个学期期中的时候，眼看其他专业的同学都在写学位论文了，我不由得着急起来；但王老师一直不提论文选题一类事情。有一天我觉得不能再等，便利用师生见面的机会，硬着头皮问："我们是不是要考虑写硕士学位论文？"王老师的回答当然是"要写"。不过他指导选题的方式是让我回忆近几年来的读书收获。我在阅读宋代文学书的时候，曾经注意到词家讲"本色"的现象；在阅读明代文学书的时候，又注意到曲家讲"本色"的现象；并且我研究过这两件事的关联。考虑到"本色论"是我近几年阅读中比较有体会的问题，我于是就在王老师的指导下，选择词曲本色论作为学位论文研究的方向了。

> 注意阅读中比较有体会的问题。

为什么说是"方向",而不说是"题目"呢?这是因为,我一直到第五学期结束,才把题目确定下来。起初是发现词本色论和曲本色论的材料很丰富,若自由发展的话,学位论文将写成《中国文学中的本色论研究》。这样写未尝不可,但词和曲两方面都不可能深入。我于是把这个大题目的范围减去一半,即减去了词本色论部分,不再做全面的本色论研究,而是重点研究戏曲的本色理论。但一旦这样做,我又发现,从学术角度看,每一时代的本色理论价值不同,不同时代的戏曲本色论各有自己的文化背景和内涵。最值得注意的是发生时期的本色理论,因为在一个事物初步发生的时期,它的本质表现得最明显。为此,我在自己所积累的资料中找到两个最有发掘价值的问题:一是戏曲本色论性质如何,它同词本色论有什么关联?二是戏曲本色论为何在嘉靖时代兴起?找到这样两个问题以后,我又在论文题目上做减法,减去万历以后部分,决定重点研究嘉靖时代的戏曲本色论——其实是嘉靖时代最后十年中的本色理论。表面上看,我的硕士论文选题的过程,是题目不断改小的过程;但在实际上,它是认识不断深入的过程。因为,只有把题目改得足够小,我们才可能立体地观察事物,才可能"尝试在较广阔的历史视野中,联系作家生平及其文学创作实践,来对文学思想之变迁加以考察"。按老子的说法,这叫"损之又损"。

> 损之又损。

从硕士学位论文选题这件事中,其实可以得出两条经验:一是要讲"厚积薄发"。研究生学习,最重要的事情是"学",是打基础,决不能人为地揠苗助长。那种违背事物成长的规律，盲目提倡"早出人才""快出人才"的做法，既危害科学，也贻误青年。二是要讲"小题大做"。在我看来，研究生论文选题，无论如何都不嫌小，就怕大。各位都认识陈铭道教授，那么，知道他是怎样选择论文题目的吗？他的硕士学位论文题目是：《川剧高腔帮腔中的语气词拖腔研究》。他通过语气词拖腔来研究帮腔，通过帮腔把川剧高腔最重要的特点说清楚了，说深刻了。这就是一个极小也极好的题目。

> 不能违背事物成长的规律，盲目提倡"早出人才""快出人才"。

（七）看起来难的事情容易做

1982年，我在完成硕士课程以后，报考了任半塘先生的博士研究生。为什么选任先生呢？原因是：我在写硕士学位论文的时候读了他的书，很敬佩他的鲜明的学术个性。当时《光明日报》刊登了一条消息，说他要招收"隋唐燕乐"专业的博士生。我一看到消息就决心报考了。不过，等到复习迎考的时候，我才发现自己有点鲁莽：隋唐燕乐是一个陌生的专业。甚至可以说，什么叫作"燕乐"，我也不很明白。不过我也知道，中国各高校都不存在"隋唐燕乐"这个专业；其他候选人和我一样，都没有在这个领域做过研究；如果报考，那么，大家都面临专业转换的问题。这样一想，我就不怕从零开始做准备了。事实上，在报考硕士研究生的时候，我已经遇到过相似的问题，也就是要报考一个陌生的专业。那时我的想法是"临阵磨枪，不快也亮"。事实证明我的想法是有道理的。这一次，我有更大的信心，我的想法于是上升成为"知难而进"。其中的道理是：看起来难的事情其实容易做。因为这种事情难在表

> 从"临阵磨枪，不快也亮"到"知难而进"。

图1-3　1996年8月的黄翔鹏先生（右一）

面，难在开头，不用害怕。我们把最大的困难克服了，接下来不就容易了吗？而且，害怕困难是人的天性。如果难的事情大家都不敢去做，而你去做了，那么，你不就成功了吗？

在攻读博士学位的三年里面，我做了很多过去没想到或不敢想的事情。三年的容量，可能相当于通常情况下的五年到十年。除博士学位论文以外，我编定了120万字的资料书——《隋唐五代燕乐杂言歌辞集》。博士论文也使许多问题得到了基本解决，例如唐代音乐文学体裁分类的问题，大曲各类型之起源的问题，词如何产生和演变的问题，敦煌舞谱释读的问题，《胡笳十八拍》的创作年代问题，等等。所以我说："由于任师以他在'唐艺发微'方面的巨大建树为我的工作提供了资料基础，又以他勇于开拓、勇于批判的宏伟气概鼓舞了我的学术自信，我获得了一次超常发挥的机会。"所谓"超常发挥"，对于我是一种高峰体验。我觉得，获得这种高峰体验，是人生最有价值的事情，很难得，很珍贵。正是这种感受进一步鼓励我去知难而进。因此，我很乐意向各位推荐这一经验。说朴素一点，这经验就是"看起来难的事情容易做"。

1985年5月，我在福建泉州遇到李春光、周吉、李健正先生。在他们的帮助下，制订了一个系统学习民族音乐的计划。当时的打算是：用一年时间在西安学习吹拉弹打；用一年时间去新疆做田野调查；再用一年时间去北京，跟随黄翔鹏先生进行系统的理论学习。于是，1985年12月，从扬州师范学院毕业以后，我立即坐上火车，到了中国艺术研究院中国音乐研究所，向黄翔鹏先生提出了攻读音乐学博士学位的要求。但由于种种原因，这些计划和愿望最终都没有实现。不过，它们却持续地影响了我的学术发展，让我成为和中国音乐学界联系比较紧密的文史学人。这仍然是有意义的。可以说，如果我没有知难而进的精神，如果没有"看起来难的事情容易做"的认识，那么，我就不会和中国学界结缘，不会举办今天这个讲座；当然，我也不会有那些关于超越的体会。

（八）"天子狩猎"和"大禹治水"

我经过王运熙、任半塘两位名师的指导，有一个重要收获：了解了他们的学术风格。如何描述这两种风格呢？我觉得，可以采用"天子狩猎""大禹治水"这两个词语。用"天子狩猎"一词，可以概括王运熙先生的学术风格；用"大禹治水"一词，则可以概括任半塘先生的学术风格。

"天子狩猎"一词，是我和我的同门、上海师范大学曹旭教授商定的。它描写了一种有计划地选择范围，但自然地捕获猎物的活动。王先生的学术工作就是这样：第一，他总是依靠目录书的指引，选择阅读范围；第二，他随后仔细阅读这个范围中的书籍，边读边做索引；第三，到了某个定量，从阅读和书籍索引当

> 依靠目录书的指引，选择阅读范围；然后仔细阅读这个范围中的书籍，边读边做索引。

中产生研究的方向和题目,他再做研究。王先生对六朝乐府民歌的研究,就是一个典型的事例。他编写的《汉魏六朝乐府诗研究书目提要》一文,展现了他所采用的"天子狩猎"的方法。

> 凡是重复出现的事物一定有特殊的原因,把这个原因找到了,就是重要发现。

20世纪的新史学有一个观点,要注意研究长时段的事物,注意研究在历史上重复出现的事物。这意味着,做学问有一个诀窍:可以特别关注历史资料中重复出现的事情。这是因为,凡是这种重复,一定有特殊的原因;只要把这个原因找到了,那么,你就发现了新的知识。这个道理很明显,但一般学者却不这样做,他们总是追逐热点。追逐热点的人,往往是缺少自主性的人,因为热点是众人造成的,追逐热点总是意味着从俗。至少从解决问题的角度看,追逐热点没有太大意义,因为,若要自己发现问题,那么,自己就要变成一个首创者,而不是附和者。各位是不是知道"君子之德风,小人之德草"这句话?这话见于《论语》,是孔子的话,意思是说:道德高尚的人像风一样,可以改变草的方向;道德不高尚的人像草一样,只能被风吹倒。一个研究者,当然应该有风的品质。为此,我建议大家采用我刚才提出的方法——注意研究长时段事物和在历史上重复出现之事物的方法,用来代替从俗的方法。所谓"天子狩猎",正是对前一种方法的概括。通过王先生的著作,我们可以了解这一方法的优点。王先生不常写书,而重视写作论文,每篇论文都能解决一个具体问题。等论文积累多了,编成论文集,我们就看到,他在学术上的发现仍然形成一个系统。由此可见,"天子狩猎"是一种符合认识规律的学术方法。

同"天子狩猎"相比,"大禹治水"更富于计划性,同时也比较富于主观色彩。它的基本含义是:设定一个研究范围,然后做穷尽式的研究——既穷尽这一范围中的问题,也穷尽这一范围中的资料。任半塘先生的散曲研究、唐代文艺研究,都具有这种"大禹治水"的特点。20世纪50年代,任先生居住在成都水井坊,住在一个四方形的大院当中。大院很吵闹,但对他影响不大,因为他有早睡早起的生活习惯。每天早上,他背上一个背篓去图书馆,背篓中有热水瓶,有午饭,也有许多旧日历纸。他依靠这个背篓在图书馆读一整天书,随时把有关资料抄在用旧日历纸做成的小卡片上。到第二天凌晨,他利用几个小时来整理这些资料,把日历纸贴在一本用旧报纸订成的大厚本上。大厚本的页边上事先就用毛笔写好了章节名,比如"第一章,范围与定义""第二章,构成条件""第三章,形式"等字样。这样一来,他一旦把图书馆里的书读完,也就写成了著作的雏形——不仅做完了资料分类工作,而且大致确定了一本书的篇章结构。他于是以大厚本为草稿,一口气就写完了一本大书。这就是"大禹治水"法的具体操作方式。

可以说,"大禹治水"是一种富于个性的方法,对其他人并不适用。为什么这样说呢?原因是,它要求在整个工作过程中有一个相对稳定的计划。这不太符合学术的本性。因为学术本来就意味着不断发现,不断改变自己,其过程因而是不断推翻原定计划的过程。但任先生有两个优秀的学术品质,使这一方法获得了成功。其一,他有很好的学术直觉,他通过长年积累,早就确立了立体地观察文学事物的习惯;其二,他有竭泽而渔的思想准备,这种工作重在进行资料梳理,而不是观点论证——或者说,是把观点体现在资料排比当中。四川教育学院龙晦教授告诉我:任先生在图书馆看书,是把古书一架一架全部看完

> "大禹治水"：全面占有资料的整体研究。

的。因此，当他完成《优语集》这本书的时候，曾经自负地宣告：如果有人能在书中找出一条失收的资料，那么，他就赠送壹圆大洋。从这件事可以知道，所谓"大禹治水"，其实是一种全面占有资料的整体研究。

（九）资料与理论并举

我在写作博士学位论文《隋唐五代燕乐杂言歌辞研究》之时，借助任半塘先生提供的资料，编完了《隋唐五代燕乐杂言歌辞集》。这是按照导师要求，作为论文准备而编辑的一部资料考订性质的作品。由于它和博士论文构成相辅相成的关系，既具有理论先进性，又具有资料的坚实性，也因为它代表两代人的合作，所以，这部《隋唐五代燕乐杂言歌辞集》获得了很多奖励，包括第五届中国图书奖的荣誉奖、全国优秀古籍二等奖等等。可以说，它的成功意味着一种学术方法的成功。这种学术方法就是资料与理论并举。

"大禹治水"的方法，其特点就是资料与理论并举。任先生每做一项研究，都是从资料搜集和整理入手的。比如在写作《敦煌曲初探》之前，先编纂《敦煌曲校录》；在写作《唐戏弄》之前，先编纂《教坊记笺订》和《优语集》。事实上，《敦煌曲初探》不过是对《敦煌曲校录》的理论总结，因为"初探"所讨论的所有问题，都是在"校录"工作中提出来的。

资料与理论并举，这也是我向学生传授的最重要的方法。我在指导博士生的时候，通常会设计一项合作工作，即资料工作。做完这项工作，就放手让学生独立写作学位论文。比如，我和博士生马银琴合作编写了《诗三百年表》，马银琴则独立写作了《西周诗史》（后来扩充为《两周诗史》）；我又和博士生何剑平、周广荣合作编写了《汉文佛经中的音乐史料》，周、何两位则分别写作了《梵语〈悉昙章〉在中国的传播与影响》《敦煌维摩诘文学研究》。这些论文都具有资料翔实、思路新颖的特点。它们证明：资料与理论并举是行之有效的好方法。

> 原始材料永远高于他人的学术成果。

资料与理论并举，事实上还意味着一种工作秩序。我们在进行一项研究的时候，如何开头，通常有两个选择：其一是考察学术史，也就是先了解前人的研究成果；其二是阅读原始资料，也就是考察对象。前一种做法自然是必要的，因为任何研究都要从前人的基础上做起，都要有学术史的基础；但在实践中，我通常偏向于后者。我的做法是：先粗略了解前人的研究，主要了解他们所掌握的资料，然后马上进入对原始资料的阅读。一直到完成了作品初稿之后，我才重新阅读别人的成果。这样做的好处是可以致力于阅读、分析原始材料，避免在阅读论文方面浪费时间。这不仅因为原始材料永远高于他人的学术成果，而且因为相当一部分论文是"抄来抄去"的。这个道理大家都理解：写作之前，如果把别人的成果都看完看透了，可能就会像鲁迅所说的那样，让别人的思想在自己的大脑中跑马了。

（十）做减法

有一句话说："发展是硬道理。"这话很对。我理解其中包含这样一个意思：在生活中，人们都喜欢做加法，而不喜欢做减法。做加法是人的天性。

但是，有一件事，却让我懂得了做减法的必要性。

在读大学之前，我在农村劳动了十年，是在江西省贵溪的一个农场种梨树。我们种的是出口的梨树，要求很高，比种水稻田还累，因为一年四季都有事情，只有农忙，没有农闲。不过，这农活项目不多，除收摘果实之外，无非是四件事：春天疏果，夏天施肥，秋天喷药除虫，冬天剪枝。值得注意的是：在这四件事情中，只有施肥是做加法，其他都是做减法。比如疏果，是要把所有果台上的多余果子都摘掉，每个果台最多只留下一个果。而在剪枝的时候，每根枝条上都要过刀，留下向外发展的树芽，让整棵树保持一个疏朗的形状。特别重要的是，剪枝时要把多余的树干锯掉，每一棵树只留下一根中央树干。为什么要这样做呢？简单说来是建立透风透光的树形。不过，当我们把这些事情做完以后，我们的果树便的的确确不同于野生的果树了。

> 好的果树和徒有其表的野果树。

野生的果树有什么特点呢？第一个特点是高大，第二个特点是丰满，第三个特点是果实繁茂。

如果碰到一个外行，那么他一定会说："这真是一棵好树。"但是懂行的人知道，这种果树徒有其表。树上的果子像是满天星斗，虽然多，但没有一个可以食用。这正好和我们的果树形成了对比。我们的果树不张扬，精干，年年结果子，而且结下的果实饱满甜美。这就像是训练有素的学者。而野生的果树呢？就像是另外一种人了。

我的意思是：做学问和种果树一样，也有做加法和做减法的问题。人们大多知道做加法，总是片面强调早出成果、快出成果、多出成果，总是追求眼球效应，于是造成了学术上的浮躁。但真正的学者却不是这样。他们不抢眼，愿意潜心研究；虽然默默无闻，但学术却主要是靠这些人推动的。同样的道理也可以用在研究生教学方面。可以这样认为：一个好的老师，他的主要职责，应当是给学生做减法而不是做加法。道理就是前面说过的：每个学生都有发展的天性，越是聪明的学生越是具有发展的生命力。但正因为这样，越是聪明的学生就越是需要管理，需要一个好的"树形"。不同的老师教学风格不同，有的宽松，有的严格。经验证明，宽松的老师可以让一部分好学生继续发展；但只有严格的老师，才能让所有愿意学习的学生都有一个脱胎换骨的变化，因为每一个学生都是需要规范的。这里也用得上一句古话。《荀子·儒效》说：人应该有师有法。"人无师法，则隆性矣；有师法，则隆积矣。而师法者，所得乎积，非所受乎性。"意思是说：老师和规范法度可以节制一个人的不合理的本性，使他真正拥有人类文化的积累。

> 老师的主要职责是给学生做减法而不是做加法。

今天，我在这里宣传做减法，主要目的是鼓励同学们自我剪裁，主动去尝受学术的甜头，也尝受学术的苦头。事实上，每一个成熟的学者，都尝受过苦头，甚至经受过失败。我们从事的是科学的事业，怎么可能只有成功而没有失败呢？何况学术的本来目的未必就是追求成功，它也可以当作人生经历来实现其意义。从这个角度看，通过某种成功、某种进步而习得学术规范，或者通过某种失败、某种退步而习得学术规范，这两者，对于我们都是很好的事情。为此，我愿意这样来概括我的经验：不管

> 学术可以当作人生经历来实现其意义。

什么样的学生，都要注意在成长过程中做减法，剪裁自己，而防止自我膨胀。因为一味讲自由生长，一味追求膨胀，势必违反规范，也违反规律。而没有规范就不能进行学术对话，不遵循规律就会造成学术上的浪费。总之一句话，只有注意做减法，才能保证学术发展的质量。

四、结语

以上十条，主要是我在攻读两个学位过程中的经验。这个过程，也就是我开始掌握古典文献学的过程。所以我把它们作为进入音乐文献学的必要准备介绍给大家。这样做也意味着，在我看来，古典文献学不仅是一门知识，不仅是文史各学科的基本技术；而且，它是一种思维方式，是我们民族的优秀的学术传统。要掌握文献学，首先要掌握这个思维方式，掌握这个学术传统。以上十条，大概可以代表它的要点。现在，让我们再把这些要点复习一下：

> 作为一种思维方式的文献学。

1. 学术工作的基本原则是从事实出发，包括从文献对事实的记录出发。

2. 古典文献学面对古代史料，因此，其基本功是读熟若干本古籍。

3. 学术工作就是寻找、阅读、分析材料的过程，只有学好文献学才能具备独立研究的能力。

4. 中国传统学术重视文献学的运用，其基本方法是即类求书，因书究学。

5. 做到"读书得间"的诀窍是在比较中认识资料，首先同背景资料比，其次同相近资料比。

6. "博大精深"四个字,关键是"深"。小题大做和做减法,是取得学术深度的重要途径。

如果大家记不住十条的话,也可以记住以上六条。至少要记住两条:一条是从事实出发;另一条是学会做减法,注意小题大做。为什么强调这两条呢?因为这两条可以节制不合理的欲望,也可以改变不合理的习惯。年轻人总是想方便简捷地驾驭世界,但慢慢会发现,这个世界远比我们想象的要复杂,只有具体细微的认识才能成为坚实的认识。另外,认识的过程就像登山的过程,每一步都要踩稳,一蹴而就的想法只会导致摔跤。从这个角度看,文献学是一个绿色学问,它可以保证我们持续地、健康地发展。

第二讲　学会阅读：以《礼记·乐记》为例

一、关于培养阅读习惯

> 关于"耳食"。

学习中国音乐文献学有一个基本条件，那就是好的阅读习惯。古人有个词——"耳食"——是含有贬义的，意思是根据传闻建立起来的认识，质量不高，没有确凿根据。从这个词语可以知道，古代人更重视"目验"：一方面重视用眼睛去看事实，另一方面也重视用眼睛去看书本的记录。这就是说，在古人看来，即使书本记录也经过了某种规范的传承，比口传更可靠一些。情况是不是真这样？可以讨论。不过有一点是应该肯定下来的：作为做中国学问的人，如果我们要想在见解上超越前人，那么我们就一定要在读书上超过

> 要想在见解上超越前人，先要在读书上超过前人。

前人。为此，我们要建立好的阅读习惯。而这种习惯，可以从课外阅读开始。如何读课外书呢？我愿意代表古人，提三条建议：

（一）好读书，不求甚解

"好读书，不求甚解"这句话是东晋人陶渊明说的。一般人对它的解释是"只求领会文章要旨，不在细部下功夫"。我看它的原义是：喜欢广泛涉猎，每部书只求了解大

概，不拘泥于字字句句。这两种解释，实际上分别从消极方面、积极方面揭示了"好读书，不求甚解"的含义。从消极方面看，"不求甚解"这句话是可以用来批评人的；但从积极方面看，它也不失为一种重要的读书方法。

> 作为读书方法的"好读书，不求甚解"。

站在积极的立场上，我们发现：读每本书都去求甚解，这其实是读教科书的方法。"好学生"们都是这样：专心致志地读教科书，一本书从头读到尾，所有知识都符合老师的标准答案。为什么说这是"好学生"的学习方法呢？因为这样做可以保证考试上的成功，而我们的教育是围绕应试展开的。

> 每本书都去求甚解，这是读教科书的方法。

但是，这种专注于教科书的读书方式，却会妨碍我们寻求新知。第一，如果读书时把书中的每个字都细细看下来，那么，我们很可能会忽视这本书的精髓。第二，有比较才有鉴别，如果不在比较当中读书，而是只抱着一本书读，那么，我们就容易成为一个"尽信书"的人。孟子不是说"尽信书则不如无书"吗？尽信书的人，既不可能透彻地理解所读的书，也缺少对书的鉴别能力和批判能力。第三，在读书这件事情上，阅读的数量可以提升质量。因为只有建立广泛阅读的习惯，我们才可能真正理解某一项专门知识。第四，好读书的人，是对书籍怀抱浓厚兴趣的人；"求甚解"的人却不一定是这样。我们大家都知道：兴趣是最好的老师。按孔子的说法是"知之者不如好之者，好之者不如乐之者"。意思是说：懂得书的人，不如爱好书的人；爱好书的人，还不如以读书为乐的人。

> 知之者不如好之者，好之者不如乐之者。

在座各位都是研究生，担负了或即将担负"求甚解"的使命。我认为，在"求甚解"之前，至少应该养成"好读书，不求甚解"的习惯。为什么呢？理由就是以上四条。

> 看书看皮，看报看题。

至于怎样养成"好读书，不求甚解"习惯，办法则很简单。有一句话说"看书看皮，看报看题"，这就是其中一种办法。这句话，过去是用来批评人读书不认真的，殊不知，它其实也是一种学习方法。大家不妨试着做一个"看书看皮，看报看题"的练习：每周花一整天时间，泡在图书馆的开架书库看相关专业的书，能看多少本书就看多少本，从第一本看到最后一本，主要记住每本书的书名、作者和大致内容。等你走出图书馆的时候，我相信，你的感受就不一样了，一定会有豁然打开了眼界的感受。同样的练习也可以在书店进行。它的效果，就像喜欢逛服装店的人擅长买衣服那样。有些人很会买书，有些人不会买，其间差别就在于：是否经过了逛书店、逛图书馆的训练。这种本领的差别是很重要的，是学术判断能力的差别。我认为，对研究生的业务要求，第一条应该是学会逛书店、逛图书馆，学会买书和借书——也就是说，学会在书堆当中寻找书、鉴别书。

（二）提要钩玄

"提要钩玄"是唐代人韩愈说的一句话。原话出自《进学解》，说："记事者必提其要，纂言者必钩其玄。"意思是说，读书的时候，要记住史事的要点和哲理的主旨。在写作读书笔记的时候，这种方法很管用。

我曾经说过：音乐研究者就好像古代的祭司或瞽蒙。在文字发明之前，祭司或瞽蒙的地位很高，是民族文化的掌管者。但到文字发明以后，一种新的职业——史——产生了，祭司、瞽蒙就逐渐让位了，让出了掌管文化的职责。但是，他们仍然代表了一种掌握文化知识的习惯，也就是用大脑和耳朵的习惯，或者说口传心记的习惯。史官却和他们不同。史官是和文字一起产生的。当他用文字来做记录的时候，他实际上建立了另一种习惯，也就是用文字记录来代替心记的习惯。一旦记成了文字，就不必用心记了，或者，不必用言语来原原本本地记了。大家是不是注意到古代史学有"左史记动，右史记言"的传统？有的古书的表述是："左史记言，右史记事。"根据古人以左为阳、以右为阴的看法，我认为，"左史记动，右史记言"的说法比较可信。它的意思是说：左史即大史，职掌记事；右史即内史，职掌记言。现在的问题是：古人为什么要有内史记言、大史记事的分工呢？在我看来，这就是因为，古代的记录原来有巫、史两个传统。巫的记录是心记，用言语做原原本本的记录；史的记录则是笔记，专记事物的梗概。所以说前者属阴，后者属阳。

> 从"巫"的传统到"史"的传统。

另外，大家是不是注意过不同民族的神话在记录上的差别？这个差别也很有意思：凡是游牧民族，它的神话就是一个个原原本本的故事。由于是用口头方式记下来的，所以它们故事性很强，被称作"史诗"。农耕民族——特别是发明了文字的农耕民族——却不是这样。它们的神话只是许多片段，看起来支离破碎，《山海经》就是这样；但这种支离破碎却恰好反映了文字记录的特点。正因为这种情况，在平庸

> 中国神话是否系统、汉民族是否有史诗的问题，其实是记录习惯的问题。

的文学研究者那里有两个时髦的说法：一是说中国神话不系统，二是说汉民族无史诗。他们不知道，这不是神话系统不系统的问题，不是有史诗无史诗的问题，而只是记录习惯的问题。我写过一篇文章——《汉藏语猴祖神话的谱系》，是说在支离破碎的神话记录背后，隐藏了一个非常深刻的发生学的系统。它证明，中国神话系统或不系统，中国有史诗或无史诗，这是两个无聊的问题。

> 天才是记忆力中等的人。

总之，我想告诉大家："提要钩玄"的学习方式是史官习惯的产物，是文献时代、书籍时代（而不是口述时代）的学习方式。这种学习方式的特点在于：它是关于"看"书的方式，要求在看书的时候，注意从大量文字中找出重点，找出"要"。其功能在于，让我们省下很多脑力，用来记忆最重要的事情。记得有一句西方格言说："天才是记忆力中等的人。"这话很好，它说到记忆和思考既相联系也相冲突的关系。由此看来，"提要钩玄"同时是一种鼓励思考的学习方式。为什么我们在看书的时候要注意"钩玄"呢？因为我们除掉记忆之外还要思考，要发现问题。我想，对于这种"提要钩玄"的方法，大家应该是不陌生的，比如上课做笔记，其原则就是"提要钩玄"。

> "提要钩玄"是一种鼓励思考的学习方式。

（三）八面受敌

"八面受敌"是宋代人苏东坡提倡的学习方法，是他在一篇书信中提出来的。这书信题为《与王庠》。苏东坡说：我希望求学的青年，能够把每一本书分作几遍来阅读。这是因为书的内容像海洋一样丰富,包罗万象。人精力有限,不能兼收尽取,而只能得到迫切需要的东西。所以我建议求学者每次读书,都树立一个具体的目标。"此虽迂钝,而他日学成,八面受敌,与涉猎者不可同日而语也。"1978年12月13日,《人民日报》曾刊载一篇毛泽东谈农村调查的旧文章,对这一说法表示赞同。它在谈到"分析而又综合"时说:"苏东坡用'八面受敌'法研究历史……是对的。今天我们研究中国社会,也要用个'四面受敌'法,把它分成政治的、经济的、文化的、军事的四个部分来研究,得出中国革命的结论。"按照毛泽东的理解,"八面受敌"的要点是既注意分析,又注意综合。

> "八面受敌"的要点是既注意分析,又注意综合。

为什么要采用"八面受敌"的学习方法呢?苏东坡说得很明白:是为了有效地消化所学到的知识。一部书,不可能看一遍就熟悉全部的内容。因此,每次看书可以注意其中的一个方面。我有一个朋友就曾经用这种方法来读《广韵》:第一次读,注意它的韵类;第二次读,注意它的声类;第三次读,注意它的反切上字;第四次读,注意它的反切下字;如此等等。读了九遍,这位朋友就成了中国最优秀的语言学家。

以上三个方法,今天提供给大家参考。曾经有同学问我:"我们应该怎样看书?"这位同学提的问题很大,很难回答,我只好调侃说:"用眼睛看。"不过后来我想了一下,这问题还是有答案的。以上就是我尝试提供的答案,供大家尝试使用。希望大家通过这些方法,逐步建立起阅读的兴趣。一旦有了兴趣,我们自然就会懂得如何看书。

二、阅读《礼记·乐记》的两个方案

> 两种阅读：独立的阅读和依赖于他人的阅读。

在座的同学来自不同的专业和方向，对于阅读的要求其实是略有差别的。古代史（中国音乐史、中国音乐学史）专业的同学和我谈学习，我有时会说：你们要像综合性大学的研究生那样读书。这句话意味着有两种阅读：一种是音乐学院学生的读法，喜欢读教科书，读经过别人消化的资料；另一种则是学术性较强的读法，原原本本地读，完整地了解书。音乐学院录取学生的标准不同于综合性大学，课程设置不同于综合性大学，自然会造成特殊的阅读方式，这不奇怪。但对于古代史专业的研究生来说，这却意味着一个严重的挑战。为什么这样说呢？因为和综合性大学中的政治史专业、经济史专业、社会史专业、文学史专业等等一样，中国音乐史、中国音乐学史专业属于专门史，其研究对象同样是历史事物，其主要研究方法同样是文献考订。既然如此，到了研究阶段，我们就要把阅读习惯上的差距弥补起来；除非我们愿意在学术的起跑线上落伍。

为此，我们有必要像从事专门史研究的学者那样读书，也就是像古代知识分子那样：把古代典籍当作知识修养的必要部分来阅读，至少把它们当作原始资料来阅读。这种阅读需要讲一些规矩，其中有两个要点：一是要注意古代典籍作为原始资料的"原始"性，尽量读它的原貌，尽量把它放到本来的语境中阅读；二是要注意古代典籍作为原始资料的"资料"性，注意它的完整，注意保全它的历史信息——不光是它的内容当中保存的信息，还包

> 把古书放到本来的语境中阅读。注意古书形式当中保存的信息。

括它的形式当中保存的信息。根据原始性的要求，我们应该尽量避免浅易化的阅读，而要读原样的、第一手的书；根据资料性的要求，我们应该尽量避免语录化的阅读，而要读完整的书，或者说完整地理解古书。大家也许都赞成这样两句话：一句是"不吃别人嚼过的馒头"，另一句是"做考古学家，不做盗墓贼"。这两句话，说的就是上述两个道理。

现在，我打算以《礼记·乐记》为例，对此稍作解释。具体说来，提两个阅读方案。

（一）阅读之前做必要的准备

把书当作书来阅读，操作起来有一个要点，即在阅读之前做一些准备。

所谓"把书当作书来阅读"，意思是要对书的整体性给予尊重，不能只把它当作应试工具，只当作语录，只当作词典——只用断章取义的方式来阅读。《礼记·乐记》这本书，值得我们用尊重的方式来对待。

> 把书当作书来阅读，意思是要对书的整体性给予尊重。

1. 从古代目录书中了解《礼记·乐记》的背景。

在阅读前，我们应该先了解这本书的背景——它的作者、年代、核心内容和成书过程。一般来说，古代目录书可以提供这方面知识。为什么我们要学习目录学呢？原因就在于：目录学是关于古代目录的学问，而古代目录则是古人为我们的阅读所提供的向导。

> 古代目录是古人为我们的阅读所提供的向导。

大家都知道，在中国古代的目录书中，最重要的有两部：一部是《汉书·艺文志》，它产生在西汉，时间最早，具有鲜明的学术史的意识，是中国目录史上的开山之作；另一部是《四库全书总目》。它产生在清代，收录古书很多，体例最完备，是中国目录史上的集成之作。恰好在这两本书中，可以看到同《礼记》或《乐记》相关的精彩评论。

（1）《汉书·艺文志》中的相关评论。

《汉书·艺文志》是《汉书》这部120卷史书的第30卷。它考证了各种学术派别的源流，记录了存于汉代的书籍。在它的第一略（六艺略，相当于经、史、子、集四部中的"经"）中有"乐"这一小类。在乐类小序中，它说到了古代礼乐文献的源流。这些说法同《乐记》有密切关联。它说：

> 易曰："先王作乐崇德，殷荐之上帝，以享祖考。"故自黄帝下至三代，乐各有名。孔子曰："安上治民，莫善于礼；移风易俗，莫善于乐。"二者相与并行。
>
> 周衰俱坏，乐尤微眇，以音律为节，又为郑卫所乱，故无遗法。汉兴，制氏以雅乐声律，世在乐官，颇能纪其铿锵鼓舞，而不能言其义。
>
> 六国之君，魏文侯最为好古。孝文时，得其乐人窦公，献其书，乃《周官·大宗伯》之《大司乐》章也。
>
> 武帝时，河间献王好儒，与毛生等共采《周官》及诸子言乐事者，以作《乐记》，献八佾之舞，与制氏不相远。其内史丞王定传之，以授常山王禹。禹，成帝时为谒者，数言其义，献二十四卷记。
>
> 刘向校书，得《乐记》二十三篇，与禹不同，其道浸以益微。

这些话说了六个意思：

第一，什么叫"乐"？用于祭天祭祖（"殷荐之上帝，以享祖考"）

的音乐，同礼仪相并行的音乐，就叫"乐"。这是"乐"的定义。由此可知，"乐"不等于音乐。

> "乐"的定义：用于祭天祭祖的音乐，同礼仪相并行的音乐。

第二，"乐"的来历。从黄帝以来，一直到夏商周三代，都有专门的"乐"，黄帝之乐叫《云门大卷》，唐尧之乐叫《大咸》，虞舜之乐叫《大韶》，夏禹之乐叫《大夏》，商汤之乐叫《大濩》，周代所制之乐叫《大武》。这就是所谓"乐各有名"。

第三，"乐"在周代以来的变化。到周末，礼崩坏了，乐于是也崩坏了；由于宫廷中郑卫之音流行，所以乐的规矩尽失。礼坏乐崩有一个重要表现："以音律为节"，而不是以礼仪上的进退为节。这句话值得注意，它说明礼义是"乐"的必要部分。

> 礼义是"乐"的必要部分，是"乐"的核心和灵魂。

第四，周乐在汉代的遗存情况。到汉代，虽然还有专门掌管宫廷音乐的乐官家族，但这些人能够记忆的只是周乐的音响（"铿锵鼓舞"），而不是周乐的礼数（"义"）。这句话也值得注意，它说明礼义是"乐"的核心和灵魂。

第五，汉代流传两种乐书：其一是《周礼》中的《大司乐》章。它经过魏文侯搜集整理，由魏国乐人窦公保存下来，到汉文帝时才进献出来。其二是《乐记》。这书是在汉武帝时编成的，编者是河间献王与毛生等人，编写方法是共采《周礼》和诸子关于乐的记述。河间献王并且献出八佾之舞，其内容与制氏所传相近。可见这位河间献王不仅是礼乐文献的整理者，而且有礼乐的实践。

第六，《乐记》在汉代传出两个版本：其中一个传本是由汉武帝时的内史丞王定传授下来的。他传给常山人王禹，王禹在汉成帝时献出这部书，也就是24卷本的《乐记》。另一个版本是刘向校书时所得，与王禹传本的内容不完全相同，也就是《乐记》23篇。

综合这六个意思，可以得出结论：《乐记》之"乐"是指礼乐。它是在礼坏乐崩之后，由致力于恢复古礼乐的人们，追记前代礼乐而完成的。它不同于《周礼·大司乐》，是由河间献王与毛生等人共同采集《周礼》和诸子关于乐的记述而作的。

(2)《四库全书总目》中的相关评论。

《四库全书总目》是大家比较熟悉的一部书。它属于乾隆皇帝搞的一个大型文化工程的一部分，是大型丛书《四库全书》的提要目录。全书分为4部44类，每部之前有总序，每类之前有类序，每书都有提要和评论，是一部学术层次很丰富的提要型目录书。它由纪昀（1724—1805）等人主持编成，总共有200卷。在这部书的第一部分——经部，著录了《礼记正义》63卷（内府藏本），并且有一篇比较详细的提要：

> 汉郑元注，唐孔颖达疏。
>
> 《隋书·经籍志》曰："汉初，河间献王得仲尼弟子及后学者所记一百三十一篇献之，时无传之者。至刘向考校经籍，检得一百三十篇，第而叙之。又得《明堂阴阳记》三十三篇、《孔子三朝记》七篇、《王史氏记》二十一篇、《乐记》二十三篇，凡五种，合二百十四篇。戴德删其烦重，合而记之，为八十五篇，谓之《大戴记》。而戴圣又删大戴之书为四十六篇，谓之《小戴记》。汉末，马融遂传小戴之学。融又益《月令》一篇、《明堂位》一篇、《乐记》一篇，合四十九篇。"云云。其说不知所本。

今考《后汉书·桥元传》云:"七世祖仁著《礼记章句》四十九篇,号曰'桥君学'。"仁即班固所谓"小戴授梁人桥季卿"者,成帝时尝官大鸿胪。其时已称四十九篇,无四十六篇之说。又孔疏称"别录:《礼记》四十九篇,《乐记》第十九"……疏又引元《六艺论》曰"戴德传《记》八十五篇",则大戴礼是也;"戴圣传《礼》四十九篇",则此《礼记》是也……

> 参考:《汉书·礼乐志》:"河间献王采礼乐古事,稍稍增辑,至五百余篇。""是时河间献王有雅材,亦以为治道非礼乐不成,因献所集雅乐。天子下大乐官,常存肄之,岁时以备数,然不常御,常御及郊庙皆非雅声。"《汉书·河间献王传》:"献王所得书皆古文先秦旧书,《周官》《尚书》《礼》《礼记》《孟子》《老子》之属,皆经传说记,七十子之徒所论……山东诸儒多从而游。武帝时献王来朝,献雅乐,对三雍宫及诏策所问三十余事。"

以上这段话说的是《礼记》的传承,主要有四个意思:

第一,清代流行的《礼记》是汉郑玄注、唐孔颖达疏的《礼记正义》。郑玄、孔颖达两人对《礼记》的传承情况做了研究。

第二,《礼记》在汉成帝时有两个传本,一是河间献王所得仲尼弟子及后学者所记之本,共131篇;二是刘向考校经籍之本,为130篇。

第三,《礼记》在后来形成了"大戴""小戴"两种传本,大戴本源于刘向考校经籍本与新收集的《礼记》散本五种,共214篇,由戴德删订为85篇,后来称《大戴记》;小戴本源于大戴本,由戴圣删至46篇或49篇,后来称《小戴记》。

第四,有一种说法,说在汉末,在马融所传的小戴本中增加了《月令》《明堂位》《乐记》各一篇,小戴本才达到49篇。

以上这段话,和《汉书·艺文志》的记述相比,是有同有异的。这是正常的事情，也是很好的事情，因为就理解《礼记·乐记》来说，两份材料既可以相互印证，又可以相互补充。

(3) 通过比较得出判断。

通过《汉书·艺文志》和《四库全书总目》对《礼记》或《乐记》相关评论求同存异的比较，我们可以得出以下判断：

第一，《乐记》是由汉河间献王刘德等人编撰的。编撰时间是汉武帝时候，大约在公元前140年到公元前130年。编撰的主要依据是孔子弟子及后学者的听课记录，其次是窦公等人所传的周代礼乐。一般认为，公孙尼子是孔子的弟子。这件事同我们平时很关心的一件事——"六经"中的乐经是什么——是密切联系的。因为，《乐记》既然是孔子弟子以及后学者的听课记录，那么，它就是一份儒家的早期乐教文献。我们知道，早期儒家是以"六艺"或"六经"为教学科目的。根据《周礼·地官·大司徒》的说法，"六艺"指的是礼、乐、射、御、书、数，其中有"乐"；根据《庄子·天运》的说法，"六经"指的是《诗》《书》《礼》《乐》《易》《春秋》，其中也有"《乐》"。这两个"乐"都是儒家教育的产物。因此，我们可以通过《乐记》来认识乐经。可以说，《乐记》在性质上就是乐经，至少是乐经的组成部分。先秦两汉有一些类似于《乐记》的文献，比如《荀子·乐论》和《吕氏春秋》当中的《大乐》《侈乐》《适音》《古乐》《音律》《音初》等篇章，同样可以看作乐经文献的遗存。

第二，《汉书·艺文志》著录了《乐记》《王禹记》这两部书，说明它们在汉代已经流传了。

第三，《乐记》是被刘向编进《礼记》的，共有23篇。孔颖达《礼记正义》引用刘向《别录》说：其篇目为《乐本》第一、《乐论》第二、《乐施》第三、《乐言》第四、《乐礼》第五、《乐情》第六、《乐化》第七、《乐象》第八、《宾牟贾》第九、《师乙》第十、《魏文侯》第十一、《奏乐》第十二、《乐器》第十三、《乐作》第十四、《意始》第十五、《乐穆》第十六、《说律》第十七、《季札》第十八、《乐道》第十九、《乐义》第二十、《昭本》第二十一、《昭颂》第二十二、《窦公》第二十三。这23篇的末一篇《窦公》，可以印证《汉书·艺文志》"共采《周官》及诸子言乐事者"的说法，因为窦公就是《周官》之乐的传承人。这23篇的前11篇，和现存《礼记·乐记》的内容一致，说明《乐记》传本来自刘向校定本。不过，现在的《礼记·乐记》却只剩11篇了。

第四，现存《乐记》11篇的篇次，和《礼记·乐记》相比有一些不同。因此，严格说来，《乐记》在汉代有三个同源的传本：一是《礼记·乐记》本，二是《史记·乐书》本，三是刘向《别录》本。不过，刘向《别录》本现在已经是有目无文了。这意味着，在现存的古代文献中，最接近《乐记》的文本是《史记·乐书》；如果我们要读懂《乐记》，那么，最好拿《史记·乐书》及其注解来做一番比较。

以上四条，对于阅读《乐记》是很重要的，因为它可以明确《乐记》的性质及其在中国文化史上的意义，可以有效地指导我们的阅读。换一个角度说，一旦了解了《汉书·艺文志》和《四库全书总目》的相关评论，那么，我们也就得到了以下收获：

> 通过目录书了解一部书：它的来历，它所代表的古人的实践，它的书名所包含的观念，阅读它、研究它的方法。

第一，了解了《乐记》的来历。

第二，了解了《乐记》所代表的古人的礼乐实践。

第三，了解了《乐记》这个书名所包含的"乐"的观念。

第四，了解了进入古籍阅读的主要方法。

实际上，我们还由此获得了参与《乐记》研究的基本资格。比如，关于《乐记》，研究者曾经发表大量著作和论文进行讨论，从以下几篇文章就可见一斑：

孙星群《〈乐记〉研究百年回顾》，《中国音乐》2000年第4期；

叶明春《〈乐记〉作者及成书年代论争述评》（上、下），《星海音乐学院学报》1999年第4期、2000年第1期；

龙珲《二十世纪〈乐记〉研究综述》，《黄钟》2006年第2期；

张莉《浅论〈礼记·乐记〉的古今研究》，《西安社会科学》2010年第5期。

> 目录书所代表的原始记录，可以使我们进入有思考、有批评的阅读。

过去我们看这些论文和著作，可能会感到陌生；但现在肯定不会这样。因为我们可以利用阅读《汉书·艺文志》《四库全书总目》之所得，从新的角度——审读的角度、研究的角度、思考和批评的角度——来看这些论文和著作。我的意思是：一旦读了古代目录书，一旦了解了关于《乐记》的主要原始记录，那么，我们就能真正读懂前人的研究论文和著作，从而把它们当作阅读《乐记》时的参考资料。

2. 选择较好的版本。

关于阅读之前的准备工作，还需要指出一项，即选择比较好的版本。选择的时候要注意哪些问题呢？我看有三条：第一是先列一个通行本的目录；第二是浏览一下，了解它们各自的特点；第三是按由浅入深的方式阅读，阅读两个以上的版本。例如《礼记》有以下通行本：

(1)《礼记》，清代武英殿本，世界书局，1936年影印。

(2)《礼记正义》，《十三经注疏》本，中华书局，1980年影印。

(3)《礼记正义》，《十三经注疏》本，北京大学出版社，2000年，简体字标点本。

> 阅读之前的准备工作，还包括选择比较好的版本。

(4)《礼记集解》，[清] 孙希旦（1736—1784）撰，中华书局，1989年。

(5)《礼记训纂》，[清] 朱彬（1753—1843）纂，中华书局，1996年。

(6)《礼记译解》，王文锦译解，中华书局，2001年。

(7)《礼记集说》，[元] 陈澔（1260—1341）注，万久富整理，凤凰出版社，2010年。简体字标点本。

如果在以上各本中只选一本来阅读，那么我建议：选择有注解的繁体字本，比如王文锦《礼记译解》。这本书既保持了《礼记》的原貌（繁体），又比较浅易，适合于入门。如果把《乐记》当作精读的对象，那么，更好的方法是对读。比如拿两种《礼记正义》对读，它有助于识别《礼记·乐记》中的繁体字；又比如拿有白话翻译的《礼记译解》和其他各本对读，它有助于疏通《礼记·乐记》的文意。当然，最后总是应该单独读一下影印本《礼记正义》或清人详注的《礼记集解》《礼记训纂》的。这三本书保持了古代面貌，通过它们可以建立独立阅读古籍原著的习惯。

> 《礼记译解》《礼记正义》《礼记集解》《礼记训纂》的不同用途。

这样对读下来，我想，在座各位一定会有脱胎换骨的改变——将会变成不再害怕繁体字的人，变成不再害

> 对读的重要性。

怕文言文的人，更重要的是，将会成为一个阅读上的明白人。以这一身份，我们可以更透彻地掌握中国古代音乐思想的精髓。

（二）通过比较，认识古书的历史结构

刚才我们说到，阅读之前要做必要的准备，要把书当作书来阅读。这些话包含一个重要的意思：最好的阅读，其实是带有研究态度的阅读。这种阅读是一种立体阅读，而不是平面阅读。它要把读本竖起来，正面看看，反面看看，不仅看到古书的"当然"，而且看到它的"所以然"——看到古书的某种底层。

> 最好的阅读是带有研究态度的阅读，是立体阅读而不是平面阅读。

事实上，进入阅读之后，也有一个深入古书的某种底层的问题。其办法是什么呢？是在阅读之时，深入考察对象的结构。相信大家都懂得这样做的意义——结构是事物本质的一种呈现方式，要了解事物，自然要首先了解它的结构。但要做到所谓"深入"，则就不那么容易了。一般来说，它意味着一种还原工作——不仅看到事物的平面结构，而且看到事物的历史结构。这样做，可以防止贴标签的认识方式。大家或许知道，过去人们曾经热烈讨论过这样一个问题：《乐记》的指导思想是唯物主义的呢，还是唯心主义的呢？这场讨论有其积极意义，那就是对《乐记》做了结构分析；但也有消极意义，那就是简单肤浅，只满足于贴个标签，反而妨碍我们求取真知。

> 结构是事物本质的呈现方式。

为此，我想向大家推荐一个阅读方案，那就是通过比较来认识古书的历史结构。大家知道，认识事物有一个好办法，即把它和最相近的事物做比较。读书也是这样，读一本书的时候,可以拿它和最接近的另一本书做比较。比如读《礼记·乐记》,可以拿它和《史记·乐书》相比较,并把这两个文本同刘向所定的《乐记》篇目做比较,在比较中阅读。由于《礼记》《史记》这两个文本篇目相同,编次略异,那么,通过比较,我们不仅可以了解它们各自的结构,而且可以较深刻地了解《乐记》的性质。

> 认识事物有一个好办法,即把它和最相近的事物做比较。

表 2-1 就是我们经过比较阅读之后得出的结果。其中"所属章段",指的是在刘向所定《乐记》23 篇中的位置;其中《正义》,指的是唐张守节所撰《史记正义》。请大家一行一行往下看:

表2-1 《礼记·乐记》与《史记·乐书》文本比较表

《礼记·乐记》原文	所属章段	《史记·乐书》的章段和注解
凡音之起,由人心生也……所以同民心而出治道也。	《乐本》第一:1	1. 同左。皇侃:"备言音声所起,故名《乐本》。"
凡音者,生人心者也……诬上行私而不可止也。	《乐本》第一:2	2. 同左。《正义》:"此《乐本》章第二段,明乐感人心也。"
凡音者,生于人心者也……四达而不悖,则王道备矣。	《乐本》第一:3	3. 同左。《正义》:"此《乐本》章第三段也。前第一段明人心感乐,第二段明乐感人心,此段圣人制正乐以应之。"
乐者为同,礼者为异……如此,则民治行矣。	《乐论》第二:1	4. 同左。《正义》:"此第二章名为《乐论》。其中有四段,此章论礼乐同异也。"
乐由中出,礼自外作……天子如此,则礼行矣。	《乐论》第二:2	5. 同左。《正义》:"此《乐论》第二段,谓乐功也。"
大乐与天地同和……述作之谓也。	《乐论》第二:3	6. 同左。《正义》:"此《乐论》第三段,论礼与乐唯圣能识也。"

> 《乐本》

（续表）

《礼记·乐记》原文	所属章段	《史记·乐书》的章段和注解
乐者，天地之和也……则此所与民同也。	《乐论》第二：4	7. 同左。《正义》："此《乐论》第四段也。谓礼乐之情也。"
王者功成作乐……礼乐明备，天地官矣。	《乐礼》第五：1	8. 同左。《正义》："此第三章名《乐礼》章，言明王为治，制礼作乐，故名《乐礼》章。其中有三段：一明礼乐齐，其用必对；二明礼乐法天地之事；三明天地应礼乐也。"
天尊地卑，君臣定矣……如此，则乐者，天地之和也。	《乐礼》第五：2	9. 同左。《正义》："此《乐礼》章第二段也，明礼乐法天地事也。"
化不时则不生……故圣人曰"礼乐"云。	《乐礼》第五：3	10. 同左。《正义》："此《乐礼》章第三段，明天地应于礼乐也。"
昔者舜作五弦之琴以歌南风……殷周之乐尽矣。	《乐施》第三：1	11. 同左。《正义》："此第四章名《乐施》，明礼乐前备后施布天下也。中有三段：一明施乐以赐诸侯；二明施乐须节，既赐之，所以宜节；三明礼乐所施，各有本意本德。"
天地之道，寒暑不时则疾……故酒食者，所以合欢也。	《乐施》第三：2	12. 同左。《正义》："此则《乐施》章第二段，明施乐须节也。"
乐者，所以象德也……哀乐之分，皆以礼终。	《乐施》第三：3A	13. 同左。《正义》："此《乐施》章第三段，明礼乐之所施各有本意，在于象德也。"
乐也者，圣人之所乐也，而可以善民心，其感人深，其移风易俗，故先王著其教焉。	《乐施》第三：3B	18.《正义》："此《乐施》章第三段后也，误在此。"
夫民有血气心知之性……而民淫乱。	《乐言》第四：1	19.《正义》："此第五章名《乐言》，明乐归趣之事。中有三段：一言人心随王之乐也，二明前王制正乐化民也，三言邪乐不可化民也。"
是故先王本之情性……故曰"乐观其深矣"。	《乐言》第四：2	20.《正义》："此《乐言》章第二段也。前言民随乐变，此言先王制正乐化民也。"

《乐论》

《乐礼》

《乐施》

(续表)

《礼记·乐记》原文	所属章段	《史记·乐书》的章段和注解	
土敝则草木不长……是以君子贱之也。	《乐言》第四：3	21.《正义》："此《乐言》章第三段，言邪乐不可化民。"	《乐言》
凡奸声感人而逆气应之……各以类相动也。	《乐象》第八：1	22.《正义》："此第六章名《乐象》也。本第八，失次也。明人君作乐，则天地必法象应之。中有五段：一明淫乐正乐俱能成象；二明君子所从正乐；三明邪正皆有本，非可假伪；四证第三段有本不伪之由；五明礼乐之用。"	
是故君子反情以和其志……可以观德矣。	《乐象》第八：2	23.《正义》："此《乐象》章第二段也，明君子从正乐也。"	
德者，性之端也……唯乐不可以为伪。	《乐象》第八：3	24.《正义》："此《乐象》章第三段，明邪正有本，皆不可伪也。"	
乐者，心之动也……生民之道，乐为大焉。	《乐象》第八：4	25.《正义》："此《乐象》章第四段也，明证前第三段乐本之事。"	
乐也者，施也……则所以赠诸侯也。	《乐象》第八：5	14.《正义》："此第六段，《乐象》章第五段，不以次第而乱升在此段，明礼乐用别也。"	《乐象》
乐也者，情之不可变者也……领父子君臣之节。	《乐情》第六：1	15.《正义》："此第七章，明乐之情，与之符达鬼神，合而不可变也。中有三段：一明礼乐情达鬼神也；二证礼乐达鬼神之事；三明识礼乐之本可尊也。"	
是故大人举礼乐……则乐之道归焉耳。	《乐情》第六：2	16.《正义》："此《乐情》章第二段，明礼乐能通达鬼神之事。"	
乐者，非谓黄钟、大吕、弦、歌、干、扬也……然后可以有制于天下也。	《乐情》第六：3	17.《正义》："此《乐情》章第三段，明识礼乐本者为尊，识末者为卑，黄钟大吕之属，故云'非谓'也。"	《乐情》
魏文侯问于子夏曰……彼亦有所合之也。	《魏文侯》第十一	30.《正义》："此章第八，明文侯问也……子夏之答凡有三：初则举古礼；次新乐以酬问意；又因更别说以诱引文侯，欲使更问也。"	
宾牟贾侍坐于孔子……则夫《武》之迟久，不亦宜乎！	《宾牟贾》第九	31.《正义》："此第九章。名《宾牟贾问》者，盖孔子之问本为牟贾而设，故云《牟贾问》也。"	

(续表)

《礼记·乐记》原文	所属章段	《史记·乐书》的章段和注解
君子曰：礼乐不可斯须去身……举而错之，天下无难矣。	《乐化》第七：1	26.《正义》："此第十章名为《乐化》章第十，以化民，故次《宾牟贾》成第十也。其章中皆言乐陶化为善也。凡四段：一明人生礼乐恒与己俱也；二明礼乐不可偏用，各有一失也；三明圣人制礼作乐之由也；四明圣人制礼作乐，天下服从。"
乐也者，动于内者也……其义一也。	《乐化》第七：2	27.《正义》："此《乐化》章第二段也。明礼乐不可偏用，各有一失。"
夫乐者，乐也，人情之所不能免也……人情之所不能免也。	《乐化》第七：3	28.《正义》："此《乐化》章第三段也。明圣人所以制乐，由人乐于歌舞，故圣人制乐以和乐之，故云乐者乐也。"
夫乐者，先王之所以饰喜也……先王之道，礼乐可谓盛矣。	《乐化》第七：4	29.《正义》："此《乐化》章第四段也。明乐唯圣人在上者制作，天下乃从服也。"
子赣见师乙而问焉……子贡问乐。	《师乙》第十	32.《正义》："结此前事，悉是答子贡问之事。"

《乐化》

表2-1说明，在汉代，《乐记》有三种不完全相同的结构。表2-1是以《礼记·乐记》为基点列出的。如果改以刘向《别录》为基点，那么，可以更清楚地看到这三种结构的关联（见表2-2）：

表2-2 《乐记》各篇在《别录》《礼记》《史记》三书中编次比较表

篇次	A《别录》本	B《礼记》本	C《史记》本	备注
1	乐本	（同左）	（同左）	ABC三本次第相同
2	乐论	（同左）	（同左）	
3	乐施	乐礼	（同左）	以上四篇，BC二本次第相同
4	乐言	乐施	（同左）	

（续表）

篇次	A《别录》本	B《礼记》本	C《史记》本	备注	
5	乐礼	乐言	乐情	ＡＢ二本均以《乐施》《乐言》相接	A、B 相似值 2
6	乐情	乐象	乐言	ＢＣ二本均以《乐言》《乐象》相接	B、C 相似值 3
7	乐化	乐情	乐象		
8	乐象	魏文侯	乐化	在ＡＣ二本中，《乐化》《乐象》连续	
9	宾牟贾	（同左）	魏文侯	ＡＣ二本均把三篇专题论述列于书末	A、C 相似值 3
10	师乙	乐化	宾牟贾		
11	魏文侯	师乙	（同左）		

表 2-2 说明，《乐记》这三种结构有共同的底层；不过，它们分别代表了一种理论逻辑。

1. 刘向《别录》本的五段式逻辑。

刘向《别录》本的逻辑可以归纳为一个五段式，可以称作"铺开式"，其特点是从体到用，层层推开：

（1）乐本体论，包含两章：《乐本》第一，论音声所起以及人心与乐的关系；《乐论》第二，论礼和乐及其关系。

（2）乐施用论，包含两章：《乐施》第三，论礼乐如何施行于天下；《乐言》第四，论施行礼乐过程中如何以正乐化民。

（3）内部构成论，包含两章：《乐礼》第五，论乐的第一重内涵(礼)及其用度;《乐情》第六，论乐的第二重内涵(达鬼神之情）及其用度。

（4）功能论，包含两章：《乐化》第七，论乐的功能和圣人制礼作乐的本意；《乐象》第八，从淫乐正乐俱能成象的角度再论礼乐的作用。

(5) 专题，以问答方式讨论了关于乐的几个具体问题，包含三章：《宾牟贾》第九，孔子论周代《武》乐的礼义；《师乙》第十，师乙论声歌各有宜；《魏文侯》第十一，子夏论古乐与新乐之别、正乐与淫乐之别。

2. 《礼记·乐记》本的六段式逻辑。

《礼记·乐记》的逻辑可以归纳为一个六段式，可以称作"向心式"，其特点是以礼乐为内核，做向心论述：

(1) 本体论，含《乐本》《乐论》两章。内容与刘向《别录》相同。

(2) 礼乐论，含《乐礼》第五、《乐施》第三两章。

(3) 礼乐功用论，含《乐言》第四、《乐象》第八两章。

(4) 论情与礼的关系，含《乐情》第六、《魏文侯》第十一两章。

(5) 论圣人制礼作乐的本意，含《宾牟贾》第九、《乐化》第七两章。

(6) 声歌论，含《师乙》第十，一章。

3. 《史记·乐书》本的五段式逻辑。

《史记·乐书》的逻辑也是一个五段式，前两段和《礼记·乐记》相同，末两段则和刘向《别录》相同：

(1) 本体论，含《乐本》《乐论》两章。内容与刘向《别录》《礼记·乐记》相同。

(2) 礼乐论，含《乐礼》第五、《乐施》第三两章。内容与《礼记·乐记》相同。

(3) 论乐的内涵及其施行，含《乐情》第六、《乐言》第四两章。

(4) 礼乐功用论，含《乐象》第八、《乐化》第七两章。内容与《别录》相同。

(5) 专题，以问答方式讨论关于乐的几个具体问题，含《魏文侯》《宾牟贾》《师乙》三章。内容与刘向《别录》相同。

4. 三个结构的优劣讨论。

关于这三个结构的优劣，学者们曾经做过讨论。有一种流行的看法是推重《史记·乐书》，例如《文学遗产》2011年第1期所载杨合林《〈礼记·乐记〉与〈史记·乐书〉对读记》认为："《史记·乐书》的编次明显优于《礼记·乐记》。"这个判断是有价值的，但也是有问题的。为什么不把《史记·乐书》的编次同刘向《别录》也做一比较呢？因为，一旦做了比较，就很难对《史记·乐书》的编次做简单肯定了。换句话说，人们推重《史记·乐书》编次的那些理由，都可以用来表扬刘向《别录》。刘向《别录》以前八篇为概论，以后三篇为专题，其排列布置明显有逻辑上的统一性和连贯性。而且，概论部分两篇一组，分别论述乐之本体、乐之施用、乐之内部构成、乐之功能，其结构比《史记·乐书》更整饬，更具有规律性。仔细比较一下就知道：就各篇编次而言，《史记·乐书》比较接近《礼记·乐记》；但就内部结构而言，《史记·乐书》更加接近刘向《别录》。

> 《别录》的排列布置明显有逻辑上的统一性和连贯性。

事实上，在古代，较被人认同的既不是《史记·乐书》的结构，也不是刘向《别录》的结构，而是《礼记·乐记》的结构。例如唐代张守节《史记正义》说：

> 此第二章名为《乐论》。
> 此第三章名《乐礼》章。
> 此第四章名《乐施》。
> 此第五章名《乐言》。

此第六章名《乐象》也。本第八，失次也。

此第七章，明乐之情，与之符达鬼神，合而不可变也……前第六章明象。象必见情，故以乐主情。乐变则情变，故云情之不可变也。

此章第八，明文侯问也。

此第九章。名《宾牟贾问》者，盖孔子之问本为牟贾而设。

此第十章名为《乐化》章第十，以化民，故次《宾牟贾》成第十也。

结此前事，悉是答子贡问之事……今此文篇次颠倒者，以褚先生升降，故今乱也。今逐旧次第随段记之，使后略知也。

这些言论虽然是作为《史记·乐书》的注解保存下来的，但它却明确以《礼记·乐记》的编次为论述标准。其中"本第八，失次也"云云，是对《别录》编次的批评；其中"今此文篇次颠倒者，以褚先生升降，故今乱也"云云，则是对《史记·乐书》编次的批评。至于其中所说"此第七章，明乐之情……前第六章明象。象必见情，故以乐主情"云云，则符合《乐记》以《乐象》《乐情》两篇相接的情况，而不符合《史记·乐书》的结构次序。这说明什么呢？说明《礼记·乐记》的结构得到了公认；说明在中国古代，占统治地位的礼乐思想和礼乐理论体系，是由《礼记·乐记》奠定的。

请大家注意以上这句话。它的意思是说：我们

> 在中国古代，占统治地位的礼乐思想和礼乐理论体系是由《礼记·乐记》奠定的。

应该用一种历史主义的观点来看待《乐记》的结构,"存在就是合理的"。《乐记》是一部杂取周代礼制和诸家言论而形成的古代著作,就像《论语》一样,并非成于一家之手,并没有所谓"本来结构"。如果从年代角度探讨它的本来,那么,最早使它成书的人,应该是汉武帝时代的人,即河间献王刘德等人,刚才说过,其年代大约是公元前 140 年到公元前 130 年。它的最后结集,则要归功于小戴戴圣。他在汉宣帝时候立为博士,这也就是公元前 73 年至公元前 49 年之间。刘德、戴圣两人都比刘向要早。现代学者若要追寻《乐记》的本来结构,应该致力于恢复河间献王时代的《乐记》。离开这个目的而去"整理《乐记》篇次",这样做没有意义。我们不必效仿这种做法。

> 用历史主义的观点来看待《乐记》的结构。

另外,从版本角度看,现在的《乐记》并不完善,看来是有错简的。既然它结集于小戴戴圣之时,那么,很可能在戴圣时代,这些错误就已经出现了。我们是不是应该去帮戴圣等人改错呢?我认为不必。道理就是刚才说的历史主义:今本《乐记》是一种历史存在;它既然得到了戴圣和历代学者的尊重,便也应该得到我们的尊重。何况,我们无法证明自己比历代学者更高明。

实际上,戴圣不仅造成了今本《乐记》的编次,而且造成了《乐记》23 篇后半的失落。我们已经看到,无论哪一种《乐记》结构,都具有某种系统性和独立性。我们同样可以看到,在这 11 篇之外,其他篇章也自成一个系统。从字面上看,后者的结构是:

> 《乐记》后半的结构。

(1) 关于乐器及其演奏，包含《奏乐》第十二、《乐器》第十三。

(2) 关于乐曲及其创作动机，包含《乐作》第十四、《意始》第十五。

(3) 关于乐的风格和律制，包含《乐穆》第十六、《说律》第十七。

(4) 补充讨论具体的音乐理论问题，包含《季札》第十八、《乐道》第十九、《乐义》第二十、《昭本》第二十一、《昭颂》第二十二、《窦公》第二十三。

我们知道，古人素有道、器之分，以形而上者为道、形而下者为器；《礼记·乐记》也有"德成而上，艺成而下"的说法。因此，如果我们要对前11篇、后12篇分别做一个概括，那么，前者的主题便可以归为"德成"，后者的主题则可以归为"艺成"。这种情况意味着，我们现在看到的《乐记》11篇，是关于"道"的篇章，应该是《乐记》的上篇；我们看不到的那12篇，则是关于"器"的篇章，应该是《乐记》的下篇。《乐记》的流失并不是篇章的流失，而是卷册的流失。有一个事实是很清楚的：《乐记》前11篇之所以能流传于后世，乃是由于它编进了小戴《礼记》，立于官学，并由硕儒郑玄加了注解。由此可以判断，正是由于小戴编成了《礼记》，《乐记》的下篇才逐渐遗失了。

> 《乐记》的流失并不是篇章的流失，而是卷册的流失。

三、结论

现在，让我对以上的比较阅读做个总结，概括为以下

几点:

(一) 今本《礼记·乐记》是关于古乐的重要文献

它的核心思想是认为礼和乐必须相配为用,"乐"的概念中包含了礼。这意味着,"乐"在本质上是指面向彼岸世界的音乐。从六代之乐的名称上也能看出这一点:根据《左传》所说"黄帝氏以云纪,故为云师而云名"可以判断,《云门大卷》原是图腾乐舞;根据《吕氏春秋》所说"日在奎,始奏之,命之曰《咸池》"可以判断,《大咸》是祭天乐舞;根据《山海经》所说夏后开上三嫔于天"始歌《九招》"可以判断,《大招》(《大韶》)产生于"宾天"仪式;另外,《大夏》和《大武》分别是夏、周民族的祭祖乐舞。总之,这些音乐都是用于祭祀天神和祖先的。正因为这样,《乐记》被古人编进了《礼记》。

> "乐"在本质上是指面向彼岸世界的音乐。

(二)《乐记》在汉代有两个版本——王禹本和刘向本

这两个版本的内容都不同于《周礼·大司乐》,即主要不记录乐官的职掌,而记录关于乐的基本理论。其原因在于:它们是早期乐教的产物。由此可知,《乐记》的性质是和乐经一样的;我们既可以通过《乐记》来了解乐经,也可以综合《荀子·乐论》和《吕氏春秋·大乐》《侈乐》《适音》《古乐》《音律》《音初》等篇章的内容来了解乐经。

> 通过《乐记》可以了解乐经的性质。

(三)《乐记》由汉河间献王刘德等人编撰于公元前135年前后,后被刘向编进《礼记》

《乐记》在汉代有三个同源的传本,也就是《礼记·乐记》本、《史记·乐书》本、刘向《别录》本。刘向《别录》本的顺序是：《乐本》第一，《乐论》第二，《乐施》第三，《乐言》第四，《乐礼》第五，《乐情》第六，《乐化》第七，《乐象》第八，《宾牟贾》第九，《师乙》第十，《魏文侯》第十一。按照《隋书·经籍志》的说法，刘向考校经籍时，曾检得130篇《礼记》，"第而叙之"；又得《乐记》23篇。如果说《礼记·乐记》本是前者的遗存，那么，《别录》便应当是后者的遗存。后者代表了《乐记》的一个独立的来源，因而代表了比较早的《乐记》结构。它的逻辑特点是：以乐本体为理论出发点，既强调音乐同人心的关系，也强调礼和乐的关系。以乐的施用为理论目标，强调礼乐施行于天下的政治作用。以礼乐之结构和礼乐之功能为理论主体，既强调乐通于人伦之礼、达于鬼神之情的作用，也强调乐在正（正乐）反（淫乐）两方面的功能以及圣人制礼作乐的本意。附论关于乐的几个具体问题，一为孔子论周代《大武》乐的礼义，二为师乙论声歌各有宜，三为子夏论古乐与新乐之别、正乐与淫乐之别。它说明，较早的音乐理论逻辑是富于政治色彩的。

> 《别录》本代表了比较早的《乐记》结构，说明较早的音乐理论逻辑富于政治色彩。

（四）历史选择了《礼记·乐记》，使它成为古代乐学的代表

《礼记·乐记》的结构是本体论、礼乐论、礼乐功用论、情礼关系论、圣人制礼乐之本意论、声歌论的结合，其特点是以礼乐为内核做向心论述，比较富于学术性。从这一文本的角度看，深刻理解了礼与乐的关系，也就理解了《礼记·乐记》的实质。

第三讲　掌握文史研究方法的三条途径

一、引言

在座各位是研究生,即将成为学术工作的生力军。"中国音乐学"这一学科的未来,就寄托在大家身上。那么,各位是否想过:什么是"学术"?什么又是"学科"?

我主张从材料角度回答这两个问题。也就是说,我认为学术的本质就是研究材料,因为没有材料就不可能开展研究。而学科的本质呢,表面上看是关于研究方法的分类,但究其实质却是关于对象和材料的分类。比如,中国音乐研究可以由此分为三大部分:一是面向历史文献的研究,即中国音乐史学;二是面向实物遗存的研究,即音乐考古学;三是面向田野资料的研究,即民族音乐学、音乐人类学或民族民间音乐研究。众所周知,这三者是中国音乐学的三大柱石。

> 学术的本质是研究材料。

以上这种回答问题的方式,是想表明,学术是在同它的材料相适应的过程中建立起来的。所谓"方法",其实就是适应的方式。未来的中国学术,仍然要把资料建设放在中心位置。

1992年夏天，就在我们现在上课的这个地方——中国音乐学院——召开了中国传统音乐学会第七届年会。会上的争论非常激烈。争论的焦点是：我们应该采用什么样的方法来研究中国音乐？当时比较响亮的声音是主张采用民族音乐学的方法，但这一呼声遭到音乐史研究者的强烈质疑。在两方面意见相持不下的时候，我作为第三方发表了一个意见。我说：问题的关键是要弄清楚什么叫作"方法"。方法是什么呢？其实是联系研究者和研究对象的媒介，是研究者的学术个性、知识结构同作为研究对象的资料品质的相互适合。因此，采用什么样的研究方法，取决于两个因素：第一，取决于研究什么材料；第二，取决于由什么人来研究。比如黄翔鹏先生创造了曲调考证法，这无疑是很先进的研究方法，但是，如果把这种方法用来研究唐代以前的音乐，那么是否行得通呢？行不通！因为没有足够的材料来支持这种研究。如果不是黄先生，而是另外一个人来使用这种方法，那么是否行得通呢？也行不通，因为研究主体不具备操作它的能力。由此可见，不看主体和客体，只是孤立地看作为媒介的研究方法，是不可能把事情看清楚的。

我说这些话的目的是提醒大家：谈学术，绝不能忽视学术存在的环境因素，不能离开它的条件。

那么，中国学术的客观条件、环境因素怎样呢？有一点是值得注意的，那就是：同其他民族相比，使用汉字的民族拥有最多的历史文献，特别是中华民族。中国人从公元前800多年开始，就逐年不断地记录了每一年甚至每一天发生的事情，这在其他国家是没有的。正因为这样，中国学术拥有不同于其他国家的特点。每一种外国的研究方法进入中国，都会遭遇中国学术传统的反作用而发生改变。比如西方的考古学，进入中国以后变成了历史考古学，在很大程度上变成受历史学影响的学科，成为围绕历史学问题而展开的学科。所谓"夏商周断代工程"，其实就是考古学服从历史学的一个例证。当民族音乐学进入中国以后，它的命运如何呢？它能够不改变原来的面貌吗？它能够不同中国音乐的文献基础相结合吗？这是值得思考的。这种思考有充分的必要性。因为相对于田野资料来说，历史文献有三个特殊品质：其一是它的历史性。它比较完整地保存了过去。越是古老的东西，在当代生活中消失得越厉害，或者变形得越厉害，但它们却可以生存在历史记录当中。其二是它的系统性。它是由专门的人——史臣或学者——系统地记录下来的，所以流传有绪。其三是它的年代性。从公元前800多年以后的那些文献，都比田野资料有更明确的年代信息。这样一来，音乐学的每个部门，在研究中都不可避免地要同文献做比较。即使是专门从事音乐考古学、民族音乐学研究的人，也不会忽视历史文献。我写过一篇文章——《论火把节的来源——兼及中国民族学的"高文化"问题》，发表在2012年第2期《清华大学学报（哲学社会科学版）》上——专门讲了这个道理。

> 每一种研究方法进入中国，都会面临中国学术传统的影响，发生改变。

> 历史文献有三个特殊品质。

> 高文化。

我的意思是，在座各位的问题，也许并不是要不要学习文献学的问题，而是如何学好文献学的问题。对于音乐研究者来说，这是一个不那么简单的问题。

根据我的经验，音乐研究者是一批具有特殊才能的人。就像古代的祭司或瞽矇那样，他们有特别好的听觉、特别好的记忆力，也有很好的逻辑能力。他们掌握了一套对现象事物加以描述和概括的数学手段。例如乐谱，用来记录乐音运

> 音乐研究的数学手段：用来记录乐音运动的乐谱；用来描述乐音区域和音阶关系的宫调模型；运用数理方法来研究乐音之间关系的律学。

动；宫调模型，用来描述乐音区域和音阶关系；律学，运用数理方法来研究乐音之间的关系。另外，音乐研究者一般都有音乐技术工作的实践，能够比较深切地了解音乐的本性，善于从技术角度提出问题和解决问题。由于有这些条件，他们很容易接受和理解新的学术思维。比如新史学提出的"重复性""长时段"等概念，不太容易被文学研究者理解，而在音乐研究中却是顺理成章的——音乐现象本来就是被理解为长时段的、重复出现的现象的，即使历史上的音乐事件，通常也被视为某种历史运动的表现。不过，所有这些优点都隐藏了一个重要的特点或缺点，那就是：音乐研究者是一些善于"耳治"而不善于"目治"的人，是一些善于倾听而不善于阅读的人。他们在生理上好像不同于古代的读书人。

> 学问做得好的音乐研究者都很会读书。

当然，我在这里说的只是一般情况。因为总是有一些优秀的学者能够超越学科的局限。学问做得好的音乐研究者，他们都很会读书。比如杨荫浏先生，我们很难说他进行过专门的文献学训练，但他做的每一项研究都中规中矩，符合文献学规范。我和湖南师范大学音乐学院喻意志博士合作写过一篇文章——《中国音乐文献学：以杨荫浏为枢纽的两个时期》，讨论杨先生使用校释、汇考、表谱、比证等文献研究方法的情况。另外，从1991年以来，由于教学上的原因，我又接触了许多新一代的音乐研究者。他们也表现了一些特殊的文献学才能。其中有几位是黄翔鹏先生派来的，让我为他们补习文献学；另外几位则以正式或非正式的身份，进修了中国古代文学的博士学位课程。他们在跨学科学习方面，做了多方面尝试，积累了很多很好的经验。从他们身上，我看到了音乐研究者掌握文史研究技术的一些有效的途径。今天我的预定任务，就是把他们的经验介绍给大家。各位是不是听过这样一句话："真传一句话，假传万卷书"？按我的理解，这句话的意思是说传授经验比传授书本知识更重要。因此，在这堂课上，我主要介绍相关的经验。经验表明，音乐研究者要掌握文史研究技术，主要有三条途径。

> 真传一句话，假传万卷书。

二、第一条途径：做一项练习

前面说到，音乐工作者要掌握文史研究的技术，有三条不同的途径。从我的经验看，最基本的途径是完成一项文献学的练习。为什么要做练习呢？因为我们要掌握的是"技术"，而不是一般的理论知识。同一般的理论知识相区别，技术的特点主要有二：第一，它是经验性的知识，可以用来解决实际问题。第二，它是工具性的知识，是主体作用于客体的最直接的方式。所以，要掌握"技术"，就不能光从理论层面去下功夫。光讲理论的那种做法叫作"纸上谈兵"。

> 掌握文史研究的技术，最基本的途径是完成一项文献学的练习。

过去我给音乐学界的朋友讲文献学，曾经布置这样两道练习题：第一题，分类列举 60 种比较重要的文献学工具书——包括古代的辞书、目录书、类书、丛书、辑佚书、引得书，注明它们在图书馆的分布。第二题，参考《中国音乐书谱志》《四库全书总目》和《中国学术名著提要·艺术卷》，写一篇书籍解题。

> 两道练习题。

这两项练习，就是有助于掌握文史研究技术的练习。前一项练习的目的是促使研究者熟悉中国古代的工具书。前面我们说到，中国文化有一个特点，即留下了大量历史文献。现在我要补充这一说法：中国文化还有一个与之相应的特点，即每个时代的读书人，为了掌握这些文献，也在努力地编制工具书。因此，我们若是要像古人那样学得广博，那么我们就要去读很多古书；我们若是要像古人那样学得巧妙，那么我们就要学会使用关于古书的工具书。要是不用这些工具书，读好古代的文献就会是一件很难的事情；同时，这样也浪费了先贤们的劳动。在我看来，学习文献学的诀窍和捷径，就是学会使用古籍工具书。有句古话说："工欲善其事，必先利其器。"就是这个道理。

> 学习文献学的诀窍和捷径，就是学会使用古籍工具书。

> 学会从"书"的角度看书。

至于后一项练习，主要目的则是促使研究者了解目录学，同时学会从"书"的角度看书。我们平时看书，是不是从"书"的角度来看的呢？我认为不是，而只是从书的内在一面——内容或知识的方面——来看书。真要懂得书，那就要把外在、内在结合起来，了解书的形式，了解它的体裁，了解它的思想资料的来源，也了解它在一个时代的知识体系中的位置，以及它在书籍史中的位置。所谓"解题"，指的就是从以上几方面来扼要地介绍书。孟子关于读书有一个主张，即主张读书要了解作者，像了解一个朋友一样了解他的身世。这一主张叫作"知人论世"，也叫作"尚友"。如果我们做一些目录学的练习，那么，我们就能多层次地了解书——不仅了解它的内容，而且了解它的形式，以及它的背景——达到"尚友"的水平。这样,我们就真的进入文献学了。

20世纪90年代初,当中国音乐研究所的崔宪教授还是博士生的时候,他来到上海,和我一起读了一个月书。读书的名义就是"学习音乐文献学"。当时他的研究方向是曾侯乙墓编钟铭文。为了熟悉铭文,也考虑到一个月的期限,我们一起设计了一个有助于掌握先秦各类音乐史料的练习,叫作"先秦乐律学史料汇编"。这个题目,可以说是前面说的第一题的发展,因为从内容看,它主要是利用工具书来搜集专题资料。崔宪来上海的时候,住在我家隔壁,食宿、读书都很方便。在到达上海的第二天,就开始工作了。这时,我交给他以下一个工作流程表,嘱咐他照章执行:

一个工作流程表。

1. 查看资料索引,了解有关研究成果;

2. 查看古代辞书,了解若干主题词的早期资料;

3. 查看类书,搜集主要资料,建立知识线索,补充主题词;

4. 以主题词为单位,查看引得书,以便补充资料,并完善资料的分类体系;

5. 以书籍为单位,查看辑佚书,补充资料,并辑校异文;

6. 清理以上工作中涉及的书籍名称,参考《中国丛书综录》等目录书,提出一份正式阅读的书和版本的目录。通过阅读,一方面核对已搜集到的资料,另一方面补充资料。

关于以上六条,后面将要做一个详细的讲解。现在我们继续讲崔宪教授的故事。对于这项练习,他热情很高,很快就完成了前两个步骤，掌握了一批主题词。这时他想，既然有了这样多关于主题词的资料，那么可不可以直接进入4、5、6三步，一鼓作气，完成这部《先秦乐律学史料汇编》呢？于是他撇开类书，开始看原著了。他的想法的确是不错的，收集资料当然要依靠原著。但他遇到了一个问题，这就是：在有限的时间里，应该选择哪些原著来阅读呢？他困惑起来了。对于一个不甚熟悉中国古籍的人来说，这的确是一个不容易解决的难题。而类书却正好可以帮助我们解决这个问题，因为类书分类介绍了关于各种事物的主要资料，为我们的认识提供了知识线索。因此，在进入全面阅读之前，阅读类书是一个必要的环节。这就是说，崔宪之所以产生了困惑，是因为他恰好跳过了比较关键的一步。后来，他对这一遗漏迅速做了弥补，退回到第3步。通过这件事，我也懂得了一个道理，即使做资料工作，也有一个循序渐进的问题，有规律可以遵循。

> 做资料工作也有一个循序渐进的问题，有规律可以遵循。

第二年，黄翔鹏先生的另一位博士生也来了。他就是后来担任中国音乐研究所所长的张振涛教授。张振涛在我任职的上海师范大学住了两个月，同崔宪相比，时间更充分，条件也更好。由于有前一次的经验，我设计了一个难度更高的工作——"古乐书辑佚"。从学术价值的角度看，史料学、辑佚学在文献学中属于不同的门类，没有高下之分；但从学习和练习的角度看，辑佚学却更高更难，需要更复杂的技术。因为辑佚不是简单地搜集资料，而是要复原古书。它既要找来资料，又要努力恢复古书原貌——就像文物修补那样，既要找到散落的陶片，又要根据各种逻辑关系重塑一个陶盆。音乐学界的学者大概从未做过这种工作——吉联抗先生辑的《琴操（两种）》《古乐书佚文辑注》，宽一点讲是辑佚，严格一点讲却不是，因为他没有按辑佚学的要求广收资料，也没有把恢复古书原貌当作收集资料的目的——但历史上一些很重要的成果却是采用辑佚手段完成的，比如二十四史中的《旧五代史》。这就是说，尽管张振涛的工作有某种蓝本，但他需要面对更为多样的文献状态——他整理的是唐代以前已经不成书的古代音乐资料，包括五十几种典籍。我以前的一位研究生叶昶曾进行过这项工作，张振涛便在叶昶的基础上核对、补充材料。在核对材料的过程中，他把有关这五十几种古乐书的资料熟悉了一遍，校正了其中的错误。两个月之后，他使这部《古乐书辑佚》有了一个相当的规模，也使自己成了目录学和校勘学的内行。可以说，从他开始，现在的中国音乐学获得了辑佚的经验。

> 辑佚就像文物修补那样，既要找到散落的陶片，又要根据各种逻辑关系重塑一个陶盆。

以上两个事例说明：音乐研究者完全有能力学好文献学。若要结合自己本来的研究方向实现这一目标，那么最好的办法是扎扎实实地做一项练习。作为短期项目，有两个比较好的选择：一是利用中国古代工具书进行练习；二是对前人的文献学工作进行复查和补订，通过这一方式进行练习。

> 两个短期练习项目：利用古代工具书进行练习；对前人的文献学工作进行复查和补订。

做练习，看起来是一个技术活，但隐藏在其背后的原则却是不容忽视的，这就是要严格遵守文献学的学术规范。其中关键一条是要追求古本之真，而不一定要去追求事实之真。这和我们通常的习惯不同。通常的学术观念讲求明辨道理的是非;但从文献学的角度看,更重要的事情却不是这样,而是确认文献记录的真假——看它是否符合原始记录的面貌。为什么要这样做呢?这是因为:任何是非判断都包含主观成分,都只有相对的正确性或准确性;而文献的原始面貌却意味着一种历史的存在,因而代表了一种客观。所以我们不能随便修改历史文献。即使你认为它记错了,也不宜改,最好是用校勘记的方式提出你的怀疑。同这个道理相联系,我们做学问的时候,还要注意从材料出发,而不是从问题出发。为什么呢?这同样因为:任何问题都代表一种主观判断,而材料却意味着一种历史的客观。懂得这个道理是不容易的,人们常常情不自禁地把各种分析方法——比如乐律学的方法、音乐史的方法——带进文献工作来了。所以,对于音乐研究者来说,进行文献学练习的意义,除掉掌握一种知识以外,更重要的是掌握一种新的思想方法。事实上,在民族音乐学"忠实地记录"这一原则之中,我们也可以看到这种思想方法。

> 追求古本之真,而非追求事实之真。从材料出发,而不是从问题出发。

我们知道,中国学术的特点是尊重传统。比如在中国古代,有一种观念叫作"通变"。它认为,"变则可久,通则不乏",继承传统是发明创造的源泉,前者和后者同样重要。《文心雕龙·通变》篇讲的就是这个道理。与此相联系,古代中国人还有一种"述而不作"的学术观念,即强调忠实的记录,认为充分重视继承的创造才是有意义的创造。《论语·述而》篇的第一句,孔子就是用"述而不作(阐述而不创作），信而好古（笃信而喜爱古代文化）"这句话来表白自己的。这些观念是否有道理呢？我认为是有道理的。因为传统代表的是长期的文化积累，是几十代、几百代人的集体实践，任何新的创造都要以之为基础，而不能"蹈空"。有一件事很值得注意：那些主张"述而不作"的人，例如孔子、郑玄，恰好是中国历史上最富有创造性的人。这说明什么呢？说明对于"传统""保守""创新"这些词语，都应该有分析的态度，建立辩证的认识；说明每一个研究者都要保持警惕，注意自己的认识的有限性和主观性。对于音乐研究者来说，这一点更加重要，因为受专业的影响，他们比较容易接受标新立异之快感的引诱。

> 充分重视继承的创造才是有意义的创造。

> "述而不作"的创造性。

三、第二条途径：进行音乐文献学研究

1998年和1999年，扬州大学中国文化研究所录取了三位来自音乐学界的博士生。这就是西南师范大学音乐学院的李方元、武汉音乐学院的孙晓辉、湖南师范大学音乐学院的喻意志。面对这样一批人才，我感到兴奋，也感到紧张，因为我的责任更大了，必须提出新的方向让这种跨学科的人才得到发展。这样一来，在扬州大学中国文化研究所就开展了"历代乐志律志校释""《乐府诗集》校注"两项研究。后一个项目，主体上属于中国音乐文学；前一个项目，以及喻意志承担的"《乐府诗集》成书研究"，主体上属于中国音乐文献学。

> "二十五史"乐志的意义：构成了一套反映中国古代音乐的历史文本；代代连续，系统展示了中国音乐发展的主流线索。

"历代乐志律志校释"这一项目，并不是我们的首创。在"文化大革命"以前，已故学者丘琼荪先生曾经对《史记》《汉书》《后汉书》《晋书》《宋书》《南齐书》《魏书》中的音乐专卷加以整理，完成了两册《历代乐志律志校释》。但《隋书》以后16部史书的音乐志却未得到整理，而停留在中华书局校点本的水平之上。1989年，黄翔鹏先生曾经提出整理历代乐志的设想，人民音乐出版社的许在扬先生对此也很支持。他们为什么关注这件事情呢？这是因为，作为官方史书，"二十五史"既具有系统性，又具有文献的权威性。其中的乐志、律志构成了一套反映中国古代音乐的历史文本；它们代代连续，系统展示了中国音乐发展的主流线索。也就是说，它们是中国古代音乐文献的骨干。以校释的方式整理历代乐律志，事实上可以为中国古代音乐文献的整理研究建立一个基础、一个典范。

不过，作为一名研究生导师，我的看法是：进行"历代乐志律志校释"的意义不止以上这一条。它还可以培养一批人才，通过这批人才建设"中国音乐文献学"学科。考虑到这一点，我们按部就班地进行了一系列学术训练，概括说来经过了以下五个阶段：

> 五个阶段：工具书的使用，文献考据学训练，古典目录学训练，校勘学训练，传注学训练。

1. 结合古典文献学课程，掌握文献工作的基本理论和方法，包括关于古代工具书的知识和使用方法；

2. 结合中国古代文学、中国学术史等课程，阅读古籍，进行文献考据学的训练；

3. 进行古典目录学的专项训练；

4. 进行校勘学的专项训练；

5. 进行传注学的专项训练。

博士课程的第一阶段总是最快乐的阶段。我还记得1998年秋天的情形：十来位博士生围坐在一个枇杷树掩映的教室里，面前的大桌子上摆满了各种古代工具书，包括《说文解字》等辞书、《太平御览》等类书、《四库全书总目》等目录书，也包括《通典》《通志》《文献通考》《唐会要》《五代会要》等政书。博士生的任务是为所有这些书写一篇提要，每个人都参与写作，除一般介绍之外，还要写出自己的阅读体会。这样一来，除安静的思索之外，还会有热烈的讨论。我没有参加讨论，我的任务是提供那一屋子好书；但我在隔壁书房里能够感受到大家快乐的学习气氛。

第二阶段也是卓有成效的。那时，王福利曾经对《楚辞》和《昭明文选》做了比较研究，从《文选》诸家注中辑出有关《楚辞》的各种资料，由此认识了楚地文学对汉晋文学的影响。李方元则在熟读孙诒让《周礼正义》的基础上，完成了一篇关于先秦裸礼（灌礼）的考证文章。这篇文章规范地运用古文字学、历史学的资料与方法，对商周两代裸礼的来源及其文化内涵做了富于新意的解释。在音乐学研究者写作的考据学论文中，这一篇可以说属于上乘。

第三阶段是由两个目录学练习组成的。首先，三位同学每人为中国古代目录书编一份分类目录。结果他们各自发挥想象，编成了这样三份古典书目：第一份按各种目录的时间排序，编成断代目录；第二份按各种目录的作者排序，分为官修书目、史志书目、私家书目；第三份

三种古典目录学书目。

则按各种目录的体式排序，分为解题书目、小序书目、书名书目。在这个基础上，三位同学又参考《四库全书总目》，按传统分类观念改造了一部越南图书目录——把音序书目改造成四部分类目录。这样一来，博士生们就有两个收获：第一，建立了对于中国目录学史的生动理解；第二，建立了对于中国古典知识体系的生动理解。

接下来是第四、第五阶段，按每个人的知识结构和学术兴趣进行分工：李方元对《宋史·乐志》进行校勘和注释，最后完成了学位论文《宋史乐志研究》；孙晓辉对《隋书》《旧唐书》《新唐书》的《乐志》进行校勘和注释，最后完成了学位论文《两唐书乐志研究》；王福利则在校勘、注释《旧五代史·乐志》《辽史·乐志》《金史·乐志》《元史·礼乐志》的基础上完成了《辽金元三史乐志研究》。通过这些工作，三位博士生不仅得到了文献学训练，而且形成了自己的学术个性。比如孙晓辉曾经有过历史学的训练，她的文献学工作就比较重视源流考证，她的博士学位论文重点探讨了两部《唐书》乐志的史料来源，以及唐代礼乐制度的结构和演变。王福利长年生活在四方文化辐辏的徐州地区，他的文献学工作比较重视文化研究，他的博士学位论文因此采用了民族关系研究的思路，对音乐功能和音乐文化交流等问题做了深入探讨。后来，到2004年，在上述三篇博士论文之后又产生了一篇《清史稿乐志研究》，作者是来自湖北大学的温显贵博士。

对于音乐研究者来说，进行文献学的系统训练会产生怎样的结果呢？从以上情况看，的确可以产生合格的音乐文

> 文献考据学也有学术个性。

献学家。这一点，不妨用李方元的例子做补充说明。李方元是离开音乐学院院长的职位坐进博士生课堂的。对他来说，新的学习阶段意味着脱胎换骨、重新起步。他对此有比较自觉的认识。因此，他认真遵照教学计划，完成了中国古代文学、中国学术史和古典文献学等课程的学习和训练。他听课比较专注，作业比较投入，进步也很显著。正因为这样，在1998年年底、进校一个学期之时，他就完成了那篇考据学论文——《商周裸礼研究》。

在博士学位论文选题的时候，李方元根据自己对学术传统的领会，提出了一条特殊的撰写学位论文的思路。他打算把《宋史·乐志》"他校"——也就是以各种同时代著作校勘一本书——的成果发展成博士学位论文。这意味着，他要抛开音乐学界的习惯做法，不再关注《宋史·乐志》的乐舞内容，而采用音乐文献学的本体视角，把研究重点放在对历史文本做形式考察方面。也就是说，他要采用典籍比较的方法（而不是资料比较的方法），以典籍为单元（而不是以片段资料为单元），重点讨论正史乐志的编纂传统和《宋史·乐志》的文献学背景、文献学渊源。用通俗的话说，是仅仅做形式研究，而不做内容研究。李方元的这种选择意味着什么呢？就像刚才说的那样，意味着从"书"的角度（而不是书中所载内容的角度）去研究古书。

> 他校：以各种同时代著作校勘一本书。

关于李方元的选择，我们还可以用另一种方式来理解。前面我们说过，中国古代有一个治学传统，叫作"即类求书，因书究学"，意思是通过目录书来求取作为研究对象的典籍，又通过对典籍的探究来达到对真理的探究。其基本精神是讲究从资料出发，讲究典籍的整体性。中国学术为什么会有这样的传统呢？这是因为，古人原来是把读书和研究结合在一起的；在经学教育当中，形成了把文献学作为主要研究方法的学术习惯。这和现在人的治学习惯很不相同。现在人往往从问题出发，根据现成理论来划分事物单元，其实质是重视概念和原则；为了迁就概念和原则，他们往往不惜忽略典籍的历史形式。即使在古典文献学领域，这种习惯也有很大影响。因此，所谓文献学，所谓古籍研究，尽管都是"因书究学"的工作，但其中仍然包含以下三条不完全相同的研究路线：

> 从问题出发，根据现成理论来划分事物单元，其实质是重视概念和原则；为了迁就概念和原则，不惜忽略典籍的历史形式。

一是从原始资料出发的路线；

二是从现有的学术问题出发的路线；

三是综合这两者的路线。

对这三条思路，我们不一定说哪条最优，哪条最劣；但在实践中，考察资料和研究问题，却毕竟构成了基础研究与后续研究的关系。今天我想告诉大家的是：在这样三条思路中，李方元选择的是第一条思路，也就是最彻底的文献学的思路。这种选择让我知道，音乐研究者完全可以通过文献学训练脱胎换骨。

总之，李方元、孙晓辉、喻意志的经验证明，进行音乐文献学的系统训练，对于音乐研究者不仅是可行的，而且是必要的。由此可见，这条途径是在座各位今后可以考虑的一个选择。走这条路有点难，有点辛苦；但同前面说的第一条途径相比，它有三个积极效果：其一是从根本上掌握文献学，不仅掌握搜集资料的手段，而且掌握搜集和处理资料的规范；其二是真正确立史源意识，重视来自原始典籍的资料，尤其重视来自最早的原始典籍的资料；其三是把作为学术基础的资料工作变成一个独立的学科，使中国音乐学成为一个更加完善的系统。

> 进行音乐文献学系统训练的意义：从根本上掌握文献学；真正确立史源意识；把作为学术基础的资料工作变成一个独立的学科。

四、第三条途径：按跨学科研究的需要，系统阅读

大家熟悉的赵塔里木教授，是在1995年来扬州大学攻读博士学位的。当时，除他以外，还有几位来自中文系、外文系、历史系、戏剧学系的同学。那时的博士生宿舍在扬州大学"博士楼"的底层，是一个二居室，住四个人。这宿舍于是被命名为"四贤居"。"四贤"都出生在20世纪50年代，有很丰富的阅历，彼此的交流非常多。我和他们年龄相仿，也得到了一个学习的机会。首先，大家的个性不同，知识结构不同，这就要求我探索新的教学方式；其次，几位博士生的长处也正好是我的短处，我只有通过学习才能理解他们。比如赵塔里木，通过接触，我知道他是和我很不相同的人。我善于阅读，塔里木则善于倾听；我习惯用眼睛接受知识，塔里木则习惯眼耳并用。我听别人讲课，非要跟着做一遍笔记，才能记住，好像是不相信自己的耳朵；塔里木则相反，他看别人的文章，非要默读一遍，才感到放心，好像是不相信自己的眼睛。我于是知道，不同学科的人，其实有生理上的区别。对于一名教师来说，

> 不同学科的人有生理上的区别。

这种区别是不能忽视的。

当然,我对这一切并不是没有思想准备的。我是在新疆认识塔里木的。那时我们共同进行了一次文化考察,绕着北疆的草原、南疆的沙漠走了一大圈。我们在博尔塔拉蒙古自治州停留了三天,到过中哈交界的阿拉山口,也在赛里木湖旁的蒙古包中又唱又跳地醉了一整天。这里也就是塔里木下放当知青的地方。塔里木写作硕士论文的时候,在天山山顶的河谷中调查了很多蒙古人部落。这次考察,他带领我们重新走访了这些部落,从尼勒克、那拉提、巩乃斯一直走到巴音布鲁克。通过朝夕相处,我了解到塔里木在新疆学者心目中的地位,知道他是一个很好的民族音乐学研究者。正因为这样,在他入学以后,我对如何确定他的研究方向一直很谨慎。不过有一个原则性的想法:这个方向既要符合中国古代文学学科的学术规范,又要发扬他的长处。记得我曾这样表述过选择研究方向的标准:

> 关于跨学科选择研究方向。

1. 在中国文学的范围内;
2. 以北方文化为重点;
3. 选择一个跨民族的现象;
4. 进行文化人类学的考察。

后来我们找到了这个方向,那就是研究在中亚传承的中国西北地区的民歌——东干民歌。1997年初,伊斯兰教开斋节快结束的时候,我和塔里木一起进入吉尔吉斯斯坦和哈萨克斯坦,在东干人居住区做了三个多月的考察;而在进行这项研究之前,按跨学科研究的需要,我们用比较特殊的方式安排了塔里木的学位课程。

第一门课程是古典文献学。除讲授文献学基本知识以外，塔里木做了一项练习，也就是为《四部精要》写了80多篇解题。

大家知道，中国古代有一种书叫作"丛书"，也就是把多种单行的典籍汇编成一部大书，又称"丛刊""丛刻"和"汇刻书"。在中国丛书中，最有名的书是《十三经》《二十四史》和《四库全书》。《十三经》汇编儒家经典，《二十四史》汇编纪传体断代史。它们是专科丛书，而《四库全书》则是综合丛书。从1919年到1936年，商务印书馆挑选最重要的500多种书，并且挑选最好的版本，编了一部《四部丛刊》。这在当时中国的出版界影响很大，传为盛事。这件事发生以后，中华书局不甘落后，紧跟着在1920年至1936年，选出300多种由清代学者精校详注的古书，用仿宋字铅印，出版了一部《四部备要》。这部丛书有效地补充了学者们的私人收藏，影响也很大。1993年，上海古籍出版社从《四部丛刊》和《四部备要》中选取古籍129种，拼版影印，出版了一部精装22册的《四部精要》。这部丛书，实际上代表了中国古籍当中的精华，是值得购置的。塔里木进校的时候，我正好买到一部《四部精要》。我于是把这部书转送给塔里木，让他对其中每种古籍写一篇解题，用这种方式了解中国的古书。从塔里木后来交给我的解题看，他浏览过的古籍有以下81种：

经部：1.《周易正义》，2.《尚书正义》，3.《毛诗正义》，4.《周礼正义》，5.《仪礼注疏》，6.《礼记正义》，7.《春秋

> 丛书：把多种单行的典籍汇编成一部大书。

> 《四部丛刊》《四部备要》和《四部精要》。

> 中国古籍的精华。

左传正义》，8.《春秋公羊传注疏》，9.《春秋穀梁传》，10.《论语注疏》，11.《孝经注疏》，12.《尔雅注疏》，13.《孟子注疏》，14.《说文解字注》，15.《广雅疏证》(附隋曹宪《博雅音》)，16.《广韵》，17.《经传释词》，18.《诗韵》。

史部：19.《史记会注考证》，20.《汉书补注》，21.《后汉书集解》，22.《三国志》，23.《三国史表》，24.《三国职官表》，25.《三国疆域志补正》，26.《三国艺文志》，27.《资治通鉴》。

子部：28.《墨子间诂》，29.《孙子十家注》，30.《老子道德经》，31.《庄子》，32.《商君书》，33.《管子》，34.《公孙龙子》，35.《荀子》，36.《韩非子》，37.《吕氏春秋》，38.《鹖冠子》，39.《淮南子》，40.《春秋繁露》，41.《白虎通义》，42.《论衡》，43.《列子》，44.《抱朴子》，45.《颜氏家训》，46.《二程遗书》，47.《近思录集注》，48.《续近思录集解》，49.《传习录》，50.《思问录》，51.《明夷待访录》，52.《补注黄帝内经素问》，53.《黄帝素问灵枢经》，54.《周髀算经》，55.《九章算术》，56.《齐民要术》，57.《本草纲目》，58.《天工开物》，59.《物理小识》，60.《世说新语》，61.《太平广记》，62.《弘明集》，63.《广弘明集》，64.《阅藏知津》，65.《道藏目录详注》。

集部：66.《楚辞补注》，67.《古诗源》，68.《乐府诗集》，69.《文选》，70.《古文辞类纂》，71.《花间集》，72.《词综》，73.《诗品》(钟嵘)，74.《诗品》(《二十四诗品》)，75.《文心雕龙》，76.《曹子建集》，77.《陶渊明集》，78.《李太白文集注》，79.《杜诗详注》，80.《王右丞集笺注》，81.《韩昌黎集》。

他为这81种书各写了一篇解题。其中有一篇关于《乐府诗集》的解题，全文为：

南宋郭茂倩编著。郭茂倩，郓州（今山东东平）人，生平经历湮没不彰。全书 100 卷，计收自上古迄五代的乐府歌诗 5200 多首，是一部最完备的各类乐府诗的总集。

其分类参酌古今，将乐府诗分为十二大类，如下：

一、郊庙歌辞：第 1—12 卷，录辞 804 首。为祭祀典礼所用的乐歌。

二、燕射歌辞：第 13—15 卷，录辞 160 首。为宫廷宴会、辟雍飨射所用的乐歌。

三、鼓吹曲辞：第 16—20 卷，录辞 254 首。用短箫铙鼓伴奏的军乐乐歌。

四、横吹曲辞：第 21—25 卷，录辞 302 首。用鼓角在马上吹奏的军乐乐歌。

五、相和歌辞：第 26—43 卷，录辞 826 首。被之于管弦的乐歌，源于汉代，用丝竹相和的方式演奏。

六、清商曲辞：第 44—51 首，录辞 707 首。清商乐中使用的乐歌。清商乐指东晋、南北朝期间，承袭汉魏相和歌诸曲，吸收民间音乐，发展而成的俗乐之总称。后改称清乐。

七、舞曲歌辞：第 52—56 卷，录辞 188 首。用于郊庙、朝飨、宴会上的舞乐歌辞。

八、琴曲歌辞：第 57—60 卷，录辞 171 首。包括曲、引、操等曲种。

九、杂曲歌辞：第 61—78 卷，录辞 767 首。无法归类的乐歌歌辞。

十、近代曲辞：第 79—82 卷，录辞 337 首。隋唐五代新兴的乐曲歌辞。

十一、杂歌谣辞：第83—89卷，录辞331首。不入乐的徒歌、谣、谶、谚等。

十二、新乐府辞：第90—100卷，录辞429首。唐人所作的拟乐府辞，自命其名，不配乐。

各大类中又以曲调不同，细分为若干小类。小类中再依据古有的著录，排列各种曲名。同曲名之作品按古题古辞、古题新辞、新题新辞顺序排列。各类及各曲调前都征引了古籍，经过考订，详审有据地做了解题和说明。

《四库全书总目》有贴切的评论。中华书局排印点校本最为通行。

> 解题的一般格式：
> 1. 作者简况；
> 2. 本书规模和性质；
> 3. 本书内容及其结构；
> 4. 本书编撰特点；
> 5. 本书通行版本。

> "复习"：重复前人做过的练习。

在分发给各位的讲义中，我把这些书名一一抄录下来了，把《乐府诗集》解题也抄录下来了。之所以这样做，是为了方便各位"复习"——重复他做过的练习。因为我提供给大家的，实质上是两份文献学的参考文献：首先是一份推荐书目，其次是一篇写作书籍解题的样本。我的想法是：各位不妨参照这份书目，去图书馆找找这81种书。不一定找线装书或古书影印本，只要找到新印本就可以了；找到几种算几种。找到以后，尽可能认真地把它们翻看一遍，了解大致内容。这样做有什么意义呢？最重要的意义是了解古书、熟悉古书，破除对古书的陌生感、畏惧感。一旦达到这一目的，那么，掌握音乐文献学就是一件比较容易的事情。

以上的话还有一个意思：建议大家在中国古籍中，找出那些关于音乐的书，参考《乐府诗集》解题，也写一批解题。这样做同样有两大意义：第一，掌握"解题"这一文体。这意味着掌握了一种目录学的方法，也学会了从"书"的角度看书。第二，切实地了解一批关于音乐的历史典籍。大家是不是知道《中国音乐书谱志》这部书？这书的古代部分是王世襄先生编写的，编得很好。它已经列出了古代音乐典籍的名称和版本。我们可以更进一步，通过解题，了解这些典籍的形式与内容。

> 掌握"解题"这一文体，意味着掌握了一种目录学的方法，也学会了从"书"的角度看书。

现在，我打算再介绍一下塔里木另外两门课程的情况。这就是中国古代文学和中国学术史。前面说过，这两门课的意义，在于帮助研究生读懂资料、正确分析资料。

为了实现上述意义，塔里木一边听课，一边采用了比较阅读的办法。他的具体做法是把旧知和新知做比较，在学习新知的同时深化旧知，也就是说，通过阅读做了以下三个练习：

> 把旧知和新知做比较，在学习新知的同时深化旧知。

1. 阅读《诗经》《楚辞》等中国古代诗歌集，写作《中国古代诗歌札记》；

2. 阅读《乐府诗集》等中国古代歌辞集，写作《中国西北民歌体式的音乐学考察》；

3. 阅读《礼记·乐记》等中国古代音乐理论著作，写作《中国北方民族关于音乐的概念》。

我不太了解塔里木所做练习的过程，但看到了它的结果——三篇作业。这些作业让我感到耳目一新！比如，在第一篇作业中，他把《诗经》里的一些作品拿来同蒙古族的歌唱方式做比较，让那些在《诗经》文本中已经模糊了的、被我们忽略的仪式内容，一一凸现出来。在第二篇作业中，他把《乐府诗集》里的北朝民歌和南朝民歌加以对比，我们通常理解为诗体地域特色的东西，被他一解释，就成了歌唱的地域特色。这样一来，他也建立了更加深刻的对诗体的认识。在第三篇作业中，他把文献资料和田野资料加以对比，使文化人类学的方法在中国音乐理论研究中得到应用。当然可以说，这些练习是很个人的，因为它针对的是塔里木个人的特殊情况；但同时也可以说是富于创造性的。我相信，如果《诗经》研究者、《乐府诗集》研究者、中国古代乐论研究者看到这几份作业，那么，他们一定会觉得新鲜。而对塔里木来说，这些练习则有另一个意义：不仅充实了中国古代文学、中国学术史的学科知识，而且，有助于寻找到新的研究方向。

以上这些练习，从长远目标来说，是为了培养一名跨学科的学术人才；而从现实需要说，则是为了奠定基础，以便写好一篇博士学位论文。塔里木能不能写好博士学位论文呢？理论上应该做肯定的回答，因为他写过一篇很出色的硕士学位论文——《蒙古族额鲁特部民歌特征的鉴别与解释》。这篇论文非常规范地使用了民族音乐学的方法，同时进行了深入细致的理论分析，可以说是迄今为止我看到过的最好的硕士学位论文。为此，我把它编到《扬州大学中国文化研究所集刊》的创刊号中了。但这并不意味着他在博士阶段也能成功。为什么呢？因为他在博士阶段面临的任务，是要实现民族音乐学和中国古代文学研究的结合。这是一件很难的事情，就像要把番薯和土豆嫁接到一起，也就是要把土山芋和洋山芋嫁接到一起一样，很难。我们知道，民族音乐学是在西方传统上生长起来的学科，中国古代文学研究是在本土学术传统上生长起来的学科，二者的结合没有先例。这意味着，塔里木的博士学位论文是一种尝试。这一尝试,最低限度要做到:既解决田野遗存提出的问题,又解决历史文献提出的问题。

> 把番薯和土豆嫁接到一起,把土山芋和洋山芋嫁接到一起。

从最后的结果看,塔里木成功了。他完成了一篇题为《在中亚传承的中国西北民歌——东干民歌研究》的博士学位论文。这篇论文的主要章节有五项:一是东干民歌的历史文化背景,二是东干民歌的分类,三是东干民歌的流传和保存,四是东干民歌的唱词特征,五是东干民歌的音乐特征。从结构上看,它和民族音乐学的论文没有太大区别,但就思想方法而言,它却大不同于民族音乐学论文了。首先,它的眼光不同了。它站在历史学的立场上来认识东干民歌,一方面,把东干民歌当作活着的、有着年代标记的民歌史材料来看待,通过对东干民歌的描述和研究,为中国民歌发展史的研究提供一个活的参照系;另一方面,它也利用这个参照系,来反观中国西北乃至更多地区的民歌发展演变的历史轨迹。其次,它的出发点不同了。它出发于两种学术需要:一种需要来自中国文学方面,它为此注意讨论了汉民族文学艺术与周边文化的关系问题;另一种需要来自民族音乐学方面,它为此注意整理了系统的、具有中国特色的田野工作资料,作为学科建设的支撑。再次,它的方法也有所不同。它采用了综合研究或比较研究的方法,即文学研究和民族音乐学相结合的方法,以及文献资料和田野资料相互参证的方法。它所利用的材料,除田野记录以外,还包括苏联出版的东干文民歌文献、中国明清以来的民歌文献,以及有关陕甘回民起义和迁

> 眼光、出发点、研究方法的不同。

徙的历史背景资料。

> 在忠实记录的同时，大大提高了分析和解释的质量。

塔里木的研究思路有一个明显的效果，即在忠实记录的同时，大大提高了分析和解释的质量。比如关于东干民歌的分类，论文在揭示分类的内部逻辑、东干民众关于曲子的本质特征的看法以外，进一步讨论了新、老曲子分类法所蕴藏的含义——一种是传统的分类法，另一种是非传统的分类法。各位是否理解我刚才这句话？它是说，东干民歌分类是有历史层次的，至少是两种逻辑（传统的和新时期的）的叠加。又比如，论文在讨论东干民歌的传承方式的时候，注意讨论了两种现象：一是东干人对移民环境所做出的反应，它认为，传承方式其实是这种反应的一种表现；二是唱词保存了声音外壳而丢失词义的现象，它认为，这是在长期离开母体文化之后必然出现的一种传承现象。这就是说，论文不仅讨论了东干民歌的传承方式，而且就其特点讨论了它的原因。另外，在描述东干民歌唱词形式特征的同时，论文特别关注了四类事物：一是在唱词与曲调之间有一种同构关系，它注意了；二是不同词汇有不同的来源，它也注意了；三是在不同体裁中有不同的唱词，它不仅注意了，而且分析了异文中所保留的地域信息和年代信息；四是它注意到清后期中国北方词汇在东干民歌中保存和使用的情况，并做了分析。

可以说，这篇论文的特点就是注意做富于深度的分析。关于这种分析，最典型的例子是两个个案研究：一是《高大人领兵》的异文比较研究，二是东干民歌与中国西北民歌《珍珠倒卷帘》的比较研究。前一个案在音乐文献校勘的基

图 3-1 吉尔吉斯斯坦米粮川村的东干人乐队

础上,对特定民歌的各种异文进行了年代识别,注意到民歌传承中的异文叠加现象,提取了民歌传承中的稳定和非稳定因素,从而获得了对民歌传承规律的新认识;后一个案则结合民歌的传播背景,解释了不同异文的曲调发生变异的原因。总之,这篇论文比较完整地实现了学术的目的,即不仅提供关于事物状态的新知识,而且对事物的原因和原理做出了解释。

> 学术的目的:不仅提供关于事物状态的描写,而且对事物的原因和原理做出解释。

塔里木以上经验表明:音乐文献学不仅是一门知识,或一种研究技术、一种思维方式,而且,它还是一种学术素养。从这个角度看,掌握音乐文献学,从实质上看,就是熟悉研究所需要的各种文献。老话说:"熟能生巧。"我的体会是:我们应该尽可能地熟悉文献;按这一路线向前走,走任何一步,都会使自己的学术工作达到一个新的境界,同时也会使自己在跨学科研

> 音乐文献学不仅是一门知识、一种研究技术、一种思维方式,而且是一种学术素养。

究方面获得新的人生体验。对于研究民族音乐和传统音乐的人来说，这是比较合适的一条途径。不知各位是否赞成我的意见。我是说：今天谈到掌握文史研究技术的三条途径，其中第一条途径比较适合于音乐史研究者；第二条途径比较适合于音乐文献学工作者；而第三条途径则适合于各种类型的田野工作者，我想，你们当中的大部分人，应该是对这一条途径感兴趣的。

这次讲课，我在理论上、书本知识方面讲得不多，在经验上、方法方面讲得比较多。之所以这样做，是想向大家传达一个意思："学而时习之"，学到一门知识之后，要及时练习、实习。关于这一点，音乐研究者应该比其他学科的研究者懂得更多，因为你们有技术工作的经验。你们很容易明白：正像不练琴就永远学不好琴一样，如果不练习阅读和资料整理，也永远学不好文献学。你们都知道：每一门学科都有自己特有的技术，技术是需要反复训练才能得到的知识。文史研究各学科的基本技术是什么呢？就是文献学。所以，今天我讲课的主题是：为了掌握文史研究的技术，音乐研究者应该根据具体情况选择适合自己的练习途径。

课间的时候，有一位同学问我："音乐史研究是不可能离开文献的，所以每位研究者都有一定的文献学经验。是不是可以说，他们都掌握了文献学呢？或者说，是不是我们做了一项文献学的工作，就可以掌握文献学呢？"这位同学问得很好，问到了一个重要问题：对于文献学，是否有真

> 技术是需要反复训练才能得到的知识。

掌握和假掌握的区别？我的看法是：确实有这种区别，其要点就在于是否懂得文献学的规范。因此，有效的文献学训练，应该是规范的文献学训练，或以掌握文献学规范为目的的训练。上面我们讲三条途径，实际上也是讲三种文献学训练的规范。关于规范不规范这一点，大家不妨参看一些学术讨论文章。比如在《中央音乐学院学报》2008年第2期，有一篇题为《治学应以实事求是为根本宗旨——读〈陈旸及其乐书研究〉》的文章。它说："学术研究是一种严肃的事业，要取得一点业绩，往往需要付出自己的艰苦而长期的劳动甚至毕生的心血。对于初入道者，简省或忽略必要的系统的专业基础训练过程，降低相应的要求与工作量而做'急就章'式的学术研究，没有不走弯路甚至中途而废的。至于采取自我虚夸的做法，其结果势必适得其反，这已被无数事实所证明。"这段话说得很好，值得我们牢记。

> 有效的文献学训练，是以掌握文献学规范为目的的训练。

第四讲　古典文献学的构成

一、引言

前几天向大家介绍了我在文献学领域学习、工作的方法和经验。今天，我打算讲一些具体知识——古典文献学的基础知识。古典文献学是一个实践性的学科，研究经验不同的人，对它的理解不尽相同；由不同的人来讲古典文献学，这个学科也会呈现不同的结构和面貌。不过，大家普遍认为，古人在这个学科中的创造，应当包括目录学、版本学、校勘学、传注学、辑佚学、辨伪学等六项内容。这是学者们都认同的。所以我就讲讲这六个科目，尤其侧重前三个科目。

> 古典文献学是一个实践性的学科。

今天演讲的内容，我在汉城（首尔）给梨花女子大学中文系的研究生讲过。按照韩国习惯，那堂课的名称叫作"书志学的构成"。"书志学"是韩国的一个特色学科，通常使用的教材有《韩国书志学》《韩国书志学原论》《韩国书志学研究》《书志学散稿》《书志学诸问题》等等。我的课就是从分析这些教材开始的。在第一堂课上，我提出一个问题：韩国的书志学和中国的古典文献学，是不是同一个学科呢？

我的回答是：它们不是同一个学科。这两者看起来内容相近，但它们在精神上和方法上却有很大差异。古典文献学是服务于学术研究的学科，所以，其中最重要的一些原则是以学术为依归的，比如说"辨章学术，考镜源流"，以及"类例既分，学术自明"；而书志学则是服务于管理的学科，所以它重视版本、印刷、典藏和保护。从学科成员的身份看，这两者也有很大不同。中国的文献学家同时是文史各学科的专家；但韩国的书志学家则基本上是图书馆工作者，或者是古物鉴定的专家。前者工作的目的是通过考察古文献的形式来理解它的内容，而后者的目的则只在于形式本身。

实际上，上述两个学科的矛盾，也表现在中国音乐学当中。其中一个典型的案例是关于"音乐文献学"学科内容的讨论。讨论中出现过四种不同的意见。第一种意见发表在《音乐学习与研究》1985 年第 1 期。它说：音乐文献学是"以实际音乐作品为出发点，专门对作品与作品之间的风格与技术手法演变作深入研究的一门科学"。第二种意见发表在《音乐探索》1990 年第 3 期、《黄钟》2000 年第 2 期和 2005 年第 2 期，认为"音乐文献学是以音乐文献为研究对象，旨在揭示其形态变化、社会流传和整理利用特殊规律，并为开展音乐文献工作提供理论依据的一门专科文献学"。这种意见并且主张按"形成基本概念——构成概念群——建立概念体系"的过程来建立学科。第三种意见以《音乐研究》2003 年第 2 期所载孙国忠《音乐文献导论》为代表。它参考《美国国会图书馆分类法》(*Library of Congress Classification*)，提出与音乐有关的文本分类，并介绍了收集

> 关于"音乐文献学"学科内容的四种意见。

研究资料、阅读研究资料、梳理研究资料的方法。第四种是我和一些音乐研究者的意见,最早发表在《黄钟》1989年第4期,主要看法是把音乐文献学看作中国传统文献学的一个分支。为了同前三种文献学相区别,后者可以称作"古典文献学"。

> 古典文献学和书志学的根本差异:服务于学术还是服务于管理。

这四种意见,到底谁是谁非呢?大概是不容易争论清楚的。这就像大家都可以叫"刘波"、叫"李刚"、叫"李海"、叫"张勇"一样。网上有个小统计,说中国人叫刘波的最多,达到130多万人;叫李刚的排名第二,有105万人。此外叫李海的有90万人,叫张勇的有81万人,叫王军、王勇、张伟、刘伟、王伟、李伟的各达70多万人。可见有些名称是人们都喜欢的、觉得合适的名称。现在,"音乐文献学"也成了这样一个名称。

> 要了解一种理论的真相,不妨去看看它到底关联哪些经验事实。

怎样处理这件事呢?我想,我们不妨搁置争论,只做一个循名责实的考察,以便明确这四种意见的本质。我们都知道这样一个道理:理论是同实践相联系的,是通过人来实践的,它必然要概括某些经验事实,也关联一定的人。因此,要了解一种理论的真相,不妨去看看它到底关联哪些人、哪些经验事实。只要这样看,事情就清楚了:第一种意见关联音乐创作和鉴赏活动,关联音乐评论家,它的实质是作品分析。第二种意见主体上关联国外的和现代的文献管理,是图书管理人员的专业,实际上是音乐图书馆学或音乐情报学。第三种意见强调音乐学和音乐图书馆学的结合,对第二种意见做了推广。第四种意见关联中国几千年的音乐文献整理和研究实践,是中国音乐研究者的专业，它的工作重点是音乐学的材料学。

为什么说第二种意见代表"图书管理人员的专业"呢？看看《黄钟》2000年第2期《关于音乐文献学学科体系的初步构想》就清楚了——这里有关于第二种意见的几个核心认识。它说：所谓音乐文献活动，包括"搜集、分编、考校、典藏、布局、揭示、传播、利用"等概念；所谓音乐文献实体，"重点是乐谱、旋律索引、音像制品"；所谓音乐文献工作研究，"实质是对文献实体及其活动的组织、管理和利用"。显而易见，这个意见是来自西方音乐图书馆学的学科理论的，因为在中国的音乐文献中有大量历史记录，无法排除在外。至于第三种意见，其重点是认为：在研究音乐文本的基础上进行写作才是真正的学术成果。而其依据则是美国国会图书馆的音乐文献分类，即分为四类：

1. 以乐谱形式出现的文本；

2. 以作曲理论为主的文本；

3. 关于音乐的文本，例如音乐词典百科全书、手册指南、音乐编年史、学术专著、论文集、传记、主题目录等；

4. 关于音乐与音乐文献的参考书目。这也是对西方音乐图书馆学的援引和发展。

对不同意见做以上分析，我的意思是：不要把"音乐文献学"当作一个商标、一个专利，认为它只能为我所用，而要把道理说清楚，了解"音乐文献学"的名实关系。现在实际上有四种"音乐文献学"：第一种是联系音乐作品、联系作品风格与技法分析的"音乐文献学"；第二种是联系"乐谱、旋律索引和音像制品"、联系对它们进

> 四种"音乐文献学"的名实关系和功能区别。

行管理的"音乐文献学";第三种是关于如何利用现代音乐图书馆进行研究的"音乐文献学";第四种是作为中国古典文献学之分支的"音乐文献学",联系于古代的音乐文献整理和研究实践。这四种"音乐文献学"的功能区别也很明显:第一种服务于音乐评论与创作,第二种服务于乐谱和音像品管理,第三种服务于西方音乐研究(它所理解的音乐资料是西方特色的资料),第四种服务于中国音乐史及其周边文化事物研究。但从另一方面看,后三种"音乐文献学"也是相互联系的,它们分别针对音乐文献的一个局部。所以我认为:完整的"音乐文献学"应该是后三者的结合。其中联系研究实践的是后两种音乐文献学,而联系中国音乐研究实践的则是第四种"音乐文献学",因此,我们可以把第四种称作"中国音乐文献学"。

> 第四种"音乐文献学"的特点。

为了弥补因西方习惯而造成的偏颇,今天,我打算向大家介绍一下这种"中国音乐文献学"。同前几种"音乐文献学"相区别,它主要有以下特点:

1. 它重视利用传统文献学手段对文献本身进行研究,因而包括目录学、版本学、校勘学、传注学、辑佚学、辨伪学、史源学等分支。

2. 它以中国音乐文献的实际状况为出发点。由于中国的音乐书写有漫长的历史,在这段历史中以文字记录和文字描写为主要的书写方式,因此,它重视对历史典籍加以研究。

3. 它以中国音乐活动的实际状况为出发点。由于中国音乐大都分布在山野和各种形式的歌场,是作为生活方式、生产方式的存在,是作为文化而不只是作为艺术的存在,因此，它重视对音乐作品的周边资料进行搜集和整理。

4. 它以中国音乐文献研究的实践为出发点。其体系是在实践中形成的，而不是舶来的，因此不是按"形成基本概念——构成概念群——建立概念体系"的过程来建立的。

正是这几个特点，使我们可以把不同的"音乐文献学"区分开来，也把中国的音乐文献学同韩国的音乐书志学区分开来，并通过这种区分，从中国传统学术中吸取营养。

以上这些看法，我曾经对武汉音乐学院图书馆馆长孙晓辉讲过。孙晓辉考虑到音乐文献管理方面的需要，回信说：我非常赞同您将音乐文献学的定义根植于"中国学术传统中的文献学"，也赞同您对音乐学界几种"音乐文献学"的剖析，但我认为需要补充说明一个背景，即将图书情报学也称作"文献学"，是中西学术碰撞之后的一种文化现象。1895年，在比利时建立了一个国际性的文献机构"国际目录学会"。1938 年，它又改名为"国际文献工作联合会"（International Federation for Documentation）。Documentation 对译中文后称"文献学"。其实 Documentation 一词，应该被译作"文献工作"而不是"文献学"，亦即定义为"组织知识的工作"，包括知识组织工作和信息检索两方面的内容。然而许多人却将这种"文献工作"也称为"文献学"。这就是音乐学界以"音乐文献学"指代"音乐图书馆学"的缘由。

> 以"音乐文献学"指代"音乐图书馆学"的背景。

孙晓辉的意见说明：第二种"音乐文献学"的观念，是和韩国"书志学"相近的一种文化现象。

不过，从学术角度看，第四个意义上的"音乐文献学"却是不容忽视的，因为中国音乐研究最需要这种文献学。正因为这样，我在这里要向大家讲一讲它，首先讲一讲它的上位概念——古典文献学；而且，我打算主要联系自己的经验，从应用的角度来讨论这个学科。

二、目录学

> 要学习目录学，就像驾车进入一个大城市，你一定要学会识读这个城市的地图一样。

作为音乐文献学的学习者，最重要的事情是掌握目录学。这门学问最基本的用途是帮助大家找到材料。我认为，假如我们不能全面掌握文献学，那么，也一定要掌握其中的目录学。因为目录学是做学问的第一要事。这就像驾车进入一个大城市，你一定要学会识读这个城市的地图一样。

"目录"和"目录学"是两个相关联的术语。"目录"通常指书籍目录，也就是用书目方式对一定范围的知识与学术加以总结；而"目录学"则是关于这种工作的理论概括。它是关于文献分类的学问，从应用角度看，是呈现每一时代的知识结构和认识结构的学科。

按我的看法，目录学是中国特有的学问。因为中国的目录学是以"辨章学术，考镜源流"为宗旨的。这就是说，

> 具有国学背景的中国学者，他们编目录的指导思想是独具特色的。

尽管全世界的学者都在编目录，但具有国学背景的中国学者，他们编目录的指导思想却是独具特色的。关于这一点，我有切身的体会。

首先可以举出《越南汉喃文献目录提要》的例子。《越南汉喃文献目录提要》是我和越南学者共同编成的一部目录书，主要著录收藏在越南河内汉喃研究院和法国巴黎远东学

院的越南古籍。这些古籍大部分用汉字写成，小部分用喃字（用来拼写越南语的改造汉字）写成。一方面由于习惯，另一方面为了便于做比较研究，我们把它编成了分类目录。也就是按中国传统的经、史、子、集四部法加以分类，它的小类也大致上对应了《四库全书总目》的分类。但这个分类法却和出版方台湾"中研院"产生了冲突。台湾方面的当事人大都是留过洋、学过图书馆学的朋友。在他们看来，目录的主要功能是检索，应当按书名的音序或笔画排列。因此，他们对我的分类法提出了强烈反对。这时候我该怎么办呢？我只好又坚持，又妥协。其结果是：一方面，这书按我的意见，仍然使用了中国传统的分类方法；但另一方面，由出版方做主，在"采用现代目录学及古籍目录的体例"的名义下，对这部书稿做了修改。主要有这样三个修改：

第一，按照中国传统目录的体例，书稿原来没有列出索书号。我的考虑是，这部目录像中国历代书目那样，是一部综合目录，而不是馆藏目录；它的作用是反映越南古籍的资源情况，是给使用中文的人看的，因此不必记录索书号。为什么呢？首先因为每家图书馆各有自己的检索目录，我们不必越俎代庖；其次因为越南古籍收藏在许多图书馆当中，只著录两家图书馆的索书号，看起来精细了，但夸大了这部目录收书不全的缺陷。出版方首先修改了这个想法。在正式出版的《越南汉喃文献目录提要》中，增加了汉喃研究院和巴黎远东学院两家图书馆的索书号。

> 像中国历代书目那样，编综合目录，而不是馆藏目录。

第二，这部目录是一个提要目录。按照古典文献学的要求，书稿像昨天讲的《乐府诗集》解题那样，在每一部的

图 4-1 《越南汉喃文献目录提要》书影

书名下，记录作者简况，说明本书性质、内容及其结构，也说明本书的编撰特点。但在正式出版的《越南汉喃文献目录提要》中，这些解题内容被简化了。

第三，越南古书是在中国古书的影响下产生的。从中越书籍关系的角度看，可以把越南古书分为三类：第一类是产自中国而在越南抄印的书，第二类是产自越南而用汉字按汉语语法写的书，第三类是产自越南而用喃字按越南语法写的书。为了说明书籍源流，我们在每部书的解题中做了标注，把第一类书标注为"中国书重抄重印本"，把第二类书标注为"汉文书"，把第三类书标注为"喃文书"。但不知出于什么考虑，出版方却把"中国书重抄重印本"一律改为"中国重抄重印本"了。这样一改，"中国书"（由越南人重抄重印的书）就变成了"中国本"（由中国人重抄重印的书），书籍的源流就搞乱了。

注意书籍的源流。

三个修改都是对"辨章学术，考镜源流"这一理念的修改。

以上修改，可能是件"公说公有理，婆说婆有理"的事情，或者说，是件"中说中有理，西说西有理"的事情。这里的冲突，是两种学术传统、两种学术理念的冲突。两者是否有对错，可暂不讨论，不过有一点可以肯定下来：以上三个修改，其实都是对"辨章学术，考镜源流"这一理念的修改。台湾朋友之所以主张按音序或笔画排列而反对按四部分类，同样因为缺乏"辨章学术，考镜源

第四讲　古典文献学的构成 | 099

流"的意识。

其次一个例子是《韩国所藏中国汉籍总目》。这是一部大型图书目录，六大册，由韩国延世大学全寅初教授主编，2005 年在首尔学古房出版。它是利用 28 种图书馆目录编成的，其中 24 种是首尔各大图书馆的藏书目录。作为一个到韩国访求汉文古籍的人，我看到这部书时非常激动，因而立即把它仔细阅读了一遍。读完以后，我了解了这项工作的艰难，对编者很钦佩；但另一方面，也感到很遗憾。为什么呢？因为这份目录缺了几个重要环节，不便于利用。

第一个环节是分类。《韩国所藏中国汉籍总目》虽然做了经、史、子、集四部分类，但在各类的内部却没有继续贯彻分类原则，而是按书名的韩文音序排列。那些同书异名的书（比如《资治通鉴》和《通鉴》），或内容相近而异名的书，便被分隔在很远的地方，成了彼此不相关联的书。这意味着，编者貌似尊重四部分类，但他却没有"辨章学术"的思想。

> 分类和"辨章学术"。

第二个环节是排序。古代中国人、朝鲜人编目录，都会注意书籍创作、印刷的年代，在各小类之中，按年代顺序排列书名及其版本。这样做的目的是方便"考镜源流"，其客观效果却是使书目更加整饬。而《韩国所藏中国汉籍总目》却不是这样。它在排序时对书籍的创作年代、印制年代统统不加考虑，因此显得混乱。

> 排序和"考镜源流"。

第三个环节是整合。对书籍区分单元，可以考虑三个层次：一是书，二是版本，三是藏本。图书馆为自己编馆藏目录，可以编成藏本目录，以版本为单元；但综合目录却不应

> 书目应该以书为单元，建立以书为纲、以版本为目、把藏本归入版本的系统。

如此——既然是"书目"，便应该以书为单元，建立以书为纲、以版本为目、把藏本归入版本的系统。而《韩国所藏中国汉籍总目》却像是图书馆的藏本目录：对每一书、每一版本的每一藏本单独列条，而不合并，这样就使同一种书多至数百条，同一书的同一版本多至数十条。这样做的优点是操作简单，只要把各图书馆的藏书目录合并起来就可以了；但它的缺点却是很难阅读，很难查询，也无法统计。比如，《韩国所藏中国汉籍总目》总共收了多少种书？这是谁也不知道的事情。这样一来，就弱化了把它用作工具书的效能。

第四个环节是复查和清理。我把《韩国所藏中国汉籍总目》和韩国各家图书馆的藏书目录做了简单对比，发现这部书在编成之后，缺了复查和清理的环节，所以保留了一些不应该犯的错误。比较明显的错误有四类：一是对同一书的同一版本做重复收入；二是对同一版本的各种藏本既未加归并，也未按统一方式书写；三是著录信息参差不齐，往往不完整；四是条目有较多遗漏。从这个角度看，这部书就不像目录书，而像是杂抄了。

以上四项缺陷，让我感触很深——从中感受到某种传统的断裂。我在韩国注意过关于书籍的资料，据我了解，古代朝鲜半岛人有文献学的优良传统。他们重视书籍，在高丽、朝鲜两代，宫廷里每增加一种书，包括购买一种书、开刊一种书，都有明确记录。那时的知识分子也把去中国买书当成生活中的大事，买到一本书，或托别人买一本书，都做记录。这样就留下了一批特殊的书籍史料。古代朝鲜半岛人也重视保护传统，对古书从来不做轻易改动。这样一来，又留下了比较清楚的版本学资料。而且，他们重视目录学，按"辨章学术，考镜源流"的传统编制了许多目录书，反映了不同时代的知识体系。由于这个传统，古代朝鲜半岛人留下了三类文献学资料：一是书籍记录，二是版本记录，三是图书目录。南京大学域外汉籍研究所张伯伟教授编纂了一部《朝鲜时代书目丛刊》，影印朝鲜时代朝鲜人用汉字撰写的书目题跋 26 种，这就是第三类资料的代表。我认为，在这三类资料的基础之上，完全可以编出一部很好的韩国古籍综合目录来。

> 古代朝鲜半岛人留下了三类文献学资料：一是书籍记录，二是版本记录，三是图书目录。

我的意思也可以理解为：这三类资料都应该被利用起来，作为著录信息加入这部综合目录。事实上，这样的图书目录才能较好地发挥学术作用。它不仅可以反映古代书籍交流的历史，而且可以反映朝鲜半岛印刷文明成长的历史，以及这一地区人文知识和著述事业成长的历史。但是，现在我看到的，却是一部不古不今的《韩国所藏中国汉籍总目》。对比之下，我自然有些遗憾，为现代学者正在丢失一些重要的文献学认识而遗憾。不知大家是否同意我的感受？如果同意，那么不妨想一想：现代人丢失了哪些认识？我看第一是关于"书"的认识。比如在《韩国所藏中国汉籍总目》中，这一认识已被书名上的种种差异模糊了。第二是关于"书目"的认识。在《韩国所藏中国汉籍总目》中，书目概念已经被版本概念、藏本概念代替了。第三是关于"类"的认识。这三条也可以归为一条，即"文献学"正在异化，为学术服务的观念正在缺失。

> 中国古典目录学的精髓：围绕书籍建立知识的分类，通过这种分类为学术服务。

以上这个例子说明什么呢？说明中国古典目录学有其精髓；同时也说明，编制目录应该遵守一定的操作规程。中国古典目录学的精髓，是围绕书籍建立知识的分类，通过这种分类为学术服务。要说传统文献学和所谓"现代文献学"有什么区别，其主要区别就在这里。这句话不妨重复一遍：中国古典目录学在学术系统上是不同于世界其他各国的目录学、图书馆学、情报学的，其基本特点就是讲究知识的分类，强调为学术服务。这一点是理解中国古典目录学，进而理解中国学术的关键。

关于中国古典目录学，另外有两项基本知识：第一是目录的分类，第二是目录的体例。

> 传统的古籍分类，是以皇家图书馆的藏书为标准的。

现在的古籍目录，一般采用四部分类，即分为经部、史部、子部、集部。经部著录儒家经典以及相关的注释书，史部著录记载历史事件和制度的书，子部著录关于各家学说的书，集部是文学作品集。这种分类法出现在晋代，第一部采用四部分类的书是晋代荀勖的《晋中经簿》。这个荀勖，也就是那个设计了十二支泰始笛的音乐学家。同样在泰始十年（274），他和中书令张华等人整理宫内藏书，用大约六年时间，对十万多卷图书进行整理复校，编成了《中经新簿》，别名《晋中经簿》。这书著录图书1885种，分为甲、乙、丙、丁四部，并附载了佛经目录。这件事说明，传统的古籍分类，是以皇家图书馆的藏书为标准的。

在四部分类法之前，中国目录曾经采用六部分类，即分为六艺、诸子、诗赋、兵书、术数、方技六类。这是汉代刘向、刘歆父子所做的分类。由于刘歆把这份目录称作"七略",也就是在六个类别之前加上了一篇总论,所以也有人称之为"七部分类"。但在实质上,它只是六部分类。关于六部分类和四部分类的关系,见表4-1:

表4-1 六部分类与四部分类关系表

六部分类	四部分类
六艺略	甲、经部
六艺略中的"春秋"	乙、史部
诸子略、兵书略、术数略、方技略	丙、子部
诗赋略	丁、集部

这份表格的意义在于:它反映了汉、晋两代知识结构、知识观念的关系。比如从汉代到晋代,史学知识广泛增加,所以从六艺略的"春秋"这一艺中,产生了史部。又比如在汉代,随着书面文学的发展,出现了成规模的作家文学,所以"诗赋略"也就变成了"集部"。另外,"六艺"先是改称为"经传",后来改称为"经",这说明,原来用于公私教育的典籍,到汉代性质稍有改变,即主体上成了官方学术经典。这意味着,它的知识效用有所降低,而它作为意识形态的效用却被加强了。我为什么采用这种方式做推测呢?因为我刚才说过:传统的古籍分类,是以皇家图书馆的藏书为标准的;在《汉书艺文志新知》这本演讲稿中,我将讨论图书分类同图书馆的建制之间的关系。这就说明,图书分类是建立在一定的物质基础之上的,各类别的存废反映了各类图书的比重。

> 图书分类是建立在一定的物质基础之上的,各类别的存废反映了各类图书的比重。

关于古代目录书的体例,一般看法是分为以下三类:

1. 解题目录。其特点是各部有序文，书名之下有解题。以清代的《四库全书总目》为代表。这一体例最早见于几部私家目录：宋代晁公武的《郡斋读书志》、陈振孙的《直斋书录解题》和元代马端临的《文献通考·经籍考》。这类目录结构最完备，最利于初学。古代学者最重视这类目录。

2. 有序而无解题的目录。例如《汉书·艺文志》《隋书·经籍志》《旧唐书·经籍志》。《汉书·艺文志》是保存至今最早的一部目录书，产生在汉代，另两部分别产生在唐代和五代。

3. 简明书目。这种书目只记书名，实际上是"有目无录"。比较有名的是宋代几部书目：官修的《崇文总目》，私修的《通志·艺文略》（郑樵）、《遂初堂书目》（尤袤）。其中《崇文总目》著录经籍共 3445 部，是北宋最大的目录书。

> 目录学的两大功能：一是"辨章学术，考镜源流"；二是记载古籍的存佚，反映一代知识的基本结构。

这三个类别，尽管有体例上的繁简之别、内容上的详略之别，但都实现了目录学的两大功能。第一个功能是"辨章学术，考镜源流"。这是中国古代学者最常说的八个字，即通过分类（以及第一、第二类目录的小序），提供学术史的线索。第二个功能是记载古籍的存佚，反映一代知识的基本结构。这样一来，我们只要看一部汉代的目录，就能知道汉代有哪些书；看一部唐代目录，就能知道唐代有哪些书；把两者对比一下，就知道有哪些书未见于汉代，汉代又有哪些书保存到了唐代。我们知道，书籍是学术的主要载体。从这个角度看，古代目录书是关于中国学术史的最重要的资料。

正是因为以上功能，目录书也可以成为我们做学问的向导。比如，我们想要了解中国音乐史料的情况——具体地说，了解现存的清代中叶以前的音乐典籍有哪些——我们就可以读一读《四库全书总目》。这书编纂于清代乾隆年间，以提要形式介绍了乾隆以前的图书一万多种。它的类目是：

1. 经部：易类、书类、诗类、礼类、春秋类、孝经类、五经总义类、四书类、乐类、小学类（包括训诂、字书、韵书）；

2. 史部：正史类、编年类、纪事本末类、别史类、杂史类、诏令奏议类、传记类、史钞类、载记类、时令类、地理类、职官类、政书类、目录类、史评类；

3. 子部：儒家类、兵家类、法家类、农家类、医家类、天文算法类、术数类、艺术类（包括书画、琴谱、篆刻、杂技）、谱录类、杂家类、类书类、小说家类、释家类、道家类；

4. 集部：楚辞类、别集类、总集类、诗文评类、词曲类（包括词集、词选、词话、词谱词韵、南北曲）。

《四库全书总目》的类目。

仅通过这个类目，我们也能知道音乐古籍的分布——它们主要分布在经部"乐类"、子部"艺术类"和集部"词曲类"。这就是说，若要找中国历史上重要的音乐书，查一查上面的分类，基本上就可以找到了。如果我们不满足于知晓简况，而要具体了解这些书的作者、年代和内容，那么，我们可以进一步阅读书中的提要。这个方法类似于多层级的地图查询，也就是把《四库全书总目》用为知识地图。这是利用这部书的最简单的办法。

把《四库全书总目》当作多层级的知识地图来查询。

当然，为了深入了解古代目录，我们还有必要把不同的目录书拿来做比较。我在韩国讲课的时候，就曾经把研究生们带到图书馆，让他们用比较的方法来阅读三部书目：一是中国的《四库全书总目》，二是韩国的《奎章阁所藏韩国本目录》，三是由我和他人一起编的《越南汉喃文献目录提要》。这三部目录书有共同点，即体例相近，分别反映了一个国家、一宗文化典籍的遗存。对比之下，其相异的地方，恰好是存在特殊的典籍、存在地域性的图书资源的地方。因此，通过比较，可以了解目录编制体例同图书资源的关系。

在韩国和越南，都有人向我质询编制目录的目的。韩国人问的是："你为什么要编越南古籍目录？"越南人问的则是："你为什么要这样编目录，而不是编图书馆书目？"另外还有人问："为什么俄国人重视文学，日本人重视史学，而中国人重视目录？"对这些问题，我做了如下回答。

我说：越南朋友说俄国人重视文学、日本人重视史学，那是因为最早来越南调查古籍的人，在俄国是一位文学研究者（李福清），在日本是一位历史学研究者（松本信广）。他们的专业身份是偶然的，所以关于俄国人重视文学、日本人重视史学的说法，是片面的。但中国人重视目录，却有必然性。为什么呢？因为中国学术的传统不同于其他国家；中国人拥有历史最悠久的图书史，有最丰富的文献遗产，因而重视对图书文献加以整理利用。另外，中国地大物博，中国人从来就有综合思考的习惯，中国学术也一直注意全面地、整体地看事

> 中国地大物博，中国人从来就有综合思考的习惯，中国学术也一直注意全面地、整体地看事物，重视局部知识同整体知识的关联。

物，重视局部知识同整体知识的关联。我恰好是熟悉这一传统的人。至于我为什么要把越南古籍目录编成分类目录、解题目录，那是因为我的习惯，也就是作为学者的习惯。大家知道，同编制图书馆的索书目录相比，编制解题目录要困难很多。解题目录不仅要说明每部书的内容及其在学术史上的位置，还要对书的作者、刊刻年代、流传过程加以考订。因此，编制解题目录需要做很多学术准备。比如在编制《越南汉喃文献目录提要》的时候，我一直设想同时编出《越南文化大事年表》《越南古代人名辞典》和《越南古代地名辞典》，以作为写作解题的工具。这些工作很难做，不是图书管理员的职责，却是学者应尽的职责。从相反一面看，编一部解题目录，正好有为学术奠基的意义。它向学术界提供的，不只是一批新的资料，而且是一个体系完整的新学科。事实上，很多目录编制者都有建立新学科的学术"野心"。这些人的志趣，正是中国古典文献学的志趣。

> 很多目录编制者都有建立新学科的学术"野心"。这些人的志趣，正是中国古典文献学的志趣。

　　以上，我讲了三个关于目录学的故事。大家是不是认为：这些故事说明目录学是中国学术传统中非常重要的一部分？我就是这样认为的。我认为，一个有志于掌握历史文献的人，在学习别的学科之前，先要学好目录学；在阅读其他书籍的同时，有必要熟悉《四库全书总目》这部目录学的经典著作。

三、版本学

　　一种书籍经过多次传抄、整理、刻印，就形成了多种版本。因为时代不同、地区不同、条件不同、写刻人不同、整理方式不同，各种版本之间必然产生差异，而具有不同的特征。一般来说，版本学就是研究这些特征的学问。它研究书籍抄印的形式、年代、版次、字体、行款、纸张墨色及装订，研究书籍内容的增删、修改、变化，也研究书籍在流传过程中发生的题跋、识语、批校、藏章印记等等。版本学的基本目的是：一方面确定每一版本所承载的书籍内容的时代性，另一方面确定这个版本在书籍流传中的位置。因此，版本研究有三个用处：一是通过版本比较，追寻古籍的原貌；二是通过版本的嬗替，了解古籍的流传；三是通过技术鉴别，确定版本的真伪。

> 版本研究有三个用处：追寻古籍原貌，了解古籍流传，确定版本真伪。

最近几年，版本学走向市场，成了一个比较热门的学科。这种版本学服务于古本书、孤本书、善本书、稀见书的收藏和交易，主要看哪本书值钱。因此，它主要实现版本研究的第三个用处，即鉴别真伪。不过，从学术角度看，版本研究前两个用处——追求古本之真、考察一书的流传——却是更重要的。

为什么我要强调版本研究在追求古本之真、考察一书的流传等方面的用途呢？这是因为，我们现在有这个需要。现在，尽管经济意义的版本学地位不断上升，但学术意义的版本学，其影响却是有所下降的。这是同社会发展相关联的。一方面，古籍整理事业有了长足进步，学者们用校勘古本的办法，使很多古本书、孤本书、善本书、稀见书的信息都归入了新的校点本，使很多版本问题得到了解决。另一方面，由于管理严格，图书馆对珍稀版本加以保护，有些版本不像以前那样容易看到了。不过，我们不应被假象迷惑，而放弃对版本学的学习。

我认为，在这种情况下，大家需要解决的问题是：我们应该怎样学习版本学？关于这个问题，我的建议是以下三条：

第一，应该在研究实践中建立版本意识。具体做法是：在引用古籍资料的时候，多做版本比较。或者说，在研究具体问题之时，注意用多种版本来校勘所引用的同一条资料，通过资料比较来了解版本优劣。这是最简单的版本研究，是每位研究者都要学习、注意的。比如各位在写作学位论文的时候，要列一篇"参考文献"。这份参考文献记有书名，记有版别，实际上便代表了你进行版本比较的成果。据我了解，很多论文审查人也是从这份参考文献开始，审查你的工作是否规范的。当然也有例外。比如有篇博士论文把《日本书纪》《续日本纪》《隋书》《唐书》《山海经》《汉书》《后汉书》的版本名都记为"中国国家图书馆"了。这些书是由中国国家图书馆出版的吗？不是。因此，这组记录是错误的、不负责任的。不过它说明了几个事实：(1) 这位博士没有看过古籍原书，他引用的资料是不可靠的；(2) 论文审查人未审查参考文献，未在学术规范上负责；(3) 这位博士和审查这篇论文的专家都不重视文献学，很可能不懂文献学。可能有人认为这件事是小事，但我看不是。它在材料上弄虚作假了，这就像把三聚氰胺当作奶资源来制造"问题奶粉"一样，不是小事；相反，是应该引以为戒的。有鉴于此，我建

> 通过资料比较来了解版本优劣，这是最简单的版本研究。

> 在材料上弄虚作假，这就像把三聚氰胺当作奶资源来制造"问题奶粉"一样，不是小事。

议大家养成一个新的习惯：读书时，不仅要选书，而且要选版本；要从我们的常用书、常用资料开始，培养版本意识。这样一来，当我们为论文编制"参考文献"的时候，我们才会有一个充满信心的、实事求是的态度。

第二，在进行音乐史研究的时候，应该关心作为文化要素的图书文化。我们知道，历史上的每个时期都存在过一批音乐典籍。当时的目录书不仅记录了这些典籍的名称，并且对它们做了分类。这些情况，可以被我们看作史料根据，用来考察这一时期的音乐面貌和音乐观念。现在我要告诉大家的是：除此之外，我们还可以更进一步，不仅考察关于书的记录，而且考察关于书籍版本的记录，考察这些版本的产生地和流传地。这种工作的意义有很多：一是深化对音乐史的认识；二是增强我们的版本意识；三是建立一个新观念，即版本学的确可以为学术研究服务。这些话也是我的经验之谈。因为在我指导的博士生中，许多人做过这种尝试。比如有位博士生做过一篇作业，题为《从现存版籍看明前期市民文学的发生与发展》。这篇文章是通过当时俗文学作品的版刻情况，来论证市民文学繁荣的时空背景的。他在方法上的特点，就是把版本知识作为学术史料来运用。另外还有一位博士生，学位论文选题为《乐府诗集的刊刻与流传》。这个题目是从《乐府诗集》版本对校的工作中产生的，其基本思路是：结合印刷术和乐府文学的发展，从物质文明史的角度，理清一部书的诞生、流传和影响。从另一面说，是依据一部书的物质存在——版刻和抄写——来研究乐府文学在元明清三代的传播。这种研究工作，既踏

> 把版本知识作为学术史料来运用。

实,又新颖。我相信,在中国音乐史领域,这种研究方法也大有用武之地。

> 校勘工作基本步骤:借助各种目录调查版本,选择部分段落尝试多本对校,结合校勘经验和序跋研究进行版本论证,在明确版本源流的基础上确定底本和各种通校本、参校本,进入正式校勘。

第三,整理一部古籍。换句话说,结合版本学理论来进行古籍整理,从中学会校勘,学会版本论证,也学会版本鉴别。最近几年,我和我的博士生曾进行历代乐志校释、《乐府诗集》笺校、《高丽史·乐志》校释等工作。我们的工作都有这样几步:首先是借助各种目录调查版本,其次是选择部分段落尝试多本对校,再次是结合校勘经验和序跋研究进行版本论证,然后是在明确版本源流的基础上确定底本和各种通校本、参校本,最后进入正式校勘。这项工作或前或后都会碰到一个版本鉴定的问题,因为,即使是经过前人鉴定的版本,也需要再做确认。怎样解决这个问题呢?我认为,最好的办法就是借鉴前人的经验,充分调动相关资料。所要调动的资料主要有四项:一是关于书籍抄印的历史记录,二是书籍题跋,三是藏书志,四是版本目录。版本目录就是标注有版本信息的藏书目录,例如钱谦益的《绛云楼书目》、钱曾的《述古堂书目》、季振宜的《季沧苇藏书目》、孙星衍的《孙氏祠堂书目》;书籍题跋就是藏书家为旧本书撰写的鉴定意见,关于它的记录,有钱曾的《读书敏求记》、黄丕烈的《士礼居藏书题跋记》(后由缪荃孙增编为《荛圃藏书题识》)、傅增湘的《藏园群书题记》;藏书志则是题跋与书目合一的特殊目录,例如张金吾的《爱日精庐藏书志》、瞿镛的《铁琴铜剑楼藏书目录》、陆心源的《皕宋楼藏书志》、丁丙的《善本书室藏书志》。这些书大致出现在清代和民国初年，在进行版本研究之时，最值得参考。

四、校勘学

> 校勘学：关于求取文献真实面貌的学问。

既然不同版本有文字差异，那么就需要通过比较来鉴别正误。这种比较就是校勘。"校"的意思是校对，"勘"的意思是改正错误，"校勘"的意思是用比较版本的方法订正古籍。狭义的校勘学是同印刷和书写相联系的古籍研究，广义的校勘学则包括同其他记述方式相联系的古籍研究。因此，校勘学可以定义为：对古本内容的真实性的研究。也就是说，校勘学是关于求取文献真实面貌的学问。校勘学是中国古代史上非常重要的学问。有一句古话叫"不校书，不看书"，意思是说，任何书都要校勘，校勘不仅是再造善本的方法，也是传统学者读书做学问的方法。前面说过，陈寅恪做学问的方法就是不断校书、笺注书。他为什么会有这种习惯呢？我的看法是他喜欢。因为校勘是一种快乐的读书方式，也是一种快乐的工作方式。每校出一个错误，我们的工作就有了一份成就。

> "不校书，不看书。"

由于校勘学与学术的基本工作联系在一起，所以，人们喜欢把古代文献学各个部类统称为"校勘学"，或称为"校雠学"。这两个名词的含义是基本相同的。刘向《别录》说："雠校：一人读书，校其上下，得谬误，为'校'；一人持本，一人读书，若怨家相对，故曰'雠'也。"可见"校雠"一词原来指的是两人合作的校勘。但无论"校勘"还是"校雠"，都意味着版本比较，所以同校勘学联系最密切的学问是版本学。一方面，版本学要依靠校勘学来了解版本，即获得对书籍版本的异同、优劣及其发生系统的认识；另一方面，校勘工作的起点是确定底本，因此离不开版本学的依据。而且，校勘学、版本学的共同目标是追寻古书——包括古版本、古文本——的原貌。不过，版本学是形式研究，而校勘学则是内容研究。在一个完整的古籍整理工作中，版本学是服从于校勘学的。

在讲目录学的时候，我们讲到过几种宋代的目录，例如《遂初堂书目》。这是一种私家藏书目录，作者是南宋人尤袤（1127—1194）。从今天的传本看，这部书共收录图书3000多种。其特点有三：一是重视收录本朝史书，二是创设了"乐曲""谱录"等新的类目，三是在52种书名下记注了版本情况。其版本一般从刻书地点得名，有秘阁本、京本、高丽本、江西本、湖北本、川本和吉州本、池州本、越州本、严州本、杭（州）本等名目。人们一般认为，此书和同时代的《郡斋读书志》《直斋书录解题》一起，开创了中国古代书目著录版本的先河。这件事在校勘学史上也是有意义的。为什么呢？因为罗列版本的目的是便于校勘，所以它意味着中国的校勘学是在宋代成熟起来的。南宋郑樵在《通志》中列出《校雠略》专章，也是一个旁证。

现在，我想就上述情况向大家提一个问题：为什么是在宋代，而不是在其他朝代，产生了最早的版本目录呢？我想，答案应当在于：由于雕版印刷技术在宋代得到了充分广泛的应用，由于出现了活字印刷术，版本比较不仅有了条件，而且有了必要，所以宋代产生了最早的版本目录。《遂初堂书目》中那些版本名称，正好表明：在中国以至朝鲜半

> 在一个完整的古籍整理工作中，版本学服从于校勘学。

岛,各地都形成了一些刻印图书的中心。这件事是可以从方法论的角度来思考的。它说明:我们面对的文化现象实际上都是一定物质条件的产物。如果没有技术文明,就不会有这种文化的出现。因此,在理解精神现象的时候,我们一定要去了解那一时代的物质基础;在了解思想的时候,一定要知道它同实践的关系;在研究事物内容的时候,一定要先知晓其形式。因为只有通过形式才能把握内容,只有通过物质才能探究精神,只有通过行为才能认识思想。

> 只有通过形式才能把握内容,只有通过物质才能探究精神,只有通过行为才能认识思想。

各位大概有这样的常识:佛教是同禅定联系在一起的,道教是同修炼联系在一起的,儒教是同守静联系在一起的。可见在古人那里,思想是通过行为而获得的。

把以上道理落实到校勘学上,就是要从物质层面、行为层面认识异文的产生原因,而灵活掌握校勘之法。龚自珍《工部尚书高邮王文简公墓表铭》记录了一种"三改三不改"之法,是清代学者王引之关于校改经籍之误的原则性意见。"三改"是指对于写工之误、刻工之误、妄改之误,皆勇于改正;"三不改"是指对于异字多的、本字难求的、群书无佐证的疑误之字,皆慎而不改。王引之原话说:"吾用小学校经,有所改,有所不改。周以降,书体六七变,写官主之;写官误,吾则勇改。孟蜀以降,椠工主之;椠工误,吾则勇改。唐宋明之士,或不知声音文字而改经,以不误为误,是妄改也,吾则勇改其所改。若夫周之没、汉之初,经师无竹帛,异字博矣,吾不能择一以定,吾不改。假借之法,由来旧矣,其本字什八可求,什二不可求,必求本字以改假借字，则考文之圣之任也，吾不改。写官、椠工误矣，吾疑之，且思而得之矣；但群书无佐证，吾惧来者之滋口也，吾又不改。"当然，王引之所代表的乃是清代学者中较激进的一种意见；与之相反，卢文弨、黄丕烈、顾广圻等人是注重版本依据的，力求不改古籍原貌。对于我们这些初学者来说，这个"不改古籍原貌"的保守意见更值得重视。

> 注重版本依据，力求不改古籍原貌。

从操作上看，校勘学最重要的概念是陈垣提出的"四校法"，即对校、本校、他校、理校。对校指的是以同书之祖本——对读，遇到不同，便在字旁加上标注，以便发现问题、解决问题。本校指的是通读全书，以本书的前后文相互验证。他校指的是以他书对校，在其他书——一是本书所引用之书，二是引用本书之书，三是同记一事之书——当中寻找相关资料来做比较。理校指的是推理校勘法，以充分的旁证或充足的理由为根据。关于"四校法"，值得注意的是其中有一个前提，又有一个重点。这个前提便是确定底本。因为所谓"对校"，是以各种版本来校勘底本；所谓"本校"，则是指以底本的上下文互校。由此可见，校勘典籍的原则是：首先恢复底本作为著书者之稿本的本来面目。所谓"重点"，则是要注意用内容相近的类书来做他校。类书是一种工具书，辑录古籍原文中的部分或全部资料，按类或按韵编排，有人把它比作百科全书。其实类书和百科全书有很大区别。主要有两个区别：第一，类书要分类；第二，类书用资料来解释事物，把资料原原本本抄下来，而百科全书则是用现代人的方法和语言来解释事物。

> "四校法"的前提是确定底本，重点是注意用内容相近的类书来做他校。

> 校勘典籍的原则：首先恢复底本作为著书者之稿本的本来面目。

正是因为类书有这个特点——抄集资料的特点，所以它的记录特别适合用于他校。

前面我们说过：李方元的博士学位论文《宋史乐志研究》主要是在他校的基础上完成的。这说明，他校也可以成为音乐研究的方法。这是因为，他校最重要的特点是对共同记录一个事物的若干资料加以比较。可以说，他校其实就是考据。

> 创造性地运用校勘学，使它成为自己工作中的新方法。

联系音乐学界的实际情况，我还有一个建议：建议民族音乐学研究者发展一种特殊的校勘学，即田野资料的校勘学。各位都知道：学者们的每次调查都会产生不同的结果，每次调查都会夹杂一些假材料或错误材料。对这些材料，一般人是没有办法去辨别的，因此需要校勘。如果建立一个"音乐田野资料校勘学"，那么，我们面对的田野材料可能就会更加真实。我的意思是说：大家可以创造性地运用校勘学，使它成为自己工作中的新方法。学术创新的一个重要方面是方法创新，同知识创新相比，这种创新应该有更大的意义。

五、传注学

> 传注可以使一本书变成一部资料集成，因而可立体地再现古籍原貌。

传注也就是通常所说的"注解"，是对古书的文义加以疏通和解释。它是传统学术的一个基本方法——既是一种读书的方法，也是"因书究学"的研究方法。在习惯上，传注的内容包括五项：一是注明典章制度；二是注明历史事件；三是注明行文体例；四是注明用专有名词表达的事物；五是注明语意、句读或读音。古人通常采用的传注方式是辑补资料的方式。这种方式有一个了不起的效果：使一本书变成一部资料集成，因而立体地再现古籍原貌，全面展示其内涵。

在讲《汉书·艺文志》时，我曾说道："传"是"从人"之字；与之相对应，"经"是"从糸"之字。"经"意味着用丝串编的竹书，"传"则意味着由"人"把"经"的内容传承下来。这就是说，传注学产生于对经的解释。这种解释有很多名称：战国以来主要叫作"传"，汉以后主要叫作"注"和"疏"，唐代把第二次、第三次的注疏叫"正义"。实际上，无论传、注、疏还是正义，其工作都属于传注学。从孔子创立私学开始，教学重点就是采用传注的方式解释经义。

这些传统一代一代传下来了，成为现代人进行传注的模本，也就是所谓"规范"。我们知道，学问做得好不好，就看你规范不规范。遵守规范很重要。做到这一条难不难呢？不难，因为有一个确定的办法，那就是熟悉传统。有同学问我为什么要学文献学。其实学文献学的意义也在这里。就是说，文献学之所以重要，正是因为它能教导我们了解传统、吸收传统、维护传统、发展传统，因而懂得学术规范的道理。

现在的问题是：作为文献学的初学者，我们应该用什么办法来掌握传注学呢？我觉得有三个办法：第一个办法是读一些优秀的古籍注本，揣摩其中的传注方式。比如《十三经注疏》和中华书局点校出版的"十三经清人注疏""新编诸子集成"，便是这样的古籍。读到研究生阶段了，大家可能会碰到一个新问题：怎样去买书呢？我看首先可以买的，就是有传注的古籍，比如"十三经清人注疏""新编诸子集成"两个系列。第二个办法是在研究工作中，尝试用传注的方式来搜集资料。凡研究工作中遇到的核心资料，都用集解集注的方式处理一下。这样一来，我们可以掌握两项新知识：一是透彻地了解资料，二是了解传注学的精义。第三个办法是了解传注学的历史经验。这种经验很丰富，可以找一个便捷方式来了解。这就是先了解传注学的术语，进而认识古代传注的文体。例如了解以下术语：

> 凡研究工作中遇到的核心资料，都用集解集注的方式处理一下，以便透彻地了解资料，也了解传注学的精义。

（一）"训故"

"训故"是一个动宾结构的词，又称"训诂"。它的意思是解说古言，也就是用通行的话来解释古代语言文字或方言。中国现存最早的辞典名叫《尔雅》，"尔雅"二字译为现代汉语是"近正"，其字面意思也就是训故——依于雅正之语，来通晓古今、殊方之言语。这说明训故是一种重要的学术方法。《尔雅》一书在古代目录书中有两个位置：在《汉书·艺文志·六艺略》中属"孝经"类，在《四库全书总目·经部》中属"小学"类。这种情况意味着，古代的童蒙教育（孝经），或经学初级教育（小学），都是把训故当作重要内容的——我们应该从教育的角度看训故。关于训故的起源，《汉书·艺文志·六艺略》做了很好的提示。《六艺略》小学类有一篇小序，说从周代到汉代都有很规范的小学教育。小学教育和大学教育的区别在于：小学教的是作为字形结构之法的"六书"，以及作

> 从教育的角度看训故。

为秦汉时期书写规则的"八体";大学教的则是礼、乐、射、御、书、数等"六艺"。由此可见,古人是先学断文识字再学经艺的;对六经加以传注,最初步的方式就是训诂。也就是说,训故既是教育的基础,也是学术的基础。训故的方式产生得很早。据《国语·周语下》记载,在公元前574年,单襄公曾说过"吾闻之《大誓故》"的话。这说明,早在公元前574年以前,就流传了关于《尚书·大誓》的训故之书。后来,训故就成了传注学的重要文体。例如在汉代传注《诗经》的书中,有《鲁故》《齐后氏故》《齐孙氏故》《韩故》《毛诗故训传》等训故体的书。可以说,中国的传注学的基础是由训故书奠定的。

> 训故既是教育的基础,也是学术的基础。

概而言之,中国古代人是以语言教育为基础课程的。这门课重视古今沟通,以及通语和方言的沟通。这也就是中国学术的出发点。

(二)"传"和"说"

这是产生于春秋时代、流行于汉代的传注文体。"传"的意思是口传经义。《释名·释典艺》说:"传,传也,以传示后人也。"可见"传"原指口传。《公羊传·定公元年》说:"主人习其读,而问其传。"何休解释说:"读谓经,传谓训诂。"可见"传"体来源于训诂。但在汉代,"传"在主体上表现为对经义解说的记录,而不是对文字训故的记录,所以颜师古注《汉书·古今人表》说:"传,谓解说经义者也。""传"体也是产生很早的著述体裁。比如《史记》记录了孔子"序《书传》"的故事,申子、韩子"著书传"的故事,以及公孙龙等 35 人的年名及受业"闻见于书传"的故事。这说明，早在孔子时代，"传"体就往往用于补记事实了。与此相同，"说"也是记录口传学术的体裁，也产生在战国之时。例如《墨子》有《经说上》《经说下》，《韩非子》有《内储说》《外储说》，《周易》十翼有《说卦》，这些"说"体书都产生在战国时代。《释名·释言语》解释说："说，述也，宣述人意也。"可见"说"体产生于记录口传学术的需要。

<small>"传""说"体产生于记录口传学术的需要。</small>

《汉书·艺文志·六艺略》诗类小序有一段话，说到"传"和"训故"的区别。它说："汉兴，鲁申公为《诗》训故，而齐辕固、燕韩生皆为之传。或取《春秋》，采杂说，咸非其本义。"这说明"传"是对"训故"的补充，以"杂说"为素材，主要用来陈述经文大意。从《汉书·艺文志·六艺略·诗》的著录顺序中，也可以看到这一关系：《汉书》在《鲁故》一书之后著录《鲁说》，在《齐后氏故》《齐孙氏故》之后著录《齐后氏传》《齐孙氏传》，在《韩故》之后著录《韩内传》《韩外传》和《韩说》。这说明："传"体、"说"体是晚于"训故"而产生的一种传注体裁，是对"训故"的补充。这几种传注之体的区别在于："传"体、"说"体不再停留在文字训诂上面，而重在阐释经义；这种阐释原是在口头进行的。

<small>同"训故"相区别，"传""说"二体不再停留在文字训诂上面，而重在阐释经义；这种阐释是在口头进行的。</small>

概而言之，"传"和"说"是随经学而登上历史舞台的传注文体，所以它产生于春秋时代、流行于汉代。"传"（口传）和"经"（书册）相辅相成。因此可以说，"传"其实是经学产生的标志。各位明白我的意思吗？我是说：现在很多人在

第四讲　古典文献学的构成　｜　121

探讨经学的起源，我认为，既然"经"和"传"是相对的，那么，比较可行的方式是去探讨"传"的起源。

> 通过"传"来探讨经学的起源。

（三）"注"

《说文解字》说："注"的本义是"灌"。由于古书文字句意难懂，需要逐字逐句加以解释，这种解释如同以水灌溉植物，所以古人把"注"用为传注学的文体名称。这个说法出自唐代人贾公彦。贾公彦在解释《仪礼·士冠礼》"郑氏注"一语时说："言注者，注义于经下，若水之注物。"由他的解释可以知道，"注"是产生在汉代——具体而言，始于东汉郑玄——的一种传注学文体。所以孔颖达在《春秋左传正义》卷二之首说："毛君、孔安国、马融、王肃之徒，其所注书皆称为传，郑玄则谓之为注。"汉代以"注"名篇的注本主要有郑玄的《周官注》《仪礼注》和《礼记注》；此外有河上公的《老子注》，高诱的《战国策注》《淮南子注》《吕氏春秋注》。由于"注"体的流行，后代于是把"注"用为古书训诂的通称，例如《十三经注疏》把毛传、郑笺统称为"注"。

> "注"是始于东汉郑玄的传注学文体。

作为一种较晚产生的传注文体，"注"的侧重点和"传"不太相同。南朝刘义庆《世说新语·文学》说："初，注《庄子》者数十家，莫能究其旨要。"意思是"注"体偏重于对作品内涵的解释。唐代孔颖达解释《礼记》中的"曲礼上第一"说："注者，即解书之名。但释义之人，多称为传。传谓传述。为义或亲承圣旨，或师儒相传，故云传。今谓之注者，谦也，不敢传授，直注己意而已。若然，则传之与注，

> "传"体以述而不作为特点,大致代表师法的阶段;"注"体讲究有所独创,大致代表家法的阶段,也代表了最早的学术书写。

各出己情。"意思是"传"体侧重对圣者、先师、大儒的言论进行转述和传达;同"传"体相比,"注"体代表注者本人的领悟理解。因为要谦称未必符合先圣之教,所以注者自称为"注"。南朝刘勰《文心雕龙》评论"论说"一体说:"释经,则与传注参体……传者,转师;注者,主解。"这句话也说明:"传""注"代表了传注学的两个历史阶段:"传"体是以述而不作为特点的,大致代表师法的阶段;"注"体讲究有所独创,大致代表家法的阶段。

概而言之,"注"代表了最早的学术书写,标志着经学进入了书面学术的时代。

(四)"笺""疏"和"正义"

关于"笺""疏",《说文解字》也有解释,认为"笺"的本义是"表识书","疏"的本义是"通"。这两个解释也见于徐锴、段玉裁对《说文解字》的注解。徐锴说:"笺,今作牋,于书中有所表记之也。"段玉裁说:"郑《六艺论》云:'注诗宗毛为主。毛义若隐略,则更表明。如有不同,即下己意。'按注诗称'笺',自说甚明。《博物志》云:毛为北海相,郑是郡人,故称'笺'以为敬。此泥魏晋时上书称'笺'之例,绝非郑意。"又说:"疏之引申为疏阔、分疏、疏记。"由此可见,"笺"的同义词是"标注",意思是在书中做标识和批注,目的是在"表明"旧义并"下己意";而"疏"的同义词是"疏通""分疏"和"疏记",意思是疏通古书中的难点和障碍。从现有资料看,"笺""疏"是晚于"传""注"的传注学文体。其间区别在于:"传"或"注"专门解释古书正文，例如前面说到的汉代的毛亨、孔安国、马融、郑玄等人对先秦经书所做的解说；"笺"和"疏"则不仅解释古书正文，而且解释前人的传注，因此也称"义疏""正义"。一般认为，"笺""疏"之体始于东汉郑玄的《毛诗笺》。因为汉代的传注一般只注经而不释注，只有郑玄的《毛诗笺》以毛传为主要的传注对象，既注经文，又申明毛意。这件事进一步说明，经学是在郑玄之时进入书面学术的时代的；它不仅包括狭义的经学，而且包括传学。

> "笺""疏"之体始于郑玄《毛诗笺》，说明经学在郑玄之时进入了书面学术的时代；它不仅包括狭义的经学，而且包括传学。

不过，以"疏"为名的传注书，却是在南北朝流行的，例如梁武帝著有《周易讲疏》《尚书大义》，沈重著有《周官礼义疏》，皇侃著有《论语义疏》《礼记义疏》。魏晋时代流行清谈之风和佛教聚徒讲学之风。释道安于是创建义疏之学，来讲解佛教经典。这种风气对儒生治经有很大影响。儒生在阐发经义之时，也追求细致详密，甚至繁复冗杂，所以产生了以上种种"疏"体作品。其中南朝萧梁时代皇侃的《论语义疏》比较有代表性——它是保存到今天的较早的义疏体著作。

后来，义疏体盛行于唐代，称作"正义"。其起因是由于唐代皇帝感到"儒学多门，章句繁杂"，需要建立定本，所以在贞观年间，指令孔颖达、颜师古等人整理《易》《书》《诗》《礼》《左传》等五部经典的"义疏"。孔颖达于是撰写了"五经正义"。这部180卷的传注体丛书，《易》用王弼注，《尚书》用孔安国传，《诗》用毛公传郑玄笺，《左传》用杜预注，《礼记》用郑玄注。因为每经主要采用一家的注解，

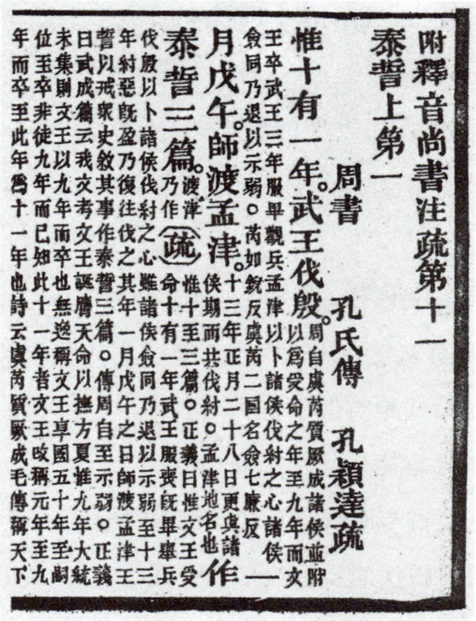
附釋音尚書注疏第十一
泰誓上第一　周書　孔氏傳　孔穎達疏
惟十有一年。武王伐殷。周自虞芮質厥成諸侯並附以爲受命之年至九年而文王卒武王三年服畢觀兵孟津以卜諸侯伐紂之心諸侯僉同乃退以示弱○芮如銳反虞芮二國名僉七廉反
一月戊午。師渡孟津。十三年正月二十八日更與諸侯期而共伐紂○孟津地名也
作泰誓三篇。渡津乃作
疏 惟十至三篇○正義曰惟文王受命十有一年武王服喪既畢舉兵伐殷以卜諸侯伐紂之心雖諸侯僉同乃退以示弱至十三年紂惡既盈乃復往伐之其年一月戊午之日師渡孟津王誓以戒衆史敘其事作泰誓三篇○傳周自至示弱○正義曰武成篇云我文考文王誕膺天命以撫方夏惟九年大統未集則文王以九年而卒也無逸稱文王享國五十年自此位至卒非徒九年而已知此十一年者文王改稱元年至九年而卒至此年爲十一年也詩云虞芮質厥成毛傳稱天下

图 4-2 《十三经注疏》体例示意图

不杂他家之说，所以叫作“正义”。后来的《十三经注疏》就是在这部书的基础上产生的。《十三经注疏》由儒家的十三部经典和汉至宋代经学家的传注书汇编而成，是义疏体传注著作的集成。它包括以下内容：

《十三经注疏》的内容。

1.《易》《书》《诗》《礼》《春秋》等五经及其汉代传注和唐代正义；

2. 从《礼》《春秋》中分出“三礼”“三传”，增为九经；

3. 在九经的基础上，增加魏何晏、宋邢昺等人的《论语注疏》，唐玄宗、宋邢昺的《孝经注疏》，晋郭璞、宋邢昺的《尔雅注疏》，汉赵岐、宋孙奭的《孟子注疏》，为十三经。

《十三经注疏》的体例是一个“经→传→注→疏”的四层结构。它以意义段落为单元。在每个单元中，首先记录经文；经文之下为“传”文或“注”文；“传”“注”之后有一圆圈，圆圈之后一般是作者所收录的前代各家对正文和注文的注音兼释义；然后有一个用括号圈起来的“疏”字，接写义疏作者的“疏”文。疏的体例一般都是先举出经文或注文开头和结尾的两三个字，用圆圈隔开，然后再做有针对性的疏解。“疏”一般是

从这种“经→传→注→疏”的结构中，我们可以看到中国传注学发生发展的历史。

先疏正文，再疏注文，恪守"疏不破注"的戒律，对注文加以解释、生发而不做推翻、重解。从这种"经→传→注→疏"的结构中，我们可以看到中国传注学发生发展的历史。

六、辑佚学和辨伪学

除以上所说的目录学、版本学、校勘学、传注学以外，古典文献学还有辑佚学、辨伪学等部门。

先谈谈辑佚学。上一讲说到，辑佚是类似于古物修复的工作。它要求从众多书籍中寻章摘句，把已经散失的书籍片段拼凑起来，力求恢复古本原貌。它和校勘有比较密切的关联。从相同的方面看，辑佚的步骤包括五个环节：一是从各种文献中抄录佚文，二是就所抄录的文献选择合适的底本，三是通过版本比较来注明诸本的异同，四是比较异同而校正文字，五是依校定的文字恢复篇章。后四个步骤其实都是校勘学的步骤。而从相异的方面看，辑佚、校勘在对象上和目的上则有不同。校勘的目的是纠正古书在流传中产生的讹误，恢复古本的原貌；辑佚的目的则是弥补古书在流传中的散失，恢复古书的原貌。校勘面对较小的散失，辑佚面对的是较大的散失。辑佚是依靠散存史料重建古本的工作，它隐含了一个很重要的方法论观点：史料的价值不仅在于它所记录的内容，而且在于它的存在形式和它的结构。

> 辑佚和校勘的异同。

中国音乐研究者在辑佚方面经验不多。为此，我曾经在"古乐书辑佚"的名义下，对出身于音乐学的博士生进行训练。这项工作计划全面收集关于唐代以前的散佚乐书的资料，尽可能重建这五十多部乐书。有人建议："你可不可以做一件更大的事情？要是你把古书中的音乐资料汇编起来，编成一个较大规模的选本，这不是更有意义吗？"我的回答是：这个汇编的确有意义；但它其实是每项研究的基础工作，不是文献学的专门，不一定需要专门的人去做。打个比方，它是拆掉残破的旧房子造新房子，只要把材料利用好了就行。而古乐书辑佚不同，它要把拆下来的材料分门别类，只取某一时代的材料，按这时的原貌，造出相对完整的房子。这项工作比较艰难，比较有挑战性；但它不仅可以恢复古书的内容，而且可以恢复古书的结构，一旦把它做好了，关于中国音乐史的知识就得到了大幅度的扩展。从这一角度看，它是更有意义的。事实上，以上选择，隐藏了资料工作中的两条不同的思路：一是重视选本的思路，二是重视原书原本的思路。古人所谓"因书究学"，就是和后一思路一致的。有些人喜欢采用语录式的引据方式，喜欢按现代理论肢解古书，这在学术立场上恰好同古人背道而驰。重视资料汇编，其实是这一思路的产物。

> 资料工作有两条不同的思路：一是重视选本，二是重视原书原本。古乐书辑佚符合后一思路。

我们在前面说过：文献学有一个特殊的讲究，不同于其他学科，这就是追求古本之真，而不追求事实之真。它的目的是保证材料的准确性，而不是保证理解的准确性。它的合理性在于：古本之真代表了唯一的客观；而事实之真是存在于人们的理解中的，每一代人对此有不同的理解，因而它只代表相对的客观。要理解辑佚学，掌握它的理论和方法，关键就是建立这个古书至

> 古本之真代表了唯一的客观；而事实之真存在于人们的理解当中，只代表相对的客观。

上、古本至上的观念。关于这一点，很多学者用他们的实践做出了证明。当然，这些实践也证明：熟悉类书、熟悉古书的传注资料，是做好辑佚工作的技术要点；因为在类书和古书的传注资料中，保存了大量佚书资料。

再谈谈辨伪。辨伪也就是对伪书伪说加以辨证，包括古籍辨伪与古史辨伪。前者是文献辨伪，后者是学术辨伪。辨伪的目的是辨虚实、论得失，以正本清源、去伪存真。20世纪前60年，辨伪学出现了一些代表性的成果。例如梁启超撰写于20世纪20年代的《中国历史研究法》《中国近三百年学术史》《古书真伪及其年代》。这三部书对伪书的种类、作伪的原因、辨伪的意义、辨伪的方法、伪书的价值等等做了系统的阐述。又如张心澂编著、1939年由商务印书馆出版的《伪书通考》。它以书为单元，按时代顺序罗列历代学者对该书的考辨之说，对每一部在历史上被考辨的古书，都说明了古籍辨伪的源流。它共采录书籍1059种（1957年修订时又增加了45种），是集大成的辨伪工具书。再如余嘉锡著、1958年由科学出版社出版的《四库提要辨证》。它系统考辨了清代《四库全书总目》的缺失，并对所论述的许多古籍，从内容、版本到作者生平都做了翔实的考证。

> 古籍辨伪是文献辨伪，古史辨伪是学术辨伪。

我认为，对在座各位来说，学习辨伪学的要点应该是建立学术鉴别能力，正确使用已有的辨伪成果。19世纪末，中国史学界中出现了怀疑一切的思潮；到20世纪20年代，它发展为"古史辨"运动。前者的代表是康有为的《新学伪经考》。这部书认为，历代人所尊崇的

> 学习辨伪学的要点是建立学术鉴别能力，正确使用已有的辨伪成果。

"古文"经典,例如《周礼》《逸礼》《古文尚书》《左传》《毛诗》等,都是西汉末年人刘歆伪造的,都是"伪经"。而刘歆制造伪经的目的,则是为了帮助王莽篡夺西汉的政权、建立国号为"新"的朝代。这部书,事实上是作为资产阶级改良运动的舆论准备而产生的。古史辨学派的代表则是顾颉刚。顾颉刚于1923年提出"层累地造成的中国古史"的论断,认为古史中包含了大量虚假的成分,必须考辨其真伪。从七卷本《古史辨》看来,古史辨派的标志性成果主要有两条:

> 关于《古史辨》。

一是推翻了由"盘古开天地""三皇五帝"等概念构成的中国古史系统;二是否定了孔子与"六经"的关系。这两项成果是不是能够成立呢?我很怀疑。怀疑的理由是:"盘古开天地""三皇五帝"等概念,产生于用神话方式来表述历史,本质上是真实的;说它伪造,是因为没有读懂这种历史表述。而孔子删经,乃联系于私学的兴起,既有条件也有必要,完全是一件可以理解的事情。总之,古史辨派在怀疑古书、具体考订方面有一些建树,但它缺少成为定论的成绩;作为一种思潮,其消极影响更不可忽视。

> 现在最应该做的辨伪工作是辨"辨伪学"之伪,是结合考古学、民族学的资料,正确认识历史记载从口传到笔录的过程,认识古代典籍结撰和流传的规律,认识古代表述的确切含义。

因为任何思潮都不可避免地要和意识形态联系在一起,不可避免地要服从于某种价值,而堕入主观。有鉴于此,我认为,现在最应该做的辨伪工作是辨"辨伪学"之伪,是结合考古学、民族学的资料,正确认识历史记载从口传到笔录的过程,认识古代典籍结撰和流传的规律,认识古代表述的确切含义。

最近,我写过两篇关于音乐文献辨伪的文章。一篇题为

《关于〈古今乐纂〉和音乐文献的辨伪》,另一篇题为《再论音乐文献辨伪的原则和方法》,分别发表在《文艺研究》2008 年第 11 期、2010 年第 5 期。前一篇提出关于辨伪原则和方法的十条意见,如下:

1. 读懂文献,正确标点;

2. 对相关史料作客观比较,避免先入为主的成见;

3. "多闻阙疑",用充分考据的方式和保留沉默权的方式处理疑点;

4. 以"同情的理解"批判对象,尊重其时代属性和表述习惯;

5. 注意个别现象与制度化现象的区别,以及事物名称在广义与狭义上的区别,避免比附;

6. 作判断时寻找系统的证据,不立孤证,更不立臆说;

7. 正视不利于己说的证据,不故意回避;

8. 考查著录之时要做到资料完备,并和推究征引相结合;

9. 正确理解同书异名、同名异书等情况,分清名实;

10. 提升修养,达到"知"的境界。

以上十条意见的主要意思是:只有具备了学术常识,具备了基本学术素养,才能进行音乐文献辨伪。后一篇则认为:"音乐文献辨伪是一项严肃的工作。它要求懂得著录和征引,以确认作为研究对象的古书的传承;要求广罗证据,以探明各项记录的历史真实性;要求多闻阙疑,不以空话、假话掩盖真实;要求以科学的态度做(合)理论证,谨慎避免混淆概念、虚假推定、以偏概全、望文生

> 技术不可或缺,态度更为重要。

义等逻辑错误。技术不可或缺，态度更为重要。"这两篇文章都有很强的针对性，紧密联系于音乐文献辨伪活动中的问题。建议大家找来读一读。读完了，相信大家都能建立起关于辨伪学的直观认识，既了解它的理论原则，也了解它的具体技术。这两篇文章其实是同我们这次讲座密切相关的。比如我问：我为什么在这个系列讲座中讲知识少，讲原理多？通过这两篇文章就可以知道：其缘故在于，要掌握音乐文献学，关键是要明白文献学的原理，端正学术态度。在这方面，我们有很多经验和教训。

七、小结

现在，让我们把这一讲的内容复习一下，从应用的角度概括一下古典文献学的要点。我先提出以下五个要点，请大家补充：

第一，中国文献学是富有民族特色的一门学科。由于几千年来中国的社会结构基本稳定，历代王朝的政治经验彼此重复；由于汉族文化传统始终占据社会意识形态的核心地位，外族入侵也未造成它的中断；因此，中国保存了丰富的、流传有绪的历史文献，并产生了与此相应的文献学。它的基本特点是：重视存古，讲究述而不作；重视学术源流，以史料考据为主要内容；重视经学方法的运用，在实践中，始终联系音韵学、训诂学、文字学。

> 中国文献学的基本特点：重视存古，重视学术源流，重视经学方法的运用；强调目录学、版本学、校勘学在实践中的结合。

第二，古典文献学强调目录学、版本学、校勘学这三个学科分支在实践中的结合，认为目录、版本、校勘三者合一，方可成为完全的学术。理论上说，目录学是关于文献分类的学问，校勘学是关于求取文献真实面貌的学问，版本学是关于文献版本的源流真伪及其鉴别依据的学问，它们各有自己的范围。但在实际表述中，在各种关于文献学的概论性著作中，这三个概念从来是相互包容的。这种情况基于以下事实：版本的准备与鉴别是校勘的条件，而校勘成果又是编制目录的依据；同样，校勘也离不开目录——它必须从目录学成果中了解相类之书和互见之书。因此，中国文献学从来就有协同各分支通力合作的特点。

第三，古典文献学重视目录的史学功能及其在学术上的指导性。例如清代人曾把目录学的宗旨概括为"辨章学术，考镜源流"，认为它的意义在于使后人"即类求书，因书究学"。中国历史上的目录书体制主要有三种，它们都在一定程度上达到了上述目的。第一种是只著录书名的目录书体制，它强调类例分明，通过书目的类别条理反映学术的源流沿袭；第二种是著录书名并有分类小序的体制，它不仅以书目分类显示了学术源流，而且用小序的形式对各个学术门类做出了系统总结；第三种是部类之前有小序、书名之下有解题的目录书体制，它的功能最完整，包含辨伪、校勘、年代确认、作者考证、内容辨析等多方面的研究成果，被古人看作是"读群书之门径"。

> 重视目录的史学功能及其在学术上的指导性。

第四，古典文献学重视史源，要求在进行文献整理的时候，注意追寻史料的来源，以求取对于事物的尽可能客观的记述。史源观念联系于以下四个文献学习惯：其一是熟悉目录学资料，凡是校理一部古籍，便一定要掌握好这部书同其他

> 史源观念的表现：熟悉古书的年代，重视版本源流，强调资料的完备性，注意以文物资料同文献资料互证。

> 求古本之真甚于求事实之真。

相关书籍的年代关系；其二是重视版本源流，在校勘典籍的时候努力追寻古本原貌；其三是强调资料的完备性，在整理文献的时候，注意通过广泛校勘来复原可信的史料；其四是注意以文物资料同文献资料互证，建立一种有科学手段做保证的辨伪学。

第五，以"求真"为文献整理的原则。求真的含义有二：一是求古本之真，二是求事实之真。学者们历来强调前者的主导地位。在校勘工作中，求真原则体现为：多闻阙疑，不妄断、妄改；多方采证，而以版本记录为主要依据；先确定底本的是非，再判断立说的是非。在辑佚工作中，求真原则体现为：详细注明佚文的出处，引用多种古书时以代表史源的书为主本或底本；既然辑录一书，便要求得到关于此书的完备的资料；以考证作为校勘的辅助手段，不能因为贪多而掺入其他书的佚文；尽可能恢复原书的本来篇次。近代学者陈垣还提出了校法四例：对校法，用同书的各种版本对校；本校法，以本书的前后文字互证；他校法，以他书校勘本书；理校法，据事理考证其正误。在实践中，必须把校勘方法同资料条件相互结合。

另外，关于古典文献学对于音乐研究的价值，我们也可以概括出以下三条：

第一，它为音乐文献的整理工作提供了许多可资遵循的法度、原则和典范作品。

第二，它为音乐研究者提供了一大批可资利用的考据学成果。

第三，它为音乐研究者指示了治学的方法和搜集资料的途径。

就此而言，音乐研究者应当向自己提出掌握文献学基本知识的要求。要求自己在每一项研究工作中，都实现资料的完备性，学会使用竭泽而渔的搜集资料的方法；要求建立新的学术作风，把文献整理当作研究工作的前提，进而培养把文献工作与理论工作交叉进行的能力。

第五讲　利用工具书搜集专题资料

一、引言

本讲是这次系列讲座中技术性最强的一堂课。它打算提供一个操作方法，告诉大家怎样利用工具书来进行文献学训练。

在第二讲"三条途径"当中，我们已经谈到了这一操作方法的可行性。关于这种可行性，还有两个道理。第一个道理是中国学术资源的特点。同世界各国的学术相比较，中国学术资源最大的特点，一方面是有丰富的文献，另一方面是有实用的文献学。比如，为了掌握汗牛充栋的文献资料，每个朝代的中国学者，都孜孜不倦地编制了很多工具书。这样一来，作为非专业的文献研究者，我们从事文献工作最便捷的途径，就是掌握这些工具书。第二个道理是研究工作的阶段性。我们都知道，研究工作是要讲究步骤的。它就像盖楼房一样，先要打地基，然后要竖梁，接下来要砌墙。相当于打地基的工作是准备基本材料。这是研究工作的第一阶段，其任务是要为理论分析奠定基础。相当于竖梁的工作

> 中国学术资源的特点，一是有丰富的文献，二是有很多实用的文献工具书。

是建立基本认识。这是研究工作的第二阶段,它的主要工作是对资料进行考订。相当于砌墙的工作是写作,既通过写作来表达研究成果,也通过写作来完善思路。这是研究工作的第三阶段。在这一阶段,我们一方面要分析资料,另一方面又要补充资料。

以上两个道理说明,资料工作是贯穿于研究工作的全过程的,因此,掌握文献学很重要;但是,我们可以通过某种方法去掌握。搜集资料也很重要,但是,我们可以把它分解为若干阶段,一步一步地去完成。一般来说,我们可以把资料工作分作两个阶段:其一是利用工具书搜集主要资料的阶段,其二是采用"竭泽而渔"的方法来完善资料库的阶段。前一个阶段属于打地基的阶段。当我们把主要资料搜集到手之后,我们对一个事物就可以建立起大致的认识了,也就是说,可以竖梁了。因此可以说,利用工具书来搜集主要资料,是学术工作的第一步,也是最重要的一步。

> 资料工作可以分作两个阶段:一是利用工具书搜集主要资料的阶段,二是采用"竭泽而渔"的方法来完善资料库的阶段。利用工具书来搜集主要资料,是学术工作的第一步。

我们这堂课,要谈的就是这个重要一步。在进入正题之前,我想同大家讨论几个概念:

1. 工具书。工具书是什么?是按照一定的分类体系和编排形式组成的、可供检索的书籍。工具书和其他书不同,其他书一般用来阅读,工具书则不仅可以用来阅读,而且可以供人检索。刚才说到,它是按照一定的分类体系和编排形式组成的。因此,工具书有三个特点:第一是系统。它按一个统一的标准来分类,来记录资料。第二是完整。就它的编纂标准而言,它是全面而完备的。第三是科

> 工具书的特点:系统,完整,科学。

学。它是对科学研究成果的一种归纳和总结。

2. 工具书的产生。我们要了解一个事物的本质，就要去了解它的产生过程，因为事物的逻辑结构总是反映着它的历史结构。那么，中国的工具书是怎样产生的呢？这可以通过《汉书·艺文志》来了解。《汉书·艺文志·六艺略》小学类著录了一批早期工具书——辞书。在它的小序中有一段话，讲到"上古结绳以治，后世圣人易之以书契"，又讲到"《周官》保氏掌养国子，教之六书"。这些话说明，工具书产生于识文断字的需要，产生于经学教育的需要。它另外也说明，在中国历史上最早产生的工具书是语言学的工具书，也就是辞书。

> 要了解一个事物的本质，就要去了解它的产生过程，因为事物的逻辑结构总是反映着它的历史结构。

3. 掌握工具书知识的目的。我们为什么要介绍工具书？作为老师，我主要有三个目的：一是让大家熟悉工具书，学会检索和使用。因为工具书的特点就是可供检索。二是帮助同学们建立"工具"意识，教大家在使用工具书的同时，自己也练习编制工具书。三是为了进一步研究工具书。因为，一旦我们了解了工具书，那么我们就会把它纳入研究对象。

> 掌握工具书知识的目的：熟悉工具书，学会检索和使用；建立"工具"意识，练习编制工具书；把工具书纳入研究对象。

以上三点中的后两点，也是我的个人经验。我和许多学者一样，喜欢自编工具。比如，在写作《诗六义原始》这篇文章之前，我曾经编过一份《诗三百年表》，把具有年代学意义的歌诗、献诗、诵诗、说诗资料按次序编列起来，这样来再现《诗》文本的形成过程以及《诗》功能的演变过程。又比如在完成《隋唐五代燕乐杂言歌辞研究》《中国早期思想与符号研究》之后，我为这两部书编了索引，一方面便利读者的检索，另一方面也便利读者的验证。我认为，有了工具，我们面对的材料，我们的认识，都可以得到提升，成为比较有条理的材料和认识；我们的学术成果，也不仅具有理论上的创新价值，而且具有资料价值和工具价值。在信息膨胀的时代，这是非常重要的。另外，很多学者也关心过工具书的存在原因。比如，他们认为类书的产生是同文学的发展相联系的；类书结构的变化，则联系于知识和思潮的变化。有一个例子是明代的《通雅》。这部类书中有"乐曲""乐舞""金石""谚原"等一些新的类别，关于音乐的资料也特别丰富。为什么会这样呢？在他们看来，这是因为西学进入中国以后，对中国学术产生了刺激，音乐走出了大雅之堂，或者说，下里巴人的音乐进入了人们的视野。

不过，我们这堂课，主要服务于第一个目的，主要讲工具书的利用。我认为，利用工具书查找资料，可以分成以下四个步骤。

二、借助资料索引搜集有关研究成果

这是利用工具书查找资料的第一个步骤。这一步骤的目的是了解某一专题的研究现状。从近三十年来的学术实践看，最有用的资料检索工具有三种：一是中国人民大学书报资料中心编辑的《复印报刊资料》，二是上海图书馆编辑的《全国报刊索引》，三是"中国期刊网"。

在 20 世纪 80 年代，要检索论文资料，最简便的方法是查看中国人民大学书报资料中心所编的《复印报刊资料》。这份刊物通常做两项工作：一是复印论文，即选择它认为比较优秀的论文复印出来；二是编制论文目录，也就是在它附录的"索引"中，分类著录了更大范围的一批论文。它的特点是：虽然没有收录所有论文，但它选录了相对重要的论文，同时以论文"索引"的方式反映了某一时段学术发展的概貌。换句话说，它有两个用途：一是通过它所复印的论文，反映了

某一时段各个学术领域的大致情况;二是通过它所编写的论文目录,罗列了某一时段各个学术领域的研究成果。现在,《复印报刊资料》已经挂上网了,所录文章都有可做全文检索的电子本。所以,我们仍然可以把它当作了解研究现状的重要途径。

在期刊网产生之前,要查看相关论文、了解研究现状,还要用到《全国报刊索引》。这也是一种期刊,分类收录全国各种报刊所载文章的篇名。它由上海图书馆编印,每月社会科学、自然科学各一本。它的优点是全面、细致,就一般学术标准而言,可以说著录了所有的文章。但它有烦琐的缺点,分类不严明。同样内容的文章,这期放在这个部类,下期又放入另一部类。因此,使用这一期刊时,不能只做简单检索,而要做好通读的思想准备。

在21世纪,学术成果越来越多地进入网络。"中国期刊网"或其他期刊网成为检索资料的重要方式。例如在"中国知网"上,可以通过输入主题词、关键词、篇名、作者等方法进行检索;不仅可以检索期刊论文,而且可以检索学位论文。对于年轻的学者,这是非常方便的。

也许有同学会问:"我们为什么要查看研究成果呢?"这个问题是很有意义的,因为它问到了研究工作的前提。概括起来说,无非有两个前提:一是学术史前提,二是资料前提。"学术史前提"的含义是:在进入一项研究工作之前,我们必须了解学术史。查看研究成果的实质就是进行学术史考察。这项工作关系到选题的质量,所以,各高校对于学位论文开题提出了一项要求,即要求研究生

> 研究工作的两个前提:学术史前提和资料前提。

以述评的方式陈述本项研究的学术史背景。大家可能都注意到这一点了,对此有充分的认识。但是另一点——"资料前提"——却是容易被忽视的。"资料前提"的含义是:在进入一项研究工作之前,我们必须了解这项工作的资料情况。比如,从检索到的论文所征引的原始文献看,学术界已经注意到了哪些资料?它们分布在哪些典籍当中?从这些论文所征引的其他成果看,还有哪些论文讨论了类似的问题?解决这些问题,同样具有重要意义。

> 建立"资料前提"的目的:了解学术界已经注意到了哪些资料,它们分布在哪些典籍当中,还有哪些论文讨论了类似的问题。

上面所说的意思是:通过资料索引来搜集有关研究成果,这是一种较为常见的利用工具书的方法。它的目的有三:一是通过这些成果来了解研究现状,二是通过这些成果来建立学术视野,三是通过这些成果来找到资料线索。换言之,我们进行学术研究,先要了解别人做了些什么,所以我们要看这种论文;我们进行学术研究,还有必要建立自己的视角和视点,所以,我们要通过初步阅读来设计进一步阅读。了解别人、建立自己,这叫"知己知彼",都是重要的事情。但我特别想强调的是第三个目的,即把成果阅读看作重新搜集资料的起点。在这个起点之上,我们可以采用滚雪球的方法来阅读越来越多的材料。

> 找到资料线索,并采用滚雪球的方法来阅读越来越多的材料。

同学们常会问我这样的问题:"在进行一项研究之前,是不是要先把别人的研究成果全部看完呢?应该怎样处理成果调查和资料调查的关系呢?"我的回答是:根据我的经验,"先把别人的研究成果全部看完",这是很难做到的,也是不必做到的。我在写作博士论文的时候，的确想过要把别人的研究成果全部看一遍，然后在这个基础上往前推进。但后来发现，我看到的材料有很多是彼此重复的；若把它们全部看一遍，被用掉的研究时间就太多了。所以我的做法是：大致了解关于这个专题的研究成果，然后直接去看原始材料，通过原始材料建立自己的认识。等自己的研究完成之后，再回过头来重新看这些研究成果。这时候眼光不同了，很容易淘汰相当一部分的论文，90%的论文都可以淘汰掉。那么我们花力气研究剩下10%的研究成果，就可以在更高的水平上掌握研究的面貌。

以上这些话的意思，不是说要忽视前人的研究成果，而是说要有效利用前人的成果，并采用合适的方式做到有效。我认为，要有效利用前人的成果，可以采用三个办法：第一个办法是结合原始资料来加以消化，也就是刚才说的——在研究原始资料之后做系统的成果调查。这是比较复杂的办法。第二个是写作综述的办法，也就是刚才说的——在进行一项研究之前，写一篇关于这个领域的研究成果的综述，通过综述研究现状，不仅了解这个领域的研究成果，而且通过比较，找到适合自己的研究方法。这是比较简便的办法。至于第三个办法，则是以资料调查为重点的办法。这是比较实在的办法。为什么说"实在"呢，因为利用现有成果进行资料调查有多重意义。首先一个意义在于找到资料线索，其次一个意义在于提升自己的鉴别能力。各位是不是知道这样一个道理：任何学术认识都意味着批判。所谓消化前人的成果，其实也意味着用批判

> 利用现有成果进行资料调查的意义：首先是找到资料线索，其次是提升自己的鉴别能力。

的态度建立新认识同旧认识的相关。而真正有效的批判，必定是资料的批判——对资料做批判，用资料来批判——而不是逻辑分析。从理论上说，尽管对事物历史过程的考察与对事物内部逻辑的分析是彼此关联的，是不可偏废的，但前者对于建立新认识更加重要，因为它是后者的基础。我有一个经验：很多事情是无法用单纯的逻辑分析方法弄清楚的，而只能用历史考察的方法弄清楚。凡遇到这种事情，我们便可以放弃单纯的推理，而改用资料考订的方法，建立历史的逻辑。

> 任何学术认识都意味着批判，而真正有效的批判必定是资料的批判——对资料做批判，用资料来批判。

三、借助辞书了解关于某一事物的语言学记录

这是利用工具书查找资料的第二个步骤。这一步骤的目的是了解关于某一事物、某一专题的语言学记录。主要有三类参考资料：一是训诂学资料，二是文字学资料，三是语音学资料。它们在古代统称为辞书。

除辞书外，等一下我们要谈到类书和目录书。这三者的区别在于：辞书是关于语词的工具书，类书是关于事物的工具书，目录是关于书籍的工具书。在这几种工具书中，辞书是我们首先要阅读的工具书。为什么呢？因为辞书在历史上产生的时间比较早，它记载了比较古老的材料。另外，辞书特别关注对事物的命名；而一个事物的被命名，意味着它的正式诞生。老子的说法是："无名天地之始，有名万物之母。"关于老子的这句话，我有一个比较特别的解释。我认为，在老子的观念中，事物有三次诞生：第一次是如同受精卵那样的诞生，称作"一"，和"道"是同体的关

> 一个事物的被命名，意味着它的正式诞生。

系，所以说"道生一"。第二次是如同胚胎那样的诞生，称作"始"或"二"；所以说"一生二"，或者说"无名天下之始"。第三次是如同婴儿那样的诞生，称作"母"或"三"，所以说"二生三，三生万物"，或者说"有名万物之母"。其中最重要的是第二次诞生，那时相当于受孕三月，妇女有了胎动（娠），胎儿可辨性别，也就是《文子·九守》引老子所说的"三月而胚，四月而胎"——大家是不是注意过"胎""始"二字的关系？这两个字同声符，实际上是同义词。《尔雅·释诂》说："胎……始也。"郭璞注说："胚胎未成，亦物之始也。"这说明，在古人的看法中，"胚"和"胎"代表开始。或者说，古人是把受孕三月之"娠"时或胚胎之时，看作人类个体生命的起始的。因为这时既是阴阳之始（老子表述为"天地之始"），又可以被人感知。不过，现在我们要谈的是"有名万物之母"这件事。老子说过："恒无欲也，以观其眇；恒有欲也，以观其所噭。"这就是说，只有到了"有名"的时候，"万物"才会由"眇"变成"噭"，成为可以"观"的事物。

  我的意思是说：判断一个事物从什么时候开始是一件很困难的事。对于学术研究而言，一个事物有了名称，就可以看作已经开始了。比如，人们讨论"扬州学派"是什么时候形成的，争讼纷纭，无法取得定论。其实有一个简单的判断方法，那就是看"扬州学派"四字何时出现在古代典籍当中。因为出现了这四个字，就意味着人们已经对"扬州学派"做了确认。辞书资料正好有这样的意义。它对最早见于古籍的特定语

> 辞书对最早见于古籍的特定语词做了记录，实质上是记录了事物被确认的时间和方式。

词做了记录，实质上是记录了事物被确认的时间和方式。由于这个缘故，我们可以通过辞书去观察古人确认事物的过程。换句话说，辞书的用处在于：它以种种义项及其书证，展示了事物被确认的过程。下面向大家推荐几类辞书：

（一）《尔雅》类

《尔雅》是一本从训诂角度编纂的辞书。"尔雅"的意思是"接近古雅"，也就是用现代通俗的话来解释古代雅语。从书中的语言素材看，《尔雅》是《诗经》以后的书，这是它成书年代的上限；由于汉武帝时已出现一本名为《尔雅注》的书，所以它产生在汉武帝之前，这是它成书年代的下限。可以说，它是中国最早的辞书。它的编纂方法是按义类编排，包含19个部类。前三个部类分别题为《释诂》《释言》《释训》，解释的是常用词语；其他部类有《释天》《释地》等，解释的是专有名词。它解释词语的办法是把同一含义的词搜集在一起，用通俗的词来解释典雅的词，或者说，用同义词来解释同义词。例如《释诂》第一句是："初、哉、首、基、肇、祖、元、胎、俶、落、权舆，始也。"意思是初、哉、首、基、肇、祖、元、胎、俶、落、权舆等词的含义都是"始"。前面，我们已经提到这个"胎……始也"了。不过《尔雅》第七类《释乐》的解释方式有点特别。它使用义训之法，对词义的实际使用状态进行解释，先解释五声音阶的名称，然后解释乐器的名称和演奏术语。请大家看原文：

宫谓之重，商谓之敏，角谓之经，徵谓之迭，羽谓之柳。

大瑟谓之洒，大琴谓之离。大鼓谓之鼖，小者谓之应。大磬谓之馨。大笙谓之巢，小者谓之和。大箎谓之沂，大埙谓之嘂。大钟谓之镛，其中谓之剽，小者谓之栈。大箫谓之言，小者谓之筊。大管谓之籥，其中谓之筀，小者谓之箹。大籥谓之产，其中谓之仲，小者谓之箹。

徒鼓瑟谓之步，徒吹谓之和，徒歌谓之谣，徒击鼓谓之咢，徒鼓钟谓之脩，徒鼓磬谓之寋。

所以鼓柷谓之止，所以鼓敔谓之籈。

大罄谓之麻，小者谓之料。

和乐谓之节。

> 《尔雅·释乐》是一宗很重要的但未被人注意的材料。

对于音乐研究来说，这是一宗很重要的但未被人注意的材料。比如"徒鼓瑟谓之步"，根据郝懿行《尔雅义疏》（这是关于《尔雅》的最重要的一部注解书）看，这个"徒鼓瑟"是同"歌行"的"行"相联系的。郝懿行说："步，犹行也。《文选·乐府诗》注引《歌录》有《齐瑟行》。行即步之意也。"这说明，"歌行"之"行"，原来是指用瑟来伴奏的乐曲。

> "歌行"之"行"，原来是指用瑟来伴奏的乐曲。

《尔雅》问世以后，出现了十来种以"雅"为名的辞书。其中最有名的是《广雅》和《通雅》。《广雅》由三国人张揖编撰，书名的意思是"增广《尔雅》"。全书体例和《尔雅》相同，但收字增加了四倍多，训诂资料很完备。例如其中第七篇《释乐》，分"乐名""鼓名""琴名"等四部分，仅鼓名即增加到 14 种了。《通雅》由明末人方以智编撰，是一部 55 卷的大书。它引据广博，并增加了《乐曲》《乐舞》《金石》《谚原》等新的类别，富于西学背景下的实学色彩。其中《乐曲》篇考释律吕、七始、九招、鼓吹、十部乐、乐府、大曲名目和元明俗乐乐调，

> 《通雅》中《乐曲》《乐舞》《乐器》等类别，是中国音乐史研究的重要文献。

《乐舞》篇考释上古至唐代的乐舞名目，《乐器》篇考释雅乐术语和诸种乐器之名，是中国音乐史研究的重要文献。

在《尔雅》这个系统当中，还有《释名》《经典释文》《一切经音义》《佩文韵府》《经籍纂诂》《经传释词》《诗词曲语辞汇释》《小说词语汇释》《戏曲词语汇释》《联绵字典》等工具书。就音乐研究而言，其中《诗词曲语辞汇释》《小说词语汇释》《戏曲词语汇释》也是重要的辞书。

（二）《方言》类

《方言》是一本从方言角度编纂的辞书。它由西汉人扬雄（前53—18）编撰，汇集从周代到汉代的方言词语，是中国也是全世界最早的方言比较词汇集。它的编纂方式和《尔雅》相近，主要的释义方式是用"通语"（普通话）的同义词来解释"别语"（方言）的同义词。它的全名叫作《輶轩使者绝代语释别国方言》。"輶轩使者"也就是乘坐轻车的使者，是周代以来负责去各地"采风"（也就是搜集方言和歌谣）的人物。"绝代语"也就是古语。为什么要把"绝代语"和"别国方言"相并列呢？因为有一大批古语在方言当中保留下来了。可见"绝代语"和"通语"的关系既是历时关系又是共时关系。

> "绝代语"和"通语"的关系既是历时关系又是共时关系。

从《方言》的名称可以知道，这部书的出现有以下两个重要原因：

第一，因为有采风的制度。《汉书·食货志》记录了这种制度，称之为"采诗"。《汉书·百官公卿表》记录了采诗之官，称之为"行人"。《方言》一书附有刘歆写给扬雄的一封信，说到"轩车使者、遒人使者"要去"求代语、童谣、

> 周代、汉代采集方言、歌谣的制度，其目的是政治的，但效果却是文化的。

歌戏"。所谓"代语"，也就是不同方言之间意义相当而形式（语音）不同、可以用来在翻译时相互代替的词。《华阳国志》则说到这种采风的目的，即"考八方之风雅，通九州之异同，主海内之音韵，使人主居高堂知天下风俗也"。这些情况说明，采集方言、歌谣的制度在周代和汉代都是存在的。它的目的是政治的，但它的效果却是文化的。

第二，因为有语言条件。从周代到秦汉，是中国人口大迁徙的时代，出现了大统一的局面。这在客观上造成了各地方言之间的交流。其结果是大量方言进入普通话成为文学语言，同时也有许多古旧的通语流失在方言当中，形成了丰富的同义词和近义词现象。《尔雅》所采用的同义词系联的方法，正是这种情况的反映。《方言》则在《尔雅》的基础上更进一步，指明了每个同义词各自所属的方言区域，因而指明了它们在含义上的细微差别。这件事不仅在语言学上有意义，而且在文学上也是有意义的。比如，我们可以思考一下：从先秦到汉代，中国文学是不是有很大变化？为什么到了汉赋，出现了那么多的词语？为什么先秦韵文不采用铺张的写作方式，而汉赋采用铺张的写作方式？这些问题便可联系《方言》这部辞书来解决。《方言》告诉我们，汉代文学的语言手段、语言条件已经不同于以往了。换句话说,《方言》提醒我们：我们不仅要知道赋和古诗有区别，而且要注意从语言学的角度来理解这个区别。

从音乐研究的角度看，《方言》也是一部值得注意的辞书。因为《方言》的作者扬雄是个很懂音乐的人。他仿照《乐记》写过四篇文章，还撰有《琴清英》一书。不过，《方言》中关于音乐舞蹈的记录却不多，比较明显的只有一句话，说："翿、幢，翳也。楚曰翿，关西关东皆曰幢。"这句话说的是羽舞时所持的舞具。为什么在当时的方言语词中缺少关于音乐舞蹈的词语呢？有兴趣的同学，不妨对这件事做一些研究。

> 为什么在汉代的方言语词中缺少关于音乐舞蹈的词语呢？

关于《方言》，还有一件事值得一提，那就是它在文化地理学上的意义。文化地理学的目标是什么？是展现一种文化共同体的不同区域形式在空间上的分布情况。这个目标在《方言》一书中部分地得到了实现，因为《方言》不仅比较全面地记录了汉代的汉语方言词汇，而且比较准确地指出了它们的空间分布。根据《方言》，现代学者已经划分出了汉代的方言区，比如秦晋方言区、周韩郑方言区、赵魏方言区、卫宋方言区、齐鲁方言区、东齐海岱方言区、燕代方言区、北燕朝鲜方言区、楚方言区、南楚方言区、南越方言区、吴越方言区。其中"北燕朝鲜方言区"覆盖了自辽东至朝鲜半岛北部的广大地域。确定这一方言区的主要理由在于：在《方言》中，代表北燕方言的地名共出现 47 次，朝鲜一名出现 27 次，而其中有 23 次是以北燕地名和朝鲜并举的。这就是说，在汉代，朝鲜半岛北部的人是说汉语北燕方言的。对于音乐研究者来说，我觉得这件事有两个重大意义：第一，可以作为音乐地理学研究的基础，音乐研究者应该参考方言区来划分音乐的色彩区；第二，可以表明汉文化的覆盖范围，音乐研究者应该参考它来研究中国音乐文化

> 《方言》一书可以作为音乐地理学研究的基础，音乐研究者应参考方言区来划分音乐的色彩区；《方言》一书表明了汉文化的覆盖范围，音乐研究者应参考它来研究中国音乐文化的传播和发展。

的传播和发展。为什么这样说呢？因为我们在历史上总是会看到这样一个情况：汉文化的覆盖范围大于"中国"这个行政区的范围。这意味着，我们进行中国音乐研究，可以设定两个研究对象：其一是中国境内的音乐，其二是汉文化覆盖区的音乐。后一个研究范围是更应值得注意的。

在《方言》这个系统中，还有一些重要的辞书，例如明代李实编纂的《蜀语》，它辑录四川地区的方言词语；清代翟灏编纂的《通俗编》，它辑录通俗词语；清代胡文英编纂的《吴下方言考》，它考释吴语方言词；清代杭世骏编纂的《续方言》，它考释历代古籍中的方言语词；清代钱大昕编纂的《恒言录》，它考释通俗语词。现在，我特别想向大家介绍的，是两部方言工具书。

> 《唐五代西北方音》对于敦煌音乐舞蹈研究很有用。

第一部是 1933 年出版的《唐五代西北方音》，由语言学家罗常培编纂。这部书是古方言研究领域最重要的一部著作，对于敦煌音乐舞蹈研究很有用。为什么呢？因为它的资料和研究方法都很特殊。它利用的资料主要是汉藏对音和藏文译音材料，包括汉藏对音《千字文》残卷、汉藏对音《大乘中宗见解》残卷、藏文译音《阿弥陀经》残卷、藏文译音《金刚经》残卷及《唐蕃会盟碑》的拓本。它的研究步骤可以概括为以下四步：

1. 把藏文对音或藏文译音转换成国际音标；

2. 把这个语音材料和唐代的《切韵》系统进行比较，判定它的汉语方言性质；

3. 把它和现代西北地区三省六处的方言音系加以对比，确认唐五代西北方音到现代西北方音的演变；

4. 得出唐五代西北方音的面貌。

而它对于敦煌文献研究的用途，则是提供了一份关于唐代敦煌通假字的资料。在座各位是不是知道"通假"？通假其实是一种合理的错别字：古人写字时不写本字，却用一个同音字或近音字来代替。在这里，本字和代替字就叫"通假字"。通假通常是由笔误造成的。因为每个时代的语音不同，所以每个时代都会造成一些新的通假字。而敦煌的通假字就更加特殊了，因为敦煌人说话的语音和中原人说话的语音不一样，他们写错别字有他们的规律。从这个角度看，《唐五代西北方音》实际上具体地向我们揭示了敦煌人的通假规律。利用这本书，我们可以识读那些充满错别字的敦煌手抄文献。

> 《唐五代西北方音》具体揭示了敦煌人的通假规律。可以利用这本书去识读那些充满错别字的敦煌手抄文献。

第二部是《现代汉语方言大词典》。现在有两种汉语方言辞典，一种是中华书局出版的《汉语方言大词典》，由一位中国教授和一位日本教授联合主编，五大册，收录古今各类著作和现代汉语中的方言词汇20余万字；另一种是江苏教育出版社出版的《现代汉语方言大词典》，全六卷，收词总数约32万条。我个人比较喜欢后一部辞典。因为它源于41种分地区的辞典，而每一种分地辞典都由一两位专家负责编成。这样它的质量就比较有保证。我出生在江西南昌；长年在上海、扬州工作；曾经去中亚地区的东干人居住区做调查，而东干人在自己家里说的是陕甘方言，这种方言是经过新疆再传入中亚的。由于这些缘故，我就比较仔细地读过江苏教育出版社出版的《南昌方言词典》《乌鲁木齐方言词典》《西安方言词典》《扬州方言词典》《上海方言词典》。

通过阅读，一方面温习旧的方言，另一方面也学习新的方言。照我的经验，理解一种方言是理解一种文化的最好的途径。

> 理解一种方言是理解一种文化的最好的途径。

（三）《说文解字》类

《说文解字》是一本从字形角度编排词语并加以解释的书。这部书非常有名。如果要在全世界范围内选一部辞书作代表，我看就是《说文解字》。因为《说文解字》由东汉人许慎（58—147）编纂，既是第一部系统地分析汉字字形和考究字源的字书，也是流传最广的中文工具书。

关于《说文解字》的特点，我们可以从两方面去认识。第一是它的体例：全书收9353个字，分别归入540个部首，按字形系联每一个字，各字以类相从，由此建立了第一个汉字的系统。第二是它的解释方法：先解释字义，然后解释其形体结构。为了发扬古文经典、解释六经，它是以篆字为正体的。由这些特点可以了解《说文解字》的四大贡献：一是确立了象形、指事、会意、形声、转注、假借等"六书"理论，这是字形分析的基础；二是创立了文字学原则的部首系统，这是字形分类的标准；三是通过解释字义、字形，保存了汉以前的古训古音；四是展示了篆文的写法系统，因而提供了往前追溯研究甲骨文、金文的线索。

> 《说文解字》的价值是同关于《说文解字》的传注学成果相联系的。

《说文解字》的价值，是同关于《说文解字》的传注学成果相联系的。了解这些成果很有必要。第一种是南唐人徐锴的《说文解字系传》。它是现存最早的《说文解字》注本，优点是保存了许多古训。第二种是清代人段玉裁的《说文解字注》。它是关于《说文解字》的最好的注本。它注意阐明体例，校订讹误，标明古韵，并利用群书的训诂来对文字加以注释；它还把这两批资料贯穿起来互相阐发，大大提高了《说文解字》一书的效用。第三种是清代人桂馥的《说文解字义证》。这部书的特点是把《说文解字》的解释和各种经典的用例相互疏证，引据非常丰富。第四种是清代人朱骏声的《说文通训定声》。这是一部富于创造性的书。它按照古韵部的分类重新编写了《说文解字》，全书以谐声声符为单元，把从同一个声符衍生出来的字连缀在一起，在每个字下面做说文、通训、定声三项考释。所谓"说文"，也就是考释《说文解字》本来的训释，用群书古注加以证明；所谓"通训"，也就是陈述该字的引申义和因文字假借而产生的假借义；所谓"定声"，也就是列举上古韵文中的用韵来证明古音，凡同韵相押叫作"合韵"，凡邻韵相押叫作"转音"。它的主要贡献在于：采用韵部排列法，按因声求义的原则来揭示一字的原始含义，由此也阐明了通过引申、假借获得的新义。陈寅恪曾经说过："凡解释一字，即是作一部文化史。"这句话可以看作对《说文通训定声》的评价，因为这部书的最大优点，就是比较明确地解释了各个古字的字义源流。

> 凡解释一字，即是作一部文化史。

在《说文解字》中，有很多字都跟音乐相关，例如：

> 《说文解字》中的音乐资料。

"木"部："樂""栫""柷"等字；

"龠"部："龠""籥""𪛁""𪛖"等字；

"音"部："音""響""䪫""韻""韶""章""竟"等字；

"羽"部："翌""翇"等字；

"竹"部："笙""管""箾""簫""筑""筝"等字；

"亻"部："僖""倡"等字；

"琴"部："瑟""琵"等字；

"金"部："鏽""鐘"等字；

"言"部："詟""謳""詠"等字；

"欠"部："歌""歙"等字。

这些字的训诂资料都是音乐史料。另外，以下这些字也都是音乐符号："示"部中的"禘"字，"攴"部中的"敂"字，"角"部中的"觼"字，"喜"部中的"喜"字，"壴"部中的"壴"字，"豈"部中的"豈"字，"夊"部中的"夒"字，"舛"部中的"舞"字，"石"部中的"磬"字，"雨"部中的"雩"字，"土"部中的"壎"字，"虫"部中的"蠽"字，"鳥"部中的"鸑"字，"鼓"部中的"鼓"字，"耳"部中的"聲"字。

《说文解字》系统的辞书，另外有以下几种值得特别注意：

> 《玉篇》开始以反切注音，重在说明字义。

《玉篇》，南朝人顾野王编纂。这是《说文解字》之后的一部重要字典。它收字比较多，现存本有22500多字。它另外有两个特点：一是以反切注音，表音效果比《说文解字》好；二是重在说明字义而不是字形，释义更加详细。

《康熙字典》，清代张玉书等人编成于康熙年间的大字典。它收录47000多个单字，是中国古代收字最多的一部字典。它按214个部首分类，每字注有反切和出处，义项比较完备，引例也比较丰富，差不多把每一个字的不同音切和不同意义都列举出来了。所以，在1985年以前，它是最方便实用的字典。

《辞源》，20世纪第一部大规模的汉语语文辞书。它最初编写于1908年，后来修订多次，最近一版是商务印书馆2015年版。它收录了14210个单字、92646个复音节词。它以日常语词为主，兼收百科词汇，是一部综合性、实用性很强的工具书。

《辞源》是20世纪第一部大规模的汉语语文辞书。

《辞海》。同《辞源》相区别，它是以百科为主的辞书。最新版是上海辞书出版社2020年版，收近20000个单字、近130000条词目，是中国最大的综合性辞典。它最重要的特点是：吸收各学科的最新研究成果，对各种学术术语做了比较精当的解释。

《辞海》吸收了各学科的最新研究成果。

《汉语大词典》。这是目前世界上收录汉语词汇数量最多的大型语文词典，1986—1994年先后由上海辞书出版社、汉语大词典出版社出版。它收录单音节词23000多条、复音节词340000多条，共370000多条。它的特点是收集的词汇材料很广泛，义项很完备，也重视语词的历史演变，因此可以说，它是史料最丰富的辞书。

《汉语大词典》是目前世界上收录汉语词汇数量最多的大型语文词典。

《汉语大字典》。这是目前世界上收录汉字单字最多的一部字典，1990年由四川辞书出版社、湖北辞书出版社出版。它收录的单字达到56000多个。另外，它有四个特点：一是文字学方面的，也就是在字头后面选列反映形体演变关系的字形；二是音韵学方面的，也就

《汉语大字典》最富学术性。

是逐字标注上古、中古、现代音；三是训诂学方面的，也就是在常用义之外，注意考释常用字的生僻义、复音词中的词素义；四是编纂学方面的，也就是附有上古音字表、中古音字表、通假字表、异体字表、引用书目表等多种富有学术性的图表。所以，它是我最喜欢的一部辞书。

由于《汉语大词典》和《汉语大字典》的出现，我们查询字词的条件得到大大改善。对大家来说，现在的问题恐怕是如何购置辞典的问题。我的看法是，如果研究的是中国历史前半段的事物，那么我们可以考虑选择《汉语大字典》；如果研究的是中国历史后半段的事物，那么我们可以考虑选择《汉语大词典》。为什么呢？因为秦汉以前的词语主要是单音节词；到汉以后，双音节词、多音节词才逐渐增多起来。所以，通过《汉语大字典》，可以比较清晰地了解一个词语最初产生的情况，以及它的源流演变；通过《汉语大词典》，则可以了解汉语词汇的丰富的变化。

（四）《广韵》类

> 《广韵》是一部包含3874个小韵的同音词典，是中国语音史研究的核心著作。

前面我们说到了《尔雅》，它是一本从训诂角度编纂的辞书；说到了《说文解字》，它是一本从字形角度编纂的辞书。《广韵》与此不同，它是从语音角度编纂的辞书。《广韵》的全称是《大宋重修广韵》，意思是由北宋朝官方、为增广隋代人所编《切韵》而修纂的韵书。可见这书在体例上是和《切韵》一脉相承的。它有四个特点：第一，按四个声调分卷；第二，每卷之中以韵为单位，各字按韵来系联，每韵立一个韵目；第三，每个韵目之下立若干个小韵，每个小韵汇集一组同音字，在小韵的第一个字（代表字）下注出反切并标明这组同音字的数目；第四，在小韵中其他字下注出词义。由这四个特点看来，《广韵》有多方面价值。首先，它是一部包含 26194 个字头的字典，收录了在它之前各种字书的几乎所有文字，征引丰富，可以用来查找各字的字义及其书证；其次，它是一部包含 3874 个小韵的同音词典，可以用来查看字的同音关系，并了解各种冷僻字的字音；再次，它汇集了大批反切资料，系统记录了古音，可据以了解中古音的全貌。而从学术研究的角度看，《广韵》则是中国语音史研究的核心著作，是探求周秦古音、六朝以迄隋唐音韵乃至现代方音变异的重要支柱，是研究宋以前词汇的资源。

1987 年，我组织了一个小型的学习班来学音韵学，总共四位学员，指导老师则是温州师范学院的潘悟云教授。就我来说，学习的目的是进入音韵学，进而运用当代语音学成果来进行中国古代文化研究。因此，虽然教学时间有限，但课程却要求相对系统。在这种情况下，潘老师首先安排我们读《广韵》。大致经过了这样几个步骤：

第一步的重点是了解背景和基本理论，也就是通过阅读相关研究著作，了解《切韵》的性质、

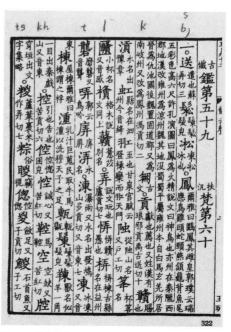

图 5-1 《广韵》去声卷第四书影（书页上端批注的国际音标是声母拟音）

> 学习《广韵》的五个步骤。

它在历史上的地位以及中古汉语的声母、韵母系统。作为对照,背诵了守温的三十六字母和《广韵》的二百零六韵。当时读的书,除李荣《切韵音系》、邵荣芬《切韵研究》等关于《广韵》的专门研究著作以外,还有高本汉的《中国音韵学研究》、陈寅恪的《从史实论切韵》、李方桂的《上古音研究》等。

第二步的重点是掌握《广韵》的结构。首先用《汉语方言调查字表》对自己做了一次方言(赣方言)调查,通过记录、对比熟悉了国际音标,也熟悉了这份字表。然后拿《汉语方言调查字表》和《广韵》对读,了解《广韵》的结构,同时也了解了一批关键字的音韵地位。

第三步是通读《广韵》,其方式是根据现代学者的研究成果,为《广韵》各个小韵的代表字注国际音标,先注反切上字,再注反切下字。用这个办法通读《广韵》,并具体地了解反切。

第四步是拿《广韵声系》和《广韵》对读,掌握《广韵》的谐声系统,了解作为形声字声符的"语根"的古今变化。

第五步是参考郑张尚芳－潘悟云的上古音理论,利用《古今字音对照手册》来进行上古音构拟的练习。

那段时间我学习很认真,自我隔离了两个多月,和三位学语言学的年轻博士一起,没日没夜地读了一批书。基本收获是:感觉自己在音韵学方面扫了盲,也懂得如何利用汉藏语研究的成果。这件事说明,《广韵》不仅是一部好辞书,而且是进入汉语语音史研究的最重要的教材。

以上介绍四类辞书,目的是提供一份关于必读辞书的书单，让在座各位学会通过辞书去了解关于特定事物、特定研究对象的语言学记录。从这个角度看，其中比较重要的辞书是《说文解字》类和《尔雅》类辞书，现代人编的词典也大致属于这两个系统。有位同学向我提出一个问题："我们在利用这些词典的时候，有什么需要注意的事情？"我看最要注意的是：要把现代人编的词典和古代辞书区别开来，把知识线索和原始资料区别开来。由于书籍的散失，很多原始资料是通过古代辞书保存下来的，这也就是前面提到的"古训"；但现代词典却不是这样，它们征引的典籍还在，因此，它们只能算作第二手资料。也就是说，我们不能把词典当作原始资料来引用，而只能把词典资料看成是知识线索，在使用它的时候，要寻找原始资料加以核对。只有这样做过一遍，这些资料才能成为第一手材料，成为可靠的学术资料，让我们用得放心。

> 把词典资料看成是知识线索，在使用它的时候，要寻找原始资料加以核对。只有这样做过一遍，这些资料才能成为第一手材料。

四、借助类书建立知识线索，确定主题词

有人说：类书是中国的百科全书。这个比喻是有一定道理的，因为类书和百科全书一样，是关于事物的工具书，而且它们的内容都比较全面。不过这两者有两个大区别：第一，类书重视分类，是按内容的逻辑关系有机排列的；而百科全书不是这样，它们一般按主题词的音序或笔画排列。第二，类书重视原始资料，是资料汇编；而百科全书不是这样，其中每一条目都是关于某一事物的概括论述。类书的这两个特点，也可以说是中国

> 中国的古籍和汉字一样，进入的门槛比较高，好像代表了少数人的权利。

古代工具书的特点。中国古代的工具书——辞书也好，类书也好，目录书也好——都注意向读者提供经过分类的原始材料，而不是对材料的解释。换句话说，中国人编制工具书的时候，他的出发点就是为进一步研究服务，因而认为原始记录比解释更加重要。与此不同，百科全书是为公众服务的，它只提供已成定论的一般知识。这个区别也许有更深刻的文化原因。它也许可以理解为：中国人在编纂古书的时候有一种贵族意识或精英意识，中国的古籍和汉字一样，进入的门槛比较高，好像代表了少数人的权利；而百科全书则是服务于大众、发行量较大的书籍。不过不管怎样说，类书和百科全书，可以看作植根于不同文化的两个事物。

由于类书有重视原始资料、重视分类的特点，所以，我们若要搜集历史资料，就要把类书当作最重要的工具。在使用工具书搜集专题资料的四个步骤中，第三个步骤是借助类书搜集主要资料、建立知识线索、确定主题词。这是其中最重要的步骤。为了说明类书的这种重要性，我们可以从另一个角度再谈谈它的特点。

类书的第一个特点，就是前面说到的，资料以类相从。它在每一个主题之下，不仅按年代先后排列资料，而且标明资料的出处，也就是标明资料的来源。对于考订历史事实和典章制度的变革源流，这种资料是非常有用的。有人说类书具有三大功能：一是储存原始著述以备参考阅览，二是提纲挈领便于引用检索，三是分门别类便于采用传播。其实，这些功能可以归并为一条，也就是作为工具书，类书提供了经过分类的资料。

类书的第二个特点，前面也说到了，即内容广泛。这一特点同它的编纂目的有关。从现有资料看，类书最初是编给皇帝看的，为的是让皇帝写文章时有所参考，例如最早的类书是魏文帝曹丕"使诸儒撰集经传，随类相从，凡千余篇"的《皇览》。后来北齐后主敕撰《修文殿御览》、唐代欧阳询等人奉敕编撰《艺文类聚》、许敬宗等人奉敕编撰《文馆词林》、徐坚奉敕编撰《初学记》，也都是编写御用的图书。在这种背景下，类书就有一个大用处，即有助于考查词语典故和诗赋文篇的内涵及出处。

> 类书最初是编给皇帝看的，为的是让皇帝写文章时有所参考，这样它就有助于考查词语典故和诗赋文篇的内涵及出处。

类书的第三个特点，前面也说到了，即汇编原始的资料。它也转抄别的类书或工具书；但它主要的征引对象，是当时能看到的各种古书。在古书逐渐散失的情况下，它就成了原始资料的宝库，因而有助于考辑业已亡佚的书籍。我们讲辑佚学，说辑佚的资源主要有六：类书，总集，方志，古注，金石以及新出土的古代文献。实际上，其中最重要的来源是类书，其次是古注。可以说，每一项辑佚工作，都有百分之八九十的资料来源于类书和古注。

> 每一项辑佚工作，都有百分之八九十的资料来源于类书和古注。

由于类书以上一个特点——收集了许多业已亡佚的书籍——所以它还有一个用处，即有助于校勘。

按比较严格的定义，历代类书有600多种，保存到今天的类书，从爱如生典海平台的"中国类书库"看，大约有300种。其中产生最早的有魏刘邵等人编写的《皇览》、晋陆机等人编写的《要览》、北齐祖珽等人编写的《修文殿御览》。刚才说到，它们是编给皇帝看的，所以使用了"皇览""御览"等书名。这几部类书都已经散失了，其残剩部分目前只是保存在《玉函山房辑佚书》等辑本当中。比较完整而又比较重要的类书，大致有如下几种：

（一）唐代类书

唐代产生了三部官修类书，即欧阳询等人奉敕编撰的《艺文类聚》、许敬宗等人奉敕编撰的《文馆词林》、徐坚奉敕编撰的《初学记》；也产生了两部私撰的类书，即虞世南编撰的《北堂书钞》和白居易编撰的《白氏六帖》。

《北堂书钞》。这是现存最早的一部类书，成书于隋朝大业年间（605—618），今天有中国书店影印光绪年的刊本。全书共160卷，分帝王、后妃、政术、形法、封爵、设官、礼仪、艺文、乐、武功、衣冠、仪饰、服饰、舟、车、酒食、天、岁时、地等19部，部下再分类，共有852类。其中乐部有乐总、歌篇、舞篇、钟、铎、磬、鼓、瑟、琴、筝、筑、箜篌、琵琶、笙、簧、竽、四夷、倡优、律等29类，说明当时的音乐描写有非常细致的语汇。我们知道，此书的特点就是从各类书籍中摘录名言佳句，供当时人作文时采撷辞藻之用。尽管它篇幅不大，但由于记载了隋以前的一些珍贵资料，因而对于历史研究、辑佚和校勘古籍有相当价值。

> 《北堂书钞》乐部29类，说明当时的音乐描写有非常细致的语汇。

《艺文类聚》。这是我国现存最早的一部完整的官修类书，编成于唐高祖之时，100卷，今有上海古籍出版社出版的汪绍楹校点本。该书从1400多种古籍中分类摘录资料，分为天、岁时、地、州、郡等46部、727目。比如人部有言语、讴谣、吟、啸、笑等目，乐部有论乐、乐府、舞、歌、琴、筝、箜篌、琵琶、箫、笙、笛、笳等目。每目之下先录记事资料，后录诗赋赞表。此书所征引的古代典籍大多散佚了，因此，它也有重要的史料价值。

《初学记》。这是一部小型类书,编成于唐玄宗之时,30卷,今有中华书局排印本,并有索引。全书分天、岁时、地、州郡、帝王等23部、313个子目。其中"乐部上"有雅乐、杂乐、四夷乐、歌、舞等子目,这反映当时人已经有雅乐、俗乐、胡乐三分的观念;"乐部下"有琴、筝、琵琶、箜篌、钟、磬、鼓、箫、笙、笛等子目,这可以看作按乐器分"八音"的古老观念的遗留。此书每目之下包含"叙事""事对"、诗文三类资料,各种材料都来自隋以前古籍,所以很有参考价值。

> 《初学记》"乐部上"的子目反映当时人已经有雅乐、俗乐、胡乐三分的观念。

《文馆词林》。这是一部以辑本面貌存世的书,体裁介于类书和总集之间。它编成于唐高宗之时,1000卷。现在有罗国威整理的《日藏弘仁本文馆词林校证》本,中华书局2001年出版。它的特点有二:一是侧重编纂从先秦到唐代的各体诗文;二是规模太大,所以流传不广。原书在北宋时已经散佚,但有数十卷残本流传在日本。

(二) 宋代类书

宋代是中国古籍史上的重要时期。这时编纂规模空前扩大,产生了许多大型类书,比如产生了孔传续编的《唐宋白孔六帖》、叶廷珪编纂的《海录碎事》、章俊卿编纂的《山堂考索》、谢维新等人编纂的《古今合璧事类备要》、祝穆编纂的《事文类聚》、江少虞编纂的《皇朝事实类苑》等。而最为著名的类书有:

《太平御览》,1000卷,今有中华书局影印本。本书由李昉等人奉皇命编修于宋太平兴国年间(976—984)。最初名为《太平总类》,后因太宗每日审阅三

> 《太平御览》是保存古代佚书资料最为丰富的类书。

卷，并说过这样一句话——"此书千卷，朕欲一年读遍"，所以它改题为"太平御览"。本书分55门，各门之下又分若干类，有些类下又有子目，大小类目共计约5474目。它征引古书超过1690种。因此，它不仅是一部重要的综合性资料工具书，而且是保存古代佚书资料最为丰富的类书。可以说，它是中国最重要的一部类书。

《册府元龟》。在研究者看来，古代有两类类书：一是汇编各种文献典籍资料的综合性类书，二是只辑录某个专门内容的专科性类书。《册府元龟》属于后者，也就是以史学为专门的类书。它也有1000卷规模，由王钦若、杨亿等人奉宋真宗命令编成于1005—1013年间，今有中华书局影印本，以及凤凰出版社校点本。它分为31部、1104门，每部前有"总序"，每门前有"小序"，概述有关事物的源流。它的主要特点是：主要从正史当中取材，也收载经书、子书，而不收小说、杂书；类目以人物、事类为中心；偏重记录上古至五代的君臣事迹，尤其侧重唐、五代。由于它往往整章整节作引据，所以，对宋以前史料的校勘工作有较高价值。

《玉海》。这也是一部为词科应用而编纂的大型类书，共有200卷，今有广陵书社出版的影印本。本书由南宋王应麟独自编撰，分为天文、地理、官制、食货等21门，每门各分子目，有240余类。它的特点是往往从实录、国史、日历等史书中采集宋代史料，文献价值很高；另外由于服务于科举作文，所采集的典故事迹多是"吉祥善事"。特别值得一提的是：在它的音乐部类中，也就是从卷一〇三到卷一一〇，收集了大量关于乐仪、乐书、乐章、乐舞、乐器的古代文献。其中仅卷一〇五所记，就有《历代乐仪》（徐景安）、《太乐令壁记》（刘贶）、《唐实录》《大周正乐》《景祐乐髓新经》《景祐广乐记》《景祐乐府奏议》《景祐太乐图议》、唐代《古今乐纂》、宋代《古今乐纂》等一大批稀见文献。对于研究唐宋音乐，这是一部不可缺少的书。

《玉海》卷一〇三到卷一一〇，收集了大量关于乐仪、乐书、乐章、乐舞、乐器的古代文献。

《太平广记》。这也可以说是一部大型的专科类书。说它"大"，是因为全书达500卷，另有目录10卷；说它"专"，是因为它取材于汉代至宋初的野史小说和相关杂著，基本上是一部按类编纂的古代小说总集。它由李昉等14人奉宋太宗之命编纂，因成书于宋太平兴国年间，所以和《太平御览》一样，叫作《太平广记》。这部书今有中华书局排印本，并有索引。它的优点在于：引书达400多种，把许多已经失传了的唐代和唐代以前的小说保留下来了；另外，它按主题分为92大类、150余小类，查起来比较方便。对于音乐史研究来说，由于《太平广记》的记录反映了社会各阶层的方方面面，特别是反映了市井百姓的娱乐生活，因此，它对于正史所记的雅乐史料是很好的补充。宋代以后，《太平广记》还成为话本、杂剧、诸宫调等种种艺术样式题材的来源。宋代的说话人甚至以"幼习《太平广记》"为标榜。因此可以说，宋代市井曲艺是在《太平广记》的哺育下成长起来的。

宋代市井曲艺是在《太平广记》的哺育下成长起来的。

（三）明清类书

到明清两代，官修和私辑的类书数量更多了，可以说是汗牛充栋。其中最富代表性的类书是《永乐大典》和《古今图书集成》。

> 《永乐大典》是有史以来篇幅最大的类书。

《永乐大典》是有史以来篇幅最大的类书，将近23000卷、11000多册、3.7亿字。因为修成于明成祖永乐年间而得名。这书实际上是8000来种图书的汇编，按"用韵以统字，用字以系事"的方式排列，也就是按《洪武正韵》的韵目分列单字，每一单字下详注音韵训释，汇集相关的事物记录和诗赋文章。它篇幅浩繁，内容丰富，元代以前的秘册佚文，往往一字不改，全文录入，因而保存了不少古籍，对于辑佚、校勘具有极大的价值。但也正因为篇幅浩繁，它没有刊印，而只有几种抄本。现在，它的正本在明代末年被烧毁了，副本在八国联军入侵北京时被洗劫了，只剩下800来卷残本。中华书局影印出版的就是其中的797卷残本。

> 《古今图书集成》是中国现存最大的类书。

《古今图书集成》。这是中国现存最大的类书，陈梦雷等人编成于清康熙四十五年（1706），后在雍正年间增补。全书分为历象、方舆、明伦、博物、理学、经济等六编，汇编下分为典，共32典、6109部、10000卷。每部列汇考、总论、列传、艺文、选句、纪事、杂录、外篇、图表等细目。它征引图书资料非常丰富，而且注明出处，是很有用的工具书；特别是，由于后来的《四库全书》因禁书限制而收书不全，《古今图书集成》便保留了一些《四库全书》未收录的典籍文献。不过它编成年代较晚，编辑中也有删节不当、错字、漏字等问题，需要慎重使用。最好的用法是：选择自己感兴趣的部类进行阅读，从中找到资料线索，然后去寻找原始材料。这书有中华书局1934年影印雍正铜活字体，附《考证》24卷。

以上这些类书，都是很好的书。不过按我的经验，它们之间还是有区别的，其中唐宋的类书更加有用，而元、明、清的类书则稍微差一些。如果要在这些类书里再做选择，那么，从有用的角度看，以下四部比较重要：

第一，《太平御览》。这书篇幅大，年代早，保存了很多独特的材料。

第二，《玉海》。它也有篇幅大、年代早的优点。另外，它有专门的音乐类别，完整地保存了很多音乐文献。

第三，《艺文类聚》。这是现存时代最早、篇幅也比较大的书。

第四，《初学记》。它也有年代早的优点，另外中华书局为它编了索引。

除了这些书之外，还有两类书，通常也被人们看作是类书。这种广义的类书首推政书和会要。政书有"十通"，包括《通典》《续通典》《清通典》等"三通典"，《通志》《续通志》《清通志》等"三通志"，《文献通考》《续文献通考》《清文献通考》《清续文献通考》等"四通考"。其中《通典》《通志》《文献通考》分别编成于唐代、北宋南宋之间、宋元之间，最为重要。其他都是清代编的，年代比较晚。不过，"十通"中每一通，都有关于仪式和音乐的专门部类。会要则包括《春秋会要》《战国会要》《秦会要》《西汉会要》《东汉会要》《三国会要》《南朝宋会要》《南朝齐会要》《南朝梁会要》《南朝陈会要》《唐会要》《五代会要》《宋会要辑稿》《辽会要》《明会要》等。其中最重要的是《唐会要》和《五代会要》。为什么这样说呢？因为第一，《唐会要》和《五代会要》是宋初人编的，其他会要，除《西汉会要》《东汉会要》外，基本上是清代人编的。我们知道，当一个人在一个朝代刚刚过去的时候，把这个朝代的材料收集起来整理，这样的资料就可以说是第一手的资料。第

> 《唐会要》卷三二至卷三四是专门讲音乐的，保存了关于唐代音乐的原始资料。

二，它们是会要书中产生年代最早的书，具有创体的意义。而且，《唐会要》里有几卷（卷三二至卷三四）是专门讲音乐的，保存了关于唐代音乐的原始资料。

五、借助目录学著作阅读古籍

当我们借助类书建立知识线索、确定主题词之后，我们就可以利用这些线索去阅读古籍原著了。

> 查书不等于读书，我们最终还是要回到阅读纸本书上来。

关于如何利用这些线索，这件事不难，因为除掉各种引得书之外，大家还掌握了很多检索手段，比如网络手段。现在我想提醒大家的是：查书不等于读书。我们搜集资料，最终还是要回到阅读纸本书上来。借助目录学著作阅读古籍，是利用工具书搜集资料的必要一步，是它的第四个步骤。关于目录学，我已经向大家做过介绍了。今天我想向大家具体推荐几部目录书，以便大家在搜集资料的时候做合理的利用。

关于目录学的功能，前人有过许多论述。法国19世纪目录学家加布里埃尔·裴格诺（Gabriel Peignot）的说法是：目录学是一切科学中最普遍、最广大的科学。——这话有道理吗？有道理，因为科学工作的第一步是对资料加以分类，而目录学正是关于这种分类的科学，可以看作其他科学的基础。中国学者姚名达则说："目录学者，将群书部次甲乙，条别异同，推阐大义，疏通伦类，将以辨章学术，考镜源流，欲人即类求书，因书究学之专门学术也。"他的意思是说，作为对图书加以分类的科学，目录学可以指导求知，因而是进行学术工作的前提。这话也是有道理的。那么，为什么我要把借助目录学著作阅读古籍当作利用工具书搜集资料的第四个步骤呢？这是因为，我们的阅读有两次开始。第一次是理解事物的开始。在这个阶段，我们要读辞书，通过辞书来建立理解；要读类书，通过类书来掌握关于一个事物的主要材料，了解古人关于一个事物的基本看法。然后才有第二次开始，即学术的开始——开始全面地搜集资料。在这个阶段，我们要把目录书作为阅读古籍的指引，全面了解关于事物记录的情况。如果说学术的本质是处理材料，学术的基本能力是找到材料、读懂材料、正确分析材料，那么，到利用目录书搜集资料这一阶段，我们就真正进入学术工作了。

> 我们的阅读有两次开始：第一次是理解事物的开始，第二次是学术的开始——开始全面地搜集资料。如果说学术的本质是处理材料，那么，到利用目录书搜集资料这一阶段，我们就真正进入学术工作了。

在林林总总的目录书中，我认为，以下十种最值得关注：

第一，《汉书·艺文志》。这是中国现存最早的一部综合目录书。它的基础是汉代人刘向、刘歆父子校理古籍的目录，最后由班固删订而成。这部书最重要的意义在于：通过它，我们可以了解中国古籍形成的过程（实际上，这也就是中国学术传统建立的过程）；同时可以了解汉代人对书本知识所做的分类（实际上，这也就是汉代人的知识结构）。这两个意义是不能用其他书来替代的。从结构上看，这部书的特点是：一有总序，二有各类小序，三有书名及其小注。它的总序对中国学术传统建立的过程做了精彩的描写，它的各类小序分别叙述了各类专门知识的源流，它的书名目录则是考察早期图书状况的重

> 《汉书·艺文志》的意义：通过它了解中国学术传统建立的过程，了解汉代人的知识结构。

要依据。这三个方面,保证了它的学术意义的实现。所以我有这样一个看法:中国早期学术史上最重要的问题,不仅在这部目录中呈现出来了,而且通过这部目录得到了解答。只可惜现在的学者往往刻意求新,反而忽视了这部目录书提供的正解。

关于以上这个看法,我可以举两个例子。一个例子是所谓"诗言志,歌永言"。人们通常认为,这句话是讲用诗歌来表达志向,用歌唱来美化语言。另一个例子是关于"赋"的定义。人们通常认为,赋是介于诗、文之间的边缘文体,因为铺叙的需要而得以产生。真是这样吗?其实不是。因为《汉书·艺文志》六艺略诗类小序说过:"诵其言谓之诗,咏其声谓之歌。"诗赋略小序又说过:"不歌而诵谓之赋,登高能赋,可以为大夫。"这就把上古时代"诗""歌""赋"的分别说得明明白白了。我们由此知道:从文体或传述方式角度看,"诗"是朗诵,"歌"是咏唱,"赋"则是把歌唱改为朗诵。因此,所谓"诗言志,歌永言,声依永,律和声",意思是说:诗是心志发为朗诵(不应理解为:诗歌表现人生态度和理想抱负),歌是把朗诵的声调加以延长(不应理解为:诗乐是对思想道德性情的陶冶),声是对歌声的模仿,乐律是对曲调加以调和。而兴盛于战国至汉代的赋,则可以看作两种活动的产物:其先是"大夫"们在交际场合用登高而诵的方式表述诗歌,其后是"学诗之士"把他们所专长的吟诵变成了新文体。我说的这些话,可能会让学术界感到新鲜,不可思议;但它们却是在《汉

"诗言志,歌永言,声依永,律和声"的意思:诗是心志发为朗诵,歌是把朗诵的声调加以延长,声是对歌声的模仿,乐律是对曲调加以调和。

很多所谓千古疑难,其实都是有答案的,这答案就写在《汉书·艺文志》当中。

第五讲 利用工具书搜集专题资料 | 169

书·艺文志》当中早就写明白了的。换句话说：很多所谓千古疑难，其实都是有答案的，这答案就写在《汉书·艺文志》当中。

当然，就利用目录书搜集资料这一点说，我们首先要学会阅读《汉书·艺文志》中的书目，学会在理解它的六略38类的基础上查找古书。另外，我们也要学会利用性质相近的其他正史目录，比如《隋书·经籍志》《旧唐书·经籍志》《新唐书·艺文志》《宋史·艺文志》。这些目录书说明：在中国古代学者看来，图书收藏和书目编纂是国家大事，所以要把书目编入正史。

第二，《出三藏记集》。这部书是现存最早的佛经目录，也是最好的专科目录。东晋时，高僧道安（314—385）编过一部《综理众经目录》；一百多年后，僧祐（445—518）便以此为基础编成了《出三藏记集》。这部书最大的特点是资料丰富。由于它的编纂用意是对佛典翻译"沿波讨源"，所以全书包含四个部分：一是"撰缘记"，也就是记述佛典结集和翻译的起源；二是"诠名录"，也就是著录了2162种佛教典籍；三是"总经序"，也就是把关于每本佛教典籍的序跋资料汇集在一起，实际上保存了一大批佛典提要；四是"述列传"，也就是叙述历代翻译家和义解僧人的生平事略。对于研究汉魏两晋南北朝时期的佛教，这书的资料价值很高，可以和梁代的另一部佛教名著——慧皎撰写的《高僧传》——相媲美。

从著述体裁上说，这书叫作"辑录体的解题目录"，也就是从保存史料的目的出发，把书目和前言后记、作者小传

> 《出三藏记集》：现存最早的佛经目录，也是最好的专科目录。

等相关资料结合起来了。发展到后来，有一些著名的目录书，例如元代马端临的《文献通考·经籍考》、清代朱彝尊的《经义考》，都采用了这种体裁。

在类目设置方面，《出三藏记集》也很有特点。比如，它创造性地设置了"异经录""新集抄经录""新集疑经伪撰杂录"等15个类目。其中"异出经"以译经先后为序，将"胡本同而汉文异"的佛经收在同一书名之下加以比较，这样来考证该经的流传和各种译本的情况。这实际上是中国古代版本目录的雏形。其中"新集抄经录"收录的是一种新的佛经，即人们抄撮某些汉译佛经的要旨而编成的新书。这就是说，在道安《综理众经目录》中，抄经与所据佛经原是混在一起的，《出三藏记集》开始把它们分开来了。另外，《出三藏记集》还把律典从佛经中独立出来，设立了"新集律分为五部记录""新集律分为十八部记录""新集律来汉地四部记录"等类目，对律学的源流、部派以及在中国的流传情况做了详细论述。

第三，《乐府古题要解》。这是中国最早一部以音乐文学为主题的目录，由唐代吴兢（670—749）编写。全书共两卷，对155个乐府题目做了著录和解释。其中内容较多的类别有："乐府相和歌"，26题；"乐府铙歌"，10题；"乐府清商曲"，7题；"乐府杂题"，45题；"杂出诸家文集亦有非乐府所作者"，38题。它的解释方法主要有四项：一是叙述乐府古题的出典，二是援引乐府古辞的原文，三是分析乐府古辞的本义，四是介绍后人的乐府拟作。这些解释是围绕乐府诗创作这一目的而展开的。往前追溯，它和晋代崔豹《古今注·音乐》中的17条乐府记事一脉相承；往后考察，它开启了宋代郭茂倩《乐府诗集》的分类观念和解题体例。

宋代郑樵曾经编过一部重要的目录书，叫作《通志·艺文略》。在这部书的"乐"类，有一个小类叫"题解"。其中著录了 6 种乐府题解书。除《乐府古题要解》外，唐代的乐府题解书有《乐府古题解》（刘𫗧作）、《乐府诗目录》（沈建作）、《乐府古今题解》（郗昂作）。据考察，这些书籍的内容，大体上是和《乐府古题要解》相近的，或者稍有增广。这种情况说明什么呢？从一方面看，说明《乐府古题要解》的产生是有必然原因的，这原因就是唐代乐府诗创作的需要；从另一方面看，这也表明了《乐府古题要解》的影响。因此可以说，《乐府古题要解》是关于中国古代音乐文学的最重要的目录书。

《乐府古题要解》：产生于唐代乐府诗创作的需要，是关于中国古代音乐文学的最重要的目录书。

第四，《郡斋读书志》；第五，《直斋书录解题》。这是两部宋代的私家藏书目录，也是中国现存最早的私家藏书目录。《郡斋读书志》著录图书 1492 部，编者是南宋人晁公武（约 1105—1180）；《直斋书录解题》著录图书 3096 部，编者是南宋人陈振孙（1179—1262）。这两部书有一些共同的特点，其一是按四部分类；其二是属于解题目录，也就是在书名之下记载篇帙、作者、版本等情况，并评论图书得失；其三是各部有大序（见于《郡斋读书志》）、各类有小序（主要见于《直斋书录解题》），以说明分类方法和学术源流。因此，这是两部很方便使用的书，对于考证古籍存佚、辨识古籍真伪、校勘古籍异同，都很有用处。可以说，它特别适合于指导读书，是最便于初学者的目录。

《郡斋读书志》和《直斋书录解题》：中国现存最早的私家藏书目录，也是最便于初学者的目录。

不过，这两部书在刊行传播方面都有一些特殊情况。《郡斋读书志》曾于宋淳祐九年（1249）在衢州刊行，又于次年在袁州刊行，因而有"衢本""袁本"的分别。现在最好的版本是由上海古籍出版社出版的孙猛校证的《郡斋读书志校证》本。《直斋书录解题》56卷则在宋代就亡佚了，现在流传的是清代人从《永乐大典》里面辑出来的22卷本。这个版本也有上海古籍出版社的排印本。

第六，《文献通考·经籍考》。这是一部通史目录，是《文献通考》24考中的一部分，由元代人马端临（1254—1323）编纂。它在体裁上被称作"辑录式解题体"，特点是采用集大成的方式——对汉代至宋代各家目录书做总结的方式——编目录。它一方面著录了这些目录所载并且存见于宋代的各种图书，另一方面也采录了各家目录中的历史资料，因此长达76卷，著录典籍5000多种，资料很丰富。比如在卷一八六经部乐类当中，它首先记录了历代目录学家对乐制变迁的论述，其次统计了历代目录所载乐类典籍的家数篇数，然后用题解方式著录了80多部乐书，包括唐代的《乐府杂录》《教坊记》、五代的《小胡笳子十九拍》、宋代的《乐书》《乐府诗集》《律吕新书》。而在集部"歌词"类，则著录了《花间集》等122种词集。我在研究实践中，受惠于这部目录很多。比如我曾用它考察唐代琴学文献的情况；也曾用它作为标准，考察宋代前后音乐观念的变化。因为到宋代，随着雅乐观念的强化，许多目录书把有俗乐成分的音乐典籍著录到子部中了，比如《崇文总目》在子部小说类著录《教坊记》，《直斋书录解题》在子部音乐类著录《乐府杂录》。《文献通考·经籍考》未接受这种分类观念，却采用了宋人所特有的以词集为"歌词"集

> 到宋代，随着雅乐观念的强化，许多目录书把有俗乐成分的音乐典籍归入子部了。

的观念。可见它的音乐分类,事实上反映了宋前、宋后两种观念的叠合——像宋代以前的目录书那样,不把《教坊记》《羯鼓录》等典籍列入子部,而仍旧列入经部乐类;像宋代以后书那样,为词集列专类。

古人编目录,大致有两个基本方法:一是类例的方法,也就是通过对古书进行分类排序而实现"辨章学术,考镜源流"的目的;二是考据的方法,也就是在"纪其著作之本末"的基础上,对四部群籍"考其流传之真伪"。《文献通考·经籍考》兼用上述两个方法。比如它在著录《琴谱》(30卷)之后,解题说:

> 古人编目录的两个基本方法:类例和考据。

《崇文总目》:"唐陈康士撰。"按康士作《琴曲》一百章,《谱》十三卷。《宫调》二十章、《商调》十章、《角调》五章、《徵调》七章、《琴调》五章、《黄钟》十章、《离忧》七章、《沉湘》七章、《侧蜀》七章、《缦角》七章、《玉女》五章。其谱散亡。今书旧目有《琴调》六卷、《琴谱》一卷,残缺无首尾。所载乃《楚》《角》《宫》《黄钟》《侧蜀》《琴调》数篇,余皆亡。

这则解题,对《琴谱》30卷在唐代的原貌和流传到宋初的残本面目做了说明。这样就有三个学术意义:其一,反映了古代乐书在流传中的特殊性;其二,指出了《琴谱》残本的文献学价值;其三,为鉴别后世所出现的《琴谱》完本或其他版本提供了标准。

第七,《四库全书总目》。这是中国历史上最有名的一部目录书，官修，解题体，200卷，由纪昀主持编成。它实际上是当时纂修的大型丛书《四库全书》的提要目录，所以又称作"四库全书目录"或"四库全书总目提要"。这几个名称，其实含义相近。因为在古代人看来，"目录"两字指的是两件事：把书名排列下来叫作"目"；排列好书名以后，要记一些关于它的介绍，这个介绍就叫"录"。所以"目录"二字本来就包含提要的意思。

> "目录"二字本来就包含提要的意思。

《四库全书总目》有三大特点：一是规模大，著录了清代乾隆以前各种典籍一万多种，是中国古代收书最多的目录；二是分为4部44类，每部之前有总序，每类之前有类序，每书有提要和评论，内容丰富，符合多层次的需要；三是分"著录""存目"两大部分，"著录"图书共有3461种，"存目"图书共有6793种，前者整理和保存了大批古籍，后者则提供了访求古籍的线索。20世纪的人之所以能顺利编成《四库全书存目丛书》《续修四库全书》等大型丛书，实际上是得益于《四库全书总目》的"著录""存目"之分的。总之，这部书是中国古典目录学中集大成的作品，在编纂体例、文献分类、提要撰写、文献考订等方面都有第一流的成就。很多学者把它当作读书治学的入门之书，称作"学术门径"，这是很有道理的。

关于"学术门径"这句话，我愿意向各位提供一个经验性的解释。我曾经在指导研究生方面做过一个尝试，即请初入学术之门的研究者，就自己所关心的一个问题，阅读《四库全书总目》，进而列出研究计划。后来发现，对于掌握中国的目录学、学术史和专题研究，这样做很有效。比如有一位韩国学生，当他完成"《四库全书总目》中的朝鲜史料"的练习之后，他不仅对中国典籍的状况有了基本了解，懂得了考据的途径，而且建立起了跨文化比较研究的眼光。我于是想到王运熙老师的说法：对于求学者来说，《四库全书总目》"无异于一盏指路明灯"。

> 对于求学者来说，《四库全书总目》"无异于一盏指路明灯"。

第八，《中国地方志联合目录》。这部书也属于专科文献目录。它是由中国科学院北京天文台主编的，1985年由中华书局出版。它著录了中国各大图书馆、博物馆、档案馆收藏的方志8200多种。它的时代跨度是从南朝宋到1949年。它的收录范围包括通志、各地方志，以及一些具有志书体例和内容的方志初稿、采访册、调查记。它的著录项目有书名、卷数、纂修者、版本、藏书单位等项；而凡存佚情况、卷数分合、地名古今变迁、书名异称等等，则以"注"的方式加以说明。如果我们要研究中古以来出现的新事物，要了解这些事物在民间的发生和发展；如果我们在研究当代出现的事物之时，要追寻它的历史；那么，我们就用得上方志书和这部地方志目录。因为方志书记载了中古以来，特别是明清以后，各个地方发生的情况，它能够弥补其他史籍的不足。

当然，《中国地方志联合目录》属于简明目录，没有类序和各书内容提要，便于查询但不适合阅读。

第九，《中国丛书综录》。这本书也是现代人编的，是关于丛书的目录。现在常见的是上海古籍出版社1986年的印本。丛书指的是许多单独的著作的

> 编辑丛书是古人传播和保存优秀古籍的一种办法。

汇集。编辑丛书事实上是古人传播和保存优秀古籍的一种办法,从南宋以来很盛行。清代人编的《四库全书》,20世纪人编印的《四部丛刊》《丛书集成》《四部备要》,是最有名的丛书。每个做学问的人都不可避免地要利用这些丛书,知道它们的重要。

最近几十年,全国各地的古籍出版社出版了许多古籍新印本,大多是点校本和影印本,少量是排印本。这种做法大大满足了学术界对古籍的需要。但在这之前,学者们一般是利用丛书来阅读古籍的。事实上,即使有了新的整理本,我们在读书的时候,仍然要拿其他版本来做比较。这样一来,《中国丛书综录》就成了一个不可缺少的工具。《中国丛书综录》对400种丛书所收的每一种古书都做了记录,记录了很多书的版本,也记录了一本书的很多版本。无论我们是找一本书,还是找一本书的若干版本,都要用上《中国丛书综录》。

《中国丛书综录》一共三册,第一册是"总目",也就是关于那400种丛书的详细目录。它把每种丛书收录的书一本一本地排列下来了,并在最后说明了这些丛书的主要藏地。第二册是"子目",它把400种丛书所收的38891种单独著作按经、史、子、集分类编排,并注明它们被哪些丛书收录,这样就在每一个书名下注明了若干版本。第三册是"索引",其中既有书名索引,也有著者索引。使用《中国丛书综录》,通常是先查第三册索引,然后看第二册中的著录资料,这样来找一本特定的书。由此可见,《中国丛书综录》至少有四个实际用处:(1)通过它可以找到要找的书;(2)通过它可以了解这本书的具体版本;(3)通过它可以了解同这本特定书相关的其他书;(4)通过它可以了解特定书在知识体系中的位置。我们知道,《中国丛书综录》实际上是包括《四库全书》在内的400种丛书的目录总汇,因此,它完整地呈现了中国古籍的知识结构。这一结构,显然是比《四库全书总目》所呈现的结构更加庞大、更加全面的。

第十,《中国音乐书谱志:先秦——一九四九年音乐书谱全目》。这是一部现代人编的音乐专科目录,1994年由人民音乐出版社出版增订本。对于音乐研究者来说,它大概是最重要的一部目录书。

《中国音乐书谱志:先秦——一九四九年音乐书谱全目》共著录音乐古籍和音乐书谱5000多种,分两个部分,前部为音乐古籍部分,著录1911年以前的音乐书籍共1859种;后部为现代音乐书谱部分,著录从1912年到1949年的音乐书谱、音乐报纸杂志共3405种。两部分都做了新式分类:前部分为八类,即音乐理论和历史、歌曲音乐、舞乐、说唱音乐、戏曲音乐、器乐曲、宗教音乐和典礼音乐、综合类;后部分为十类,即音乐理论、技术理论、歌曲、歌舞音乐、说唱音乐、戏剧音乐、器乐曲、宗教音乐和典礼音乐、综合参考类、音乐期刊、音乐报纸及报纸音乐副刊。同类目中的图书主要按编写年代排列;有时为查找便利,或照顾册次的顺序,也将同一作者的作品集中排列——这样一来,纵横两条线都很清楚。因此,它既可以用来查找资料,也可以作为学术史书来阅读。

《中国音乐书谱志:先秦——一九四九年音乐书谱全目》后一部分类目较多,这是有原因的。这不仅因为现代资料易于采集,而且因为近现代音乐学体系有了变化。例如随着西方音乐学的输入,增加了"技术理论"这一类目;随着西方文化的输入,音乐文献有了报纸杂志这一载体。而且,由于

> 《中国丛书综录》是400种丛书的目录总汇,完整地呈现了中国古籍的知识结构。这一结构比《四库全书总目》所呈现的结构更加庞大、更加全面。

> 《中国音乐书谱志:先秦——一九四九年音乐书谱全目》的精华在它的古代部分。

近代地方小戏的兴起、西洋歌剧的传入和中国歌舞剧的发展，古典戏曲的概念也被"戏剧"所取代。不过，据我看，《中国音乐书谱志：先秦——一九四九年音乐书谱全目》的精华却在它的古代部分。这一部分是由中国音乐研究所副研究员王世襄编成的，曾经以《中国古代音乐书目》的名义油印。我们知道，王世襄先生是一位著名的文物鉴赏家，号称"京城第一大玩家"。但他的第一部著作，却可能是这本《中国古代音乐书目》。这本书深知古代目录书"辨章学术，考镜源流"的宗旨，因此做了明晰的分类，通过分类体现出中国音乐及其研究在不同时期的面貌和特征。这本书也很重视古代音乐文献的版本和典藏，有时在一部书的书名下著录十几个版本，并逐一注明其馆藏地点，既方便资料搜集，也方便音乐古籍研究。这本书据以编目的收藏单位有国家图书馆、各省市图书馆、各大专院校图书馆共 37 家，全面反映了中国古代音乐文献的遗存情况。书后并附有"待访部分"和"散佚部分"，著录王世襄从历代官私书目、方志目录中考见之书，因此也提供了进一步整理搜集音乐书谱的线索。

说实话，当我第一次看到《中国古代音乐书目》这本书的时候，我是受到感动的。我会觉得当代的中国音乐学很神奇，居然可以聚集那么多天才式人物，比如杨荫浏、黄翔鹏和王世襄。同时我也觉得，看起来简单的事情，其实做起来很难，很见功力。编目录就是这样。只有高明的人才能编出好的目录书。《中国音乐书谱志：先秦——一九四九年音乐书谱全目》就是这样的书。

> 看起来简单的事情，其实做起来很难，很见功力。只有高明的人才能编出好的目录书。

六、结语

以上几个步骤，大致是利用工具书搜集专题资料的要领。如果我们把今天的演讲总结一下，那么可以归纳为一项练习。这个练习题是：

选择一个自己感兴趣的历史事物（包括器物、制度、词语、社会角色、学术史问题等），利用工具书，分类列举同它有关的史料。第一步，借助资料索引来搜集有关研究成果；第二步，借助辞书来了解该专题的语言学源流；第三步，借助类书来搜集主要资料，建立知识线索，确定主题词；第四步，借助其他工具书（引得书、光盘）来补充材料；第五步，借助目录学著作来选择古籍并加以阅读，进而用各种原始材料来完善自己的资料库藏。

一般来说，完成这五步，就能把所有关于这个专题的史料搜集到手了。

有同学问我：今天这堂课的内容，是不是可以理解为搜集资料的捷径呢？我的回答是：是，也不全是。为什么这样说呢？因为古人编出工具书来，的确有方便读书人的意思，让他在大海里快快地捞起针来；但古代的学者都强调用竭泽而渔的方法搜集资料。其理由在于，任何捷径、任何诀窍都是有局限性的；做资料工作，若要追求没有遗珠之憾，那么就走不了捷径。从这个角度看，要说做学问有什么捷径，那就是不走捷径。但我们做任何事，毕竟都有一个次序，要注意循序渐进。以上五步，说的就是在搜集资料方面的循序渐进。从这个角度看，它又代表了某种窍门。也就是说，只要我们做好了竭泽而渔的思想准

> 要说做学问有什么捷径，那就是不走捷径。

备，做好了大海捞针的思想准备，以此为前提来寻找窍门，那么，我们就能掌握真正有效的捷径。

以上的意思还可以这样来表述：真正聪明的人是愿意下笨功夫的。老子说"大智若愚"，孔子说"其知可及也，其愚不可及也"。这两句话说的是：真正的智者看起来愚笨；做聪明人容易，难的是会做笨人。我们今天讲工具书，目的就是教大家通过工具书来了解文献学、运用文献学，因为文献学其实是教人做笨人的学问——准确地说，是教人做高明的笨人的学问。总之，我们要有做笨人的思想准备。有了这样的思想准备，就能成为一个真正聪明的人。这是我从事学术研究最重要的体会。

> 真正的智者看起来愚笨；做聪明人容易，难的是会做笨人。文献学其实是教人做高明的笨人的学问。

第六讲　关于编纂音乐史料的学术规范

一、引言

最近几年，我和中国音乐学院金溪博士合写了几篇关于中国音乐文献学的论文，分别题为《中国古代的音乐史书写》《观察中国音乐文献学的三个维度》和《论中国音乐史料的编纂》。其中《观察中国音乐文献学的三个维度》一文讲事物有多个侧面，全面的观察实际上是多角度的观察。比如看中国音乐文献学工作的得失，不妨采用三个角度。一是从操作者的角度看，可以看到中国音乐文献学的两种形态：以古典文献学为本位的形态，以音乐史研究为本位的形态。两者各有优劣，应该取长补短。二是从历史文献的角度看，可以看到音乐文献的一系列文本特征；我们应该针对这些特征来做研究。三是从母文献与子文献之关系的角度看，可以看到普通文献对音乐文献学的影响，其中有很多学术规范是共通的，应该遵守。至于《中国古代的音乐史书写》和《论中国音乐史料的编纂》，则分别对古代人书写中国音乐史的经验，以及现代人对音乐史料进行编纂的经验，做了总结。这两篇文章的操作性都很

> 可以从操作者的角度、历史文献的角度、母文献与子文献关系的角度看音乐文献学工作的得失。

强，适合初学者。今天，我打算参考这两篇论文，来谈谈编纂中国音乐史料的学术规范问题。

我们知道，学术研究的本质就是处理资料。民族音乐学的本质，是处理得自田野的音乐民族志的资料；音乐史学的本质，则是处理主要以文本形式（兼及文物形式）呈现的关于音乐活动的史料。对于中国音乐学来说，后者特别值得重视，因为它有深厚的历史积累。早在新石器时代，距今一万年左右，华夏人就进入了定居生活。至晚在甲骨文时代，3000多年前，书写也成为华夏人记录历史的重要方式。从西周"共和元年"（前841）起，华夏人（或者说中国人）逐年不断地记下了自己的历史。这样一来，古代中国便生产了汗牛充栋的文本文献。其数量在全世界也是首屈一指的。所以，在中国谈民族音乐学，不能不谈文献比较，因为每一批田野资料都有相应的历史记录作为背景。而在中国谈音乐史学，则一定要谈史料编纂学，因为编纂音乐史料是进行中国音乐史研究的基础。

> 编纂音乐史料是进行中国音乐史研究的基础。

编纂音乐史料的必要性，不光同中国音乐史学的特性有关，而且同中国音乐文献的特性有关。同一般的典籍文献相比，中国古代音乐文献有这样几个特征：首先，它分为"乐"（仪式雅乐）、"音"（普通雅乐）、"声"（俗乐）三部分，散落在古文献的不同部类，不集中。我在《中国音乐学史上的"乐""音""声"三分》一文中，讨论过这种"经部"收录"乐"文献、"集部"收录"音"文献、"子部"收录"声"文献的情况。其次，它在文献整体中占比较小，比较隐蔽。再次，它通过各种记录方式保存下来，往往呈"碎片化"面貌，不易搜集与整理。复次，它过去只被少数人关心，难得刊印，比较完整的音乐古籍往往只有一两个版本；即使存在多个版本，也比较晚近，甚至出自同一个版本系统。由于早期的祖本往往佚失，或者残缺不全，所以很难进行版本对校。最后，古代只有"乐学"而没有"音乐学"。因此，经部以外的音乐文献很少得到校订与梳理，存在许多讹误和模糊之处。总之，中国古代的音乐文献不同于其他历史文献，特别需要整理。

怎样理解中国古代音乐文献的以上特点呢？如果你问文献研究者，他会回答说：整理音乐文献很难。如果你去问中国音乐研究者，他却会回答：其实，使用音乐文献更难。因为，即使去寻找比较准确的古代音乐资料，也是一件难事。这两个回答意味着：我们必须考虑使用者的需要，来整理音乐文献。

> 整理音乐文献必须考虑使用者的需要。

事实上，很多音乐研究者正是这样想的。于是，为了用好音乐史料，研究者越来越重视对它加以编纂和整理。这样就推动了音乐史学科的科学化和精密化，出现了史料编纂这一分支。从现有的成果看，它有四个方面比较突出：第一是整理出版音乐古籍，第二是分类汇编音乐史料，第三是对残存音乐古籍实施辑佚，第四是对藏于域外或采自民间的特殊文献加以搜集整理。这些工作都是有价值的；然而，当我们对这四类工作加以总结的时候，不免发现：各类工作之间有明显的性质差别，各有其学术要求；但这差别，以及相关学术要求，尚未受到研究者重视。由此看来，编不编音乐史料，固然是一个问题；如何编纂音乐史料，同样是一个问题。

各位大都是从事音乐史学研究的年轻人，一般都有投身音乐文献工作的意愿。为了给大家方法上的参考，我打算结合近年来音乐文献学的实践，谈一谈编纂音乐史料的学术规范问题。其要点是：针对整理出版音乐古籍的工作，谈一谈如何运用文献学方法；针对分类汇编音乐史料的工作，谈一谈如何确定工作体例；针对辑编散佚乐书的工作，谈一谈如何复原乐书的结构；针对搜集整理特殊音乐文献的工作，谈一谈如何开辟中国音乐史料学的新领域。

二、整理音乐古籍要用好文献学方法

"整理音乐古籍要用好文献学方法"，这句话好像是废话——整理音乐古籍，不用文献学方法，能用什么方法呢？但实践告诉我们，做到这句话里的"好"并不容易。因为每一个具体的文献学方法，都包含了一种学术规范。

音乐古籍整理是音乐文献工作的正规军。它的特点是以"书"为对象，针对独立成书因而有来历的古代音乐文献。从整理方式看，主要包含两种工作：第一是校注，也就是通过校勘来建立一个符合古书原来面貌的定本，通过注释（征引旁证资料）来疏通文义；第二是汇编，也就是建立同类著作的大型合集，对原书不做细致的加工整理。近年来，校注成果有王守伦等人的《律吕正声校注》、亓娟莉的《乐府杂录校注》；大型文献集成则有王耀华、方宝川主编的《中国古代音乐文献集成》，钱仁平主编的《民国时期音乐文献汇编》，刘崇德主编的《唐宋乐古谱集成》以及中国艺术研究院音乐研究所组织编纂的《中国工尺谱集成》。这些成果意味着，音乐文献整理工作在广度、深度上都有了显著的进展。

从印刷手段的角度看，以上工作可分为两类：一是影印，大型音乐文献集成都采用这一方式；二是排印，单部著作的校注都采用这一方式。这两种方式各有一些需要注意的问题。关于如何校注专书，文献学家讨论得很多；现在看来，容易被忽视的是音乐文献的影印工作。

影印古籍，其主要优势在于简捷，可以迅速汇集材料并且呈现古籍原貌。因此，这一方式比较适合重印那些版本较少、藏地分散、不通行的音乐古籍珍本，以及符号形式的音乐文献。以上几种集成书，就注意了这两类音乐文献。比如《中国古代音乐文献集成》所收录的《琴苑要录》，原藏于国家图书馆，为铁琴铜剑楼抄本，属于不容易见到的珍本古籍，所以适合采用影印的方式。而《唐宋乐古谱集成》和《中国工尺谱集成》，则收录符号化的乐谱文献，必须用图像形式保存其原有面貌。这几部大书证明，对于整理音乐古籍来说，影印是不可缺少的方式。

古籍影印有两项必要的技术：一是照相、扫描技术，二是文献学技术。近年来，照相、扫描技术有很大发展，也容易掌握，所以受到整理者重视。这样一来，就出现另一种情况：人们反而容易忽视文献学技术，特别是以下三项技术。

（一）选择底本

底本意味着古籍整理工作的基本平台，对于任何一种整理都很重要。而就影印古籍而言，底本的选择可以说是成败的关键。因为影印的主要目的就是传播内容完备、文字准确、最具学术价值的版本；底本的好坏既会决定影印的质量，也会影响影印的意义。

> 底本的选择是成败的关键。

现在我们以《中国古代音乐文献集成》为例来说明这个道理。这部书第一辑影印了二十四史和《清史稿》中的乐志、律志，以及"十通"中的音乐部类，选目很好。不过有一个问题：这些书的大部分都有现代人的校点本。因此，《中国古代音乐文献集成》在选用版本的时候，其实面临了三条不同的路线：第一，为方便读者，尽量选用最佳版本，这样就要选择中华书局等出版社的点校排印本；第二，为了对点校本加以补充，尽量选用较稀见的早期刻本；第三，为了便于操作，选用简便易得的版本，比如二十四史选用百衲本，《通典》等"九通"选用光绪浙江书局本。《中国古代音乐文献集成》一书走的是第三条路线。在我们看来，这是让人有点遗憾的。因为第三条路线是比较"粗放"的路线——虽然好操作，但学术价值比较低。其实，即使第一条路线有体例方面的违碍，我们也应该参考各种点校本的版本说明，来实施第二条路线。比如《通典》，有日本宫内厅书陵部所藏的北宋版本，经长泽规矩也、尾崎康两位日本专家先后校订，已经成为"善本"，非常可取。相反，从武英殿本翻刻而来的浙江书局本，却是一个庸本。关于这一点，中华书局 2003 年出版的点校本《通典》说得很清楚——王文锦在此书前言（第 7 页）说：明代以后的《通典》版本，多有误刻或擅改古本的地方，武英殿本所依据的明人王德溢、吴鹏校刻本于古本窜易尤多。这就是说，浙江书局本是一个有问题的版本。由此可见，直接影印浙江书局本，而不加入今人依宋元善本而提出的校勘意见，便可能对学术产生误导。

（二）保留古籍的形式特征与版本信息

随着扫描技术的提高，近年来出现了两种处理古籍的方式：一是去灰底影印，二是灰度影印。这两者保留的版本信息有所不同，比如去灰底影印可以使字迹更清晰，而灰度影印则可以呈现不同层次的字迹的浓淡关系，并呈现纸张褶皱和破损的信息。所以有些古籍同时采用以上两种方式，将两种版本上下分栏并列排版，以便对照阅读（见图6-1）。这种去底色影印与灰度影印相搭配的情况，也出现在音乐古籍的影印工作中。比如《唐宋乐古谱集成》第一辑、第二辑，就基本上采用钞本、写本以灰度影印，刻本以去底色影印的方式，较好地保存了原本纸面上的形式信息。

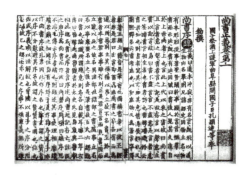

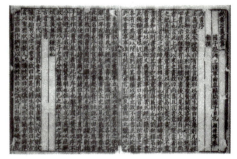

图6-1 "重归文献"丛书影《尚书正义》，为双版本上下分栏式

不过，在《唐宋乐古谱集成》第二辑《唐宋乐古谱类存》中，却留有一个小瑕疵——所收录的两种《碣石调·幽兰》，均为去底色影印。其中一本取自《古逸丛书》所收影旧钞卷子本《碣石调·幽兰》，由于是二次翻印，所以无法显示原本面貌；但另一本的原本是日本东京国立博物馆藏本，无论从条件方面看或者从必要性方面看，都应该采用灰度影印。现在的做法，同丛书钞本、写本以灰度影印的体例要求相比，不免有点缺憾。

（三）撰写提要，明确古籍的身份

撰写提要，可以把两种特殊信息——经编纂者目验的信息、从古籍内外提炼的信息——记录下来，是影印古籍工作不可或缺的部分。一般来说，完整的书籍提要至少有六个要项，即书名、卷数、作者和编印者、年代、内容要点、版本状况。

音乐研究者在整理古籍的时候，向来比较注意撰写提要，例如在《琴书集成》每一册的卷首，都有该册所收书目的《据本提要》。近年来，《唐宋乐古谱集成》和《中国古代音乐文献集成》也都做得比较好。但如果要举出一个反面的例子，那么可以举出《永乐琴书集成》。此书于2016年由西泠印社影印出版。书首有一篇"出版说明"，说此书"明成祖敕撰，为明内府写本，全书凡二十卷"，"收罗鸿博，语无不详"；又说因"查阜西先生编辑《琴书集成》（当为《琴曲集成》——编者）时没有收录"，所以把台北藏本"影印面世"。从功能看，这篇"说明"其实就是提要。按提要的标准看，它是否合格呢？我们认为不太合格。因为：第一，它虽然说到了书名、卷数、内容、版本和收藏情况，但读者无法从中了解这部书的来历。比如，此书作者是谁，版本系统如何，这些基本信息是空缺的。第二，它的表述很含糊，关于原本馆藏地，只说了"原书现藏台北"六个字。不光在原书影印本上看不到序言、跋语、牌记、印章，而且，读者即使想调查其版本流传情况，也无从着手。第三，它声称注意到查阜西先生对《琴曲集成》的整理；

<small>撰写信息完整的提要。</small>

但查阜西先生所说的以下一句话，它却未予回应。这话见于中华书局2010年版《琴曲集成》第五册第1页《琴书大全》提要，云："《千顷堂书目》著录《永乐琴书集成》的子目与此书相同，但《永乐琴书集成》为写本，

亦非永乐间的工料,疑是明季书商伪作。"这段话有三个要点:第一,《永乐琴书集成》的子目与《琴书大全》相同,关系很密切;第二,《永乐琴书集成》是写本,从"工料"看,并非抄写在永乐年间;第三,它很可能是"明季书商伪作"。这三点都很重要,特别是提出了一个尖锐的"伪作"问题。此书整理者是有责任回答这问题的,至少应该提供必要的相关信息。但《永乐琴书集成》的整理者却没有这样做。这是让人觉得可惜的。

(四)进行必要的校勘

以上所说意味着,整理古书有一个基本要求,即首先要明确此书的文献学性质。《永乐琴书集成》的问题,就是因为来历不明而性质不明。对于理解一部古书来说,这是非常大的问题,整理者不应该回避。怎样来解决这一问题呢?最简单的办法是把此书和《琴书大全》做一对勘,考察这两部琴书之孰先孰后。我们做了这个对勘工作,发现两书在文字上大体相同,的确出自一源;但其差别却很微妙。首先一个情况是:根据上下文义,同时比较两书所引前代文献,可以判断,《永乐琴书集成》的书写往往比《琴书大全》正确。从其中细节看,《琴书大全》是摹刻《永乐琴书集成》而成的,在摹刻时因形近造成了错误。其次一个情况是:在《永乐琴书集成》第三卷突然出现了大量误字;误字之上有明显的加笔痕迹。这是什么意思呢?我们认为,这是有人在《永乐琴书集成》成书后,用加笔画的方式故意制造了错误。尽管我们不知故意刻画者是何人、其意图如何,但可以肯定,《永乐琴书集成》并不是晚明书商的伪造。也就是说,《永乐琴书集成》具有原创性,价值高于《琴书大全》。它早于《琴书大全》(略早于1521年)而成书,应该产生在影印本所说的永乐年间(1402—1424)。当然,我们的意见不一定对,也有另一种可能,即《琴书大全》是《永乐琴书集成》的母本;但不管最后的结论如何,通过必要的校勘以确认古书的史源,毕竟是古籍整理工作的一个基本方法。

> 通过必要的校勘以确认古书的史源。

总之,影印音乐古籍,是一项富于文献学意义的工作。既需要按版本学规则选择版本,尽力保存版本信息;又需要按目录学规则,撰写信息完整的提要;还需要采用校勘学方法,进行必要的考订工作,以明确古书的来历。这三条——目录、版本、校勘——其实是文献学的"老三条",看起来稀松平常;但只有做到这三条,所影印的音乐古籍才具有明确的学术身份,因而具有充分的史料价值。

三、汇编音乐史料要有"体例"意识

"史料"和"文献"是两个略有异同的概念。"史料"指作为历史研究之依据的资料,特别是编纂史书所用的资料,既包括书报和文件,也包括实物和口碑。"文献"通常指记录知识的书面资料,特别是文字资料。"史料"一词是现代词语;"文献"一词则早见于《论语·八佾》,孔子自称"夏礼吾能言之,杞不足征也;殷礼吾能言之,宋不足征也。文献不足故也"。刘宝楠《论语正义》解释说:这里的"文",指记录典章制度的文字资料;"献",指传述相关掌故的人;因此,"文献"指的是文化载体。"史料""文献"两词有相通的地方,即文献可以用为史料,史料的主体是文献。但它们也有不同:"文献"概念强调知识的形式(是不是"文献",看它是否具有文本形式),"史料"概念强调知识的内容(是不是"史料",看它是否具有服务于史学的内容);"文献"概念是客观的,"史料"概念则包含由史学提出来的价值判

断,有主观性。

和以上两种概念相对应,音乐文献学中有专书整理与史料汇编的二分。我们在前面已经谈到这两种工作,说它们是编纂和整理音乐史料的主要两方面。其中专书整理又叫"古籍整理",针对古书,可以说是"文献学"的工作;史料汇编则应该说是"史学"工作的一部分,针对具有某种史学特征的文献——既包括古书,也包括文书、文物、口碑和古书中的片段。从研究方法角度看,音乐史料汇编不同于一般意义上的音乐文献整理。一般来说,整理文献、汇编史料两者都强调完备地占有资料;但音乐文献整理追求文本自身的真实性和准确性,音乐史料汇编则追求文本所记载的事件的真实性和准确性。后者服从于史学研究,要对文献内容加以选择,注重其应用性;因此,它的首要工作就是建立工作体例——确定选材范围、结构框架、书写方式。这是史料汇编工作中最为重要的部分。

> 音乐史料汇编追求文本所记载的事件的真实性和准确性。

目前,在文献史料汇编方面已有相当多的成果。从体例看,包含以下几种类型:

第一种,选编类型。例如中央音乐学院中国音乐研究所的《中国古代乐论选辑》(1962年),吉联抗的《孔子孟子荀子乐论》(1963年)、《春秋战国音乐史料》(1980年)、《秦汉音乐史料》(1981年),修海林的《中国古代音乐史料集》(2000年),以及洛秦主编出版的《中国历代乐论》(2019年)。这些作品采用一种比较常见的编排方式:以所引用的典籍为单元,按时间先后排序——按照朝代先后排列各种典籍,再按照卷次列出相关资料。这种类型的主要功能是依音乐史的顺序介绍资料，因而服务于教学。其学术含量主要取决于选材是否精当、注释是否准确。

第二种，类编类型。其代表有2014年出版的《汉文佛经音乐史料类编》。这是一部典型的音乐史料汇编著作。它把近百万字的佛教音乐史料，分为音乐神话、佛国世界的音乐、音声中的哲学、早期佛教与俗乐、佛教音乐传入中土、中土佛教唱诵音乐、中土佛教歌舞杂戏、日本僧侣所记录的音乐等14个部类；每一类下又各设小目，依照时间顺序排列资料。它有四个特点：一是以佛教音乐为主题，属专题史料汇编；二是重视分类，通过分类展现事物关系；三是全面网罗相关资料，通检了《大正新修大藏经》《中华大藏经》《卍新纂续藏经》等佛教经书；四是重视历史关系，以《征引佛经目录》的方式，对书中全部资料的时间顺序做了考订。这些特点都表明了它的宗旨：服务于学术研究。因此，其学术含量不光在于选材是否精当，典籍年代是否准确；而且在于分类是否恰当，是否能够为相关研究提供具有前沿意义的认识路线。

第三种，考编类型。其代表是金溪所著的《汉唐散佚乐书的整理与研究》——说具体一点，是此书的"辑佚编"部分。我们在下面还要谈到此书。它有两个特点：一方面，遵循类编的编纂体例，把汉唐一千多年之间出现的散佚乐书，按其内容、性质分为乐类、律类、琴类、歌辞类、录类、谱类等十大类，每一类之下以朝代为序，同一朝代中又按作者生卒年或成书时间的先后排列资料。另一方面，它的目标是全面而准确地辑编佚书，因此，在"汇编"与"分类"的基础上，增加了大量"考校"的内容。"考校"有哪些项目呢？第一，有解题，也就是为每部佚书撰写提要，梳理其成书时代、作者、内容、流传等信息；第二，有校勘，也就是尽力搜集同一条史料的不同版本，进行对勘；第三，有考证，也就是对史料进行多角度考察，写为按语；第四，有待考，也就是设置疑误辨析一类，列出在汇编史料过程中被剔除的条目，作为有阙疑的问题加以讨论。这个类型同样以服务于学术为宗旨。因此，其学术含量既体现在"编"的方面，也体现在"考"的方面——通过校勘和考证，一方面提供具有文本真实性的史料，另一方面揭露文本所反映的关于编纂者、编纂过程的关系，从而使散乱、零碎的史料方便地用于学术研究。

那么，有没有第四种类型的史料汇编呢？有的，不过它目前还存在于理想当中。前面说到，我和金溪合写过《中国古代的音乐史书写》一文。2017年10月，中国音乐史学史专题学术研讨会在温州召开，我们在会上宣读了这篇论文。此文考察了一系列具有音乐史性质的古代音乐文献，包括汉代的《史记·乐书》、南朝陈代的《古今乐录》、唐代的《太乐令壁记》、五代后周的《大周正乐》、宋代的《玉海》、清代的《律吕正义后编》，同时考察了汉魏六朝的乐录体文献，从而揭示出一个重要事实：中国古代音乐史书写往往采用"两层一面"的体例。"两层"指的是两层结构：第一层纵向分类，即分为乐制、乐律、乐仪、乐器、乐章、乐舞等类；第二层在"历代沿革"的名义下做时间维度的叙述。"一面"指的是一种表述法：陈述每一个事物，都按长编方式排列原始资料。我们知道，中国古代史学著述有三大文体：一是纪传体，重分类；二是纲鉴体，重年代顺序；三是类书体，分类排列原始资料。"两层一面"实际上是这三种文体的结合，代表了中国古代音乐史书写实践的结晶。换一个角度理解这件事，可以说：中国古代音乐史书写本身就是一部历史。它经历了从断代史到通史、从分类史到综合史、从别录到总录这三条线索叠加的演进过程，然后建立起自己的形式传统。因此，它呈现一个很紧凑的著述面貌：一方面，依照分类排列资料；另一方面，在资料基础上进行考证与论述。这一体例具有两重性：既可以说是文献学体例,即中国音乐史料汇编的体例;又可以说是史学体例,即中国音乐史著述的体例。显而易见,作为音乐史书写和音乐史料汇编两者的结合,它能够最大限度地服务于中国音乐史研究,值得引入未来的中国音乐史学。

总之,中国音乐史料汇编是中国音乐史学的基础工作。其价值取决于它的学术含量,其发展过程因而表现为学术含量逐渐增加的过程。实践表明,一个好的著述体例,是通过充分吸收各种史学方法——特别是文献考据之法——而形成的。这是编纂音乐史料汇编的关键。以上列出四种工作体例,各位可以根据自己的条件和需要来挑选。要注意的是:每一种体例都有它的内在要求,必须充分尊重,严格遵守。或者说,在史料汇编工作中,学术规范意识的集中表现,就是"体例"意识。

> 编纂音乐史料汇编的关键是充分吸收史学方法。

四、进行音乐古籍辑佚工作要注意结构复原

上面说到,中国古代音乐文献有"碎片化"的特征。它有一个重要表现,即早期音乐古籍往往散佚。据《隋书·音乐志》记载,早在南朝梁代,沈约就说过:在他那个时候,汉代乐书已经基本散佚,不复存在了。此后经过梁代的侯景之乱、隋末的焚书以及唐代的安史之乱、黄巢之乱,种种书厄,使官私文献都很难保存。大量古书只留下了书名,或者只有片断文段见于其他典籍的引用;而且,引用时往往被节略、删改。面对这种情况,中国音乐史学有一个重要责任:抢救那些已经散佚的音乐古籍,最大限度地恢复其原貌。

正是出于这一认识，1990 年，我们启动了一个名为"古乐书钩沉"的史料学项目。这在前面有所介绍。现在要补充说的是：到 2016 年，它发展为金溪的博士后出站报告《汉唐散佚乐书整理与研究》。经多年努力，一共辑出汉代至五代散佚乐书两百多种，其中有佚文留存的大约一百种。我们从这项工作中得到一个认识：和史料汇编一样，音乐古籍辑佚也要有明确的体例作为指引。但这里说的"体例"有两个涵义：一方面，辑佚者要建立自己的工作体例；另一方面，辑佚者要把握古籍原书的体例。后者和前者一样重要。如果说辑佚学的基本要求是对散佚古书进行复原，那么，我们首先要注意对原书体例加以复原。原书体例不易尽知，这时，就要按多闻阙疑的原则细心求证。

> 多闻阙疑的原则。

从金溪的实践看，复原佚书的结构，有以下几条求证途径：

（一）从近求远

从近求远，也就是借助后世典籍对原书卷次的记录来恢复卷次，借助后世典籍所采用的佚文排列方式来恢复排列顺序。比如宋代王应麟的《玉海》，其中音乐部分保存了唐代刘贶《太乐令壁记》、徐景安《历代乐仪》等数种乐书的卷目与卷内子目分类。利用这些记录，可以求证《太乐令壁记》《历代乐仪》等书的卷次。又如《初学记》等唐宋类书，在记载《琴操》篇目时，对每首琴曲标明了序号，而且各书的排序方式基本一致。借助这些记录，可以确定《琴操》原书的排序。

（二）从大求小

从大求小，也就是根据同时期的音乐文体分类观，来辨析原书的性质与结构。这一方法为什么可行呢，因为，汉唐之间的乐学著作往往是官方记录，与仪式有关，因而有较严格的体裁观念。其表现是：往往以不同体裁来记录不同的音乐活动，并且用书名来表现书籍的性质。比如《乐社大义》《乐义》《乐论》三部书就是这样。据有关记录，这三部书出现在梁武帝时期，书名虽然相似，却有细微差别。怎样来分别这三部书呢？我们的做法是：首先，考察它们的共通性，比如根据《隋书·音乐志》所载沈约天监元年（502）奏疏及相关记录，判断这三部书都是在梁武帝登基之后不久编纂出来的，编纂的目的是"定大梁之乐"，也就是为雅乐改制奠定理论基础。其次，把有关记录和书名结合起来，考察它们各自的特点：《乐社大义》在《隋书·经籍志》中列于乐类之首，根据《隋书·音乐志》所说"帝既素善钟律，详悉旧事，遂自制定礼乐"云云，可以判断，它是梁武帝为确立雅乐改革活动的指导思想而写作的，故名"大义"；其内容是阐述相关理论和古代传统。《乐义》一书见于《隋书·经籍志》的小字注文，为"武帝集朝臣撰"，据此判断，它是朝臣对先代雅乐文献的汇编，"乐义"指的是文献所见之义。《乐论》，从题目和现存佚文看，带有驳论性质，因此可以推测，其内容是对前代雅乐制度的讨论。从功能上说，这三种乐书代表了"自制定礼乐"的三个方面：以《乐社大义》阐述改定礼乐的纲领；以《乐义》汇编历史资料；以《乐论》辨析"旧事"，进而确立可采用的思想素材。总之，通过分析来确认《乐社大义》《乐义》《乐论》三部书的特质，有助于判断梁代乐论佚文的归属。这是辑佚工作常见的步骤。

（三）从外求内

从外求内，也就是根据佚书的外部结构——散佚乐书的背景和母体文献的体例——来求证佚书内在的构成。比如，中国最有名的辑佚学著作名叫《玉函山房辑佚书》，是清代学者马国翰写的。此书从《太平御览》中辑出10条描述乐器的文献，归为北魏信都芳《乐书》的佚文。其实这些文献中有"唐代编入雅乐"等语，明显出自北魏以后；但马国翰并不改变观点，而把这句话解释为后来人窜入。一直以来，碍于马国翰的名声，学界也同样把这些文献当作信都芳《乐书》的内容，并用它们来讨论北魏仪式音乐所使用的乐器。那么，这些文献究竟是不是信都芳《乐书》的佚文呢？不是。通过考证，我们可以从三个方面来证实这一点：

第一，《魏书·术艺传》和《北史·信都芳传》说过："延明家有群书，欲抄集五经算事为《五经宗》，及古今乐事为《乐书》。又聚浑天、欹器、地动、铜乌漏刻、候风诸巧事，并图画为《器准》，并令芳算之。会延明南奔，芳乃自撰注。"这段话说明，信都芳曾饱览安丰王元延明的藏书，得"律管吹灰"之术。因此，信氏《乐书》的编纂基础是元延明的藏书与信都芳的律学造诣。这个情况可以在《乐书要录》所保留的信都芳《乐书》佚文中得到印证。考虑到信都芳由于身份限制，"不得在乐署考正声律"，而被排斥在官方礼乐建设之外，因此可以判断，作为一部个人著作，信氏《乐书》以律学探讨为主要内容，并不承担记录官方仪式乐器的职责。

第二，《太平御览》的编纂体例是：卷首所列引书目录，与正文中的引书基本对应。其引书目录中有《乐书》一种；与此对应，在卷五六五《律吕》"雅乐部器"条与卷五六六《历代乐》引上古诸帝乐名时引用了《乐书》佚文。借助《玉海》等著作，可以确定，这几处的《乐书》就是徐景安的《乐书》（又名《历代乐仪》）。也就是说，《太平御览》所引用的《乐书》佚文，都出自徐景安《乐书》。

第三，徐景安《乐书》中有《八部乐器》一卷，是按八音的顺序来排列乐器文献的。而《太平御览》所引《乐书》佚文，不但讨论到各种乐器，而且有"金部"的小序。这些都与《八部乐器》的分类体例相符合。

综合这三个认识，10条《乐书》佚文的归属与位置，就是容易判断的了：它们都出自徐景安《乐书·八部乐器》，而非信都芳《乐书》。这个例子表明，在辑佚过程中，我们一定要注意各种体例：一是书名体例，比如，在音乐文献中，同名异书、同书异名的现象很常见；二是内容体例，比如，不同的音乐著作，有不同的内容偏好；三是编排体例，也就是原书的结构与编排规则。如果不重视体例，就很容易造成理解上、判断上或佚文归属上的错误。

（四）从内容求证位置

从内容求证位置，也就是根据佚文内容判断它写在原书中哪一部分。这是因为，处于不同位置的文献，在内容和书写方式上都会存在区别。比如在《古今乐录》的佚文中，有一些内容较宏观的文字，可以判断是序文的佚文。

以上所说的结构复原，是进行音乐古籍辑佚的一项核心工作。面对这种复杂的情况，只有通过具体实践才能明白它的奥妙。不过也有一些稍微简单一点的考订工作，同样重要，比如以下两项。

第一项是辨认引文正误。由于古人引书的方式比较随意，往往采用节引方式、转述方式，或根据主观意见改动文字，因此，需要广罗资料来做比较，得出准确认识。这样做，有三种常用的方法：一是注意内容是否符合书籍的年代，二是看书名是否有混淆，三是考察引文是否有流传线索。比如《太平御览》卷五六五载牛弘对隋文帝问律气事，而署书名为《古今乐录》。鉴于《古今乐录》成书于陈代，早于隋文帝，所以可以采取第一种方法——通过考察内容的年代属性来判断正误。我们认为，这是一条误引的文字。又如明清引文常常从唐宋典籍中转引，而不是直接引自早期音乐文献，因此，我们要采用第三种方法，注意考察引文的流传迹象，辨明引文的年代属性。

第二项是辨别辑本之误。由于乐书辑佚有很大难度，所以容易出现错误。亓娟莉博士是一位有专业水平的音乐文献研究者，著有《〈大周正乐〉辑考》一文。即使从她辑录《大周正乐》的经验看，也可以发现，容易犯五种错误：其一是将不属于原书佚文的内容辑入，以至于文义不通；其二是忽略年代较早的文献，而袭用晚近文献中的错字；其三是对可考的卷内结构不加考订，所列佚文缺少秩序；其四是漏辑；其五是误标句读。比如陈旸《乐书》卷一三六"编磬"条有一句话说："大架所用二十四枚，应十二律倍声，唐李绅所传也。小架所用十四枚，通黄钟一均，上倍之，《大周正乐》所出也。"这里记录了两件事情："大架"之事出自唐代的李绅，"小架"之事出自后周窦俨的《大周正乐》。《〈大周正乐〉辑考》一文未细察，把两件事混起来，统统辑为《大周正乐》之文。这就属于第一种错误。

乐书辑佚是常见的音乐史料工作，古已有之。近年来影响比较大的成果是吉联抗的《古乐书佚文辑注》。这部书从中华书局点校本《乐府诗集》中抄辑乐书佚文，并且用《四部丛刊》影汲古阁本对核；所辑文字概依《乐府诗集》排序。这种做法对不对呢？也对，也不对。积极地看，它反映了中国音乐史学的一项诉求，即中国学术的确需要音乐古籍辑佚之学。客观地看，它代表了中国音乐文献辑佚的早期轨范，即采用选编的方式来辑佚，服务于教学而非学术。这样做是有益的。但是从消极方面看，它并不符合中国文献学的传统，因为它既不注意全面占有资料，也没有复原古书的意识。借用孔子的说法，它不是"正色"的音乐史料学，而是"紫色"的音乐史料学。这提醒我们：中国音乐史学不仅需要辑佚之学，而且需要辑佚学的科学轨范——需要建立一个自我要求，即竭泽而渔地搜集资料；又要建立一个目标，即尽可能地复原原书的架构。这样做自然很难；不过，若是掌握了其中的关键，便也不难。这个关键点是：要把研究对象琢磨清楚，细致考察所要辑录的那部古代乐书的时代特征，考察其体例及其背景文献的体例。

五、总 结

讲到这里，让我对以上所述做一个总结。

首先，中国音乐史料学是一个正在健康成长的学科。作为中国音乐史学的基础学科，近三十年来，它积累了很多经验。通过学术实践，相关研究者对于中国音乐史学的特性及中国音乐文献的特性，已经建立起比较深刻的认识。他们认识到：文献史料的丰富性，决定了中国音乐编纂的重要地位。这种丰富性是有别于其他民族的音乐学的。而音乐文献强调伦理等级，因而从属于少数人的特性，也决定了中国音乐史料编纂的难度。尽管如此，中国音乐史料编纂学和整个中国音乐史料学，仍在不断地发展和进步。其发展进步的主要方式是：一方面，越来越关注中国音乐学的学术成果；另一方面，越来越注意吸收中国史学的学术方法。这些进步，简单说来就是：资料领域扩大了，学术方法丰富了，学科结构也得到了改变。举个例子，以前编辑音乐史料，尽管也会注意设计体例，但由于以音乐史教学为目标，这种设计的标准较低，只注意编写方式的一贯性，以及音乐史教师的阅读预期。而现在的音乐史料编纂，却逐渐把文史各学科的学术预期作为对象了。这种中国音乐史料学，实际上，已经成为一般意义的中国文献学或中国史料学的重要分支。

其次，中国音乐史料学是一个有待改进的学科。为了使它更加完善，要注意三件事情：（1）整理音乐古籍要用好文献学方法，也就是以必要的版本校勘作为整理音乐古籍的前提：首先要按版本学规则选择版本，注意底本的形式特征；其次要按目录学规则撰写提要，注意提炼必要的信息；再次要采用校勘学方法考察古书的史源和性质。（2）汇编音乐史料要有"体例"意识，也就是按学术规范来确定选材范围、结构框架、书写方式，尽可能多地占有资料，尽可能细致地分析资料。（3）进行音乐古籍辑佚工作要注意结构复原，也就是说，要运用各种考据方法，把自己面对的音乐古籍弄明白。事实上，任何一种学术工作都有竞技的意义，要尽力去追求新知。这种追求是没有止境的。史料工作也是这样，它的质量取决于研究者付出的劳动。

再次，中国音乐史料的编纂工作，其发展方向是可以预估的。因为它是在包括中国音乐史学在内的文史各学科的推动下进步的。由于这种推动，它有一个重要动向，即开始关注一些特殊的音乐文献，比如藏于域外的汉文音乐文献、流传在民间的仪式文献和唱本文献。2012年，我曾接受全国哲学社会科学基金资助，启动了"域外汉文音乐文献整理与研究"这一重大项目。其主要内容是：以历史上的汉文化圈为范围，针对日本、朝鲜、韩国、越南等东亚国家，调查它们在历史上使用和保存的汉文文献，对其中的乐书、乐谱、乐图、日记、音乐仪轨、乐家文书等著作和相关史料进行整理和研究。现在已经实施以下工作：（1）以考订方式进行《高丽史乐志》研究，完成《高丽史乐志校证》《高丽史乐志研究》等专著。（2）以校点方式整理日本古乐书，编成七卷本《日本古乐书集成》。（3）以辑编方式、叙录方式整理日本各种音乐文献，编为《日本古记录音乐史料类编》。（4）收集资料，着手编写《越南汉文音乐史料汇编》。除此之外，我们还与其他音乐史学研究者合作，开始进行民间仪式文献、民间唱本的整理和研究。这些工作意味着，中国音乐史料学，其领域正在逐步扩大。而随着视野的扩大和学术规范的确立，中国音乐史料学也将建成自己的方法体系。

最后，请容我补充讲两个故事。

一个故事是：2018年和2019年，王耀华教授曾两次委托我审查《中华大典·艺术典》中的《音乐艺术分典》。他已经快80岁了，但他亲自拖着沉重的书稿资料箱，几次从福州来到温州，还不要人陪伴。我很感动，于是发动身边的研究生，一起认真核对了书稿的引文。除此之外，我还写了一篇6000字的《"引用书目"存在的问题》呈交耀华教授参考。有哪些问题呢？主要有版本问题和书名问题。

从版本角度看，第一是一本书有时用好几个版本，不统一。我于是建议统一起来，比如"二十四史"统一用中华书局点校本，"十三经"统一用阮元校刻《十三经注疏》的影印本。第二是"引用书目"中有近200本书漏记了版本。第三是虽然标记了版本，但不准确。比如《新唐书》有三个版本标示："中华书局二十四史点校本""中华书局一九七五年点校本""《丛书集成初编》本"。前两个重复，末一个错误。第四，由于"引用书目"的制订人不按文献工作的实际情况开列版本，造成书目与书稿内容不符的情况。第五是版本记写有许多错误。而从书名角度看，主要问题是：在"引用书目"中，有很多书名重复书写，或错误书写，或未按"出版者+年份+版本形式"的统一格式书写。另外，很多诗、词、赋作品写的是篇名，而不是书名。按文献学的说法，这些做法都是"自乱体例"。因此，我的核心意见是：（1）按"编纂通则"的要求——"在选用版本时尽量采用古人的精校精刻本，亦采用学术界通用的近、现代整理标点本及现代学者校点整理本"——来确定版本，重编"引用书目"；（2）坚守"引用书目"所确定的版本，依此版本通改全稿。这个故事说明：编纂音乐史料，最要注意的事情是认真制订体例、严格执行体例。这也就是"无规矩不成方圆"的道理。

另一个故事是：2019年11月初，在位于新乡的河南师范大学，召开了"第三届宋代音乐研究学术研讨会"。会上有一个议程，即讨论由中州古籍出版社出版的《〈乐书〉点校》一书。《乐书》是太学博士陈旸编成于北宋晚期的一部大书，达200卷。成书以后影响很大，比如在日本和朝鲜半岛，12世纪以后，几乎每部乐书都会谈到它。这书一直没有整理本，对它加以点校出版是很必要的，有很高的学术价值。但这件事很难。河南大学张国强博士知难而进，用多年之力，终于完成了这项点校工作。从书首的前言看，张博士在点校过程中，就此书的成书、结构、版本做了很多考察工作，因此而写了一篇简明流畅的"凡例"。但它不免有一些缺点。讨论的时候，会议主持人要我提批评意见。我于是提了三条意见：第一，这部书缺少一篇"引用书目"或"参考文献"，未著明所用书的版本。因此，这部书中的所有引文，其来历是不清楚的。在这种情况下，人们不太容易放心地引用它。第二，校勘的时候，未注意分清校勘资料的层次，比如应该用对校、本校法的时候用了他校，应该用对校、本校、他校法的时候用了理校。校勘记中常常说"据上下文意改"，或"据上下文意某应为某"，云云。这种理校法用得过多，显得不够客观。第三，《乐书》编成后，被宋元其他书大量引用，比如《文献通考》和《宋史》。如果能采用这些书来做他校，那么，很多疑难问题可以解决。这个故事又让我懂得这样一个道理：对于音乐研究者来说，从事史料编纂工作意味着跨学科。而任何一种跨学科的学术活动，要解决的首要问题是技术问题，也就是最初级的训练。音乐研究者可以把史料编纂工作做得很漂亮，但不容易把它做得精致、到位。这就说明，除掉要重视体例建设而外，最重要的事情是要做基础训练，也就是要通过反复操作，细心模仿专门家的工作，掌握文献学的基本技术。

第七讲　从《琴操》版本谈音乐古籍辑佚学

作为文、史、哲三科之基础的文献学，有目录、版本、校勘、传注、辑佚、辨伪等六个较稳定的分支。这实际上也是中国音乐文献学的六个主要分支。关于目录、版本和校勘，前面几讲已经多次提到了，我们也讨论了包含传注和辑佚的编纂。但是，从古代音乐文献传播的实际情况看，有一个重要问题谈得不够，这就是如何在具体操作中，处理好以上六个分支的关系。也就是说，尽管我们在理论上懂得六个分支相互配合的道理：懂得在校勘之前要考察版本，以便取善本为底本；懂得确定版本要借助目录，以便辨明古本和辑本；懂得判断辑本善与不善要看是否遵循辑佚学基本规则，这些规则又建立在校勘实践的基础之上；而且，在上一讲也说过，即使整理音乐古籍也要注意按版本学规则选择版本，按目录学规则撰写提要，采用校勘学方法来考察古书的史源和性质，等等。

但是，我们能不能在实践中处理好这些关系呢？其实没有把握。为了解决这个问题，我们需要找到一个好的个案，再细细地说一下其中的奥妙。

正好，我手里有这样一个个案。这就是汉晋之际人编写的《琴操》。《琴操》的问题是在 2010 年，由四川师范大学博士生余作胜提出来的。当时,他在我指导下进行汉代乐书的文献学研究,注意到关于《琴操》的三个版本,其真实的文献学价值和学者们的通常看法并不一致。他为此提出质疑。经过细致考察,我们发现,这是一个并不简单的问题:看起来是《琴操》版本的问题,实质上却是版本学和辑佚学的关系问题。而且,这个问题反映了音乐古籍传播和辑佚的方方面面。正因为这样,今天,我和各位一起重新讨论这个个案。

> 看起来是《琴操》版本的问题,实质上却是版本学和辑佚学的关系问题。

一、《琴操》的版本

《琴操》是一部以解题目录方式编成的古琴学著作。作者是谁呢?不容易确定。从古代的著录情况看,它曾被看作以下几种书当中的某一种,但更可能是这几种书的叠加。第一种是由东汉桓谭编写的,著录在《旧唐书·经籍志》和《新唐书·艺文志》当中;第二种是由汉末人蔡邕编写的,被《文选》李善注征引过,也被《初学记》《太平御览》等书征引过,却未被唐宋目录书著录;第三种是由晋代孔衍编写的,见于《隋书·经籍志》和其他唐宋目录,也见于《初学记》;第四种、第五种是无名氏《琴操钞》,被《隋书·经籍志》著录,也被《初学记》和《文选》李善注多次引用。其中第一种比较可疑,因为它在唐代艺文经籍志以前都未见著录、引用和记载,很有可能是另一部书——《琴道》——的误署。第二种书接受者最多——现存的《琴操》都题蔡邕所作,而《琴操》一书的内容的确主要是汉以前的琴曲,包括先秦题材的琴曲和少量西汉题材的琴曲,即歌诗五首、九引、十二操和河间杂歌二十多首；但这部书中却有一些晋以后的内容。有位学者（邓安生）认为，现在的《琴操》一书，在唐代是几种不同的书；后来则合为一体。因此可以说，它是产生在汉末，然后在晋代以后得到整理的书，并不是某一人的独立作品。

> 《琴操》的七种版本，三个系统。

现在我们能看到的《琴操》，主要有这样几个版本：

第一，是王谟《汉魏遗书钞》本，以下简称"遗书钞本"。为《琴操》一卷，题"汉陈留蔡邕撰，金溪何辉远校"，刊于嘉庆三年（1798）。书前有序录，论及本书辑佚缘由。

第二，是顾修《读画斋丛书》本，以下简称"读画斋本"。为《琴操》二卷附《琴操补》一卷，题"汉前议郎陈留蔡邕伯喈撰"，刊于嘉庆四年（1799）。正文之中有"序首"，正文之外无序跋。

第三，阮元《宛委别藏》本，以下简称"宛委本"。为《琴操》二卷附《琴操补》一卷，题"汉前议郎陈留蔡邕伯喈撰"。阮元是在嘉庆五年（1800）任浙江巡抚的，《宛委别藏》所收之书为阮元任职浙江期间搜罗。《四库未收书目提要》说："兹从征士惠栋手钞本过录。"由此可见，该本以惠栋手钞本为底本，刻印在19世纪初期。经过比较可知，该本与读画斋本内容基本相同，版本形态相近（均为每行18字），应当源自同一个祖本。为什么说源自同一个祖本呢，因为《读画斋丛书》刊于嘉庆四年（1799），略早于《宛委别藏》，读画斋本不可能抄袭宛委本；而宛委本自称录自"征士惠栋手钞本"，也有独立来源。

第四，孙星衍《平津馆丛书》本，以下简称"平津馆本"。为《琴操》二卷附《琴操补遗》一卷,题"汉前议郎陈留蔡邕伯喈撰,赐进士及第山东等处督粮道兼管德常临清仓事务加二级孙星衍校"。嘉庆十一年(1806)初刻,光绪十一年(1885)重刻。书前有嘉庆十年(1805)马瑞辰《琴操校本序》,说该本底本是读画斋本。将二本对勘,可知这个说法是真实的。

第五,徐榦《邵武徐氏丛书》初刻本,以下简称"邵武本"。为《琴操》二卷附《琴操补》一卷,题"汉前议郎陈留蔡邕伯喈撰,邵武徐榦小勿校刊",前有《四库未收书目提要·琴操二卷》一篇。《邵武徐氏丛书》刊于清光绪年间(1875—1908)。经比勘,邵武本的内容与宛委本基本相同,而且载有《四库未收书目提要》一篇,应当是直接从宛委本翻刻的。

第六,黄奭《汉学堂丛书》本,以下简称"汉学堂本"。为《琴操》一卷并附《琴操补遗》,题"蔡邕琴操,甘泉黄奭学",刊于光绪十九年(1893)。该本未说明底本,经比勘,知其为平津馆本的增注本,增加的部分多是遗书钞本的注文。

第七,杨宗稷《琴学丛书》本,以下简称"琴学本"。题"蔡邕伯喈撰,孙星衍校",刊于1911年。该本以平津馆本为底本,但删去了大部分校注文字。

以上《琴操》版本共七种,可以分为三个系统:一是读画斋本系统,包括宛委本、邵武本。这三个版本内容基本相同,是同一祖本的不同印本或抄本。其中以读画斋本刊行时间最早。二是平津馆本系统,包括汉学堂本、琴学本。其中汉学堂本是平津馆本的增注本,琴学本则是平津馆本的删注本。三是遗书钞本,单独构成一个系统。由于平津馆本以读画斋本为底本,所以,我们可以把平津馆本系统并入读画斋本系统。由此看来,今存《琴操》实际上只有两个系统,即读画斋本系统和遗书钞本系统，如图 7-1。

图 7-1 一方面反映了现存《琴操》各本之间的关系，另一方面也反映了对《琴操》一书进行整理和辑佚研究所面临的问题。有这样两个问题：第一，各本《琴操》是不是具有同样的文献学性质？如何判断它们的文献学性质？第二，如果各本都是辑本，那么就应当重辑《琴操》，辑出一个最佳本；如果其中有古本之残本，那么就应当在其基础上补辑《琴操》，尽量复原古本；但如果有更复杂的情况，那么就要做更细致的处理。总之，要以恢复古本为目的来进行古籍整理。

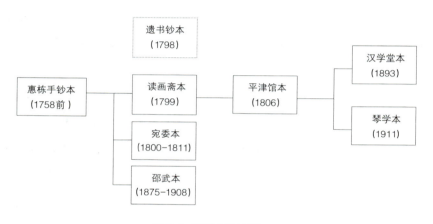

图 7-1 《琴操》版本系统

二、读画斋本的文献学性质

现在我们来说说读画斋本。这一版本流传最广、影响最大，而且同宛委本有直接关联，自然是最重要的考察对象。

"读画斋"是清代文献学家顾修的室名。顾修是浙江石门（今桐乡）人。他精于诗画，喜欢藏书。嘉庆四年（1799），他把他收藏的图书刊刻出来，就成了《读画斋丛书》，一共 8 集 46 种。在刊印《读画斋丛书》的同年，他又编辑了《汇刻书目初编》。这部书详列嘉庆以前 261 种丛书及其子目，是中国第一部丛书目录，在文献学史上有重要地位。

《读画斋丛书》较早刊印《琴操》一书，对于《琴操》的流传是有很大贡献的。但它有个缺点：无序无跋，未说明底本来历。这样一来，人们对读画斋本《琴操》性质的认识便很模糊。比如平津馆本以读画斋本为底本，其编者孙星衍在《琴操》"履霜操"条"伯奇前持之"句下加注说："案今本有细字注，不知何人所校，并仍之。"这句话中的"今本"指读画斋本，它表明，孙星衍对读画斋本的具体流传情况是不甚清楚的。

在孙星衍（1753—1818）的时代，比较流行的看法是把读画斋本当作《琴操》原本。马瑞辰在平津馆本《琴操校本序》中即说道："传注所引，及今《读画斋丛书》所传本，皆属蔡邕……陈氏《书录》所载《周诗》五篇、操引二十一篇，与今本合，是今世所传，即直斋所见之本。惟陈氏云止一卷，今分为二卷；陈氏云不著氏名，今题曰蔡邕撰。其分合著录，微有不同，证之传注所引，亦有互异。"意思是说：读画斋本即宋代陈振孙著《直斋书录解题》时所见到的《琴操》，也就是原本。今人孙启治、陈建华《中国古佚书辑本目录解题》同意这个说法，也把读画斋本《琴操》视作原本（而未想到它是辑佚本）。比如该书在"辑本"的名义下著录了遗书钞本《琴操》、王仁俊辑录的《琴操》佚文，以及附于其他诸本《琴操》之后的《琴操补》或《琴操补遗》，却不著录读画斋本系统的《琴操》（包括读画斋本、宛委本、邵武本、平津馆本、琴学本）。这意味着，该书撰者有一个基本的判断，即认为读画斋本《琴操》是"旧本"而非"辑本"，与该书专门收录辑佚书的体例不符，所以不著录。

然而，种种迹象表明，从宋代以来，这个《琴操》旧本或原本是并不存在的。在明清目录书中看不到对《琴操》一书的记录；明清典籍虽然屡屡征引《琴操》，但都不出唐宋古书古注所引的范围，也就是说，属于转引。这两点说明：《琴操》在宋代以后就散佚了，原书很可能不存于人间。所以王谟《汉魏遗书钞》在《琴操》序录中说："此书宋世犹存，惜未见有传本。"这正是王谟要辑佚《琴操》的缘由。王仁俊继续王谟的事业，在《玉函山房辑佚书续编·经籍佚文》中辑有《琴操》佚文三条，这表明他也认为《琴操》已经散佚。另外，清初史学家马骕提到了《琴操》散佚的事实。在《绎史》卷首，马骕把《琴操》归为"全书阙轶，其名仅见"之类，说："……《琴操》《琴清英》《古今乐录》，此等或真或伪，今皆亡矣。"马氏《绎史》正文及小注共引《琴操》文字达18处之多。他既然说《琴操》亡佚，就不会是信口开河。在《绎史》成书一百多年以后，出现了读画斋本。马瑞辰说此本是《直斋书录解题》著录的《琴操》传本，这个说法显然很唐突。事实上，这一说法的依据——陈振孙《直斋书录解题》所载《周诗》五篇、操引二十一篇与读画斋本相合——是不成立的，因为《初学记》《太平御览》等类书早就提供了《琴操》"五歌""九引""十二操"的篇目线索，辑佚家完全可以据此来搜罗异文，复原佚书结构。总之，既然从《直斋书录解题》到读画斋本刊行的数百年间，《琴操》不见于任何目录书的记载；既然《直斋书录解题》所载《琴操》与读画斋本《琴操》，在卷次和撰者上都存在差异；那么，我们就不能把读画斋本当作《琴操》原本。

还有一种看法，认为读画斋本是遗书钞本的整理本。这见于吉联抗《〈琴操〉考异》，载《音乐研究》1982年第2期。文中说：

> 这两种本子，虽同为《琴操》，而体例却如此不同，就文字而论，则又大多相同，只略有小异处（一般认为"平津馆本"较"汉魏遗书本"更加顺畅）。既然后一种早于前一种，就不能不给人以这

样的消息,即:所谓《琴操》,原来是一八〇〇年以前王谟《汉魏遗书钞》里的一种辑佚书,在以后三五年间,有人在此基础上加工润色,改头换面,到一八〇五年以前作为《读画斋丛书》中的一种时,就换成另一种面貌了。一八〇五年收入《平津馆丛书》时,孙星衍又做了些校勘,加上些校注,便俨然成为一种原本古籍。

这段话出自推测,没有查核资料,所以有两个论据上的错误:第一,它对于读画斋本的刊行时间失考,扩大了读画斋本与遗书钞本在刊行时间上的差距。事实上,读画斋本产生年代很早,接近遗书钞本。第二,它未对二本内容进行深入比较。二本文字其实差别很大,并非"只略有小异处"(见下文)。总之,读画斋本不可能是遗书钞本的整理本。

> 读画斋本《琴操》既不是原本,也不是遗书钞本的整理本,而是辑本。

读画斋本既然不是原本,又不是遗书钞本的整理本,那么,它的性质是什么呢?只有一种可能:是辑本。这一看法,今人已经通过对平津馆本的评价表达出来了。例如逯钦立《先秦汉魏晋南北朝诗》辑校汉诗琴曲歌辞,以平津馆本《琴操》为底本。他在《别鹤操》条下按语说:"今本《琴操》有叙无辞,盖此书乃后人辑缀而成,故致遗漏。"又在《岐山操》条下按语说:"今本《琴操》乃后世辑缀而成,已非书之原貌。"而曹道衡、刘跃进《先秦两汉文学史料学》也说:"(在《琴操》)众多辑本中,以孙星衍《平津馆丛书》本为最优。"当然,后面这句话有点问题——平津馆本其实是以读画斋本为底本的校注本,而不是辑本——但由于平津馆本承袭读画斋本,对平津馆本的论断可移用于读画斋本，所以，这句话却提示了读画斋本的辑本性质。确认这一点是很重要的，它至少提示了三件事：第一，既然读画斋本是一个辑本，而不是古书原本，那么，我们就应该从辑佚学的角度对它加以研究。第二，这项研究将进一步确认该本的身份——既然是辑本，那么是哪一种辑本？第三，由于宛委本、邵武本、平津馆本和读画斋本有同源关系，所以这项研究意味着，同时要对宛委本、邵武本、平津馆本做出评价。鉴于在《琴操》诸多传本中，平津馆本已被现在人视为最佳版本，成了通行本，所以，这三个意义都值得重视。

三、从辑佚学角度看读画斋本《琴操》

上面这一段话，说的是版本研究中的一个特殊问题：有一些版本是用辑本来冒充原本的。我们要把这两者严格地区分开来。

其实，从辑佚学的角度看，读画斋本也是一个有很多问题的辑本。其中最大的问题是不注明文献出处。如果对这一版本的文字做逐条检索，考究它的出处，那么又可以发现大量误辑现象：首先是条目误辑——原本《琴操》无此条，而误将他书所载条目辑入；其次是文字误辑——原本《琴操》有此条，但不注意考察原本，反而从《古今乐录》《大周正乐》《琴苑要录》等乐书中去收辑。该本主要问题便是这些误辑。为说明辑佚工作的原则和方法，现在，我们就其中问题逐一做点讨论：

（一）把其他乐书误为本书

《周太伯》《拘幽操》《箕山操》《思亲操》《庄周独处吟》等条，原是《古今乐录》中的文字，程度不同地误辑。《思亲操》歌辞原见于《乐府诗集·琴曲歌辞》，题虞舜《思亲操》，说引自《古今乐录》；其他各条的文字，或全部或部分见于《太平御览》卷五七一，也说引自《古今乐录》。其中《周太伯》条，各书都没有说引自《琴操》的，这就属于条目误辑。

但遗书钞本和马国翰《玉函山房辑佚书》没有这类错误：它们或者不妄录，或者注明出处，或者辑入《古今乐录》。相比之下，读画斋本的错误很明显。

《文王思士》《龟山操》《越裳操》《鹿鸣》《伐檀》《驺虞》《白驹》《仪凤歌》《聂政刺韩王曲》等条，原是《大周正乐》中的文字，程度不同地误辑。这几条的文字，或全部或部分见于《太平御览》卷五七八，说引自《大周正乐》。其中《文王思士》条，各书都没有说引自《琴操》的，属条目误辑。遗书钞本没有这类错误：它不录《文王思士》，并且将《鹿鸣》《伐檀》《驺虞》《白驹》四条中的《大周正乐》文字作为注文处理。相比之下，读画斋本的错误很明显。

《辟历引》《琴引》等条的文字，都从明人《琴苑要录》误辑。《辟历引》条有叙文、有操辞，叙文与他书所引《琴操》文字差异比较大，操辞则未必同《琴操》有关——其他书从来没有说引自《琴操》。明代冯惟讷《古诗纪》卷四《霹雳引》收录此辞，有相近的叙文，但注明出处为《琴苑要录》。《古诗纪》所引《琴苑要录》的注文为："楚商梁者，或云楚庄王也，声之误耳。"读画斋本《琴操》注文为："商梁，当作庄王，声之误也。"由此可见，读画斋本此条是抄自《琴苑要录》的。遗书钞本未辑歌辞，避免了这一错误。《琴引》条也是这种情况。

（二）因不重视古书文例而造成误辑

《霍将军歌》条。其他书都没有把这一条引作《琴操》。其叙文与《太平御览》卷五七八引《大周正乐》所载《霍将军歌》相同，其歌辞与郭茂倩《乐府诗集》卷六〇引《古今乐录》所载霍去病《琴歌》相同，因此可以判断，读画斋本是将《大周正乐》《古今乐录》二书的文字缀合起来而组成该条的。为什么会有这种错误呢，原因大约是误读了郭茂倩的按语。郭茂倩说："琴操有《霍将军渡河操》，去病所作也。"只要仔细思考一下就知道,《乐府诗集》这里说的"琴操"未必是一本具体的书,而可能是一般意义上的"琴曲"或"琴歌";因为《乐府诗集》引书的习惯是在书名后加"曰"字,而此处"琴操"二字下接的是"有"字。类似的情况还有所谓"琴操有《湘妃怨》,又有《湘夫人曲》","琴操有《大风起》",等等。当然,不仅读画斋本《琴操》犯了这个错误,而且,中华书局 1977 年版《乐府诗集》也犯了这个错误——它们都给这几个"琴操"加上了书名号。它们错在不明白《乐府诗集》的引书体例,因而误解了"琴操"二字的涵义。从这件事,我们可以得到两个教训:其一,引用古书之前要了解古书;其二,不要轻易相信各种古籍整理本的标点符号。

《曾子归耕》条。这条佚文原见于《后汉书》李贤注,注在卷五九《张衡传》"嘉曾氏之《归耕》兮,慕历陵之钦䂁"句之后。原注说引自《琴操》,其末云"钦䂁,山名,䂁音吟"云云。读画斋本在歌辞末多出"钦䂁"二字。其实,只要和《文选》卷一五张衡《思玄赋》李善注比一比(没有"钦䂁"二字),就知道这里误辑了李贤注文中的"钦䂁"。误辑的原因也属于未重视古书文例。

(三)因书名及琴曲类别相近而误辑

《处女吟》《流澌咽》《双燕离》是三个阙目(有目无辞)。也许这里是据《乐府诗集》而误辑的,因为其他书都没有说来源于《琴操》。《乐府诗集》卷五八梁简文帝《双燕离》郭茂倩题解说:"《琴集》曰:'《独处吟》《流澌咽》《双燕离》《处女吟》四曲,其词俱亡。'《琴历》曰:'河间新歌二十一章,此其四曲也。'"《初学记》卷一六、《太平御览》卷五七八等引《琴操》说:"又有河间杂歌二十一章。"这几条资料说明什么呢?说明读画斋本是把《琴历》"河间新歌二十一章"与《琴操》"河间杂歌二十一章"相等同,而误将《琴历》"河间新歌"中的《流澌咽》《双燕离》《处女吟》三曲辑入《琴操》"河间杂歌"之中。这属于因琴曲类别相近而误辑。

（四）因不明出处而致误辑

《列女引》条说的是樊姬故事，其素材分别见于《列女传》《韩诗外传》《新序》及《渚宫旧事》等书。其中文字，诸书都没有说引自《琴操》。歌辞"忠谏行兮正不邪，众妾夸兮继嗣多"云云也不见于他书记载，只有唐余知古《渚宫旧事》卷二载有相近的一句话，即所谓"忠信言兮从正不邪，众妾进兮继嗣多"。据此判断，该条文字是就《列女传》《韩诗外传》《新序》《渚宫旧事》等记录牵合而成的。

《伯姬引》条说的是鲁伯姬守节死火的故事。这个故事多见于唐宋以前典籍，但诸书均没有说引自《琴操》，也不提及琴曲《伯姬引》。到明代冯惟讷《古诗纪》卷四《伯姬引》条解题中，才把伯姬守节死火之事和《伯姬引》联系起来，但它说引自《琴苑要录》，而非《琴操》。可见读画斋本此条文字是抄录他书而成的，《琴操》原书中并没有这一条。

（五）因不考订时代而致误辑

《岐山操》条，叙文除首二句外，全部袭自《太平御览》卷五七八所引《大周正乐》；歌辞则采用《古诗纪》卷四所引《琴苑要录》。逯钦立《先秦汉魏晋南北朝诗》已经注意到这一情况，指出其序文"全袭《大周正乐》之文"，"歌辞乃沿用《琴苑要录》"。又说：此操为"宋以后人所拟，郭茂倩尚未之见"。可见读画斋本此条是因不考订时代而致误辑的。

《思归引》条，其操辞，杨慎《风雅逸篇》卷二说是引自《琴操》。冯惟讷《古诗纪》卷四则录有内容相近的两首歌辞，其一说引自《琴苑要录》，其二说引自《风雅逸篇》。逯钦立《先秦汉魏晋南北朝诗》在"思归引"条有按语，说："晋石崇《思归引》序曰'……古曲有弦无歌，乃作乐辞'云云。……据此本篇显系后人依托。"这就是说，《风雅逸篇》因未明时代而引作《琴操》，读画斋本沿袭了其错误。

（六）未能恢复古书结构的原貌

我们在前一讲反复说过：能否恢复古书结构的原貌，是评价辑本优劣的一个重要标准。读画斋本在这方面比遗书钞本似乎做出了更多努力，比如它在书前设置了《序首》。《序首》内容含两部分：先述琴的功能、形制及其伦理涵义，其后是五歌、十二操、九引之曲名。然而这篇《序首》却同样有很多问题。

首先一个问题是，《序首》所述是与正文相矛盾的，比如对琴曲作者的表述前后不一（见表7-1）：

表7-1 《序首》与正文所记作者不同之曲目表

曲　名	《序首》所注作者	正文所述作者
岐山操	周人为太王所作	周太王之所作也
雉朝飞操	沐犊子	独沐子
伯姬引	鲁伯姬	伯姬保母
辟历引	商梁	商梁子
箜篌引	樗里子高	朝鲜津卒霍里子高
琴引	屠门高	倡屠门高
楚引	龙丘子高	龙丘高

除此之外，还有叙述文字前后不同、《序首》与正文文字简单重复等问题。这些问题意味着，《琴操》原书并不存在这个目录。我们知道，这篇《序首》的文字最早见于《初学记》卷一六引《琴操》，其内容、排印体式（曲名用大字，解题用小注）与《初学记》所引基本一致。因此可以推断，它是直接辑自《初学记》的。考虑到类书抄引资料有概引的方式，又考虑到《初学记》的概引有时候表现为目录（比如《初学记》卷一五引沈约《宋书》），我们还可以判断：这篇貌似目录的文

字是由《初学记》的概引造成的。遗书钞本的做法可以反证上述判断：它把这段文字打散放进《琴操》正文，因此复原了"五歌""九引""十二操"的框架。

其次一个问题是，这篇《序首》误把《初学记》的小注当作《琴操》的原注而予以辑录了。我们知道，《初学记》小注在直接引用他书文字时，都要注出书名，多数加"曰"字领起；而被《序首》辑为《琴操》原注的《初学记》小注却没有这些特征。如果把这些小注与其他书所征引的《琴操》文字相对比，那么可以知道，它们并非《琴操》原文，而是由《初学记》编者在相关文字的基础上节录、改写而成的。也就是说，《琴操》原书并没有这篇目录，《初学记》中的小注并不是《琴操》的原注；读画斋本编辑资料过于草率，由资料源的矛盾而造成了《序首》与正文的矛盾。

再次一个问题是，读画斋本《序首》的位置是不合适的。因为该本既然题署蔡邕，那么，此书结构便应当恢复为汉代的体制；而在汉代，典籍目录是置于书后而不是书首的。前人曾反复指出这一点，例如北宋黄伯思《东观余论》卷下《校定楚词序》说："王逸诸《序》并载于书末，犹《古文尚书》、汉本《法言》及《史记·自序》《汉书·叙传》之体，骈列于卷尾，不冠于篇首也。"清代卢文弨《钟山札记》卷四说："《史记》《汉书》书前之有目录，自有版本以来即有之，为便于检阅耳。然于二史之本旨，所失多矣。夫《太史公自序》，即《史记》之目录也；班固之《叙传》，即《汉书》之目录也。乃后人……误认书前之目录，即以为作者所自定，致有据之妄訾謷本书者。"读画斋本《琴操》在书前设置《序首》，不符合汉代的典籍制度。

（七）所拟河间杂歌标题多有不当

遗书钞本对河间杂歌只辑佚文，未拟标题。王谟在"河间杂歌二十一章"句下曾说到其缘由:"章名、歌辞俱无考。"而读画斋本则章章具名,言之凿凿,在"无考"的情况下自拟了标题。但由于加上了主观,这些标题往往与正文所述不甚合,见表7-2:

表7-2 标题与正文所述之题不合之曲目表

章　名	文中所述之题	章　名	文中所述之题
箕山操	箕山之歌	信立退怨歌	退怨之歌
周太伯	哀慕之歌	处士吟	处女吟
文王受命	凤皇之歌	崔子渡河操	崔子渡河
周金滕	思慕之歌	聂政刺韩王曲	聂政刺韩王
梁山操	忧思之歌		

读画斋本的这种做法是不恰当的。这有三个错误:第一,标题与叙文或歌辞本旨不相符合。例如《信立退怨歌》增"信立"二字,就不如《古诗纪》所拟《献玉退怨歌》符合文意。第二,文字烦琐。例如《曾子归耕》,《文选》卷一五张衡《思玄赋》李善注、《后汉书》卷五九《张衡传》李贤注等引《琴操》均作《归耕》。叙文既已说明《归耕》为曾子所作,则所增"曾子"二字属于画蛇添足。第三,轻率为琴曲定性。例如"箕山操",把文中所述"箕山之歌"变为"操";"崔子渡河操""聂政刺韩王曲",分别在原题后缀以"操"字、"曲"字——都是缺少依据的。

综合以上七条,可以说,读画斋本存在底本来历不明、不注文献出处、误辑、主观更改原书结构等问题,是一个不符合辑佚学规范因而偏离古本《琴操》原貌的本子。宛委本、邵武本与读画斋本情况相同;作为读画斋本的校注本，平津馆本也在相当程度上沿袭了读画斋本的错误。但是，对于这几个版本，人们一直未予怀疑，而信为善本。为什么会出现这个情况？这是值得深思的。

> 读画斋本《琴操》存在底本来历不明、不注文献出处、误辑、更改原书结构等问题。

四、从音乐文献传播的角度看《琴操》诸本

从很大程度上说，人们对读画斋本的信任，源于对《平津馆丛书》的信任。

《平津馆丛书》是清代中期以精校著称的一部综合性丛书，收入古籍42种，由清代著名藏书家和目录学家孙星衍编纂。平津馆是孙氏的藏书室，所藏书籍多是宋元善本及秘府未收之书，所以刊刻《平津馆丛书》有很好的版本条件。孙氏"生平最喜刊刻古书籍"。刊刻《琴操》之时，他像对待其他书那样，对底本做了选择，对全书内容也做了校勘注释，并将读画斋本所附《琴操补》更名为《琴操补遗》，增辑了4条佚文。他的工作是有学术含量的。

由于以上原因，平津馆本《琴操》自刊刻以来，影响深远，向来被视为最佳版本。该本先后被收入黄奭《汉学堂丛书》、杨宗稷《琴学丛书》、《丛书集成初编》及《续修四库全书》等丛书。孙诒让《札迻》有《琴操》校释8条，所校为平津馆本。刘师培《琴操补释》以平津馆本为底本进行勘补，逯钦立辑校《汉诗·琴曲歌辞》也以平津馆本为底本。人们对平津馆本纷纷做了肯定，实际上，这也间接肯定了读画斋本《琴操》。

孙星衍的理解并非没有道理。手抄《琴操》的惠栋、

刊刻《宛委别藏》的阮元、撰写《琴操校本序》的马瑞辰，同样重视了那部底本来历不明、不注文献出处、误辑现象严重、更改了原书结构的《琴操》。这种情况，应当是同古代音乐文献传播的特点相关的。按中国古代的音乐文献大抵可分三类：其一是乐书，记录同宫廷雅乐相关的乐谱、乐事、乐章和律吕理论；其二是歌辞，主要内容是乐府诗及其题解；其三是以琴书为代表的器乐书，主要记录乐曲和乐谱。第一类书是官方文献，由专门机构收藏，其内容可以通过史书乐志和各种政书保存；第二类是文学家文献，受众大，一般通过文学渠道而传播；但第三类却是民间流传的"小众"文献，在早期虽然多由著名文士编撰，隋唐之后却日趋专门，成为少数技术人才的作品和读物。这种书极易湮灭。当一部手抄的、题署汉代蔡邕的《琴操》出现在清代学者面前的时候，它自然会因其珍稀而受到重视。

事实上，《琴操》的命运是同古琴的命运相关的。古琴原来被视为雅乐，《汉书·艺文志》六艺略乐类6家，除刘安、刘向等人的《琴颂》外，有《雅琴赵氏》《雅琴师氏》《雅琴龙氏》等3家。在汉魏六朝，琴乐的主要功能是修养心性，即桓谭《新论·琴道》所谓"君子守以自禁""玩琴以养心"。但到唐代，由于大批新乐器、新乐曲的产生，古琴艺术由自娱转变为娱人，走上了俗乐化、工匠化的道路，所以唐代白居易、刘长卿、王正白等诗人有"古声淡无味，不称今人情""古调虽自爱，今人多不弹""同悲古时曲，不入俗人情"一类感叹。宋代以后，这种情况加剧，所以从公元12世纪开始，目录学家把琴书从经部乐类下放到子部杂艺类，视之为"讴歌末技，弦管繁声"——《四库全书总目》子部艺术类小序则解释说："琴本雅音，旧列乐部。后世俗工拨捩，率造新声，非复清庙生民之奏，是特一技耳。"《琴操》之散佚，正是同古琴地位的衰降相关的；它在清代受到重视，亦因为唐前琴书已经荡然无存。特别值得注意的是：清代学者热衷于辑佚，其中一个重要原因是崇尚古雅。梁启超《清代学术概论》认为，从惠栋开始，就形成了"凡古必真，凡汉皆好"的观念，专以"古今"为"是非"的标准。题署汉代蔡邕的《琴操》，既然是古雅时代的文献，既然如《琴操校本序》所说具有"古谊所存，足以左证经传"的优点，那么可以判断，无论它是否注明出处，都会被惠栋、马瑞辰等人视为关乎大义的典籍，予以珍藏。孙星衍为读画斋本《琴操》做校注，也正是为了提升此书的古雅的质量。

另外，音乐是诉诸人耳的艺术。中国古代关于音乐的记录有一个特点，即主要是在口耳之间传播的，总要由于某个特殊原因才会形诸笔墨。这样一来，古代音乐文献往往经过多人之口、多人之手，而没有明确的作者。古琴作品是这样，关于古琴曲的记录也是这样。比如《胡笳十八拍》，有人说是汉代蔡琰所作，有人说是盛唐董庭兰所作，有人说是中唐刘商所作，有人说是南唐蔡翼所作。这些说法其实都有道理，因为琴曲喜欢托古，喜欢把作品的时代托于作品故事人物的时代，所以蔡琰理所当然地被传说成该曲的作者。另外几人则分别参加了该曲的制作：董庭兰将《大胡笳》改制成大曲，刘商为《大胡笳十八拍》创作了七言体歌辞，又有不知名人为《小胡笳十八拍》创作了骚体歌辞，到南唐蔡翼再把大、小《胡笳十八拍》编入乐谱。总之，《胡笳十八拍》的创作经历了漫长的过程，实为集体作品。我曾经写过一篇题为《琴曲歌辞〈胡笳十八拍〉的作者与时代》的文章，论证这个过程。题署蔡邕的《琴操》也是这样，有人说是桓谭所作，有人说是蔡邕所作，有人说是孔衍所作，每说都有一定的书证。从《琴操》一书的内容看也是这样：有的内容属于西汉及以前，有的内容属于东汉，甚至有的内容属于晋以后，所以逯钦立《先秦汉魏晋南北朝诗》认为，此书并非出自一人之手，而是"累经增添"的书籍。在这种情况下，根据"书之亡者可于时存同类书中搜辑之"的方法，按《初学记》提供的目录辑编一部内容较宽泛的《琴操》，在清代学者看来，这便是一件正常的事情。

当然，惠栋等人的理解，并不能代表辑佚学的科学要求。这正如"伪书"同辑佚学的关系一样：梁启超《古书真伪及其年代》曾经说："梅本《古文尚书》大半皆有凭借"，"的确是采缀古书而成的"。尽管我们可以按这一看法，把辑佚学的起源追溯到晋梅赜所献的《古文尚书》，但辑佚毕竟不同于采缀古书造作新书，而有其独立的规则。王谟《汉魏遗书钞》正是以此为出发点而重辑《琴操》的。同其他六种版本相比，遗书钞本明显具有以下优点：一、它明确说《琴操》原书已佚，该本是据他书而辑，因而表白了自己的性质。二、注明文献出处。三、保持佚文原样，存录异文以做对照，向读者提供了较为客观的材料。四、尊重原书，尽量保持材料的朴素面貌，不做人为加工，例如没有像读画斋本那样设置《序首》，也没有勉强给"河间杂歌"拟定标题。这四条便使它同读画斋系统的《琴操》划清了界线。尽管此本仍然存在误辑现象，有些条目分合不当，也未考察唐宋时期多种《琴操》的异同，但它显然代表了迄今为止《琴操》辑佚的较高水平。

> 王谟《汉魏遗书钞》本《琴操》代表了迄今为止《琴操》辑佚的较高水平。

五、总　结

现在，让我们对这一讲做个总结。

今天讨论的问题，可以说来源于两种观察。首先是表面的观察。按照这种观察，《琴操》是一部很正常的琴书。虽然它散佚已久，在宋代绝迹而在清代前期重现于世，但它有两类辑本，分别属于以王谟《汉魏遗书钞》本为代表的传承系统和以顾修《读画斋丛书》本为代表的传承系统。这两个系统都有一定的权威性。比如第二个系统来源于著名学者惠栋的手钞本，由这一辑本发展出阮元《宛委别藏》本、孙星衍《平津馆丛书》本、徐榦《邵武徐氏丛书》初刻本、黄奭《汉学堂丛书》本和杨宗稷《琴学丛书》本。由于孙星衍对读画斋本做了详细的校勘和注释，这一辑本便具备了"古谊所存，足以左证经传"的面貌，所以它成为《琴操》的通行本，为两百年来的学术界所看重。尽管惠栋手钞本未著明出处，但我们仍然会不假思索就接受它。

  其次是比较仔细的观察。如果我们熟悉辑佚学的规范，能够开动脑筋，那么，可以发现读画斋本系统《琴操》的很多缺点。第一个缺点是一眼就可以看出来的：它不注明出处。第二个缺点需要花时间做比较阅读才能发现：书中出现了大量误辑。另外还有两个缺点，需要经过仔细观察和深入思考才能发现：它未尊重原书结构，而且喜欢主观拟题。其中误辑现象比较多见，包括条目误辑和文字误辑。这说明，做文献学工作，最要注意进行比较阅读。如果追究误辑的原因，那么大约有五条：一是把其他乐书误为本书，二是因不重视古书文例而造成误辑，三是因书名及琴曲类别相近而致误辑，四是因不明出处而致误辑，五是因不考订时代而致误辑。这又说明，为古书辑佚，特别要注意把本书同书名、性质相近的其他书区分开来，要注意观察古书文例和资料出处。总之，分析读画斋本系统《琴操》的缺点，一方面有助于建立音乐古籍辑佚学的规范，在未来的辑佚工作中防止遗漏和失考、失校、失实、失详、失序等错误；另一方面也有助于正确认识读画斋、平津馆等本《琴操》的局限性，恢复王谟《汉魏遗书钞》本《琴操》应有的地位。

如果从思想方法的角度看，在两种观察背后，还有两个值得思考的问题。第一个问题是：为什么读画斋本系统《琴操》会如此风行？我们注意到：这一系统的《琴操》是以手钞本的形式出现在惠栋的年代的。它被视为汉代典籍的遗存，迎合了当时崇尚古雅、珍视遗产的风气。它是在古琴艺术逐渐沦为杂艺的时代刊行的，被视为古典时代仅存的琴学文献，满足了学术界、文化界对古代音乐理论的需要。它所经历的成书、流传、散佚、重现的过程恰好反映了中国音乐古籍的传播特点，说明音乐古籍一般出于集体创作，往往经过一段时间的口头流传再获结集，主要在民间少数人中流传，易于佚失，也易于散落在同类书中。正是由于上述缘故，清代学者用宽容而慎重的态度接纳了这部特殊的古籍。这些情况说明：辑佚只是古籍文献学和收藏学的一环，其宗旨是尽量按原貌保存受到损害的古代典籍。"保存"是目的，"按原貌"是基本方法，"尽量"是其策略。从手抄（惠栋）到刊刻（顾修、阮元）再到校注（孙星衍），清代学者分不同阶段、从不同角度表达了对《琴操》古本的关注。这是可以理解的。事实上，面对一部突然出现的、貌似古本的重要文献，在没有逐字检索之条件的年代，惠栋、顾修、阮元、孙星衍等人只能在保存的前提下进行整理。这种做法并不违反"尽量按原貌保存受到损害的古代典籍"的宗旨。所以，我们并不赞同简单粗暴地把它判作"伪书"；不过，我们仍然主张用规范的文献学标准来要求它。

正因为这样，我们要思考第二个问题：同样在清代前期，为什么王谟会采用另一个方法重辑《琴操》，建立《汉魏遗书钞》本？答案是：王谟具有自觉的辑佚学规范意识。他在《序录》中明确表达了这一意识，即阐明了自己的工作性质。在实践中，他也尽量保持材料的朴素面貌，用存录异文、尊重原书结构的方式保证了新辑古籍的客观性。这件事说明，进行文献学工作，既要像读画斋本系统的《琴操》那样，有一个重视古籍遗产保护的态度；又要像遗书钞本《琴操》那样，有一个维护辑佚学规范的自觉性。其实后者更加重要。从客观的角度可以说，清代学者为后人贡献了两部《琴操》：一部是依据一个较粗糙的辑本，用钞印方式和校释方式整理的《琴操》；另一部是依据各种古籍记载，用规范的辑佚方式重建的《琴操》。这两部《琴操》都是重要的学术财富。而从主观的角度，则应该说，古籍整理有两条道路——求存的道路和求真的道路。相比之下，作为求真路线的代表，王谟《汉魏遗书钞》本《琴操》具有更高的价值。对于音乐研究者来说，这两条路线的比较很重要，因为音乐研究者在面对古代文献资料的时候，态度容易粗放，喜欢考虑哪条材料"好"、哪条材料"对"、哪条材料"有用"，而不太考虑材料的真实性——是否符合古本面貌。正是为了说明这一点——说明材料的真实性高于其功用，说明比较阅读是文献学的基本方法，说明文献学意识的要点是尊重史源——我增加了这一讲的内容。

> 材料的真实性高于功用性，文献学意识的要点是尊重史源。

第八讲　域外汉文献中的音乐史料：越南和韩国

一、引言

钱锺书先生说过许多俏皮话，最精彩的一段话是这样说的："三不朽自有德、言、功业在，初无待于招邀不三不四之人，谈讲不痛不痒之话，花费不明不白之钱也。"这段话出自一封信，是钱先生1987年对华中师范大学召开的一个会议提出的意见。这段话之所以精彩，是因为它中肯、尖锐，说到很多学术会议的弊病——"招邀不三不四之人，谈讲不痛不痒之话，花费不明不白之钱"。我对这一点深有同感，因此不太喜欢参加学术会议。不过，1989年8月在北京东直门外新源里举行的会议却是例外。那是由黄翔鹏先生主持召开的"中国乐律学史"课题组首次工作会议。它主题明确，信息充分，让每一位参加者难以忘怀。其中一件虽然小但也有意义的事情是：作为课题组历史文献小组的成员，我在会上作了关于音乐文献学的专题演讲。这篇演讲的一部分内容，后来以《音乐文献学和中国音乐学的学科建设》为名，发表于《黄钟（武汉音乐学院学报）》上。在这篇文章里，我提出了一个设想，即设想参考冯友兰《中国哲学史史料学》的体例，完成一部《中国音乐学史料学》。一方面，用这部书对音乐文献研究的成果做出总结；另一方面，以史料为线索，对中国音乐及其理论做出新的历史描述。我的看法是：假如在杨荫浏先生的《中国音乐史稿》之后，我们还要写一部中国音乐史，那么就应该先做扩充史料的工作；如果不在资料上实现突破，那么，我们将永远越不出《中国音乐史稿》的樊篱。

> 如果不在资料上实现突破，那么，我们将永远越不出《中国音乐史稿》的樊篱。

当然，有一个具体问题是：这样一部《中国音乐学史料学》，应该怎样操作呢？我设想，它不仅应该扩大资料范围，而且应该用新的方式来处理资料。它在主体上是对音乐典籍的分类叙述，而在研究方法和写作体例上，要注意以下六件事：

> 《中国音乐学史料学》的六个要点。

第一，它要根据主流音乐的生存形态，以及乐律、乐器、乐曲、演奏方式、音乐理论等事物的演变特征，归纳出中国音乐史的分期，说明每一期音乐史料的概况。

第二，它主要以古代典籍为重点，叙述中国音乐的史料史；但它与文物、文献、民间遗存等史料的关系，也要做出论述。

第三，它要提炼出每一时期音乐学的主要课题或命题，把对典籍的评述同对课题史料的评述结合起来。也就是说，在介绍典籍的时候，也介绍与其中课题相关的其他史料以及相关的研究成果。

第四，为了达到考镜源流、指导研究的目的，要从文献学角度，指出每一时期音乐典籍的体制类型，分析其源流；并对主要典籍的作者、资料来源、版本、卷数、分类情况、各类内容、编写体例以及有关的文献学研究成果做出介绍。

第五，古代音乐典籍记载宫廷音乐较多，记载民间音乐较少，而后者的资料大多散见于子史杂著、诗文词赋及金石、方志——鉴于这一情况，书中各章应该设立专门部分，讨论散见史料的内容及价值，并在必要情况下列举民间遗存资料作为旁证。

第六，在日本、朝鲜、越南等国外典籍中，也保存了大批中国音乐史料。这些典籍，应该列入音乐初传的年代或典籍产生的年代予以介绍。

很可惜，由于我精力分散，几十年过去了，这部书不仅没有产生出来，而且没有提上工作日程。不过，我却为它做了一些准备。其中一件事是组织了对历代正史乐志的校释工作，也就是整理了一批关于中国音乐史的主流史料。另一件事是：我走访了日本、韩国、越南等地，对这些地区保存的中国音乐遗迹做了比较全面的调查，主要调查了它的文献遗存。我想，如果把这些调查和中国现有的音乐史料结合起来，那么，这部《中国音乐学史料学》的资料基础也就算是齐备了。

说到上面这件事，我不免想说另一件新鲜事，它也是同亚太地区的音乐有关的。那就是从1995年起至2020年，中日音乐比较研究会主办了13次"中日音乐比较研究国际研讨会"。这是中国音乐学走出国门的行动，可喜可贺；但它在造就学术热点的同时，也向研究者提出了更高的资料要求。举一个例子：我看过一篇关于中日音乐文化交流史的博士学位论文，有十几万字吧，但在参考文献中却只有两种日本古书，即《日本

> 中日音乐比较研究会在造就学术热点的同时，也向研究者提出了更高的资料要求。

书纪》和《续日本纪》。而且,它不仅把这两种日本史书的书名写错了,把它们的版本写错了(写为"中国国家图书馆"),论文中对这两种书的引用也是支离破碎的,不标明卷次。这说明什么呢?说明作者并没有看过日本古书。实际上,作者也没有看过中国古书,因为该博士论文在参考文献中列出五种中国古书,其中《隋书》《山海经》《汉书》《后汉书》四种的版本也记为"中国国家图书馆",而另一种则是让人搞不清楚的"《唐书》"——不知道是《旧唐书》还是《新唐书》。可见这些书名都是不实的,作者是用转抄第二手资料的方式完成他的学位论文的;而评审这篇论文的专家,也很可能没有接触过中日音乐交流的原始资料。说实话,最初看到这篇论文的时候,我很吃惊,因为它不符合学术规范;但到后来,我却觉得自己有点少见多怪,因为我发现:在中日音乐比较研究领域,这种情况并不少见。不知道各位如何看待这种现象?我的看法是:学术工作一定要认真。一件事,如果没有条件做好,那就不要去做。为什么呢?因为学术精神比学术成果更重要——取得了"成果"却丢掉了精神,划不来。另外我也认为:凡是学术成热点的地方,就要注意防止学术泡沫,因此要加强学术批评。为什么呢?因为我们必须对年轻人负责。比如各位将来都要参加学术工作,要写出自己的学位论文。我们有必要向大家指出学术上的是与非,维护学术,也维护大家的学术前途。

> 一件事,如果没有条件做好,那就不要去做。因为学术精神比学术成果更重要。

不过,我举以上两方面例子,主要还是想说明:每一种新的学术都是依靠新的资料基础而建立起来的,现代科学是以充分的实证工作为先导的。既然如此,当中国音乐学需要扩展它的领域,需要建立新的范式的时候,我们就必须注意域外汉籍中的音乐史料。这些资料不仅是进行中日、中韩、中朝、中越等等音乐比较研究的基础,而且是研究中国本土音乐史的基础。中国有句古话:"礼失求诸野。"这就是说,依靠域外汉籍中的音乐史料,我们可以恢复中国音乐史学中的许多缺环。

> 现代科学是以充分的实证工作为先导的。

由于以上缘故,今天我打算对域外汉籍中的音乐史料做一介绍。这是一个很庞杂的领域。老话说:"一部二十五史,从何谈起?"我想,就用这次系列演讲的老办法吧:尽量向大家讲点故事和经验,也尽量向大家讲讲方法。因为这样可以在介绍知识的同时也介绍背景,收到以简驭繁的效果。西方格言说:"最有价值的知识是关于方法的知识。"我打算向大家提供的正是这种知识。

> 最有价值的知识是关于方法的知识。

二、越南汉文古籍中的音乐史料

1992年是我人生的一个转折点。那年我获得霍英东教育基金的资助,开始做"汉民族文学艺术与周边文化"研究。这项基金的管理方式比较宽松。我于是从当年秋天起,利用各种机会,对中国边疆各民族的文学艺术做了考察。第一年我到了云南,主要考察各少数民族的表演艺术,以便和汉民族的早期戏剧做对比,研究戏剧起源的问题。第二年我在西藏逛了四十几天,大部分时间是单独旅行,少部分时间是同中央民族大学毛继增教授一起采访、录像录音。这一次,我主要考察藏区不同地域的文化差别,研究藏族文化同周边文化的关联。第三年我走访了新疆几十个县市，主要考察几条丝绸之路上的文化遗存，研究敦煌文学艺术的来源。这些考察未必实现了原来设想的计划，但收获仍然很大。比如，我后来发表了《高原人和平原人的共同祖先》《对藏族文化起源问题的重新思考》《汉藏语猴祖神话的谱系》等论文；也指导了一篇博士学位论文，题目是《中国戏剧的早期形态》。这些成果都是从考察活动中产生的。

> 每次考察回来，我都觉得换了一副耳目，换了一副心胸。我看中国文学中的每件事物，似乎都有了新的眼光。

其实，以上这些活动最大的意义，是开阔了我的眼界。每次考察回来，我都觉得换了一副耳目，换了一副心胸。我看中国文学中的每件事物，似乎都有了新的眼光。这样一来，我就尝试进一步走出国门了。首先去的是两个不需要办签证的国家：吉尔吉斯斯坦和越南。到吉尔吉斯斯坦那年是1997年。由于这次考察的主要目的是调查从中国陕西、宁夏、甘肃等地传去的东干文化，也由于吉尔吉斯斯坦和哈萨克斯坦相邻，所以我们也越境到了哈萨克斯坦。到越南那年则是1998年暑假。这之后，为了编写《越南汉喃文献目录提要》，我又在2001年、2003年两次带领博士生到河内考察。三次旅行加起来，总共有六个月。

回想起来，那是些很快乐的日子。比如在越南，我们通常在河内西北角的玲琅街租用一间公寓，再借一辆自行车，每天骑车到河内市南郊的汉喃研究院读书。越南图书馆的管理制度有点特殊，办理借阅手续的时间有严格限制，我们只好用争分夺秒的方式阅读。等到图书馆下班的时候，我们往往会因为一整天的紧张阅读而感到眼睛发直，两耳发蒙。这时候，对满街摩托车的轰鸣，会充耳不闻。那时，我真正知道了什么叫作"忘我"。而每天早上，当我们骑着自行车，穿过一个个柳枝轻拂的湖泊，赶往汉喃研究院图书馆的时候，我又知道了什么叫作

图 8-1 河内街头

"认领"——在感觉中，我就好像是去认领自己的家园。因为那一屋一屋的写满汉字的手抄本，让不懂古汉语的人感到很大隔阂，却让我感到特别亲近。走进这个环境，我往往会产生一种激情，觉得这批汉字遗产代表了"祖国"。我不知道大家是怎样看待"祖国"的——当你们想起"祖国"这个词的时候，在你们的脑海中，会浮现什么形象呢？也许是国歌、五星红旗，也许是大米饭、青菜豆腐，也许是高粱地、水稻田，也许是……但我想到的就是这种写满汉字的书。

> 在感觉中，我们就好像是去认领自己的家园。

在河内，收藏古籍的机构主要有五处：首先是汉喃研究院，收藏古籍约 6000 种；其次是越南国家图书馆，收藏古籍约 1000 种；再次是越南国家社会人文科学中心史学研究所、河内国家大学和越南国家社会人文科学中心文学研究所，收藏古籍不多，总共大约有 1000 种。我们为前两个藏地的汉喃文古籍编写了目录。据初步统计，越

> 河内汉喃研究院收藏古籍约 6000 种。

南汉文音乐文献,主要见于以下类别:一是史部的"正史"和"政书",二是子部的"艺术",三是集部的"总集""别集""歌谣""陶娘歌""戏曲""小说"和"金云翘"。它们分别联系于以下四种表演艺术形式:

(一) 陶娘歌

陶娘歌是一种清唱,由专业艺妓表演,和福建南音很相像。它的特点是由一个人主唱,用带琴、拍板、小鼓伴奏,有陶娘、管甲两个主要角色。陶娘是主唱者,又称"桃娘",女性;管甲则是使用带琴的伴奏者,男性。除掉因主唱者而得名为"陶娘歌"以外,这种清唱又叫"歌筹",因为它是采用传统的投签方式来点歌、评歌的。我过去写过一本书——《唐代酒令艺术》,说到唐代人的"筹令":唐代人正是把这种点歌记令的工具称作"筹箸"的。唐诗中有大量关于饮妓和筹歌的描写,比如白居易《与诸客空腹饮》诗说:"碧筹攒米碗,红袖拂骰盘,醉来歌尤异,狂来舞不难。"徐铉《抛球乐辞》说:"歌舞送飞球,金舼碧玉筹。"这些资料不仅反映了"歌筹"这个名称的来历,也说明陶娘歌是有中国渊源的——具体地说,是有唐代渊源的。

> 陶娘歌的唐代渊源。

陶娘歌有一个特点是用汉越语演唱。汉越语也就是在越南语中所保存的古汉语语音。王力先生曾经在越南住了一年,专门研究汉越语,写了一篇文章叫《汉越语研究》。文章认为,汉越语从中国传入越南,可以分为两个时期:其一是在中唐以前,那时汉字还没有大量传入越南,只有零星的汉语字音渗透到越南口语当中,形成古汉越语;其二是在中唐前后,这时就有整套的汉越语传入越南了,它们同日常应用的越语相结合，长久地保存下来。在越南，汉文学和汉越语是两个彼此支撑的事物。伴随汉越语的越南化，也出现了汉文学的越南化，所以现存陶娘歌的典籍都是用汉文和喃文相间杂抄而成的。

图 8-2 陶娘歌表演场景

河内汉喃研究院现在保存了陶娘歌集三十来种，除两种是坊刻本以外，其他都是手抄本。其中有同名异书的《歌调略记》《歌筹各调》《歌筹》各两种，以及《歌筹体格》五种。这些书籍大都是在 19 世纪抄印的。既然它们大都是手抄本，这就说明，陶娘歌是一种通俗的音乐艺术。

陶娘歌集一般包括三个方面的内容，第一是关于陶娘歌术语和调名的解释，第二是关于陶娘歌汉喃歌词的记录，第三是对伴奏方法及表演方法的评介。陶娘歌在不同的场所表演，歌调也有所不同。比如有一种《歌筹体格》，记录了酒宴、待客、喜庆时所用的歌筹，说在歌筹当中包含了"喝望""河南""独赋""独诗""引鼓"等歌调；又比如《歌词杂录》《歌筹》两书记录了用于私家和祠庙表演的陶娘歌调。这说明歌调的区分是联系歌唱的功能的。另外，歌调的区分还联系歌唱者的角色区分。比如《歌唱各调》一书对一些歌调名从表演角色方面做了解释。

> 在越南，汉文学和汉越语是两个彼此支撑的事物。伴随汉越语的越南化，也出现了汉文学的越南化，所以现存陶娘歌的典籍都是用汉文和喃文相间杂抄而成的。

> 歌调的分别，联系歌唱功能的分别和歌唱者角色的分别。

它解释"喝望"说:"其所歌之句,即下文所呐者。但男唱则为河南,女唱则为喝呐。"又解释"喝呐"说:"男唱则为唱河南,女唱则为喝呐。"又比如《歌调略记》收录了二十多个腔调,其中《教香》《河南格》《呐南》《吟赋》等曲名下注"甲"字,说明这是管甲所唱的歌章;《乐香》《诗香浪》《三声》《河柳》《呐南》《书格》等曲名下注"桃"字,说明这是陶娘所唱的歌章。

陶娘歌的歌词往往来源于中国的诗词歌赋,其中最多的是唐诗。从文字形式看,可以分为汉文、喃文两种歌词。汉文歌词又有两大类型:一类直接采用中国古代的诗词赋作品,流传最广泛的是苏蕙的《织锦回文》、孟浩然的《春晓》、李白的《将进酒》《清平调》、白居易的《琵琶行》《长恨歌》、张籍的《节妇吟》,以及苏轼的《前赤壁赋》和《后赤壁赋》。另一类是新歌词,一般根据所唱的曲调,组合汉文原诗而成。比如《歌谱》一书收录了这样一篇陶娘歌词:

> 滕王高阁,襟三江而带五湖,临帝子之长洲,秋水共长天一色。彭蠡响穷渔唱晚,衡阳声断雁惊寒。可怜日下望长安,相逢尽他乡之客。回抚凌云而自惜,闲云潭影日悠悠,槛外长江空自流。

这首歌是杂取王勃《滕王阁赋》《滕王阁诗》中的词句,糅合而成的。它是陶娘歌中比较常见的一种古调曲辞。

陶娘歌的喃文歌词也分为两类:一类是对汉文歌词的

喃文翻译，比如前文提到的一些汉文歌词，被喃译为《琵琶行演音》《长恨歌演音》《长恨歌续演》《回文歌演音》《清平调演音》等。这是歌筹艺术本土化的表现。另一类则是越南本土作家的作品，例如阮光拒、阮公著、高伯适（kuò）、尹珪、阮德儒、阮德著等一批著名文人墨士都撰有歌筹之作。这些作品说明：伴随着陶娘歌的流传，在越南形成了一种新的文学模拟的风尚。

> 伴随着陶娘歌的流传，在越南形成了一种新的文学模拟的风尚。

（二）呗戏

呗戏也是一种有中国渊源的音乐艺术。它是以元代杂剧为基础，融合越南本土的歌唱形式而形成的。它在表演的时候兼用韵文和散文，有唱词和说白，所以属于戏曲。它的剧目长短不一，长的达到上百回，短的只有三至五回，一般在二十回左右；每一回又分为若干幕。它往往演出选段，也就是我们说的"折子戏"。关于它的起源，后黎朝著名史学家吴士连（1422—1497）写过一部《大越史记全书》，其中卷七做了记载。这一卷记载了陈朝绍丰十年（1350）的事件，说：

> 越南呗戏的起源。

>> 春正月，元人有丁庞德者，因其国乱，挈家驾海船来奔。善缘竿，为俳优歌舞。国人效之为险竿舞。险竿技自此始。

又记载了大治五年（1362）的事件，说：

>> 春正月，令王侯公主诸家献诸杂戏，帝阅定其优者

赏之。先是破唆都时，获优人李元吉，善歌，诸势家少年婢子从习北唱。元吉作古传戏，有《西方王母献蟠桃》等传。其戏有官人、朱子、旦娘、拘奴等号，凡十二人。着锦袍绣衣，击鼓吹箫，弹琴抚掌，闹以檀槽，更出迭入，为戏感人，令悲则悲，令欢则欢。我国有传戏始此。

前一段话所说的"险竿舞"，属于杂技；后一段话说的"古传戏"，属于戏曲，也就是早期呎戏。这段话所说的李元吉，原来是元代军队的随军艺人，1285年作为俘虏来到越南。由此可见，在13世纪后期，越南陈朝的宫廷中就有呎戏了。这段记载还告诉我们：在李元吉时代，呎戏有《西方王母献蟠桃》等节目，演出时要扮成官人、朱子、旦娘、拘奴等12个角色，进行分幕表演，也就是这段话说的"更出迭入"。而且，它使用鼓、箫、琴等乐器伴奏。由此可见，这是在形式上很完美的戏剧。

> 呎戏同陶娘歌一样用汉越语演唱。

从越南保存的资料看，呎戏同陶娘歌一样，是用汉越语演唱的。其剧本也有汉文、喃文两种。大体上包括两方面题材：一是情感题材，讲述男女关系；二是人物题材，讲述历史上的故事。前者有《白奇珠》《老蚌生珠演传》《金石奇缘》《徐胜演传》《虎成人》《陈诈婚演歌》《嘉耦演传》等，后者有《丁刘秀演歌》《三国演歌》《小山后演歌》《中军对歌》《文缘演戏》《本嘚尧舜》《四海同春演传》《本演嘚何乌雷》《西游记演传》《忠孝神仙》《唐征西演传》等。这些题材大都来源于明清时候的通俗小说，少部分讲述越南

第八讲　域外汉文献中的音乐史料：越南和韩国

的历史人物故事。其中取材于《三国演义》《西游记》《说唐》的故事占有很大比重。

有趣的是，叺戏不仅有汉文剧本，而且有喃文剧本；这两种剧本都曾经在中国刊印。比如在广东曾经刻印了这样一些剧本：

> 叺戏的汉文剧本、喃文剧本都曾经在中国广东刊印。

《金龙赤凤全集》，越南叺戏作品合集。现存有越南人的手抄本，但它是根据广东印本抄写的。

《陈诈婚演歌》，这是关于陈玉容与楚帝丞龙诈婚故事的三回叺戏剧本。今存两种印本，其中一本于1893年在粤东佛镇宝华阁刊印，一本于1908年在粤东英文堂刊印。

《丁刘秀演歌》，喃文叺戏剧本。1894年在佛镇宝华阁刊印。

《小山后演歌》，喃文叺戏剧本。1894年在佛镇宝华阁刊印。

这说明，无论汉文的叺戏还是喃文的叺戏，都曾经面对中国观众演出。

（三）嘲剧与嘲歌

嘲剧是产生于越南北部平原的一种民间文艺形式，广泛流传于越南农村。据越南戏剧研究者推测，嘲剧早在李陈朝（11—13世纪）已经流行于民间，而在陈朝后期进入宫廷，成为宫廷娱乐项目之一。嘲剧的唱腔轻松明快，接近于越南民歌。它由七至八个演员分别饰演生、旦、净、末、丑等角色，另外有三至五人用乐器伴奏。演出前总是以热闹的锣鼓声吸引观众。嘲剧的演出形式十分自由，最吸引人的是丑角的滑稽表演。嘲剧的剧情曲折动人，凡有角色表演的节目又称作"嘲戏"或"嘲"。若是所唱无具体角色，则称"嘲歌"或"嘲文"。嘲文是越南民间宗教母教的歌唱文体，用于颂赞各母系的神明。

> 嘲文是越南民间宗教——母教的歌唱文体。

嘲剧虽然是越南本土的一种表演艺术，但在发展过程中却吸收了汉文化的元素，这突出表现在剧本的取材上。比如《刘平嘲》《刘平小说》，都取材于中国的刘平、杨礼结义的故事，与呦戏《刘平演歌》交相辉映。又比如《花云演音歌》，取材于中国的《花云》故事，大致说宋代状元花云在征伐敌寇时阵亡，其子花伟长大后为父报仇等等。另外《石生演戏本》取材于在中国民间流传的石生故事，讲述孤儿石生历经艰难，最终登上帝位，而恶人则遭上天雷劈之报应的故事。这反映了嘲剧在剧本创作上的中国渊源。

相对于嘲剧来说，嘲歌、嘲文的越南本土特色更加鲜明。在汉喃研究院保存的典籍中，有相当数量的嘲歌、嘲文唱本。它们在体裁上一般使用越南的本土韵文形式六八体（上句为六言句，下句为八言句），讲究格律，注意平仄声更换，有"六八六八""七七六八"两种句式。1901年，阮朝人能静在《琵琶国音新传》序中说："北人以文字求声音，文字便成腔调；南人以声音求文字，声音别具体裁。故永嘉第七才子之书，足登唇吻；而东床六八演音之传，容惜齿牙。"这里的"北人"指中国人，"南人"指越南人。这说明六八体是一种符合于口头表演的文体样式。

> "北人以文字求声音，文字便成腔调；南人以声音求文字，声音别具体裁。"

现存的嘲歌、嘲文，往往附载或杂抄在其他文体当中。

包含以下五种情况：其一，杂抄在诏谕奏表等应用文之中。比如有一种抄本，在收录阮朝绍治时代的诏谕奏表之后，抄写了用于朝会、元旦等节日的二十篇嘲文。其二，附载在神迹文之后。比如抄本《仙谱译录》，在南定省安泰祠柳杏公主事迹文之后，附载了歌颂柳杏公主的嘲文。其三，附载在家谱之后。比如抄本《阮廷族家谱歌》，在上福县蕊溪社阮族家谱之后，附载祭祖嘲文，讲述阮飞卿被捕解押到中国，其子阮廌辅佐黎利为父报仇的事迹。其四，与汉文经书合抄。比如有一种抄本，杂抄有汉文《救苦真经》、祭月老文和喃文《各本文嘲》。其五，附载在其他俗信文献当中。比如有一种抄本，抄录祭祀关圣帝君的仪式，附载有一组疏文、供文、嘲文。另外，在诗文集、赋集和民歌集中，也有合抄嘲文与其他文体之作品的现象。

以上这些情况说明什么呢？第一，说明了嘲文这种表演文体的生存状况，以及它的功能特征。也就是说，嘲文在民间是作为一种应用性文体存在的，嘲文的表演已经普及于日常生活。第二，说明宗教在越南民众生活中占有重要地位，所以嘲文往往应用于民间的祭祀仪式，服务于越南的母教信仰。第三，说明嘲文和陶娘歌、俗赋一样，主要是通过口头表演而传播的；尽管如此，它的流传已经影响到文人的创作，形成了文人的模拟风尚。

> 嘲文往往应用于民间的祭祀仪式，服务于越南的母教信仰。

（四）宫廷音乐

以上三项表演艺术，所用音乐可以归为俗乐。但在越南还有一种占主流地位的音乐——宫廷音乐，或者说"雅乐"，其记录大多保存在官方文献中。这些记录有：(1) 关于宫廷音乐活动的记载；(2) 关于定礼制乐的诏表和策文；(3) 关于各种祭祀仪式的轨范和乐章。它们主要分布在史部的正史（官方史书）、政书、杂史类典籍和集部的诗文集当中。

从史部正史的记载看，越南宫廷音乐系统早在李朝（相当于宋代）就已经建立了。黎崱《安南志略·风俗》曾经记载它的概貌，说是有"大乐""小乐""百戏""驱傩"等品种。每逢新年节庆，要演奏各种音乐。比如除夕白天要演"百戏"，即所谓"王坐端拱门，臣僚行礼毕，观伶人呈百戏"；除夕晚上要"驱傩"，即所谓"僧道入（宫）内驱傩，民间门首鸣爆竹杯盘祀祖"；正月一日则有"大乐"，即所谓拜祖毕，王"坐天安殿，嫔妃列坐，内官错立殿前，乐奏于大庭"。这些活动都有很多节目，比如百戏之乐就包含"博弈、樗蒲、蹴鞠、角斗、山呼侯等戏"；又如驱傩有伶乐十二神，"二月起春台，伶人妆十二神，歌舞其上"。大乐也就是宴飨仪式乐，"惟国主用之，宗室贵官非祭醮不得用"，乐器有饭士鼓、筚篥、小管、小钹、大鼓等等。"小乐"则是通常的宴乐，由琴、筝、琵琶、七弦、双弦、笙、笛、箫、管组成乐队，不仅用于贵族家庭，而且用于平民家庭，"曲有《南天乐》《玉楼春》《踏青游》《梦游仙》《更漏长》"等等。以上乐制和种种乐器、乐曲，除来自占城的饭士鼓之外，大体上是从中国传来的。根据《梦溪笔谈》卷五记载，在唐代，已经有许多中国乐曲（例如《黄帝盐》《荔枝香》）和乐谱传入越南了。

关于越南各朝的音乐活动，《大越史记全书》的记载比较系统。这些记载反映了越南正史的记录方式，也反映了越南宫廷音乐的历史，今列举如下：

1. 关于越南早期音乐。据《大越史记全书》外纪卷一记载，安阳王三年（前 255）发生过一个同乐器相关的事件：王令人掘七耀山，"得古乐器及其骸骨，烧碎为灰，散之江河，妖气遂绝"。

这件事反映了越南人的古乐器崇拜。这是同古代越南人把铜鼓等乐器用于祭神的习俗相联系的。据调查，越南北方所收集的铜鼓现在保存了 144 件以上，大部分属于东山铜鼓系统。这种铜鼓也叫"黑格尔 I 型铜鼓"。1949 年以来，中国西南、中南地区发现了 1360 多件铜鼓，其中属于黑格尔 I 型的铜鼓至少有 148 件。可见中越两地的铜鼓是有源流关系的。我们知道，最古老的铜鼓是云南的万家坝型铜鼓。它是由一种炊具铜釜演变过来的，在公元前 7 世纪发源于云南中部地区，然后向周围流传。其中向南的一支沿元江南下红河（同一条江，在中国境内称元江，在越南境内称红河），传播于越南。由此可见，越南早期音乐和中国境内濮人、越人、僚人等原始民族的音乐有共同的文化基础，其主流是祀神音乐。

> 越南早期音乐和中国境内濮人、越人、僚人等原始民族的音乐有共同的文化基础，其主流是祀神音乐。

2. 关于越南早期雅乐。《大越史记全书》外纪卷三说："史臣吴士连曰：我国通诗书，习礼乐，为文献之邦，自士王始。"

> 越南习礼乐，为文献之邦，始于士燮。

这段话里的"士王"，大名叫"士燮"。他的祖先原来居住在山东，因为逃避王莽之乱而迁到交州定居。士燮是在公元 187 年至 226 年担任交州太守的。他施行儒教，建立礼乐制度，使境内文物达到空前昌盛，故人称"士王"。这段话是说雅乐在越南的最初流传。

3. 关于雅乐制度的创制。据《大越史记全书》本纪卷

> 李朝初期，越南王朝开始建立独立的雅乐制度，其代表是"五峰之制"。

二记载，李朝太宗天成元年（1028）"六月，以诞日为天圣节，以竹作万寿南山于龙墀，其制为五峰……使伶人于岩中弄笛吹笙，献歌奏舞为娱乐。赐群臣宴。五峰之制自此始"。

这件事发生在李朝初期，说明越南王朝开始建立独立的雅乐制度了，其代表就是"五峰之制"。

4. 关于李朝初期的宫廷音乐。《大越史记全书》本纪卷二记太宗乾符有道三年（1041）事说："夏五月，置宫女阶品：皇后妃嫔十三，御女十八，乐妓一百有余。"又记太宗明道三年（1044）事说："秋七月，帝引军入佛誓城，俘乍斗妻妾及宫女之善歌舞西天曲调者。"同上卷三记圣宗彰圣嘉庆二年（1060）事说："八月，播占城乐曲及节鼓音，使乐工歌之。"

> 李朝宫廷有两类音乐：一是用于仪式的雅乐，二是用于内宴的女乐。

这三段话表明了两个事实：其一，越南宫廷有两类音乐，一是用于仪式的雅乐，二是用于内宴的女乐；其二，李朝之初，宫廷音乐已经有相当规模，其中一部分乐妓、乐器和乐曲是在南征占城时缴获的。

5. 关于李陈二朝宫廷音乐的地位。《大越史记全书》本纪卷三记李朝仁宗（1072—1107年在位）事，说："通音律，制乐歌，俗臻富庶，身致太平，为李朝之盛主。"同上书卷四记李朝高宗天嘉宝祐元年（1202）八月事，说："命乐工制乐曲，号占城音。其声清怨哀伤，闻者泣下。"同上书卷六记陈朝英宗兴隆十三年（1305）事，说："时有读簿陈具，性宽厚谨愿，善鼓琴、弩射及蹴鞠戏。帝皆命教太子。"同上书卷七记陈朝宪宗开祐二年（1330）事说："佐圣太师昭文大王曰燏卒……其音乐,节奏、歌舞、曲调亦皆日燏所作。"

这些记载说明,在李陈二朝,音乐创制受到了皇帝的重视。

6. 关于黎朝所制雅乐。《大越史记全书》本纪卷一一记载:黎太宗绍平四年(1437)正月,"命行遣阮廌与卤簿司监梁登督作銮驾乐器,教习乐舞"。后因意见分歧,阮廌退出。八月,乐成,"卤簿司同监兼知典乐事梁登进新乐,仿明朝制为之。初(梁)登与阮廌奉定雅乐,其堂上之乐则有八声,悬大鼓、编磬、编钟、设琴瑟、笙箫、管籥、柷敔、埙篪之类;堂下之乐则有悬方响,箜篌、琵琶、管鼓、管笛之类"。

这件事是分成几段记下来的。它说明:公元15世纪以后,越南继续仿效中国,制定了较完善的雅乐制度。其中黎太宗朝梁登所造器乐,后来成为越南宫廷的常制。

> 15 世纪以后,越南仿效中国,制定了较完善的雅乐制度。其中黎太宗朝梁登所造器乐,成为越南宫廷的常制。

7. 关于后黎朝和阮朝的宫廷音乐。《大越史记全书》续编卷二记后黎昏德公永庆四年(1732)事说:"三月,修定朝侍礼乐。时承平日久,王欲修明制作,以饬文明之美,命宰臣议定礼乐。按阅《会典》及《三才图绘》诸书与有见中国者,随宜会意,斟酌行之。临朝行幸礼乐,多所增益。视朝日,陈乐工于府堂左右。门开时;乐作;文武拜讫,乐止。内外庭每造旗八面。行幸进发时,先发火器三声。宁宿时亦然。驾行,旗两边前导,乐工前导亦如之。"同上书续编卷三记后黎纯宗龙德四年(1735)事说:"王制

图 8-3 月琴音乐在越南流传的标志
《琴歌妙谱》书影

雅乐建设的重点是建立关于旗仗和乐章的仪制。

乐歌六章，曰《隆平》《清平》《容平》《和平》《靖平》《承平》。令乐工肄习，以朝贺大礼奏之。端明开宝日，奏三章。既而曰廷奏乐章，天子礼也，自今毋得举乐。"

这两段话是说 18 世纪 30 年代对宫廷雅乐的"增益"。它的要点是：越南宫廷雅乐是依据中国礼乐建立起来的，雅乐建设的重点是建立关于旗仗和乐章的仪制。另外，当时宫廷雅乐的乐器制度也可以从其他文献（包括中国历史文献）中考见。例如《清史稿·乐志八》记载乾隆五十四年（1789）南征所得安南国乐，有丐鼓、丐拍、丐哨（横笛）、丐弹弦子（三弦）、丐弹胡琴、丐弹双韵（月琴）、丐弹琵琶、丐三音锣等乐器；越南《大南会典事例·礼部》记阮朝乐器，有板鼓、琵琶、月琴、二弦、笛、三音和拍钱；越南《大南实录》记明命十三年（1832）申定朝贺仪章，其中"雅乐一部"包括镈钟、特磬、编钟、编磬、建鼓、柷、敔、搏拊、琴、瑟、排箫、箫、笙、埙、篪、拍板等乐器。这些乐器大都具有中国渊源，说明越南雅乐一直承袭着中国传统。

三、韩国汉文古籍中的音乐史料

上面说的是越南的音乐文献，现在谈谈韩国的音乐文献。后者是一个更大的文化库藏。

我很早就想去韩国阅读同中国相关的音乐文献,但到 2004 年才成行。这一年,我得到一个当交换学者的机会,在韩国汉阳大学工作了两个学期。汉阳大学位于韩国首都,是一所以工科为主的大学。它的文科也很发达,比如中文系就有一批水平很高的教授。我和这些教授朝夕相处,经常交流,在第一学期就确定了考察朝鲜半岛音乐文献的工作计划。

图 8-4　权五圣教授(在汉阳大学音乐学院楼前)

就实现这个计划来说,汉阳大学是一个条件很好的学校。首先它有一个比较好的综合图书馆;其次它还有一个音乐学院图书馆;再次,它是韩国国乐学会的所在地。第一次到汉阳大学的时候,韩国又石大学教授全弘哲先生特地陪我去看过汉阳大学的音乐学院。他指着一幢小楼说:"韩国国乐学会就在这里。会长权五圣和他的博士研究生们就在这里研究韩国传统音乐。"他的话,让我对这幢神秘的小楼产生了崇敬之情。

没想到,我不久就进入了这幢小楼。经中文系吴秀卿教授介绍,我和权五圣教授成了朋友。大家知道,由于语言政策方面的原因,中韩之间的学术交流在中国语言文学研究者之间进行得很频繁,而在音乐研究者之间则冷冷清清。我在中文系工作，同时也研究中国古代音乐。这样我就成了韩国学者了解中国音乐的媒介。其中特别热情的是权五圣教授，他对于中国古代音乐有强烈的求知欲。为了满足这份求知欲，他安排我在音乐学院做系列演讲，并邀请国乐学会的成员都来听讲；结果从头听到尾的只有两个人：一个是他，另一个是韩国古音盘学会会长李辅亨教授。

尽管听众少，但我依然尽自己所能介绍了中国音乐文献及其研究状况。比如有一次连续讲了一星期，每天四小时。周一讲"20世纪的中国传统音乐研究"，周二讲"中国传统音乐研究的发展趋向"，周三讲"隋唐燕乐和中国音乐史的分期"，周四讲"《高丽史·乐志》：'唐乐'和唐乐"，周五讲"音乐文献学和中国传统音乐研究的入门途径"，周六讲"从'乐''音''声'三分看中国古代音乐学的性格"。考虑到权教授当年的博士论文是研究《步虚子》，我还特地讲过一次"《步虚子》在中国的早期传播"。那天，我在黑板上画了一个大萝卜，对听众说："权教授研究的是地上的萝卜叶，我今天讲的是地下的根茎。韩国音乐和中国音乐的关系就是这样。"这类话颇有点不逊，但韩国学者并未计较。这样一来，我很快就交了一批音乐学界的朋友；同时也根据研究需要，设计了"《高丽史·乐志》研究"这一项目。

2006年，"《高丽史·乐志》研究"得到韩国国际交流财团的资助，我得以再次来到汉城——这时改名叫"首尔"了。这一次，我的合作教授是梨花女子大学中文系的李钟振教授。梨花女子大学是韩国最早建立的大学之一，有

> 我对韩国朋友说：权教授研究的是地上的萝卜叶，我今天讲的是地下的根茎。韩国音乐和中国音乐的关系就是这样。

第八讲　域外汉文献中的音乐史料：越南和韩国

一百二十年历史，图书馆很好，而且，它也有一个音乐学院和一个音乐学资料馆。对于我的研究来说，这里的地理条件就比汉阳大学更好了，因为有著名的延世大学和它相邻。这样一来，除梨花女子大学图书馆以外，我经常去以下三个图书馆：一是首尔大学奎章阁，二是高丽大学古籍部，三是延世大学图书馆——这就是韩国高等教育所谓的"sky"：Seoul National University，Korea University，Yonsei University。经过八个多月的努力，我把韩国古籍中的音乐资料都看过一遍，做了分门别类地处理。下面，我打算结合朝鲜半岛的音乐史，对这些资料稍做介绍。

（一）上古至中世的音乐及其文献

现存的朝鲜半岛史籍最早产生于12世纪。这就是高丽人金富轼（1075—1151）作于1145年的《三国史记》，属纪传体。再过一百年，高丽僧人一然（1206—1289）又撰成《三国遗事》一书，属杂史。朝鲜半岛史学于是有了两大体裁。从相反一面看，可以说，朝鲜半岛史学是在比较晚的时候产生的。在12世纪以前，关于朝鲜半岛的音乐记录，都是来自中国的记录。

> 现存的朝鲜半岛史籍最早产生于12世纪。

由于以上原因，人们是在"东夷乐"的名义下认识上古时代的朝鲜半岛音乐的。按照族群，所谓"东夷乐"可以分成两个系统：一个是北方的系统，叫作濊貊（huìmò）、扶余系统；另一个是南方的系统，叫作三韩（马韩、辰韩、弁韩）系统。公元前3世纪以后，扶余、濊貊等先后建国。《后汉书》和《三国志》记载了这些国家的乐舞。据记载，它们的主要形式是踏歌，属岁时乐舞，往往在祭天

> 早期东夷乐的主要形式是踏歌。

（"腊月祭天大会""十月祭天"）、祭鬼神（"五月田竟祭鬼神"）、农功毕（"十月农功毕"）时施行。

从结构上看，朝鲜半岛的古代音乐也可以分作两部分：第一是土著乐舞，高丽时代称"俗乐"；第二是外来乐舞，以中国的礼仪乐舞为主体，高丽时代称"雅乐"和"唐乐"。这个二分结构同样可以追溯到上古。《三国史记》卷二二说：殷商末年，箕子受封到了古朝鲜，"教其民以礼义"。《汉书·地理志》则说："殷道衰，箕子去之朝鲜，教其民以礼、义、田、蚕、织、作。"朝鲜朝史籍《高丽史·乐志》记载后世所作《西京》《大同江》二曲，也把它的渊源追溯到箕子。这就说明，早在箕子时代，源于中国的礼仪乐舞已经成为朝鲜半岛音乐传统的重要部分。

> 早在箕子时代，源自中国的礼仪乐舞已经成为朝鲜半岛音乐传统的重要部分。

公元前 1 世纪，朝鲜半岛进入高句丽、百济、新罗三国鼎立的时代。高句丽原来是和扶余、濊貊相邻的，有相近的歌舞风俗。根据《三国史记》卷三二《乐志》记载，高句丽对于民族音乐的最大贡献，是在公元 552 年左右，由宰相王山岳创制了玄琴，并创制玄琴曲一百余曲。值得注意的是，王山岳是参考中国的七弦琴而进行创制的。因此，进行高句丽音乐研究有一个重要项目，即利用在中国吉林和朝鲜各地发现的高句丽壁画，考察中国多种弦乐器传入朝鲜半岛的历史过程。这位善于利用中国文明并加以改造的王山岳，后来便被韩国人尊为"第一乐圣"。与此同时，高句丽民众也创制了一大批歌曲，例如《三国史记·高句丽本纪》所记的《黄鸟歌》《来远城》《延阳》《溟州》等曲。从中国方面的资料看，近年来在吉林省集安市古坟发

> 王山岳：朝鲜半岛的"第一乐圣"。

第八讲 域外汉文献中的音乐史料：越南和韩国 | 251

现的高句丽时代壁画舞踊图、吹奏图、吹角图等,对高句丽乐舞有细致的表现。《隋书》《唐书》所记七部伎、九部伎中的《高丽乐》,则反映了高句丽宫廷乐舞的规模。

以上说的是高句丽。在朝鲜半岛西南,另有一国称百济。百济原来属于三韩中的马韩,其音乐在中古之时也有上乘的表现。《百济乐》在刘宋时代进入中国宫廷,到唐太宗贞观十四年(640)被编入国家典礼之乐"十部伎"。据日本资料(《续日本纪》前篇卷一一、《日本后纪》

图 8-5　高句丽壁画中的奏琴图

卷一七)记载,日本圣武天皇天平三年(731)颁定雅乐寮杂乐生员数目,大唐乐有 39 人、百济乐有 26 人、高丽乐有 8 人、新罗乐有 4 人;日本平城天皇大同四年(809)颁定雅乐寮乐师数目,唐乐师有 12 人、高丽乐师有 4 人、百济乐师有 4 人、新罗乐师有 2 人。可见从日本的角度看,百济乐的地位并不亚于高句丽乐。这种情况的产生是由于什么原因呢?我想首先一个原因是百济的地理位置——它比较接近日本群岛;另一个原因却应当归结于百济音乐的繁荣。据《隋书·东夷传》和《旧唐书·音乐志》记载,百济乐的乐器有

8 种：鼓、角、箜篌、筝、竽、篪、笛、桃皮筚篥。据朝鲜典籍《乐学轨范》卷五记载，百济的乐曲有《井邑词》，由前腔、小叶、后腔、过篇、金善调、小叶等段落组成。

再说说新罗。新罗发源于朝鲜半岛东南部，原来属于辰韩。新罗在公元 668 年以前与高句丽、百济并立；从公元 668 年开始，成为朝鲜半岛上的统一王朝，享祚 300 年。新罗音乐的特点是宫廷仪式音乐和宗教音乐形成规模，与此相应，产生了丰富的乐器新品种，也产生了一种被称作"乡歌"的音乐文学体裁。从《三国史记》和金大问《花郎世纪》的记载看，在新罗音乐史上有以下四个重要事项：

（1）公元 24 年，儒理王即位，开始吸收民间歌舞而制作宫廷仪式乐，此后历代皆有制作，所制乐曲有《会乐》《辛热乐》《兜率歌》《会苏曲》《突阿乐》《枝儿乐》《思内乐》《碓乐》等等。

（2）公元 550 年左右，伽耶国王爱好音乐，从中国的梁朝输入乐器，乐师于勒改造二十五弦瑟为十二弦伽倻琴，并作有伽倻琴十二乐曲。于勒于是继高句丽王山岳之后，被韩国人尊为"第二乐圣"。

> 于勒：朝鲜半岛的"第二乐圣"。

（3）新罗时期制作了很多乐器，例如三弦（玄琴、伽倻琴、乡琵琶）、三竹（大笒、中笒、小笒）、笛、笳、角、桃皮筚篥、拍板、大鼓等十多种，这些乐器所使用的乐调已经有固定的调名，比如三竹笛有平调、黄钟、二雅、越调、般涉、出调、俊调等七调。

（4）公元 576 年，新罗设置花郎制度，通过歌舞冶游方式来选拔人才。这种从古代巫师制度变

> 这种从古代巫师制度变化而来的乐官制度，为"花郎音乐"或驱傩音乐的发展提供了温床。

化而来的乐官制度，为"花郎音乐"或驱傩音乐的发展提供了温床。宪康王（875—886在位）时流行的辟邪歌舞《处容歌》《处容舞》，便是花郎音乐的余绪。朝鲜典籍《乐学轨范》卷五有"鹤莲花台处容舞合设"条，说在朝鲜时代，宫中每年十二月晦前一日大宴飨，举行逐鬼傩礼仪式，要演奏舞踊（舞蹈），其中《处容舞》的次序为：先奏《处容曲》，其次歌《处容歌》，再次表演人舞、五方舞、对舞等多种舞蹈，然后歌唱《真勺》《凤凰吟》等曲，最后唱《本师赞》《观音赞》。由此可见，从花郎乐、处容歌到驱傩舞，其宗旨和功能是一脉相承的。它反映了朝鲜半岛宫廷乐舞同民间信仰、民间风俗活动的特殊关联。

图8-6 伽倻琴

以上三个国家或朝代，其宫廷乐舞的风格是不太相同的。这是因为它们地理位置不一样，文化传统也有差异。一般来说，靠近中国的高句丽，其音乐当中礼乐成分比较多；另外两国音乐则有比较强烈的巫乐色彩。从新罗、高丽两朝的诗人作品中，可以看到后者的这一特点。比如新罗诗人崔致远（857—?）有五首绝句诗，吟咏当时乡乐中的五个剑舞戏（金丸、月颠、束毒、大面、狻猊），这些舞戏反映新罗歌舞较多地接受了西域散乐歌舞的影响。而到高丽（918—1392）以后，诗人们则对"新罗处容"（一种面具舞，相当于中国的傩舞，往往在新年除夕用于驱邪、祈福仪式）给予了特殊关注。比如李齐贤（1287—1367）《小乐府》说"新罗昔日处容翁，见说来从碧海中"，李榖（1298—1351）《开云浦诗》说"依稀罗代两仙翁，会见画图中"，李穑（1328—1396）《驱傩行》说"新罗处容带七宝……低回长袖舞太平"，李崇仁（1347—1392）《十一月十七日夜，听功益新罗处容歌，声调悲壮，令人有感》说"夜久新罗曲，停杯共听之"。这些情况说明：新罗乐舞同西域散乐歌舞以及高丽民间歌舞有相近的性格，因而在高丽时代有广泛的流传。

> 朝鲜半岛记录上古至中世音乐的典籍。

综上所述，在朝鲜半岛，记录上古至中世音乐的典籍主要有：

（1）《三国史记》，高丽朝金富轼作于1145年，书中有《乐志》。通行本为李康来校勘本，韩吉社，1998年版。

（2）《三国遗事》，新罗、百济、高句丽三国遗事逸闻的汇集，高丽僧人一然撰。书中保存了新罗时代乡歌14首。今有汉城堂1993年印本。

（3）《高丽史》，成书于朝鲜朝文宗元年（1451）。正文共137卷，其中卷七〇至卷七一为《乐志》。版本很多，比较容易找到的有延世大学东方研究所1972年印本、亚细亚文化社1972年印本、东京武木印刷所明治四十二年（1909）印本。

（4）《乐学轨范》，朝鲜朝成伣（qiàn）等人奉王命整理掌乐院的仪轨和乐谱的记录，编成于1493年。有《韩国音乐学资料丛书》本；又有《乐学轨范》《乐章歌词》《教坊歌谣》合刊本，亚细亚文化社，1975年。

（5）《韩国文集丛刊》，景仁文化社1990年起编印，已出版 400 册，其中第 1 册至第 3 册收载了崔致远、李奎报、李齐贤、李穀等高丽作家的作品。

（二）高丽朝的音乐及其文献

公元 918 年，王建建立新的统一王朝，成为高丽太祖。太祖自命为高句丽的继承人。他用怀柔政策对待三国贵族，同时也继承了三国文化。这在音乐方面也有体现。

按照《三国史记》记载，新罗时代的音乐非常繁荣。其中第一个表现是出现了玄琴名手玉宝高，他"自制新调三十曲"。第二个表现是乡乐曲大大增多，同时引进了"唐乐"。第三个表现是：新罗佛教和佛教音乐都有很大发展，真兴王（540—576 年在位）时即有"设八关会于外寺"的风俗，而到公元 9 世纪又出现佛教梵呗大盛的景况。关于后一点，韩国庆州南道双溪寺保存的《大空塔碑文》（约 830 年）和圆仁《入唐求法巡礼行记》可以作为旁证：碑文说碑主真鉴国师"雅善梵呗，金玉其音，侧调飞声，爽快哀婉"；《入唐求法巡礼行记》说到新罗梵呗流传于中国，开成四年（839），山东文登赤山院新罗人的讲经仪式"音曲一依新罗"。这样就有第四个表现了：新罗僧人纷纷投入乡歌的制作，于是在公元 888 年，真圣女王下令让僧人大炬修集乡歌。

> 新罗僧人有创制乡歌的习惯。

高丽朝弘扬了来自新罗的这些传统。历代高丽王都把佛教奉为国教，在各地设置道场，在每年春天举行燃灯会、秋天举行八关会供佛，每会都设有彩棚、香灯和包括"四仙乐部、龙凤象马车船"在内的百戏歌舞。尽管高丽成宗（981—997 年在位）时一度废止了燃灯、

> 高丽佛教节庆：于春天举行燃灯会，于秋天举行八关会供佛。

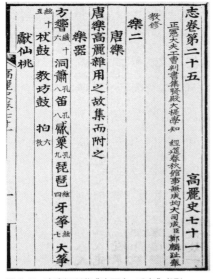

图 8-7　奎章阁所藏《高丽史·乐志》书影

八关会制度，但佛教节庆大会很快又复苏了。赫连挺撰于1075年的《大华严首座圆通两重大师均如传》，表明高丽僧人精于乡歌，并且把乡歌作为宣教的手段。关于高丽音乐同宗教的关系，另外还有三个重要记录：其一是《高丽史·礼志》所说的"四仙乐部"。它表明，前代国仙花郎们的音乐歌舞在高丽王朝方兴未艾。其二是李穑诗《驱傩行》。它描写了由十二神、黄门侲子施行的驱逐疫鬼的仪式，表明高丽驱傩综合了中国傩礼、西域杂伎和新罗处容歌舞的成分。其三是《高丽史·乐志》所记述的发生在1073年至1077年的几个事件：

> 文宗二十七年二月乙亥，教坊奏女弟子真卿等十三人所传《踏沙行》歌舞，请用于燃灯会，制从之。
>
> 十一月辛亥，设八关会，御神凤楼观乐。教坊女弟子楚英奏新传《抛球乐》《九张机》别伎，《抛球乐》弟子十三人、《九张机》弟子十人。
>
> 三十一年二月乙未，燃灯，御重光殿观乐，教坊女弟子楚英奏王母队歌舞，一队五十五人。舞成四字，或"君王万岁"，或"天下太平"。

这些记录说明，佛教节庆大会是高丽"唐乐"繁荣的重要平台。

关于高丽时代的音乐，记载最详的便是《高丽史·乐志》两卷。这部大书把高丽朝的宫廷音乐分为三个组成部分：一是"雅乐"，二是"唐乐"，三是三国以来的俗乐。以上燃灯会乐舞只是其中的俗乐。而雅乐和"唐乐"建设，则是高丽音乐史上更具特色的方面。它经过了以下几个发展阶段：

（1）公元981年，成宗继位，建立郊社礼仪，亲躬禘祫——这是"文物始备而典籍不存"的阶段。

（2）公元1105年，睿宗继位。在睿宗九年（1114）六月和其后两年间，宋徽宗多次向高丽赐新乐。与此同时，睿宗也多次把来自宋朝的大晟新乐用于太庙祭祀。仁宗十二年（1134）正月祭籍田，明宗十八年（1188）三月夏禘，也用大晟乐——这是吸收、行用大晟乐的阶段。

（3）公元1352年，恭愍王继位。恭愍王八年（1359）六月，命令有关机构新制乐器；十二年（1363）五月，安放九室神主于太庙，新撰乐章；十四年（1365）十月，在正陵设祭，奏雅乐；十五年（1366）十二月宴享河南王使，奏乡唐乐；十六年（1367）正月在徽懿公主魂殿设大享礼，教坊奏《太平年》《水龙吟》《忆吹箫》等曲——这是综合乡乐、唐乐而丰富宫廷音乐系统的阶段。

（4）恭愍王十九年（1370）五月，明太祖朱元璋赏赐乐器。七月，恭愍王派遣姜师赞等人到中国学习礼乐。二十一年（1372）正月，恭愍王亲自到仁熙殿行祭，奏乡唐乐；三月，派遣使者到中国购买乐器，用于社稷、耕籍、文庙三大

> 佛教节庆大会是高丽"唐乐"繁荣的重要平台。

祭礼；九月、十月，在球庭演习太庙乐——这是再次利用中国音乐进行宫廷音乐建设的阶段。

由此看来，高丽宫廷音乐的历史，就其主体而言，是吸收和消化中国音乐的历史。因为在"雅乐""唐乐""俗乐"三类音乐中，都有来自中国的音乐。

> 高丽宫廷音乐的历史，就是吸收和消化中国音乐的历史。

特别值得指出的是：在朝鲜半岛的音乐史上，高丽"唐乐"拥有很重要的地位。据研究，它起源于新罗时代的唐乐，形成于从北宋太宗到徽宗这150年之间。宋政和年间（1111—1118），它随着徽宗颁赐的大晟乐进入高丽宫廷，成为有队舞、曲破、小曲等三个特色品种的音乐。从形成角度看，它的年代略晚于前述文宗二十七年（1073）至三十一年（1077）演出的教坊女弟子歌舞。由此可见，中国音乐同高丽音乐的交流是持续不断的。《高丽史·食货志》记载文宗三十年（1076）俸禄，其中提到"唐舞业兼唱词业师""唐舞师校尉""唐笛业师""乡唐琵琶业师"等名称。这说明大乐管弦房的乐师大都有中国渊源。《高丽史·乐志》记载高丽乐器和乐曲，说唐乐有方响、洞箫、笛、觱篥、琵琶、牙筝、大筝、杖鼓、教坊鼓、拍等乐器，又有《献仙桃》等五支队舞、《惜奴娇》等42支曲破和小曲；俗乐有玄琴、琵琶、伽倻琴、大筝、杖鼓、牙拍、舞鼓、嵇琴、觱篥、中筝、小筝、拍等乐器，有《动动》《无㝵》等两支队舞，并且有《西京》等29支新曲、《东京》等13支三国旧曲。这些情况说明：高丽音乐已经成为一个功能和组织都很完备的系统，其中的骨干则是从中国输入的音乐。

总之，在朝鲜半岛，记录高丽朝音乐的典籍主要就是《高丽史》以及《韩国文集丛刊》的若干篇章。其他相关文献有：

(1)《乐学轨范》，朝鲜成宗朝掌乐院提调成俔等人编纂。通行本来源于名古屋蓬左文库藏本，亚细亚文化社1975年影印。

(2)《韩国古代金石文资料集》，国史编纂委员会编，时事文化社1995年出版。

(3)《海东高僧传》，觉训撰。有《大正新修大藏经》本，见第50册。

(4)《韩国佛教全书》，东国大学出版部编印，2002年。

（三）朝鲜朝的音乐记录

在元、明交替之际，朝鲜半岛也酝酿了一次重大的社会变革。变革的结果是李成桂登上皇位，在公元1392年建立朝鲜王朝。李氏王朝大张旗鼓地开展了一系列文化活动，其中最重要的事业有三项：第一是崇尚儒教，第二是编纂典籍，第三是在世宗二十八年（1446）创制拼音文字，并以《训民正音》的名称颁行了这种拼音文字。在考订乐律、制作乐器、建立礼乐制度方面，世宗时的大臣朴堧（1378—1458，堧读 ruán）做了很大贡献，他因此被韩国人尊为"第三乐圣"。关于朝鲜王朝的音乐面貌，《朝鲜王朝实录》和《韩国音乐学资料丛书》等书籍做了详细记录。

《朝鲜王朝实录》是朝鲜半岛历史上最大的一部书，是朝鲜王朝二十五代王共472年（1392—1863）的史事记录，总共1893卷。除前三代王的实录用手抄以外,其余部分都是用活字印刷的。这部大书表明,在李氏朝鲜建国之初,就施行了一系列建设礼仪音乐的举措。例如太祖元年(1392),设立奉常寺(即太常寺),专门掌管礼乐。第二年七月,由郑道传等人撰成《梦金尺》《受宝箓》《纳氏歌》《靖东方曲》等祭祀乐章。太祖第四年,文庙告成,命令闵安仁监修乐器,在雅乐署、典乐署设置了八百多乐员。后来,在太宗元年(1401),隆重举行了籍田、先蚕、祈雨等祭祀仪式。太宗五年,接受明成祖所颁赐的编钟、编磬、琴、瑟、笙、箫等乐器,进而在十一年审定雅乐,确定礼仪乐章次第,乐章依次有《梦金尺》《受宝箓》《觐天庭》《受明命》《靖东方》《纳氏歌》《文德》《武功》等曲。这就是说,朝鲜王朝初期的礼乐建设,是按"乐署—乐章""乐器—乐章"的顺序进行的。

> 朝鲜王朝初期的礼乐建设,是按"乐署—乐章""乐器—乐章"的顺序进行的。

世宗在位之时,1418 年到 1450 年,朝鲜礼乐建设达到高峰。礼乐建设的第一件事仍然是创制乐章,例如世宗元年创制了《罗宴曲》《歌圣德》《祝圣寿》等乐章;不久又制作了《献寿之歌》《天眷东陲之曲》《西京别曲》《靖东方曲》《贺圣明》《紫殿之曲》。在这一基础上,完善了包括大祀、中祀、小祀、先农、先蚕、雩祀、孔子庙祀等项目的祭祀制度。礼乐建设的第二件事是考正乐律乐器,比如第七年,世宗慨然欲兴雅乐,命令柳思讷、郑麟趾等人厘正旧乐,又命令朴堧专管乐事,考正周尺,以黍定律。在这个基础上,第十二年,推演《仪礼》诗乐和大臣林宇所著的《释奠乐谱》,制作了朝祭雅乐谱。创制乐章的事业是世宗完善礼乐的主要事业。例如到世宗二十七年，又命令成权踶、郑麟趾等人撰述穆祖以后肇基之迹125章，名叫《龙飞御天歌》，把它用作朝祭之乐歌。后来，又根据这首歌创作了《致和平》《醉丰亨》《与民乐》等乐曲。《龙飞御天歌》用谚文（"训民正音"）写成，汉译为四言之体，是谚文的典范作品。正是在这样的背景上，成俔等人才在1493年撰成了《乐学轨范》。此书"分为雅、唐、乡三篇而首之以乐调、声律"，实际上对世宗以前的宫廷音乐做了总结。

> 《乐学轨范》 "分为雅、唐、乡三篇而首之以乐调、声律"，对世宗以前的宫廷音乐做了总结。

从《朝鲜王朝实录》的记载看，朝鲜王朝的礼仪音乐主要有两类：第一是祭祀乐，包括演奏于太庙、皇坛、祔庙、文庙的祭祖乐舞、社稷乐舞、祈谷乐舞、祈雨乐舞和四季大享乐舞；第二是燕飨乐，包括演奏于景慕宫、庆会楼、慈庆殿、延恩殿、永宁殿、文昭殿的饮福宴乐、进馔宴乐、会礼宴乐和使臣宴享。另外还有傩舞，包括《处容舞》。相关的官方机构则有仪礼详定所、礼曹、雅乐署、典乐署、奉常寺、惯习都监、教坊，另外还有专掌女乐的聚仁院、专掌使臣宴乐的太平馆，等等。在这一时期，最常用的雅乐器有雷鼓、灵鼓、编钟、石磬、笙、箫、瑟、竽、篪，最常用的俗乐器（又称"乡乐器"）有伽倻琴、玄琴、大笒、唐琵琶、乡琵琶、唐觱篥、乡觱篥、拍、瓦方响、牙筝、杖鼓、节鼓、洞箫。在宫廷燕飨乐中，往往采用"乡唐交奏"的演出方式，造成"唐乐"同俗乐的合流。因此，在历代实录中还有"乡唐乐"这一反映中国音乐之影响的常用语。另一个类似的词语则是"天使"，又称"诏使""明使"

> "乡唐交奏"。

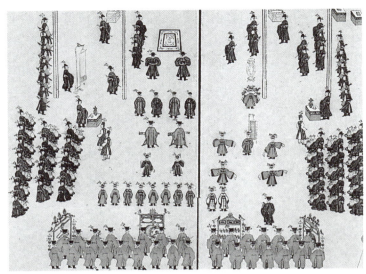

图8-8 朝鲜屏风进馔宴乐图中的歌工和乐工

> 朝鲜宫廷音乐有一个重要用途,即用来迎接中国使臣。

和"清使"。这一词语表明:朝鲜宫廷音乐有一个重要用途,即用来迎接中国使臣。这是朝鲜时代音乐文化交流的特殊方式。

东亚各国的音乐记录都是以宫廷事件为中心而展开的,但与这类事件相联系的民间音乐现象也会进入史官的视野。在《朝鲜王朝实录》中,这有一些特殊表现。例如《成宗实录》记载成宗三年(1472)拜诣宗庙,说"耆老、儒生、妓女等献歌谣迎驾,驾前陈百戏"。这说明各级政府也掌管了"歌谣""百戏"等音乐。《明宗实录》记明宗五年(1550)事,说到官家之妓"名虽为妓,能解歌词者鲜矣;或进丰呈及天使接见时,率皆不习音乐之妓"。这说明当时的官妓有三个类型:一是解歌词之妓,二是习音乐之妓,三是徒具容貌之妓。《正祖实录》则记载了正祖

第八讲 域外汉文献中的音乐史料:越南和韩国 | 263

四年（1780）在行宫之内搭建"热河戏台"，演出武舞《虞庭八佾》，以及"以尧舜为戏……乐无土革之器，其声噍杀"的情况。这表明宫廷乐员也表演武舞和戏乐。总之，朝鲜宫廷的礼仪活动兼用雅乐与俗乐，二者往往用于同一个节庆仪式的不同场合。各种仪式歌唱，特别是迎接中国使者的仪式歌唱，都要求使用汉语，因而存在歌妓不解歌词的现象。这种情况限制了汉族风格的仪式乐舞的流行。但中国的每一种音乐文化事项似乎都在朝鲜发生了影响。例如18世纪的中国戏剧，即曾与流行于朝鲜的百戏相结合，而产生了一些本土形式。

关于朝鲜王朝的音乐，另有一些专书形式的记录。韩国学者曾把它们编为《韩国音乐学资料丛书》。这是由韩国国立国乐院编辑的一套丛书，从1979年到2008年出版了40册，2008年以后又陆续出版了若干册。除第8册至第10册为陈旸《乐书》以外，其他都是朝鲜半岛的音乐文献。在本书附录中，我列出了这些典籍文献的分类目录。其中每一个类别，都代表了朝鲜音乐的一个重要方面，请参看。

《韩国音乐学资料丛书》是关于朝鲜半岛音乐的重要记录。概括起来说，其中的文献大都产于朝鲜时代，可以看作对朝鲜时代音乐文化盛况的总结。其中有10种乐书，例如《高丽史·乐志》《乐学轨范》《增补文献备考·乐考》，表明在朝鲜时代，通过对旧有音乐的整理，本土的乐律学理论得到长足的发展。其中又有十多种音乐仪轨书，例如《丰呈都监仪轨》《肃宗己亥进宴仪轨》《仁政殿乐器造成厅仪轨》，

> 《韩国音乐学资料丛书》是由韩国国立国乐院编辑的一套丛书。

图 8-9 朝鲜乡乐图

表明朝鲜王朝吸收新音乐的主要方式,是赋予俗乐以种种规范。其中还有近十种乐舞谱和近百种琴谱,例如《世宗庄宪大王实录乐谱》《世祖惠庄大王实录乐谱》《琴合字谱》《琴谱新证假令》等,反映了朝鲜朝所拥有的丰富的音乐素材以及多样的记录手段。世宗曾经说过:"我国之人,则生而闻乡乐,殁而奏雅乐,何如?"又说:"我朝之乐虽未尽善,必无愧于中原。中原之乐亦岂得其正乎?"这些话,显然是面对旧雅乐逐渐衰亡、新俗乐日益兴盛的局面说出来的。它可以使我们建立这样一个理解:朝鲜时代的音乐理论典籍,事实上是作为一种补充——补充有音响的音乐的缺失而编写的。它们说明,在朝鲜人的礼乐理想和音乐资源之间,有一个明显的差距。雅乐的本土化和俗乐的礼仪化,是弥补差距,建设朝鲜宫廷音乐的主要方针。

> 朝鲜时代的音乐理论典籍事实上是为补充有音响的音乐的缺失而编写的。

(四)从音乐记录看朝鲜音乐的特点

根据以上文献,我们可以把朝鲜宫廷音乐的结构理解为雅乐、唐乐、乡乐之三分。这就是说,朝鲜宫廷音乐继承了前代音乐的结构。其中的雅乐也就是祭祀音乐。朝鲜时代雅乐建设的主要内容有两方面:一方面是依据古礼考订乐律,制造乐器；另一方面是制作乐曲，撰写乐章。这也就是朝鲜时代乐书的主要内容。前者的代表是正祖十五年（1791）为恢复古乐而编写的《乐通》。这部书包含乐律、乐调、乐器、乐谱、乐悬、乐舞等6篇，参考康熙五十二年（1713）《律吕正义》的新法律数注写了乐器法式。后者的代表是肃宗二十二年（1696）掌乐院正李世弼所编写的《乐院故事》。这部书主体上是关于《保太平》《熙文》《基命》《归仁》《亨嘉》《辑宁》《隆化》《显美》《龙志》《贞明》《大犹》等乐章的记录。这种编制乐章的倾向是特别值得注意的。因为为建设雅乐而采用乡乐，所采用的主要就是声乐或者说乐章之乐。正是这一情况造就了朝鲜歌乐理论著作的繁荣。比如编写于高宗十三年（1876）的时调集《歌曲源流》，今有异本14种，其内容包含"曲调""歌之风度形容""梅花点长短""长鼓长短点数排布""曲调别""时调数""连音标之关系""所传男唱女唱的歌曲曲数"等项目，可以说是朝鲜歌乐理论的代表作。另外，朝鲜乐书一般都有对乐章的记录和论述，朝鲜乐谱一般都有肉谱（歌唱之谱）部分，这也反映了雅乐建设的一个倾向，即重视声乐的倾向。实际上，中国的雅乐建设也有这一倾向，只是人们喜欢谈论乐器制作，而忽视了雅乐建设中的乐章创作，忽视了郑樵在《通志·乐略·乐府总序》中表达的一个传统观念："乐以诗为本，诗以声为用，八音六律为之羽翼耳。"

朝鲜宫廷音乐的第二个部类是唐乐。据研究，高丽唐乐的直接来源是宋代的教坊乐，具体来说是联系于节庆风俗活

> 朝鲜时代雅乐建设的主要内容有二：一是依据古礼考订乐律，制造乐器；二是制作乐曲，撰写乐章。这也就是朝鲜乐书的主要内容。

> "乐以诗为本，诗以声为用，八音六律为之羽翼。"

> 朝鲜音乐中的雅乐、唐乐、乡乐三分，反映了唐乐的稳定地位和重要作用。

动的宋代教坊俗乐。进入朝鲜时代以后，宫廷音乐仍然是雅乐、唐乐、乡乐三分，这反映了唐乐的稳定地位和重要作用。关于这种稳定性，可以用《呈才舞图笏记》作为证明。《呈才舞图笏记》是一部编写于高宗三十年（1893）的著作，所反映的是朝鲜后期的音乐状况。在它所记载的38支舞蹈当中，有《献仙桃》《寿延长》《抛球乐》《五羊仙》《莲花台》等5支高丽唐乐的队舞。这些乐舞仍然葆有唐乐风格。比如这部书对《寿延长》一曲的记录，不仅详细记述了它用拍、用竹竿子之法，奏《步虚子令》、奏《中腔》之法，而且记录了它的唱词和舞队。这些记录都是和《高丽史·乐志》的记载相符合的。由此可见，唐乐在传入朝鲜半岛以后，至少断断续续地存在了780年时间（实际上有相当部分一直保存到今天）。它不仅充实了雅乐，而且刺激了俗乐的发展。所谓"乡唐乐"，便说明乡乐同唐乐的融合，是其礼仪化、艺术化的重要途径。

> 朝鲜乐谱有律字谱、工尺谱、五音略谱、肉谱、合字谱、连音标、井间谱等类别。律字谱和工尺谱来自中国。

乡乐兴盛的局面，在现存数十种玄琴、伽倻琴等乡乐器谱中得到了反映。从记谱法的角度看，朝鲜乐谱有七个品种，即律字谱、工尺谱、五音略谱、肉谱、合字谱、连音标、井间谱。律字谱和工尺谱都是来自中国的，前者以十二律名为表音符号，主要用于雅乐乐谱；后者以"合""四""一""上""勾""尺""工""凡"等字为表音符号，主要用于"唐乐"乐谱。五音略谱和井间谱则是在世宗朝创制的，前者曾经用于《大乐后谱》，以"下五""下四""下三""下二""下一""宫""上一""上二""上三""上四"等符号来表音；

后者见于《时用乡乐谱》，又称"六大纲十六井间谱"，每纲四竖行，第一行为五音略谱，第二行记杖鼓法，第三行记拍法，第四行为歌词肉谱。肉谱也就是人声之谱。它的特点是用汉文借音字或相应的谚文来表音。它出现在朝鲜朝以前，曾经同合字谱、井间谱一起用于朝鲜朝的各种器乐谱。连音标也就是表示歌声抑扬的符号，中国古代称之为"声曲折"，大约从日本传入朝鲜，用于

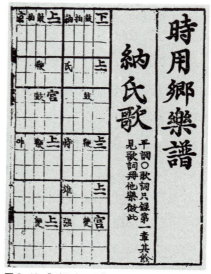

图8-10 《时用乡乐谱》一页

各种歌曲谱。合字谱类似于中国的古琴文字谱，《琴合字谱》所载《琴谱合字解》云："右边上书弦名，下书卦次，左边书用指法，左右外面书用匙法，合四法为一字，故谓之合字。"在实践中，合字谱往往与井间谱同用，亦即书写于井间。显而易见，各种琴谱在朝鲜朝的流行，反映了俗乐的盛行。

值得注意的是，朝鲜音乐的每一个类别——无论是雅乐、唐乐抑或是俗乐，都在发展过程中接受了中国音乐的持续影响。比如在朝鲜琴谱中可以看到一种特殊的雅、俗二分的情况，也就是以中国的七弦琴为"琴雅部"，以本土的玄琴为"玄琴乡部"。《梁琴新谱》《琴谱古》《东大琴谱》都如此。由此可见，朝鲜乡乐的乐器及其理论，是以中国器乐为楷模的。另外有一篇文章

特殊的雅、俗二分：以中国的七弦琴为"琴雅部"，以本土的玄琴为"玄琴乡部"。

也很能说明问题。这就是写于1885年的《七弦琴谱叙》。它记载了一次民间的中朝音乐交流，说是为了解决"东琴之不合古式"的问题，朝鲜人在1880年冬"购七弦于燕京"，然后做比较研究，"先得调弦之法，次以我国调音解之"——可见朝鲜人是参考中国的七弦琴和琴谱来校正玄琴（这里称"东琴"）、建立玄琴理论的。这个故事说明：朝鲜音乐及其理论，可以看作中国音乐及其理论同朝鲜本土文化相融合的产物。朝鲜半岛的古代音乐，既是朝鲜半岛人民的创造，也可以看作中国音乐的再生形式。

第九讲　域外汉文献中的音乐史料：日本

一、引言

2007年春夏之交，我在韩国的考察进入尾声。这时，我越来越频繁地想起一个问题，即我所研究的高丽唐乐，是不是也流传到日本去了呢？我在网上查看了很多资料，感到有责任来解决这个问题，因为上次演讲说过：既然我们研究的是萝卜，那么就不能只满足于知道根茎。事实上，早在1984年，当我撰写博士学位论文《隋唐五代燕乐杂言歌辞研究》的时候，我就产生过类似的想法。那时我在上海图书馆访书，正巧看到几种新上架的日本古书——编入《日本古典全集》的《教训抄》《续教训抄》《体源抄》《乐家录》《歌舞品目》，兴冲冲地抄了好多天，因为这些书里有很多关于唐乐的材料。这些材料后来果然大大地改进我的唐代大曲研究和酒令曲研究。当时站在梨花女子大学图书馆的高楼上，我想到这些经验，对日本的音乐资料便很向往了。

> 既然我们研究的是萝卜，那么就不能只满足于知道根茎。

幸运的是，回国以后，经南开大学卢盛江教授介绍，我很快就同日本住友财团建立了联系，得到一份小额资助。

图 9-1　神保町古书街

资助的名目正是研究"大陆音乐在日本的流传",接待教授则是庆应义塾大学的村越贵代美教授。于是,从 2008 年 6 月到 2009 年 6 月,我在庆应义塾大学居住了一年。

这一年的生活过得很简单也很紧凑:我每周有三天时间在庆应义塾大学看书,主要是看各种史籍,包括各种古代日记;三天在上野学园大学日本音乐史研究所以及东洋文库、日本国立国会图书馆看书,主要是看各种手抄本;然后用一天时间逛书店,主要是逛神保町古书街。庆应义塾大学是亚洲最早的现代大学,图书收藏很丰富。上野学园大学日本音乐史研究所是由一位优秀的音乐史家——福岛和夫——创办的,他用 45 年时间收集了大批日本音乐文献和文物。而神保町古书街则有 160 多家旧书店,每周都会有图书更新。这样一来,我就在东京、在搜集资料方面花去了全部时间,基本上没有交际和应酬。

下面,我想谈谈我所了解的日本音乐和日本音乐文献的情况。

二、日本的早期音乐及其记录

《古事记》和《日本书纪》所记录的日本古歌。

日本最早的典籍是成书于 712 年的《古事记》和成书于 720 年的《日本书纪》。根据这两部书的记载,早在神话时代,日本列岛人就喜欢随语言的抑扬而作即兴歌唱。这些歌唱往往相互应答,采用复沓方式,以五音节和七音节的搭配为基本句式。其歌曲有"来目歌""酒乐之歌""读歌""天语歌""击口鼓为伎而歌""咏之歌"等类别,其歌唱的地点则被称作"歌垣"。由于使用了琴、笛、铃、鼓等乐器伴奏,所以还出现了被称作"夷振"的艺术歌唱——之所以说"艺术歌唱",是因为它有伴奏,不同于徒歌。类似的记录,也见于稍晚产生的文化地理书《风土记》和诗歌总集《万叶集》。根据《风土记》的记载,日本早期歌谣主要是风俗歌的形态,主要用于祭神和男女欢会。它们一般由"神衹"来歌唱,是祭神仪式上的表演。它们往往同舞蹈相配合,是集体的歌唱,类似于后世的踏歌。在欢会之时,也常常采用男女对唱的方式。

现存最早的一份日本音乐文献是《琴歌谱》。它是一份长436.9厘米、高28.5厘米的写卷,原来保存在京都帝国大学图书馆,属于近卫家捐赠的古典籍。它在1924年被发现,1978年编入阳明丛书《古乐古歌谣集》。研究者认为,这篇歌谱记录的是雅乐寮的大歌,成书时间大约在平安初期弘仁年间(810—824),然后在公元981年经一位名叫多安树的大歌师书写,由某个和

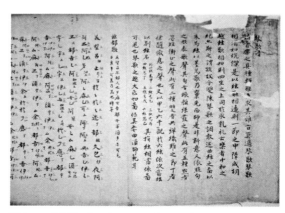

图9-2 现存最早的日本音乐文献《琴歌谱》

图 9-3 日本古坟时代的弹琴人俑

琴歌师家族保存下来。它不仅在序文中论述了歌与琴的关联,用它所记的事项印证了《古事记》《日本书纪》中歌谣的歌唱状况,而且采用多种符号,具体记录了 22 首以"歌"和"振"为名的歌曲,以及它们同正月元日节、七日节、十六日节、十一月节等年中行事的关联。这些节日,后来变成了日本的元日节、白马节、踏歌节、大尝祭——日本最大的一些节日。

以上记录尚没有明确的年代标记。这种情况到公元 4 世纪以后的记录中才有所改变。古坟时代(约 300—600),日本逐步实现了国家统一,建立了同朝鲜半岛的往来和同中国的联系。随着大陆文化传入,也出现了关于音乐流传的纪年记录。其中较早的一件记录见于《日本书纪》,记载 453 年(一说 462 年)的事情,说新罗王听说日本天皇去世,于是"贡上调船八十艘及种种乐人八十","张种种乐器",载歌载舞"参会于殡宫"。而在稍后十年,记录中出现了吴国琴手"贵信"的身影。到公元 7 世纪末和 8 世纪初,唐乐和三韩乐就正式在日本宫廷中演出了。

> 随着大陆文化传入,日本出现了关于音乐流传的纪年记录。其中最早的一件是记载公元 453 年的事情。

关于唐乐输入的记录,多见于日本奈良、平安时代的史籍。奈良时代的标志是定都于奈良(平城京,710—794),平安时代的标志则是定都于京都(平安京,794—1192)。在日本文化史上,这是两个黄金时期。这时产生了多种多样的著述,这些著述用多种多样的方式记录了当时的音乐文化。

除《日本书纪》等书以外，比较重要的是以下典籍：

（1）编年国史 7 部：《续日本纪》（797）、《日本后纪》（840）、《续日本后纪》（869）、《日本文德天皇实录》（879）、《类聚国史》（892）、《日本三代实录》（901）、《日本纪略》（平安末期）。

（2）制度史 4 部：《内里式》（821）、《令集解》（877）、《延喜式》（927）、《类聚三代格》（1089）。

（3）私人记录 6 种：《唐大和上东征传》（779）、《入唐求法巡礼行记》（847）、《参天台五台山记》（1073）、《渡宋记》（1083）、《东大寺要录》（1106）、《江家次第》（1111）。

（4）日记 11 种：《小右记》（982—?）、《权记》（991—?）、《御堂殿记》（1005）、《左经记》（1009—?）、《御堂关白记》（998—?）、《春记》（1026—?）、《为房卿记》（1071—?）、《后二条关白记》（1091）、《中右记》（1025）、《永昌记》（1105）、《台记》（1142）。

（5）文学作品 4 种：《古今和歌集》（905）、《源氏物语》（1001—1008）、《和汉朗咏集》（1018）、《本朝文粹》（1030）。

（6）目录书 1 种：《日本国见在书目录》（897）。

据这些典籍记载，奈良时代是盛唐文化和印度、伊朗文化大举输入的时代，佛教发展，宗教美术空前繁荣；日本音乐也形成了以唐乐为中心的系统。在这个系统中，除日本本土的宫廷传统音乐神乐歌、大和歌、久米歌、东游以外，有雅乐，即来自中国内地的燕飨仪式乐；有散乐，即和杂技相联系的音乐；有踏歌，即在正月十四日或十六日节会上举行的集体歌舞；有佛

> 奈良、平安时代记录音乐文化的史籍。

> 奈良时代从中国输入的音乐：雅乐、散乐、踏歌、佛教音乐。

> 日本古代音乐的特点：外来音乐多为器乐和舞乐，传统音乐则在声乐领域持续地产生影响。

教音乐，即佛经唱诵和在仪式上演奏的法乐；这几种音乐来自中国。另外有来自朝鲜半岛的百济乐、新罗乐、高句丽乐，来自济州岛的度罗乐，来自东南亚海岸的林邑乐，来自东北亚大陆的渤海乐。从公元701年起，宫廷设立雅乐寮来表演这些音乐节目。奈良东大寺有个著名的宝库"正仓院"，启用于公元756年。其中所藏遗物也反映了当时音乐的盛况和日本古代音乐的特点：外来音乐多为器乐和舞乐，传统音乐则在声乐领域持续地产生影响。

不过，平安时代发生了一件大事，中断了唐乐东传的潮流。这就是在894年日本停派遣唐使。这个事件发生之后，日本文化转入一个新时期，也就是消化已经传入的大陆文化而建立本土新传统的时期。它在音乐上主要有两个表现：第一是大陆音乐接受整理，形成制度；第二是发展了一系列音乐品种。关于大陆音乐如何接受整理，形成怎样的制度，我们以后再说，现在简单介绍一下日本中古时代的音乐品种，即以下品种：

（1）神乐歌、大和歌、久米歌、东游：这批音乐属于本土仪式乐，也就是雅乐中的"国风歌舞"。神乐歌用于新尝祭、镇魂祭，也就是用于宫

图9-4　正仓院五弦琵琶上镶嵌的胡人奏乐图

第九讲　域外汉文献中的音乐史料：日本　｜　275

廷祭祀活动中的"御神乐之仪",所配舞蹈称"人长舞"。大和歌、久米舞是在新天皇即位仪式(大尝祭)上演奏的乐舞,大和歌为组曲,久米舞为手持兵器的武舞。东游原来是日本东部地区的神事歌舞,包括《骏河舞》《求子舞》和咒术舞,常常用于春秋两季的皇灵祭。在神乐歌、大和歌、久米歌、东游中,往往穿插汉诗吟诵,这也就是下面将要说到的朗咏。

(2)催马乐:这是一个与平安时代相终始的声乐品种,产生在平安初期,盛行于《源氏物语》(1001—1008年成书)创作的时期,现在保存了61首作品。从"催马乐"的名称看,这些作品原来是进献贡物的马夫之歌;从曲目看,这些作品是都市的流行歌曲,大多是恋歌、新年贺歌;从历史记录看,这些作品主要用于贵族的游宴和祝宴;从它所使用的乐器——龙笛、筚篥、笙、筝、琵琶、笏拍子等看,这些作品具有唐乐风格。它采用领唱、齐唱相衔接的方式表演:领唱者独唱,节奏自由,无伴奏;齐唱时则有合奏。在歌唱中也穿插了汉诗吟诵。

> 催马乐的中国元素:使用龙笛、筚篥、笙、筝、琵琶、笏拍子等唐乐风格的乐器,采用领唱、齐唱相衔接的方式表演,歌唱中间有汉诗吟诵。

(3)朗咏:咏唱汉语以及和语诗文,其文学果实是前面提到的《和汉朗咏集》《新撰朗咏集》等一批作品。它的形式接近催马乐:主体上是歌曲,但也使用乐器伴奏,有相近的装饰性音型。不过它在旋律上比催马乐更富声乐性,伴奏音乐只采用左方乐(也就是唐乐)的管乐器(龙笛、筚篥、笙)各一件,往往由三个人分别歌唱第一、第二、第三句。因此,它具有明显的文化融合的特征:一方面以汉语为歌词,另一方面却采用了富

> 朗咏也就是咏唱汉语以及和语诗文。

于本土特色的社交歌唱方式。

（4）披讲：也叫"歌披讲"，就是朗咏和歌不用乐器伴奏。披讲的流行年代晚于催马乐和朗咏。它往往用于仪式活动场合，所以有"读师"（指导者）、"讲师"（朗读者）、"发声"（独唱初句）、"讲颂"（齐唱次句以下）的分工。在君臣聚会场合，它讲究按身份高低以自下而上的顺序表演，并按照一定规则把不同的旋律搭配起来演唱。

（5）今样：平安时代的流行歌曲。它往往用鼓、铜钹子伴奏，由"游女""巫女""白拍子"和瞽者等艺人演唱，内容包括填入新词的雅乐曲和世俗化的佛教歌赞。它的歌词大多是七五调四句，12世纪末期在贵族社会流行。

（6）田乐：平安时代流行的民众艺能，也就是插秧时候祈求丰收的祭神仪式歌舞，用太鼓（田鼓）伴奏。它的主持者称"田乐法师"。后来，都市民众模仿田乐，在笛、鼓、三弦的伴奏下，穿上华丽服装进行队列歌舞。这种歌舞叫作"风流"或"风流田乐"。

三、中古大陆音乐的输入及其典籍遗存

刚才说到，在平安时代中期，大陆音乐接受整理，形成了制度。这件事意义很大，因为它造就了作为日本上流社会音乐的雅乐，同时也造就了一大批音乐学文献。因此，应该对这件事专门介绍。

> 大陆音乐向日本的输入，最初是通过连接朝鲜半岛和日本列岛的海路实现的。

大陆音乐向日本的输入，最初是通过连接朝鲜半岛和日本列岛的海路实现的。在日本各地发现的弥生时代（约前300—300）的陶埙和铜铎证明，早

在两千多年前，中国乐器就经由朝鲜半岛传到了日本。

> 最重要的事件是日本数十次派出遣隋使和遣唐使。

日本和大陆的音乐文化交流是在隋唐之际形成规模的。《隋书·音乐志》记隋初建七部伎，说其中"杂有"百济、新罗、倭国等伎。《玉海》卷一○八引唐《实录》，说唐宣宗大中七年（853）日本国王子来献"宝器及乐"。这说明日本和新罗、百济一样，在公元9世纪就有了独具风格的乐队，并且影响了隋唐音乐。不过更多的历史记录却是关于大陆音乐东传的记录。除掉《日本书纪》所记录的453年、554年进入日本的新罗乐队、百济乐队以外，最重要的事件是日本数十次派出遣隋使和遣唐使。比如，从717—752年，吉备真备三次跟着遣唐使到达中国；777年和804年，僧侣永忠、最澄和空海分别跟着第十次、十二次遣唐使到达中国；838年，藤原贞敏、圆仁、大户清上、良岑长松、良枝清上、尾张滨主跟着第十三次遣唐使到达中国。这些人物——吉备真备、永忠、最澄、空海、藤原贞敏、圆仁、大户清上、良岑长松、良枝清上、尾张滨主等音乐学家，可以

图9-5 日本和歌山所藏《阿弥陀圣众来迎图》局部（图上乐器结构和日本小乐队相近）

> 据《倭名类聚抄》所记，在 937 年之前，日本已经拥有唐乐曲 132 曲、高丽乐曲 30 曲。

说是日本文化的英雄。他们和每次遣唐使团中的"音声长""音声生"一起，从唐朝带回了大批音乐歌舞。从《续日本纪》等书的记录看，先行传入的是大型仪式乐舞，其次是佛教音乐，然后是各种器乐曲。据《倭名类聚抄》记载，在 937 年之前，日本已经拥有唐乐曲 132 曲、高丽乐曲 30 曲。

种种迹象表明，日本输入大陆音乐的首要目的是建设宫廷礼仪音乐。日本所谓"雅乐"，主体上就是大陆音乐。因此，701 年日本仿照唐朝的音乐管理制度成立了雅乐寮。雅乐寮的早期定制是：在 400 多人的雅乐师中，有高丽、百济、新罗乐师各 4 人，高丽、百济、新罗乐生各 20 人；而唐乐师、乐生则是其总和，分别为 12 人、60 人。平安时代，桓武天皇（781—806 年在位）迁都京都以后，雅乐寮的乐师、乐生分别归入左方、右方。左方是唐乐系统，包括天竺乐、林邑乐；右方是高丽乐系统，包括渤海乐。在雅乐寮之外，8 世纪后期还设立了内教坊、鼓吹司等机构。内教坊教习女乐和踏歌；鼓吹司脱胎于雅乐寮中的"吹部"，专掌仪仗音乐。这两个机构也是仿照唐朝制度建立起来的。

> 在雅乐寮中，左方是唐乐系统，包括天竺乐、林邑乐；右方是高丽乐系统。

在雅乐寮里，和乐、唐乐、高丽乐等是彼此共处的。在节庆典礼上，诸国之乐也和五节田舞、久米舞等本土乐舞同台演出。这样就造成了大陆音乐和日本音乐的相互渗透，也推动了平安朝的宫廷乐改制。改制后的日本音乐采用了一套特殊的分类术语，例如把单纯器乐称作"管弦"，把伴奏器乐称作"舞乐"。"管弦"综合使用"吹物""弹物""打

物","舞乐"则只使用"吹物"和"打物"。日本音乐也形成了富有特色的小乐队制度,各乐队结构大致如下(见表9-1):

表9-1 日本乐队结构表

乐队	笙	筚篥	龙笛	琵琶	筝	羯鼓	太鼓	钲鼓	笏拍子
管弦	○	○	○	○	○	○	○	○	
左方乐	○	○	○			○	○	○	
右方乐		○	高丽笛			三之鼓	○	○	
催马乐	○	○	○	○	○				○
朗咏	○	○	○						
神乐歌		○	神乐笛	和琴					○

表9-1表明:"吹物"是各种乐队中最重要的组成部分;左方乐队和右方乐队的主要区别是笛和鼓的区别。另外,日本音乐家还创制、改制了《柳花苑》《承和乐》《胡饮酒》《壹弄乐》等一批新雅乐曲。同表9-1相参照,可以判断,这些制度是在大陆音乐的影响下形成的。

经过上述改制,日本雅乐走出了宫廷。从10世纪起,它不仅出现在宫廷宴享场合,而且盛行于贵族社交活动,用于曲水宴、樱花宴、菊花宴等节庆聚会以及各种寺院法会。很多笔记和日记书记载了这种情况。从1467年到1477年,日本遍及全国的战乱中断了雅乐传统,后来重建起来的是日本化的雅乐。尽管如此,大陆音乐的输入却从根本上改变了日本音乐的面貌。它的影响在礼制、乐器、舞蹈、歌唱、记录手段、曲式和乐调等六方面都有明显的表现。

> 从公元1467年到1477年,日本的雅乐传统因战乱而中断。

（1）礼制：和中国雅乐一样，日本雅乐是一种组织化和制度化的音乐。它不仅意味着一批旋律、一套音乐技术，而且意味着一个思想体系、一套礼仪制度。因此，《日本书纪》关于皇极天皇元年（642）"苏我大臣虾夷立己祖庙于葛城高宫而为八佾之舞"的记载，以及持统天皇七年（693）正月以来"汉人等奏踏歌""唐人奏踏歌"（"踏歌"写为"蹈歌"）的记载，反映了日本雅乐的滥觞。这些记载同时说明，日本雅乐是在中国礼乐思想的指导下建设起来的。838年，尾张滨主担任遣唐使，回国后著有《五重记》一书。他在序文中说："爱其曲之滥漫者，恶其声之清正。既弊鉴宠，当生靡慢。鉴宠，雅正兴复之声；靡慢，郑邪衰微之音……郑之夺雅，须禁，以不冒矣。"这段话说明，在进行雅乐建设的同时，日本人也接受了中国礼乐思想的影响。

> 日本的乐舞是在"伎乐"或"吴乐"的名义下发展起来的。

（2）舞蹈：612年，有一批中国南朝的假面舞经由百济传到日本，被称为"吴伎乐"。日本的乐舞于是在"伎乐"或"吴乐"的名义下发展起来。据《教训抄》记载，这种伎乐有《狮子舞》《吴公》《金刚》《婆罗门》等十来个曲目。舞蹈用笛、钲盘和十面腰鼓伴奏，使用假面，其面具和服装保存在正仓院里，有130件。后来的猿乐、狮子舞和狂言都接受了这种伎乐的影响。其中猿乐是一种问答形式的滑稽戏，类似于唐代参军戏；狂言也是喜剧型的科白剧，但内容更丰富，常常穿插在能乐剧目之间表演。这些音乐曲艺品种的文化渊源可以通过中国而追溯到西域。

（3）歌唱：大陆音乐刚刚传到日本的时候，凡是歌曲都有歌词。但随着时间推移，歌词渐渐丢失，歌曲便变成了纯器乐曲。但是有一种音乐却比较顽强地保持了歌唱性，这就是佛教音乐，在日本被称作"声明"。《日本书纪》643年"十一月"、648年"二月"、681年"九月"、682年"七月"、686年"四月"和"九月"等篇章，对日本的佛教音乐做了最早的记录。而根据《续日本纪》《东大寺要录》，720年天皇曾下令"依汉沙门道荣、学问僧胜晓等转经唱礼"；在752年东大寺大佛开眼仪式中，诵经唱礼的队伍包括梵音师200人、维那1人、锡杖师200人、呗师10人、散华师10人，也就是说，采用了梵音、锡杖、呗、散华等四种声明曲。圆仁、空海等高僧从唐朝回国后，建立了天台、真言两大声明流派。他们的唱诵法用于礼拜、供养、劝请等种种佛教仪式，既有朗诵性的声明，又有咏唱性的声明。在咏唱性声明中，有"序曲"，采用非节拍性节奏；有"定曲"，采用节拍性节奏；有"破曲""俱曲"，也就是以序曲节奏和定曲节奏做不同形式的结合。而旋律较长、速度较缓慢的咏唱则被称作"引声"或"长音"，旋律较短、速度较快的咏唱称作"短声"或"切音"。声明的各种艺术样式（俗讲、论义、礼赞等）都随佛教的普及而影响到后世的各种声乐艺术，其中接受声明影响较大的品种有"平曲"，也就是说唱《平家物语》故事的盲僧琵琶曲；有"谣曲"，也就是类似于元明散曲的能剧歌唱；有"早歌"，也就是较富抒情性、写景性的佛教歌唱；有"净琉璃"，也就是在三弦伴奏下说唱《净琉璃姬物语》。"平曲""谣曲""早歌""净琉璃"，是镰仓时代以后（1185年以后）日本说唱音乐的主

> 752年东大寺大佛开眼仪式采用了梵音、锡杖、呗、散华等四种声明曲。

要品种。

(4) 乐器：在大陆音乐传入之前，日本只有琴、笛、鼓、铃、铎等简单的乐器。大陆音乐传入之后，情况大大改变了；就正仓院所传乐器和《西大寺资财流记帐》所记乐器统计，已经达到 29 种、174 件的规模。其中实际应用的乐器，在平安时代雅乐改制之后，左方乐有三管（笙、筚篥、龙笛）、两弦（琵琶、筝）、三鼓（羯鼓、太鼓、钲鼓）等乐器。这些乐器也曾用于高丽乐和日本传统歌舞的伴奏。后来兴盛一时的器乐艺术，比如盲僧琵琶、萨摩琵琶、筑前琵琶、普化尺八、外曲尺八和种种筝曲艺术，都是以大陆系乐器为存在条件的。

日本的早期乐谱。

(5) 乐谱：大陆音乐传入以后，日本开始有记录音响的手段，形成两类乐谱：一是器乐谱，二是声明谱。其中器乐谱采用汉字或简化汉字来记录管乐器的孔名和弦乐器的指位，属于文字谱；“工尺谱”虽然常用于表示音高或唱名，但它同日本假名一样，也以汉字符号为构造元素。在这类器乐谱中，今存最早的一件是琴谱《碣石调·幽兰》，是初唐抄本；在奈良、平安时代广为流行的是琵琶谱，有《天平琵琶谱》(747)、《五弦谱》(8—9 世纪)、《琵琶诸调子品》(838)、《南宫琵琶谱》(921)、

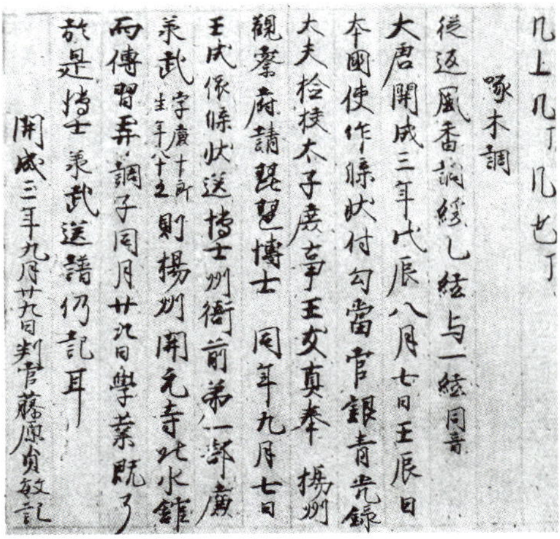
几上几丁几乜丁
啄木調
從返風香調緩乙絃与一絃同音
大唐開成三年戊辰八月七日壬辰日
本國使作牒状付勾當官銀青光祿
大夫檢校太子詹事王友真奉 揚州
觀察府請琵琶博士 同年九月七日
壬戌依牒状送博士州衙前第一部廉
承武 字廉十郎 生年八十五 則揚州開元寺北水館
而傳習弄調子同月廿九日學業既了
於是博士承武送譜仍記耳
開成三年九月廿九日判官藤原貞敏記

图 9-6　藤原贞敏《琵琶诸调子品》尾部

《源经信笔琵琶谱》(1097年前)、《三五要录》(1192年前)。笛谱和筝谱则往往以书籍形式存世,笛谱有《博雅笛谱》《基政笛谱》,分别由源博雅(918—980)、大神基政(1057—1138)编纂;筝谱有《仁智要录》《类筝治要》,大约编成于13世纪。另外笙谱有《古谱吕律卷》(1201),筚篥谱有兴福寺宝物馆所藏之谱。这些乐谱,无论是从所记内容(乐曲)看,还是从它们的符号形式(谱字)看,都可以说是唐传之谱。另一种乐谱是俗称"博士"的声明谱,用旋律线来表示声音动态,在局部情况下加用音高符号。这种类似于《汉书·艺文志》所说"声曲折"的乐谱,也是来源于中国的。以上两类乐谱,在日本今有成千上万件遗存。

(6)曲式和乐调:唐乐传到日本以后,带来了大曲、中曲、小曲的分类概念,也带来了乐调理论。小曲被视为大曲的一个段落,中曲被视为小型大曲,大曲一般被分为"序""破""急"三个乐章——序是速度从容、节拍自由的演奏,破是节拍较固定的反复歌唱,急则是轻快的旋律。关于这些曲式,在日本文献中有非常多的记录。日本所制新雅乐曲,都遵从了这种规定。甚至田乐能、狂言、谣曲中的曲目,也在基本结构上采用了序、破、急的体制。而壹越调、平调、双调、黄钟调、盘涉调、太食调等六调子理论,则在各种器乐表演场合得到了应用。

> 日本的大曲、中曲、小曲及六调子理论。

以上音乐实践,孕育了大批音乐典籍。这意味着,我们可以从文献角度来观察中古时代大陆音乐的输入。我打算提出一份乐书书目来说明这项观察的结果。书目中有若干细节请大家注意:第一,日本雅乐诸品种都接受了大陆音乐影响，所以凡重要的雅乐文献，都列入这份书目。第二，所谓"乐书"，不包括乐谱和佛教声明文献，因为这两种文献数量太多，不胜枚举。第三，所著录的乐书迄于19世纪中叶，即日本历史上的封建末期，也就是幕府锁国政治结束之时。请参看本书附录四《日本、韩国古代音乐文献目录》。

《日本、韩国古代音乐文献目录》列举了日本古代乐书62种。它们反映了日本古乐书在内容与形式上的许多特点。首先一个特点是：它们是附于一种特殊的"雅乐"而存在的。这种雅乐有别于中国和朝鲜半岛的雅乐，以人为中心而不是以神为中心，没有严密的等级制度，不具备金、石等重型乐器，仪制和乐队都比较简单。因此，在日本的古乐书中，乐律学和礼学都很贫弱，可以说是比重较小的类别。其次一个特点是：在日本，雅乐是作为一种特殊技艺而在专门的乐人家族中传承的。这样一来，雅乐技术就具有"秘传"之宝的身份：一方面，它流传不广，它的乐书都以手抄本的方式辗转传写；另一方面，日本乐人重视传承谱系，在日本乐书中，关于传承谱系的文献成为一个比重较大的类别，例如《乐道相承系图》等关于传承谱系的书，至少有12种。再次一个特点是：这些乐书往往称为"抄"，称为"口传"，称为"录"，实际上是一批音乐口述史的资料。这说明日本乐人是为传承而著述的。所以日本古乐书重在记录实践性的知识，以器乐演奏为主要内容。

<small>日本古乐书的特点：乐律学和礼学较贫弱；多以手抄方式辗转传写；重视传承谱系；往往称为"抄""口传"或"录"。</small>

以上特点在近现代的日本史籍中也有表现。比如近现代有一部《大日本史·礼乐志》，可以看作对日本古乐的总

结。它收载在 397 卷本的《大日本史》中，是这部大书的卷三四三到卷三四九。原书始编于明历三年（1657），完成于明治三十九年（1906）。其中《礼乐志》所含项目有：（1）音乐总叙；（2）神乐（镇魂祭歌、神宫歌）；（3）催马乐、东游、风俗；（4）乐舞；（5）乐曲；（6）乐器、舞器、乐服、舞面。显而易见，关于乐舞、乐曲和乐器的记录，在这部《礼乐志》中占有比较大的比重。

> 关于乐舞、乐曲和乐器的记录在《大日本史·礼乐志》中占有较大的比重。

这 62 种乐书，相当部分收载在《群书类从》和《续群书类从》当中。《群书类从》是一部大丛书，始编于天明六年（1786），刊印于文政二年（1819）。此书收录 1276 种古代典籍，编为 530 卷。音乐书主要收在"管弦部"12 卷当中；另外，在游戏部、补任部、公事部、文笔部，也有关于音乐文献的零星收录。《续群书类从》则是《群书类从》的续编，编印于文化十年（1813）到昭和五年（1930）之间。除"补遗"外，共 1000 卷，收录古籍 2128 种。管弦部在其中卷五二七至卷五三五，另外游戏部、神祇部、公事部、系谱部也收录了一些音乐文献书。这两部大书的分类方式和定名方式（称"管弦部"）表明：日本古乐书是以丝竹乐演奏为主要内容的。

除以上这些成规模的乐书之外，我在日本还阅读了以下几宗同大陆音乐相关的文献：

（1）日本古记录。除权中纳言鹫尾隆康（？—1533）的《二水记》以外，最重要的是山科家的几部日记。山科家世袭内藏头一职，掌管宫中的仪式服饰，他们的日记多与

> 日本古记录。

雅乐相关。其中有内藏头、正二位中纳言山科教言的《教言卿记》，始于应永十二年（1405），迄于应永十七年（1410）。有山科教言之子、内藏头山科教兴的《教兴卿记》，始于应永十七年（1410），迄于应永二十四年（1417）。有山科教兴之孙、内藏头山科言国的《言国卿记》，始于文明六年（1474），迄于文龟二年（1502）。有山科言国之孙、内藏头山科言继的《言继卿记》，始于大永七年（1527），迄于天正四年（1576）。有山科言继之子、内藏头山科言经的《言经卿记》，始于天正四年（1576），迄于庆长十三年（1608）。这些书都有排印本，编入《大日本古记录》《史料纂集》等丛书。

> 器乐谱 126 种。

（2）同"唐乐"相关的器乐谱 126 种，其中包括：

《天平琵琶谱》，即黄钟调『番仮崇』的琵琶谱，写于 747 年。

《琵琶诸调子品》，838 年唐廉承武传授给藤原贞敏之谱，含 27 调。

《五弦谱》，即石大娘琵琶谱，写于 842 年，为正仓院藏品。

《南宫琵琶谱》，南宫贞保亲王编写于 921 年。

《三五要录》12 卷，日本最重要的琵琶谱集，藤原师长（1138—1192）编写。

《三五中录》12 卷，西流琵琶谱集成，藤原师长之子孝时（？—1266）编写。

《三五奥秘录》，琵琶谱集，崇光院（1348—1351 年在位）编成于应安四年（1371）。（以上琵琶谱）

《仁智要录》12 卷，筝谱集成，藤原师长编撰。与琵琶

图9-7 《窪家芦声抄》书卷（8卷本，大曲、高丽各1卷，六调共6卷）

谱集《三五要录》同称"妙音院师长二大乐谱集成"。

《类筝治要》18卷，筝谱集，编者不详，一说藤原公世编成于13世纪后半。（以上筝谱）

《古谱律吕卷》2卷，京都方笙乐家丰原氏的笙谱秘传，别称《凤笙律吕卷》等，丰原利秋编成于建仁元年（1201）。

《新撰笙笛谱》6卷，笙谱集成，赖胤编成于正安四年（1302）。

《中原芦声抄》，筚篥谱集成，上下两帖，中原茂政编，大约成书于历应四年（1341）。

《窪家芦声抄》10卷或8卷，南都狛流筚篥本家窪氏的筚篥谱集成，窪（狛）光逸编，成书于宽文十一年（1671）。（以上笙、筚篥谱）

《博雅笛谱》，横笛谱集成，残本，别称《长秋卿竹谱》等，源博雅编成于康保三年（966）。

《怀中谱》3卷，京方大神流的横笛谱集，除高丽曲外，共录唐乐曲32曲。大神惟季（1026—1094）编撰。

《基政笛谱》2册，龙笛、狛笛、神乐笛之谱集，别称《龙笛古谱》。上册为大神基政（1075—1138）所传唐乐谱；下册为高丽曲谱，由公光等人编成于嘉保二年（1095）前后。

《龙笛要录谱》7卷，京都方笛乐家大神家所传的笛谱集成，大神景光（1273—1354）编撰。

《伎乐曲》，西园寺实兼所传笛谱集，狛康重于永仁二年（1294）四月受传。本书是现存唯一的伎乐笛古谱集，所录曲目有《音取》《调子》《师子》《吴公》《金刚》《还城乐》《迦楼罗》《昆仑》《力士》《大孤》、《承和乐》（《醉胡》）等 11 曲。（以上横笛谱）

《明治撰定雅乐谱》72 册，小野雅乐会发行。前半为凤笙谱、筚篥谱、龙笛谱，1977 年刊；后半为舞乐所用大曲、延只拍子凤笙谱，舞乐所用高丽乐、高丽大曲、大曲、延只拍子筚篥谱和笛谱，1978 年刊。

以上乐谱大多抄写于江户时期，但有镰仓时期抄本 1 种、南北朝时期抄本 4 种、室町时期抄本 4 种。

（3）《春日乐书》22 种。这是一批乐书的共名，由奈良兴福寺春日大社传存。它是以狛近真—顺良房圣宣—春福丸真葛这一派系所传承的乐书为母体增补发展而成的。上野学园大学日本音乐史研究所保存了 12 册本《春日乐书》，内容有：

《高丽曲》，筝谱集，正应四年（1291）由琳舜抄写。

《轮台咏唱歌外乐记》，即《轮台·青海波》的咏唱，有仁治三年（1242）题记。其纸背抄写《罗陵王·荒序》舞谱。

《舞乐古记》，关于荒序的记录，即《荒序旧记》。

《舞乐手记》，《陵王荒序》的舞谱和相关记录，舞谱记在纸背。

《乐记》，建保五年（1217）狛光真进上之舞曲。纸背有打物谱，后部残。

在日本音乐史上，《春日乐书》是价值很高的一宗文献。

第九讲　域外汉文献中的音乐史料：日本

（4）乐人家传乐书乐谱共 1210 件。其中包括松浦清的文库乐岁堂旧藏乐书 431 件、稻叶与八的家藏乐书约 300 件、圆满院住持旧藏乐书 92 件、湟氏旧藏乐书约 330 件、永田听泉旧藏琴乐文献 57 件。这些藏书处所都是富于文化特色的。其中松浦清（1760—1841）是九州岛肥前平户的藩主，稻叶与八是世袭的热田神宫乐人，圆满院是滋贺县的天台宗寺院，湟氏是南方雅乐的笙篥世家，永田听泉（1872—1960）则是大阪的琴师。

（5）日本各大图书馆所藏乐家所传乐书乐谱约 2000 件。其中有日本古代神乐、郢曲名门绫小路家的旧藏乐书，有四天王寺乐人林家的旧藏乐书，有雅乐世家丰氏本家的乐书。我为绫小路家旧藏乐书编写了提要目录，计共 407 件。

> 日本各大图书馆所藏乐家所传乐书乐谱约 2000 件。

（6）佛教音乐谱本，包括《朗咏要抄》《朗咏谱》《四个法要》《声明集》等声乐谱，其数在 1000 件以上。

> 佛教音乐谱本在 1000 件以上。

按照日本文献学的看法，作为历史资料的古代汉文书写有三种存在方式：其一是古典籍，其二是古文书，其三是古记录。以上六宗文献，大抵属于古文书和古记录。它们的性质不同于作为古典籍的乐书，所以特地做以上介绍。

四、日本近世音乐和"明清乐"的资料

随着武士势力的上升，日本在 12 世纪后期进入镰仓幕府时代。武家（军方）和公家（朝廷公卿、贵族）的对立不断激化，以致有从 1467 年起长达十年的"应仁之乱"。这场

战火毁坏了宫廷雅乐,也使日本进入军阀割据的战国时代。到 1603 年,德川家族在江户(今东京)建立幕府政权,日本才重新统一,开始了江户时代。这一时期,葡萄牙人、西班牙人来到日本,传入了枪炮和基督教,同时也导致了 1633 年德川家光的锁国令。长崎被规定为唯一开放的对外港口,成为同大陆交流的重要窗口。随着产业的发达、商品经济的发展,农民自给自足经营体系的崩溃,庶民文化成为近世日本的特色,大陆音乐也再次成规模地传入日本。

> 庶民文化的兴起在音乐方面有三大表现:雅乐固定化;声明进入传承宗派化阶段;平曲、能乐和三味线音乐等新的音乐品种流行。

庶民文化的兴起在音乐方面有明显表现。一种表现是雅乐固定化,通过若干乐所和家族传承实现。其中最著名的雅乐世家有多氏、狛氏、秦氏等家族,最著名的乐所有战国至江户时期由奈良乐人、京都乐人、大阪乐人组成的"三方乐所"。庶民文化兴起的另一种表现是,声明进入传承宗派化阶段,例如在真言声明中产生南山进流、新义声明两派,在新义声明中又产生智山、丰山两派;在天台声明中则出现了时宗、日莲宗、净土宗、净土真宗等分支。还有一个重要表现是:许多新的音乐品种流传开来,其中影响最大的是平曲、能乐和三味线音乐。

平曲是一种琵琶乐,用于说唱《平家物语》的故事和词章,共有 200 个段子。它实际上是综合雅乐、声明、盲僧琵琶的音乐要素而形成的,所以在关于它的起源的传说中,有三个 13 世纪初期的人物,即雅乐名师藤原行长、比睿山僧人慈镇、盲僧生佛。它的音乐受声明影响,由旋律型的"引句"和朗读型的"语句"构成,引句旋律则多采用围绕核心音作纯四度进行的形式。它最盛于 14 世纪,同时影响了前后数百年的日本音乐史：在题材上影响了能乐，在演奏法上影响了筝曲，在唱法上影响了净琉璃。从另一方面看，它是盲僧音乐史的枢纽。

能乐是一种假面戏，旧称"猿乐"。它早期接受中国傩舞和傀儡戏的影响，杂糅了器乐、歌谣、舞蹈、模仿、杂技等表演技巧。到13世纪，它得到改制，成为以歌舞为主的小型音乐剧。从形式上看，它用笛、小鼓、大鼓、太鼓四种乐器伴奏，采用序、破、急的结构，主要部分是主角、配角的对答，而主角则分为

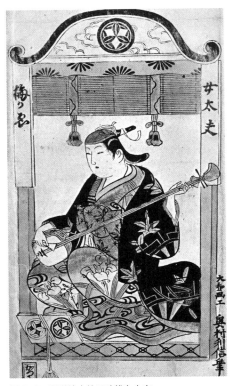

图9-8　浮世绘中的三味线女太夫

"神""男""女""狂""鬼"五种类型。从内容上看，它从日本古典文学作品中采撷素材，拥有被称作"谣曲"的文学剧本，而谣曲的文体兼用富于节奏的韵文和散文。在13世纪以后的数百年中，它成为上层阶级的喜好。1603年，江户幕府将能乐定为宫廷音乐。

三味线是日本乐器名，中国称"三弦"，琉球称"三线"。至晚在16世纪经琉球传入日本。它采用类似于琵琶的拨弹，张猫狗皮，琴体变大，由此而区别于中国的蛇皮三弦。根据流派，它可以分为以下几种：（1）长歌三味线，细杆，

象牙拨子,用于歌舞伎音乐;(2)义太夫三味线,粗杆,拨子大而厚,用于净琉璃;(3)津轻三味线,粗杆,用于津轻民谣;(4)地歌三味线,中杆,由于高音部分较多,琴杆、琴身连接部分和其他三味线不同。也就是说,三味线艺术是一系列音乐和曲艺品种的集合。其中"净琉璃"得名于《净琉璃姬物语》,指操纵人形、讲唱非现实故事的曲艺。其中"地歌"是三味线组歌,创立于1600年,歌词多为"七七七五"式。其中"歌舞伎"是有歌有舞的舞台表演艺术,也在1600年创立,其剧目可分四种:一为"义太夫狂言",即从净琉璃改编而来的歌舞表演;二为"时代物狂言",即借古喻今的历史剧;三为"世话物狂言",即描写庶民生活和爱情的故事剧;四为"所作事狂言",即道德内容的舞蹈剧。

除平曲、能乐、三味线音乐以外,近世日本也流行了多种琵琶艺术、尺八艺术和筝曲。不过,从东亚的角度看,这一时期最重要的现象是"明清乐"从中国的传入。"明清乐"狭义上指流传于日本的明清俗曲,以清乐为主体;广义上则兼包俗曲之外的乐章和词曲,分为"明乐"(词曲)、"清乐"(俗曲)两部分。"明乐"的代表是《魏氏乐谱》,其主要内容是为《诗经》和乐府、声诗谱曲的音乐作品,其曲目有《江陵乐》《寿阳乐》《杨白花》《甘露殿》《蝶恋花》《估客乐》《敦煌乐》《沐浴子》《圣寿》《喜迁莺》《关山月》《桃叶歌》《关雎》《清平调》《醉起言志》《行经华阴》《小重山》《昭夏乐》《江南弄》《玉胡蝶》《游子吟》《太玄观》《阳关曲》《杏花天》《采桑子》《思归乐》《宫中乐》《平蕃曲》《贺圣朝》《瑞鹤仙》《清平乐》《陇头吟》

> 关于"明清乐":"明乐"的主要内容是明代魏皓辑录的《魏氏乐谱》,"清乐"的主要内容是传入日本的明清民歌和俗曲。

《龙池篇》《天马》《月下独酌》《秋风辞》《万年欢》《白头吟》《洞仙歌》《千秋岁》《水龙吟》《凤凰台》《大圣乐》《青玉案》《大同殿》《玉台观》《长歌行》《风中柳》《庆春泽》《齐天乐》。"清乐"的主要内容是传入日本的明清民歌和俗曲,其刊本、抄本逾200种。明清俗曲在日本影响较大,所以日本学者常在狭义上使用"明清乐"一词。从现存谱本看,其遗存大部分是月琴曲或月琴伴奏的歌曲。不过,这些谱本使用工尺谱记写,许多谱本并附有琵琶、月琴、阮咸、携琴、木琴、胡琴、八云琴等乐器之图,说明它们曾用于多种乐器的演奏。

"明乐"是在崇祯年间(1628—1644)由明代音乐家魏之琰带到日本去的。1629年,魏之琰曾捐资修建长崎崇福寺;1666年,魏之琰定居长崎;明乐正是在这期间从长崎登陆的。1673年,明乐也被带到京都,在宫廷演奏。魏之琰去世后,其后代一直致力于明乐传承,其中贡献最大的是魏皓(字子明)。1768年,魏皓对家传明乐进行整理和编辑,刊行了《魏氏乐谱》。到1780年,魏皓弟子郁景周又编辑、刊行了《魏氏乐器图》。现存《魏氏乐谱》有两种:一是稿本六卷,录明乐240曲;二是刊本一卷,录50曲。刊本《魏氏乐谱》的序跋表明:魏氏家族所传明乐即是六卷本所载240曲,而通常用于教习、推广流传的则是一卷本所载

图9-9 《魏氏乐器图》中的魏皓像

明乐用闽地方言歌唱。

50 曲。从歌词旁所注日本假名看，这些歌曲都是用闽地方言歌唱的。从各曲所注燕乐宫调名称看，明乐采用道宫、小石调、正平调、越调、双角调、黄钟羽、双调、仙吕调等八调，称"明乐八调"。而据《魏氏乐器图》，明乐传入之时，携带了龙笛、长箫、巢笙、笙篥、瑟、琵琶、月琴、檀板、小鼓、大鼓、云锣等 11 种伴奏乐器。

"清乐"传入日本的时间在 19 世纪初期。其传入方式，主要也是从长崎登陆，然后通过教习而推广。1859 年，江户人镝木溪庵在其所编《清风雅谱》一书的跋文中述及此初传之事，云：

> 阮音之行于吾邦，近世为盛焉。昔荷塘一圭游琼浦，受此曲于崎人而归，一时洋洋之声喧乎耳。一圭死后，余音顿绝矣。及颖川春渔来自崎，余首从受业。盖颖川之阮受之清人林德健。德健之音，四弦均调，缓急高下，皆得其宜，洵为此曲之正派也。余以区区拙技，往来缙绅诸公之门，朝弦暮歌，传习渐广，窃恐口传手授之间，久而或失其音节，所以作此谱而正之也。

这段话的意思是说：清乐曾两次传入日本，第一次是某中国人（应当是金琴江）在长崎传授给荷塘一圭（？—1831）；第二次是清朝人林德健在长崎传授给颖川连（应在 1831 年），而颖川连则在江户（东京）传授给镝木溪庵（应在 1834 年）。镝木溪庵使清乐进入全盛时期，以致东京的"缙绅诸公之门，朝弦暮歌"。现存

> 现存明清乐谱本，出版最早的是葛生斗远编印于 1831 年的《花月琴谱》，遗存最多的是镝木溪庵的作品。

第九讲　域外汉文献中的音乐史料：日本

的明清乐谱本，出版最早的是葛生斗远编印于 1831 年的《花月琴谱》，而遗存最多的便是镝木溪庵所编印的书。

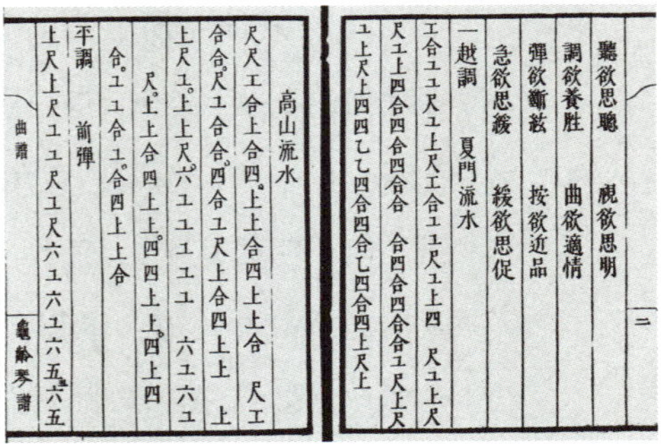

在清乐传入 200 年之际，2014 年 3 月，我追随其步伐来到长崎，对明清乐在日本的传播情况做了为期一周的资料调查。

图 9-10 《花月琴谱》一页

今依据《长崎谈丛》第 89 辑（2000）所载王维关于明清乐传承过程的论文，以及在长崎所见明清乐书谱，编列《明清乐关系年表》如下（见表 9-2），以显示这个艺术史事件的梗概：

表 9-2 明清乐关系年表

时间	事件
元龟二年（1571）	长崎开港。华侨进入日本。平户出现唐人狮子舞
庆长七年（1602）	为满足华侨的宗教需要，建悟真寺。此年前后，长崎出现来自明朝的笛和胡琴
元和六年（1620）	来自浙江、江苏、江西的华侨建立兴福寺
宽永五年（1628）	泉州、漳州籍华侨建立福济寺
宽永六年（1629）	福州、福清籍华侨建立崇福寺，举行妈祖祭和盂兰盆会，由此推动了唐乐的流行
宽永十一年（1634）	丸山町、寄合町的两名歌妓在长崎诹访神社敬献"小舞"。神社祭神活动由此开始
明历元年（1655）	在祭神仪式上，长崎各踊町（共 63 町）分组轮流演出。其中有源自中国的唐舞
宽文六年（1666）	福建商人魏之琰到达长崎
延宝元年（1673）	魏之琰被天皇召往京都御苑演奏明乐
延宝五年（1677）	唐僧心越到达日本，传七弦琴
天和二年（1682）	诹访神社祭祀用唐舞。上元日祭祀表演蛇舞和马舞。妈祖祭典表演戏剧
元禄二年（1689）	魏之琰去世。长崎建立唐人屋敷
元禄十六年（1703）	歌谣集『松の叶』刊行，其中有唐人歌

（续表）

时　间	事　件
宝永六年（1709）	漳州舞流行
宝永七年（1710）	琉球使者到访日本，演奏琉球音乐与明清乐。唐歌、唐音广泛流行，长崎冈岛冠山著《唐音和解》
元文三年（1738）	心越弟子小野田东川传播明朝宫廷音乐。荻生徂徕与心越交往，著《琴乐大意抄》
明和年间（1764—1772）	富五郎往京都，任职民部省，受命改革明乐
明和九年（1772）	魏皓受邀，在东本愿寺法王别殿苑池船上演奏明乐
安永四年（1775）	巨鹿民部消亡，正统明乐衰落，明代俗乐渐盛
宽政八年（1796）	长崎传入唐人太平舞和龙舟赛风俗。华人中流行和制唐舞。形成具有中国风的歌谣
宽政十二年（1800）	中国漂流人传来《九连环》
享和三年（1803）	古琴师田上菊巨来到长崎学习唐音弹唱。长崎唐人费晴湖的琴诗表演广受赞誉
文化二年（1805）	2月2日，福州籍唐人在屋敷演奏芝居（日本戏）
文化十四年（1817）	藩士著明服，在姬路侯邸演奏《醉起言志》《宫中乐》等明乐曲
文化文政年间（1817—1830）	金琴江到达长崎，传清乐。《九连环》在长崎流行
天保元年（1830）	福建林德建到达日本，后传月琴于颍川连、津田南竹、岩永子成、盐谷雀园和秀莲女士、瑞莲女士
天保二年（1831）	葛生斗远学月琴于长崎，编出《花月琴谱》
天保五年（1834）	镝木溪庵从学于长崎人颍川春渔（连）
天保八年（1837）	河间八平治编出《花月琴谱》，泰和译出《清朝俗歌》
安政元年（1854）	平井连山及其妹长原梅园迁居大阪。二人师从其父平井均卿。平井连山后编出《声光词谱》《明清乐谱》《花月余兴》等书，长原梅园则编出《清乐词谱》《月琴俗曲爪音之余兴》等书
安政六年（1859）	镝木溪庵《清风雅谱》在江户印行。此书后于1878年印于东京，1881年印于静冈，1884年、1887年、1888年、1890年再印于东京，流传甚广
明治三年（1870）	镝木溪庵去世
明治六年（1873）	为迎接俄罗斯使者，小曾根一门在有栖川宫殿演奏清乐
明治年间（1876—1878）	常有人在丸山的花町合奏清乐
明治十年（1877）	有栖川宫殿下来长崎，观看清乐演奏

（续表）

时　间	事　件
明治十二年（1879）	在长崎博览会上有游女演奏清乐。大阪的平井连山、东京的长原梅园形成东西两派
明治十八年（1885）	兴福寺举行落成典礼，中国临济派僧人演奏月琴、胡弓、琵琶、柏板、笛、太鼓、铜锣、筚篥、木鱼、尺八等19种乐器
明治十九年（1886）	平井连山在大阪去世，明清乐传至第二代
明治三十一年（1898）	长原梅园在东京去世，传艺于其子春田。春田著有『新撰明笛和乐独習のしおり』一书。

明清乐在日本的流传最重要的事件有四项：一是1571年长崎开港，华侨进入日本；二是1666年魏之琰到达长崎，传入明乐；三是1818年前后，金琴江到达长崎，传清乐，后来发展为平井连山、长原梅园两派；四是1830年左右，林德建到达日本，传清乐，其弟子和再传弟子中有颖川连、小曽根乾堂、镝木溪庵、富田溪莲等人。由此可见，华人在长崎侨居是明清乐得以繁盛的重要土壤。尽管明清乐是唐人乐舞当中较清雅的一个品种，但它深入了市民社会。它主体上服务于上层社会的文化生活，由专门艺人承载，所以以流派形式流传。

明清乐谱基本上是工尺谱本。在清乐谱本中，也有少量简谱之本。据统计，清乐谱共收录明清俗曲超过350曲，其中约有110曲同时保存了汉文歌词。从各种谱本的著录情况看，当时最流行的明清曲有《九连环》《算命曲》《茉莉花》《四季曲》《久闻曲》《厦门流水》《月花集》，另外也有《雷神洞》《三国史》《壁破玉》《林冲夜奔》等戏曲唱段。据明治时期（1868—1912）的新闻报道，当时在京都、大阪、东京、长崎、新潟、仙台、宇都宫、横须贺、函馆、伊势等地都产生了清乐社团，各社团均定期举行公开演奏会，一场演奏会的听众可达800人。也就是说，面对洋乐的输入和以学堂歌曲、军乐为代表的近代音乐的兴起，明清乐和筝曲、地歌、长呗、净琉璃一道，书写了日本传统音乐史最后的辉煌。在本书附录四中,有一份关于明清乐的书籍目录,共著录明清乐书谱 111 种;又有一份《波多野太郎所藏清乐曲谱提要》,著录明清乐书谱 111 种 53 种,请参看。

五、从日本音乐文献看唐传古乐谱研究

我在日本一年,其中有一百天是在上野学园大学日本音乐史研究所度过的。研究所距我住处很远,要换乘两次地铁、一次城郊列车、一次公交车才能到达。我一般是早上七点半动身,九点半到达研究所,下午四点半离开,中午大家在一起吃自带的工作餐。这样一来,总是会有一段时间进行学术讨论。福岛和夫先生每天到研究所,和我讨论最多。法政大学的斯蒂文·奈尔森(Steven G. Nelson)教授、二松学舍大学的矾水绘教授每周来研究所一两次,因而有时参加讨论。这些讨论给了我很多重要信息。比如有一次我询问福岛和夫:"您这个资料室里有多少手抄本乐书?"他看了看天花板,用英语回答说:"很难确切回答,我只能说这里的音乐文献有多少个种类。如果估计一个大概,那么,谣本(说唱曲)、长呗(歌舞伎伴奏曲)的乐书乐谱比较多,各有一万件以上;笙篥、琵琶、龙笛、凤笙、三弦的乐书乐谱少一些,各有一千件以上;佛教声明的乐书乐谱介于中间,至少三千件。"我浏览过那些资料架,在心里复算了一下,觉得他的估计是正确的。我于是知道,在他这个资料室,同中国音乐、朝鲜半岛音乐有关的手抄本(笙篥、琵琶、龙笛、凤笙、三弦的乐书乐谱和佛教声明的乐书乐谱)大约是

> 在上野学园大学日本音乐史研究所,同中国音乐、朝鲜半岛音乐有关的手抄本大约是一万件。

一万件。

面对这么多的资料,我想到了两个问题。第一个问题是:日本的这些资料,都可以说是唐乐的遗存,那么,它会不会改变我们的唐传古谱研究呢?第二个问题是:日本各地的音乐资料是有差别的,其中琉球(冲绳)的资料尤为特殊。因为在1879年以前,琉球一直是独立于日本之外而被汉文化覆盖的王国或地区。我们应该怎样看待琉球的汉文音乐文献呢?

现在,我想就第一个问题谈谈自己的认识。

大家应该知道:中国有两种古谱研究。一种是艺术家的研究,主要采用推测的方法,把古谱"复原"。所以我们看过很多关于古谱的演奏会,也看到很多"解译古乐谱"的成果。另一种是学者的研究,倾向于采用考据的方法,一步一步往前走,求得对古谱的理解。事实上,在我没有来到日本之前,我就知道中国有这样两种古谱研究。

> 中国有两种古谱研究。

后面一种研究,其代表应该说是已故学者黄翔鹏先生的研究。黄翔鹏的学术主要有两个特点:一是重视把民间遗存资料、文物资料和文献资料相互证明;二是重视全面深入地考察事物,把规律探讨同具体考证结合起来,也把基本理论同技术方法结合起来。比如他提出过一系列"民族音乐形态学"的理论,这些理论就是在广泛调查民间音乐的基础上,采取音乐实践、音乐文物与音乐文献互证的方法而得出来的。其中有一个理论叫作"七律定均,五声定宫",要点是认为:中国传统音乐的五声音阶是有七声音阶作为基础的,而中国传统音乐的七声音阶则是以五声音调为核心的,两者相互依存。另一个理论叫作"同均三宫",认为在同样一个八度之内,按五度相生的规则生出七律,以前面三律为调头,可以构成三种音阶。这种在七个音中间有五正声,而且有三种位置的可能性,应该是乐调自身的规律,关于这一点,文献中一直都有或显或隐的表达。20世纪50年代黎英海指出这是汉族五声性音阶在七声中的特性,乐理书也采纳了从王光祈开始的雅乐音阶、清乐音阶、燕乐音阶的表达,黄翔鹏更将此抽象为"同均三宫",进行了理论上的提炼。关于这些理论,目前有很多争议,争议的焦点并不在逻辑层面,而是说,在实践音乐中并没有发现三宫同时存在的作品。这是另一个问题,并不能推翻同均三宫的理论框架。更何况,这些理论代表了对于民族音乐的规律性认识的追求。

  对于唐传古乐谱,黄翔鹏没有发表过"解译"成果,但他始终在尝试更好的研究方法。比如他曾经从五台山青黄庙音乐中钩稽出《忆江南》《万年欢》等包含唐代遗存的音乐作品,从《碎金词谱》中考订出作为唐代遗音的《菩萨蛮》谱、《瑞鹧鸪》谱,从《九宫大成南北词宫谱》等文献中发掘出宋代《念奴娇》等曲调及其乐调。他把这些工作称作"唐宋遗音研究"。从技术上看这些工作的意义,可以说,它们为唐传古乐谱研究补充了资料,提供了一批比较对象;而从理论上看它们的意义,则可以说,它们是从民族音乐形态学角度去把握古曲的发展规律。什么叫"民族音乐形态学"呢?在《关于民族音乐型态学研究的初步设想》中,黄翔鹏解释它的特点是,采用一种类似于对生物体结构形式进行比较研究的方法,以遗传、变异、发展、变化的观点来看待音乐的民族特征问题。也就是说,按照民族音乐形态学的要求,唐传古乐谱研究不应该是只从文献到文献的研究,而应该结合民间遗存,做一些"辨伪"工作——要把社会变化造成的表演习惯的改变、曲调名实关系的变化分辨出来,尽可能做到以唐代人的眼光来译读唐传古乐谱。由于这是一项科学的工作，所以研究者应该明白：它只可能接近古乐谱，而不可能真正去解译古乐谱。

黄翔鹏曾经向我谈过他的唐传古乐谱研究设想。大意是说，这项研究的目的是达到对古乐谱的充分理解，为此要穷尽现存的所有资料。一方面，要通过曲调考证，也就是刚才说的那种对《忆江南》《万年欢》《菩萨蛮》《瑞鹧鸪》《念奴娇》等曲的研究，确定唐代、宋代的黄钟音高和调式形态；另一方面，要利用现存的传统音乐音响资料，从清代到明代，从宋代到唐代，一步一步地去考证古代的曲牌、宫调、谱字，最终建立音调与历史的对应关系。这样做，是要求用证据来落实所有的细节。

> 民族音乐形态学：采用一种类似于对生物体结构形式进行比较研究的方法，以遗传、变异、发展、变化的观点来看待音乐的民族特征问题。

相比之下，大家所知道的那种古谱复原研究，就可以说是另一件事了。它当然也是一种"研究"，需要智慧和努力钻研；但它不太重视在全面占有资料的情况下进行比较，也无法验证。因此，它在方法上属于艺术活动——它是根据古谱提供的素材去创作的，必须用想象去填补大片的未知部分。

2008年9月16日，我由一位翻译陪同，第一次到达上野学园大学日本音乐史研究所，见到福岛和夫先生。我们谈了许多问题，特别谈到历史学方法在音乐研究中的运用。谈话中，福岛先生也向我问起对古曲复原的看法。由于有刚才说的那些认识，所以我回答了以下一段话：

> 中国主要有两种古曲复原工作。一种叫"打谱"，也就是现代的七弦琴演奏家，根据他的修养和他所掌握

图9-11 作者与福岛和夫（左一）在唐传古谱写卷前合影。

的资料,把一首古琴谱演奏出来。他们是作为艺术家来做这项工作的,知道这种做法在方法上是再创作。另外一种叫"解译古乐谱",是研究者的活动,在学术的名义下进行。他们不知道自己在方法上也只是创作,因而把复原的结果如何当作学术是否成功的标准。我比较理解前面一种古曲复原,不理解后面一种;因为前面一种是真的艺术,后面一种是假的学术。

您刚才讲历史学,我看历史学就没有"复原"这个要求。历史学的目的是揭示规律,而不是复原。所以对古曲复原这件事,艺术家有兴趣,学者没有兴趣。因为复原是一件不可能的事情,只会把学术弄糟。

> 历史学的目的是揭示规律,而不是复原。所以对古曲复原这件事,艺术家有兴趣,学者没有兴趣。因为复原是一件不可能的事情,只会把学术弄糟。

那天,为了说明"学者没有兴趣",我向福岛和夫介绍了黄翔鹏先生,也介绍了黄先生对另外两件事情的看法。一件是所谓"敦煌东汉乐谱残简"的解译,另一件是《九宫大成南北词宫谱》的翻译。我想,既然福岛和夫是岸边成雄的好朋友,那么他一定听说过前面那件事。据我所知,岸边成雄先生对此反应很强烈。

也许以上这番话成了我和福岛和夫的友谊的开始。后来，福岛先生不断向我谈起类似的话题，谈起日本学者对于古乐谱研究的看法。今把他的话归纳如下。从这些话里，我们或许可以了解日本音乐学的另一面。

从 1925 年起，日本音乐史的研究就衰落了。雅乐研究也是这样。对此热心的人，主要是那些在宫内厅里演奏雅乐的人。他们演奏的是明治以后整理的雅乐，主要的研究方法是分析乐曲结构，对乐曲录音。

日本音乐史研究之所以萎缩，原因有两条：一是青年人得不到这方面的学术栽培，二是研究者对汉文文献越来越隔膜。真正的音乐史研究者实际上只有两个人：一是平野健次，二是岸边成雄。在研究音乐的日本学者中，只有他们两个是能够批判地阅读原始文献的人。

> 在研究音乐的日本学者中，只有平野健次和岸边成雄是能够批判地阅读原始文献的人。

日本学者在利用日本史料方面能力薄弱，这同林谦三有关。林谦三是一个雕塑艺术家，有很好的艺术直觉；但他不太懂历史学的方法，不重视文献学的训练。他对唐传古乐谱的解读，在定弦法方面有很大问题，数据不可靠。而且，他的这项工作是不可能验证的，所以谈不上成功。但他的书影响很大。

> 日本音乐研究学者在利用日本史料方面能力薄弱，这同林谦三有关。

我自己是从 1963 年（33 岁）开始从事学术工作的。当时的环境不太好，研究者读不懂古书，不知道应该如何研究，只好纷纷搞起了民族音乐学。为了改变这种情况,我向岸边成雄学习,用日本资料来研究日本的历史、文学和音乐。当时,日本学者彼此封闭,资料不向别人开放。为此我全力收集了很多资料,建起了这个日本音乐史资料室。

> 关于毕铿。

我对毕铿(Laurence Ernest Rowland Picken)等人的研究评价不高。同林谦三相比,他们大概要更差一些。毕铿不太懂中文,不太懂日文,也不太懂历史学,他怎么能深入研究古乐谱呢?所以他搞出很多错误,把古乐谱研究变成了一个大杂烩。当然,毕铿的影响很大,很"成功"。但他成功的方式是炒作,例如不断搞关于解译古乐谱的演出,而不是注意数据的准确。

> 应该注意日本雅乐传统的中断。

有一件事是音乐史研究者、古乐谱研究者都应该注意的,这就是日本雅乐传统的中断。实际上,在日本音乐史上有两种雅乐:一是唐传雅乐,主要存在于平安、镰仓时代;二是日本化的雅乐,即近世雅乐。其间断裂出现在1467年到1477年左右,也就是应仁、文明年间的大乱。大乱以后,礼坏乐崩,人们忽然想起要恢复雅乐了,于是根据残存的古书来"重兴"雅乐,但雅乐传统却已经中断了。直到明治以后,人们才发现正仓院的乐器有很多并未用入雅乐。这些乐器是不是多余的呢?其实不是,这恰好说明原来的雅乐早已失传了。而这件事,音乐史研究者、古乐谱研究者是不放在心上的。他们不考虑乐书、乐谱内容的时代性,只是图方便,简单地利用很少的文献去做研究、去解译古乐谱,这种工作怎么能做好呢?

第九讲 域外汉文献中的音乐史料:日本

另外有一件事，也是音乐史研究者、古乐谱研究者都应该注意的，即古代的演奏者和现在的演奏者，他们的想法和做法往往是不一致的。从主观上看，现代演奏者的想法是很好的——追求不走样的传承；但在实际上却不是这样，而总是会走样。因此，演奏者是不适合做研究者的，或者反过来说，研究者不适合做演奏者。因为研究者和演奏者的工作方向不一样，两者应该分开。现在的古谱解译很成问题，原因之一就是：研究者变成了演奏者。

> 应该注意把演奏和研究分开。

总之，不读文献资料不行，死读文献资料也不行，两者都理解不了雅乐在传承中受到改变的情况。要让音乐史研究走上正确的道路，研究者就要建立起历史学的意识，要在充分理解历史的基础上来理解音乐文献。从林谦三以来的古乐谱研究者是不是具备这种基本修养呢？是不是具备历史学意识呢？我对此很怀疑，也很忧虑。（王小盾按：关于这件事，我曾征询斯蒂文·奈尔森的意见。斯蒂文·奈尔森表示同意福岛和夫的看法，并补充说：他本人研究古乐谱的目的有三条。第一，唐代音乐最有国际性。那么，其具体情况如何？这需要研究乐谱才能知道。所以他研究古乐谱。第二，唐代音乐如何传到日本？其规模如何？他想了解具体细节，所以他研究古乐谱。第三，对于传到日本的中国音乐，他最感兴趣的事情是这些音乐如何变化，哪些部分起变化，而不是如何演奏古乐谱。这些做法比较接近福岛和夫所说的"历史学意识"。不

> 要在充分理解历史的基础上来理解音乐文献。

过，福岛和夫的理论还有一个要点，即很强调对中国资料加以研究。他认为，如果不了解一种音乐的母体样态，只看这种音乐东传到日本后的新样态，那么，得出来的判断仍然是不完全的。）

> 学术中的音乐史可以是无音响的历史。

历史学意识的另一个表现是重视史料。在日本，像岸边成雄那样的学者很少。为什么这样说呢？因为岸边成雄重视史料研究。他认为学术中的音乐史可以是无音响的历史。而东洋音乐学会却不是这样，他们对音乐学论文的基本要求就是要有五线谱例。这要求其实是不符合史料状况的，因而是违反学术规律的。这其实是在鼓励充满错误的工作。

从你的谈话看，中国的音乐史研究者水平更高，因为他们对古曲复原这件事有清醒的认识。

福岛和夫最后一句话，我觉得是一种鼓励。他总是把我称作"吉备真备"，称作"大国来的人"。我理解他的看法，即认为一个努力追求资料的人，能够从中国到越南，又到韩国，又到日本，努力追求资料的全面性的人，应该会有历史学的意识。我的回答是：您对中国学者的尊重让我感动；不过我觉得，中国的情况和日本的情况其实是很相像的。

我把福岛和夫这些话思考了一下，认为它有这样几个要点：

> 古谱研究是音乐史研究的一个分支，它当然要采用历史学的方法。

第一，音乐史研究是历史学的一部分，研究者要懂历史学。从材料角度看，历史学是主要面向文献资料的学科。比如面向文物的音乐研究叫作"音乐考古学",面向民间遗存的音乐研究叫作"民族音乐学"或"民族民间音乐研究",面向历史文献的音乐研究叫作"音乐史研究"。从这个角度看,古谱研究是音乐史研究的一个分支,它当然要采用历史学的方法。

第二,历史学属于科学。科学追求"真",艺术追求"美",我们要把这两者明确区分开来。早在公元 2 世纪,希腊裔罗马人卢基阿努斯（Loucianos）在《论撰史——论现实主义的艺术》一文中说过:"历史只有一个任务或目的,那就是实用;而实用只有一个根源,那就是真实。历史中可欣赏的成分无疑是外加的东西,不是历史的本质。""历史家……的艺术在于给复杂错综的现实事件赋以条理分明的秩序之美,然后以尽可能流畅的笔调把这些事件记载下来。"因此,强调历史学意识,实际上是强调两样东西:一是真实,不仅是细节的真实,更重要的是本质上的真实;二是充分的原始资料,因为它是通向真实的阶梯。所谓"历史学的艺术",不是指历史学的艺术化,而是指它所展现的对历史规律的深刻理解。

> 强调历史学意识,实际上是强调本质上的真实,强调充分占有原始资料。

第三,要防止人文学科中的反科学倾向。这种倾向的主要特点就是低俗和粗放。一方面,它表现为迎合大众趣味,取消科学的客观性要求,而放纵主观性,把学术变成创作,所以说是"低俗";另一方面,它表现为降低知识要求,取消史料学方面的基本训练,把面向原始资料的艰苦探索变成简单、片面的推测,所以说是"粗放"。艺术家式的研究、发烧友式的研究很容易堕入这种倾向。

> 人文学科中的反科学倾向,主要特点是低俗和粗放:迎合大众趣味,取消科学的客观性要求;降低知识要求,把面向原始资料的艰苦探索变成简单、片面的推测。

图 9-12　古代日本人心目中的中国人（右）

我认为，福岛和夫之所以有那么清醒的认识，首先因为他是一位严谨的学者，其次因为他熟悉日本的音乐文献。因此可以说，假如中国的唐乐研究、唐传古乐谱研究要往前推进，或者说，要走上科学之路，那么就应该吸收福岛和夫的知识和眼光，因为这种眼光实际上是对日本音乐文献的折射。

关于这一点，我愿意补充谈谈自己的经验。

我没有研究过唐传古乐谱，但研究过唐代的舞谱，也就是敦煌舞谱。在我进入这项研究的时候，敦煌舞谱研究已经有 50 年的历史了。一般来说，它经历了三个阶段：第一个阶段是符号考释的阶段，重点研究舞谱的谱字。这项工作主要由文史研究者进行。他们的主要贡献是确定了舞谱性质，判定它是酒令舞谱；但这项工作有一个缺陷，也就是没有系统地研究舞谱结构。第二个阶段是进入多方面解读的阶段，把舞谱结构当作研究重点了。这项工作主要由音乐舞蹈研究者进行，所以产生了很多译谱成果。20 世纪 80 年代，敦煌舞谱研究成为显学，在每一次敦煌学术讨论会上，都有人把他们的译谱成果搬上舞台，用舞蹈的方式呈现出来。但是，由于译谱者大多采用猜谜方法，往往满足于将敦煌舞与现成的宫廷舞、教坊舞资料相比附，他们对于敦煌舞谱的理解，其实并没有超过前一阶段。第三阶段出现在1990年，这就是我的研究。这时，我已经完成了《隋唐五代燕乐杂言歌辞研究》《隋唐五代燕乐杂言歌辞集》等书，在全面掌握相关资料的基础上，建立了对隋唐五代音乐文化的理解。我于是借鉴前人的经验与教训，对舞谱的性质、结构原理、节拍规则、曲调来源、谱字内涵及形成过程做了全面解释，并对敦煌舞谱进行了通篇校译，写成了《唐代酒令艺术》一书。尽管这本书提出的译谱在逻辑上比较完美，符合现存各方面资料的要求，但它却不可能用于表演。因为它只能揭示规律，而不可能再现每一个细节。它使我知道，那种为表演而研制的"译谱"，其实是伪科学的产物。

> 那种为表演而研制的"译谱"，其实是伪科学的产物。

根据以上经验，我对日本所保存的音乐史料充满乐观。我将用三年时间把其中的主要部分——较富历史学价值的部分——整理出来，提供给中国学者参考。我想，假如我们能采用黄翔鹏先生的思路，把这批资料同中国的历史资料、民间遗存资料结合起来，那么，唐传古乐谱研究便一定会走上正确的道路，获得真正的突破。因为，只有把日本音乐文献纳入我们的视野，我们才会有充分坚实的资料基础，也有比较全面的眼光。

第十讲　遗落在民间的音乐文献

这是我们这一次系列课程的最后一课。它意味着，我有最后一个机会，再和大家说一些话。

在前面说了那么多话以后，我还有什么想说的呢？

我觉得有这样一句话很重要，需要补充：音乐文献学有它的特殊性，不同于一般意义上的文献学。因为它要处理多种多样的文献。它的对象类型很丰富，包括用多种图像符号书写的文献，而且，书写的内容往往是声音。所以它的范围超过了我们通常说的"古典文献学""历史文献学"。它的存在有特别的理由。

还有一句话，容易被忽视，其实也重要：音乐文献学的特殊性，不仅表现在它有特殊的研究对象，而且表现在它有特殊的研究方法。有一些音乐文献是不能用传统文献学的方法去处理的，比如民间唱本。如果简单套用传统的校勘、辨伪方法，就会抹杀掉民间唱本中最具生命力的东西。所以，我们要在音乐的名义下，建设一种新的文献学。

那么，还有没有更重要的话呢？其实也有，这就是：音乐文献学是一个有温度的学科。它不光要和故纸打交道，而且要和生机勃勃的现实生活打交道。它的校勘学，有时要用在现场观察和历史记录之间；它的辑佚学，有时表现为对现场观察所得和历史考察所得进行重组。它将重新塑造"古本""史源""异文"等观念。因为面对从口头到书写的互动关系，这些观念都会有新的内涵。

> 音乐文献学不光要和故纸打交道，而且要和生机勃勃的现实生活打交道。

最后，我还想说一句话：音乐文献学不仅要改造印本时代奠定的文献学规则，使之包容抄本；而且要对抄本扩容，以便给逝去的声音留下尽可能大的空间。另外，由于音乐文献比较分散、比较多样，所以要专门研究一些短时段的记录，比如小型唱本。这时候，我们就有条件看到一个文献如何在历史过程中逐渐生发、舒展、开枝散叶，然后凋零。如果我们用温柔的眼光去看它，便能接触一种生命的律动。从这个角度看，音乐文献学是一种富于人性的学术。

> 音乐文献学不仅要改造印本时代奠定的文献学规则，使之包容抄本；而且要对抄本扩容，以便给逝去的声音留下尽可能大的空间。

以上这些话，一般的文献学家是不会提起的。我之所以想说这些话，之所以觉得有理由说这些话，是因为我了解一个重要的事实：大量的音乐文献遗落在民间。这些文献很特别，因此很珍贵。而且，它们之所以能由口头进入文本，被书写，是由于它们代表了民间音乐传统的骨干。中国音乐文献学不能不面对这批文献。从这个角度看，中国音乐文献学是一个有很高价值的学科。现在，这个学科——这份事业已经向我们发出了呼唤。

因此，这堂课我要鼓动各位进行民间音乐文献或民间唱本的研究，具体谈四个问题：第一，民间音乐文献的分布；第二，从仪式看民间唱本的分类；第三，如何为民间唱本编写目录;第四,民间音乐文献学的特点和意义。

一、民间音乐文献的分布

民间音乐文献主要指流传在民间的歌曲文本、说唱文本和相关记录——关于这些唱本的存在环境的记录。它们基本上是手抄本,但也有少量刊本。它们通常用于某种仪式——因为它们是由于仪式的庄重性、重复性而得以付诸书写的。然后,它们也因为群众喜闻乐见而同演唱相配合,出现在风俗活动场合,或者出现在田间地头。接下来,它们当中还会有一些艺术性比较高的品种,同民间艺人一起进入城市,成为流行艺术的文本。这样看起来,民间音乐文献主要有三个面向:首先是面向传统仪式,其次是面向民间日常,最后是面向市民文化生活。这意味着,我们可以反过来,由浅入深,从以下三个角度、三个活动区来认识这些文献的分布。

> 民间音乐文献面向传统仪式、民间日常、市民文化生活。

(一)艺术性的角度

第一个角度是离我们的书斋最近的角度——艺术性的角度。这类唱本比较容易见到,因为它们从属于流行比较广、艺术性比较强、已经得到充分注意的音乐品种。它们通常因被列入非物质文化遗产而受到文化工作者重视,被文化馆等文化部门保存。从 2006 年到 2007 年,中国艺术研究院中国非物质文化遗产保护中心编辑了两部书——《中国非物质文化遗产普查手册》和《第一批国家级非物质文化遗产名录图典》,由文化艺术出版社出版。根据这两部书提供的资料,达到遗产标准的音乐品种有

> 流行比较广、艺术性比较强、已经得到充分注意的音乐品种。

以下两大类：

1. 说唱类。有苏州弹词、福州评话、温州鼓词、陕北说书、南平南词、绍兴平湖调、贤孝、锣鼓书、绍兴莲花落、汉川善书、赫哲族伊玛堪、鄂伦春族摩苏昆、布依族八音坐唱、乌力格尔、傣族章哈、京韵大鼓、扬州弹词、长沙弹词、杭州评词、四明南词、宁波走书、平湖钹子书、湖北大鼓、湖北小曲、四川扬琴、四川竹书、金华道情、朝鲜族三老人、南京白局、武林调、绍兴宣卷、山东落子、萍乡春锣、三弦书、莺歌柳书、韩城秧歌、广西文场、温州莲花道情、蒙古族好来宝、长子鼓书、翼城琴书、曲沃琴书、朝鲜族盘索里、永康鼓词、渔鼓道情、洛南静板书、南音说唱、泽州四弦书、唱新闻、三棒鼓、木鱼歌等品种。

2. 歌唱类。包含三体：一是曲牌体，有福州伬艺、兰州鼓子、扬州清曲、锦歌、榆林小曲、新疆曲子、单弦牌子曲（含岔曲）、八角鼓、临海词调、南曲、大调曲子、秦安小曲、徐州琴书、四川清音、陕北道情、眉户曲子、青海平弦、青海越弦、祁阳小调、河州平弦等品种；二是板腔体，有山东大鼓、西河大鼓、东北大鼓、木板大鼓、乐亭大鼓、潞安大鼓、京东大鼓、胶东大鼓、河洛大鼓、河南坠子、凤阳花鼓、襄垣鼓书、苏北大鼓、鼓盆歌等品种；三是综合体，有山东琴书、常德丝弦、天津时调、东北二人转、哈萨克族阿依特斯、兰溪摊簧、思施扬琴、绍兴词调、车灯、哈萨克族铁尔麦、端鼓月伞粤曲等品种。

关于这些音乐品种，学术界和文化界已经做了比较成熟的研究，其中文本也得到相应的整理。但它们仍然值得音乐研究者来关注，因为它们还缺少音乐学、音乐文献学角度的研究和总结。

（二）文献性的角度

第二个角度是稍稍远一些的角度——文献性的角度。这类唱本往往

> 因版本所体现的文物价值而受到关注的唱本。

是刊本，因其版本所体现的文物价值而被研究者注意，然后被海内外图书馆收藏，得到文献学界、图书馆学界关注。它们所包含的品种与第一类有较多重合，但在文本形式上更具特色。比如 20 世纪 30 年代前后，中山大学民俗学会在广东、湖南等地搜集了一大批刊印本唱本，所以顾颉刚在《湖南唱本提要》序文中说"唱本是民众里的知识阶级作成的"。又如伦敦英国国家图书馆藏中国民间说唱唱本 70 余种，主体上是刊本，其中有木鱼书 42 种、弹词 7 种、解心类杂曲 5 种、广府班本 18 种、词话 1 种、宝卷 1 种。伦敦大学亚非学院图书馆藏中国民间俗曲唱本 100 多种，同样以刊本为主，其中有宝卷类唱本 24 种、弹词唱本 3 种、说唱鼓词 2 种、广府唱本 83 种（含木鱼书 81 种、民间小戏 1 种、评话故事 1 种）。这两批伦敦唱本，大多印行于清代中期至民国年间。而在位于牛津市的牛津大学博德利图书馆，藏宝卷唱本 26 种，其中只有 2 种抄本，却有 24 种书坊刻本；藏 14 种湖北民间的宣讲善书，大多在 20 世纪初刊刻于汉口地区。另外，在日本东京大学东洋文化研究所汉籍善本全文影像资料库的双红堂文库中，收藏了四川地方戏曲 64 册，包括俗曲唱本 9 册、四川地方折子戏曲本 55 册（64 种）；在位于中国台北市南港区的历史语言研究所图书馆，1975 年即藏有民间音乐相关图书 10796 种、14819 目，其中戏曲占比 35%，说唱占比 23%，杂曲占比 36%，徒歌杂著占比 6%，到 2019 年，所藏同类资料达到 12000 件、20000 目，其中说唱文学文献 5200 目、5900 余册。这些唱本文献以"册"计数，可见它们有比较考究的装帧。

以上记录，见于以下学术论文——《大英图书馆藏中国唱本述要》《伦敦大学亚非学院图书馆藏中国唱本述略》《牛津大学藏中国宝卷述略》《牛津大学藏中国宣讲唱本研究》《双红堂文库藏清末四川"唱本"目录》《双红堂藏清末四川唱本〈三匣剑〉研究》《台湾、香港地区说唱文学文献研究述略》等。建议各位参考这些论文，对中国大陆各图书馆也做一番调查。相信你们会有更可观的收获。

从以上介绍看，木鱼书和宝卷是文本最丰富的两个品种，所以研究者关注最多。木鱼书又叫"木鱼歌"，是以粤方言为基础的诗赞系民间说唱文学。它在明朝正德、嘉靖年间开始流行，到20世纪初进入研究者的视野。现在的演唱往往用二胡、古筝、琵琶、三弦伴奏，有"正腔""苦喉"两种唱腔。关于木鱼歌的研究工作一直是和木鱼书的收集工作齐头并进的，代表成果有郑振铎的《巴黎国家图书馆中之中国小说与戏曲》，梁培炽的《香港大学所藏木鱼书叙录与研究》，谭正璧、谭寻编著的《木鱼歌、潮州歌叙录》，（日本）稻叶明子、金文京、渡边浩司编的《木鱼书目录》，曾赤敏、朱培建主编的《佛山藏木鱼书目录与研究》，关瑾华的《木鱼书研究》，任百强的《广东木鱼说唱史研究》，张晓琪的《新辑木鱼歌文献研究》等。其中关瑾华、任百强二文采用了比较独特的研究思路。前者从书页与开本、封皮与装订、广告这三个形式的角度对木鱼歌文本进行了考察；后者则从表演史的角度讨论了"咸水歌""摸鱼歌""沐浴歌""木鱼歌""木鱼书"的关联。这些工作是很有意义的。我们不妨拿它们做参考，来认识民间唱本传播的规律，也设计自己的研究方案。

从以上情况我们可以明白一个事实：音乐文献的传播同音乐活动的艺术水平有关。一方面，民间唱本的艺术化推动了海内外图书馆的收藏；另一方面，海内外图书馆对俗文学作品的收藏又推动了民间唱本的整理与研究。这一点值得音乐研究者重视。因为我们可以进一步从音乐学角度深入思考：民间唱本的传播是否有音乐的原因，或者说，文化对音乐做了怎样的选择？这些唱本又在多大程度上影响了中国音乐的发展？

（三）人类文化的角度

> 因民俗研究、民族音乐学研究而被认识的音乐文献。

第三个角度是离我们的眼睛最远、其实离我们心灵最近的角度——人类文化的角度。这就是因民俗研究、民族音乐学研究而被认识的音乐文献。它们的学术价值很高，因而日益显示出重要性。我所说的"遗落在民间的音乐文献"，主要就是指这些分布在全国各地山野乡村的文献。研究者已经关注到这批文献，比如德国巴伐利亚州立图书馆、美国国会图书馆东亚馆和哈佛大学燕京图书馆，都收藏了一批瑶族、纳西族等少数民族的手抄本文献，并且进行了编目整理。又如从1986年开始，国家民族事务委员会全国少数民族古籍整理研究室组织抢救、整理了一百多万种少数民族古籍，公开出版了5000多部有价值的典籍文献，然后从1997年开始，编纂了一部规模达到60卷的《中国少数民族古籍总目提要》，2003年起由中国大百科全书出版社和各地民族出版社出版。这部《中国少数民族古籍总目提要》收录55个民族用汉字、本民族文字（包括本民族土俗字）记录的历史文书、文献典籍、碑刻铭文，其内容自然远远超过了唱本的范围，但它包含了各种唱本。根据这套总目提要，以及近年来研究者的成果，我认为，以下四类唱本——通常按内容命名的"古歌唱本""史诗唱本"，以及按执仪者身份命名的"歌师唱本""师公、道公唱本"——

值得特别关注。

1. **古歌唱本**。古歌也就是农耕民族的说唱体叙事长诗，通常包含开天辟地、万物起源、先祖由来、血缘婚姻、族群迁徙等内容。除掉汉族外，在苗族、侗族、水族、彝族、壮族、瑶族、傣族、畲族、哈尼族、仫佬族、纳西族、拉祜族、布依族、景颇族、土家族和白马藏人中都有流传，其中若干种也被列为国家级或省、自治区级非物质文化遗产。这些古歌有很多文字本，比如壮族古歌《布洛陀经诗》已经在搜集整理近30种抄本的基础上结集，篇幅接近5万行。又比如傣族创世古歌《巴塔麻嘎捧尚罗》，有贝叶刻本、绵纸抄本等两种版本。傣语称韵文体的文本为"播甘哈"，意思就是唱本。早在1988年，云南省西双版纳州的文化工作者搜集到《巴塔麻嘎捧尚罗》傣文手抄本39部，其中韵文体18部，约25万行；散文体21部，约120多万字。另外，哈尼族有创世古歌《窝果策尼果》，已经搜集到33种唱本；有迁徙古歌《哈尼阿培聪坡坡》，已经搜集到23个异文唱本。瑶族有《密洛陀古歌》，规模超过34部；布依族有《布依族古歌》，经整理达到150万字。研究者已经认识到：完整意义上的古歌既包括固态的文本（整理本），也包括活态的唱本（传用本）。因此，关于这些古歌及其唱本的搜集工作、整理工作都在继续。

2. **史诗唱本**。史诗也就是游牧民族的说唱体叙事长诗，通常包含英雄降生、征战、降伏妖魔、子孙传承等内容。中国比较著名的史诗有三种：一是主要由藏族人传唱的《格萨尔》，二是主要由蒙古族人传唱的《江格尔》，三是主要由柯尔克孜族人传唱的《玛纳斯》。这些史诗都有多种木刻本和手抄本传世。除此之外，史诗也有多种多样的分支说唱本，例如《格萨尔》有《天界篇》《门岭大战》等分部；《玛纳斯》有很多变体；德都蒙古族的史诗往往被改编为同名的英雄故事，同一个故事因而既有韵文体唱本，也有散文体或韵散结合体的唱本。史诗的这些分部和变体不仅有其文字表现形式，而且有活态的表现形式，因而提示了史诗同相应的表演环境——比如祭祀仪式——的关联。

3. 歌师唱本。歌师又被称作"歌郎"，其歌流传在川、鄂、湘、黔、赣、桂等地区，最有名的品种是薅草锣鼓和丧葬孝歌。薅草锣鼓又称"阳锣鼓""山锣鼓"或"山歌"，据说起源于先秦"击土鼓以乐田畯"的仪式，有一定的表演程序——例如出早工唱"头歌"和《请神歌》，出上午工唱"扬歌"，收工唱《送神歌》，等等。从内容看，既有情歌、生活歌、劳动歌，也有盘歌、劝世歌、故事歌。丧葬孝歌又称"阴锣鼓""待尸歌"，从"起歌头"开始，有"开歌路""唱孝歌""唱劝善歌""唱丧歌""唱盘歌""唱还阳歌"等几十个环节。在鄂西地区的丧葬仪式上，"唱孝歌"的内容包括"四游八传"："四游"指《东游记》等四部神仙故事，"八传"指《黑暗传》等八部神话和历史传奇。"唱盘歌"则采用问答方式唱天文地理等各种知识。总之，歌师之歌类型很多，既有套曲和长篇叙事曲，也有单曲，这些类型都有丰富的写本遗存。

4. 师公、道公唱本。师公、道公都是广西及周边地区民间宗教的神职人员，除壮族和汉族外，该地区的瑶族、毛南族、仫佬族等民族也有师公和道公。一般来说，师公属于师公教，道公属于道公教，两者都有道教渊源；但师公教的巫傩成分比较多，道公教比较接近正统道教。从广西壮族的情况看，两者之间有以下具体区别：道公自称茅山教，师公自称梅山教。道公尊道教"三清"为祖师，师公尊梅山教"三元"为祖师。道公的法事活动称作"文坛"，师公的法事活动称作"武坛"。道公信奉正统道教的各种神祇，师公祭祀各种民间神祇，包括三楼圣母、三元祖师、四大元帅、四值功曹、真武大帝、盘古以及令公、莫一大王、梁吴等土俗神。道公道场的内容，主要是在丧葬仪式上诵唱经文来超度亡灵。师公道场则有三大法事：一是跳神，也就是在大型仪式上化装为神灵歌舞；二是喃巫，也就是在小型法事上唱歌驱鬼；三是唱师公戏，也就是表演分角色的歌舞。各地师公、道公的唱腔、语言、身段和台步都是从当地民间艺术中取材的，并不统一，因此也没有统一的唱本。从功能上看，师公、道公唱本大致分为四类：一是师唱本，唱颂36位祖师和衙师，比如《唱甘王》《唱三元》；二是杂唱本，唱颂具有训诫意义的神话传说人物，比如《唱破狱》《唱森如王》；三是圣唱本，唱颂72位贤圣，比如《唱盘古》《唱二十四孝》；四是科仪本，包含祭祀科仪本、占卜律历本、师公谱牒本、符箓图谱本。这些唱本主要用汉字抄写，也用各民族的土俗字，数量很多，无法胜计。

以上是中国民间音乐文献的大致情况。从分布场所看，前两类（文化部门所藏艺术性唱本、图书馆所藏文献性唱本）可以说是珍藏本，后一类（散落在民间的仪式性唱本）则可以说是传唱本。两者之间的差别，不妨比作传世文物同出土文物的差别。考古学家都重视出土文物，因为它具有较充沛的年代信息、地域信息和各种环境信息。同样，仪式性唱本有以下四个特殊价值：第一，它是对民间仪式活动的经典记录、骨干记录，因此，可以呈现对象的核心价值和主流发展线索。第二，它同活态的仪式活动相关联，信息是立体的，可以成为社会学、民族学、音乐学共同的研究对象。第三，它有明显的功能特征，便于按统一标准来分类，并通过分类呈现特质。第四，它包含对语言和行为的双面描写，便于通过综合比较来辨明源流，进行传播学

> 珍藏本与传唱本。

研究。从音乐学角度看，它有特殊的品质——其文本承用者和技艺传承者身份高度统一，固态文本和活态演绎同形同构，"前台"表演与"后台"传抄平行呈现，因此，它具有多重功能：既是口耳相传的音乐教材，又是法师手持的表演文本。它提供了对现存的民间乐器、曲牌、歌唱方式、吟诵方式的扼要说明，从而为考察这些音乐事物的文化内涵奠定了基础。

所以，我们要特别重视同仪式相关联的这类音乐文献。我们讨论"遗落在民间的音乐文献"，主要对象就是仪式唱本。

二、从仪式看民间唱本的分类

科学研究的第一步是取得资料并对其加以分类。为什么要分类呢？上面说到，通过分类可以建立对于研究对象的准确认识——既认识它的性质，又认识它的结构。既然仪式是民间唱本最早的生存环境，既然科仪类民间唱本以用于仪式为主要功能，那么，应该从仪式角度对它加以分类。

我对民间唱本的分类意识，是在搜集整理工作中逐步建立起来的。这项工作大致经历了两个阶段：第一阶段是搜集整理越南民间唱本的阶段。从1998年到2017年，我曾经四次前往越南考察汉文古文献，第一次就见到一批来自越南北部山区用方块土俗字写成的民间科仪用书。后来，在青年朋友帮助下，我陆续购买了大约700册流传在中越边境的民间唱本，并为这些唱本编写了比较规范的提要目录。编目录就要确认唱本的性质，因此要考虑对它们进行分类。第二阶段是搜集整理国内民间唱本的阶段。首先是在2017年9月，随武汉音乐学院孙晓辉团队考察了湖北房县、兴山、巴东地区的唱本；其次是在2019年4月，随中国音乐学院赵塔里木团队（包括周祖练、凌晨）考察了广西平果等地的师公、道公唱本（图10-1）；再次是同贵州师范学院青年教师葛恩专合作，整理了一批科仪唱本。这几次考察都包含对唱本做分类认识的内容。同以前的工作相区别，接触到唱本所联系的仪式活动，我因而找到了分类工作的依据。现在，我想强调最后这批

图10-1　广西平果等地的师公、道公唱本

唱本。它有 55 种，来自贵州省黔南布依族苗族自治州贵定县和龙里县，是葛恩专在 2018 年 4 月至 2019 年 4 月间，通过访谈法师、跟踪调查仪式活动得到的。这一批唱本数量虽然少，但来源比较清楚，用途比较明白，整理工作做得比较快。它为我们今天关于民间唱本分类问题的讨论，提供了很好的标本。

从现有资料看，民间科仪唱本大致可以分为七类。

（一）超度亡人的科仪唱本

超度亡人是最常见的民间仪式。《论语》中有"慎终追远"一语，意思是要慎重地办理丧事，虔诚地祭祀祖先。这说明，重视丧葬是古来的传统。度亡仪式经过长期发展，已经有许多分支，有的比较复杂。这可以看罗亮星《川东北汉族丧葬仪式及其音乐文化研究》、陆栋梁《湘桂走廊丧葬仪式音乐文化研究》、莫秋凡《桂北地区孝歌唱本研究》、凌晨《中越跨界壮－岱／侬族群"乜末"仪式音乐研究》等学

位论文。黔南民间度亡仪式的情况是：通常包含开坛、迎亡魂、诵经拜忏、上表、支亡、犒赏、出殡、圆满等节目。不过，超度常人和超度法师所用科仪唱本不同。比如头夜开坛，常人用《开坛科》，法师则用《开天门科》。《开天门科》说："法桥高架为何因，祖师敕造引真乘……既是如来亲弟子，从此直步到天门。"这话些表明：在观念里，常人与法师的归宿不同——常人进阎王殿，法师回归天门。在仪式中也有这种区别——法师葬仪用黄布做天梯，以表示开启天门。

　　超度亡人的仪式有很多项目，每一项目都有相对应的经书唱本。比如敬土地、迎亡魂要用到《四值土地科仪》《城隍科仪》《金桥科》等唱本。《四值土地科仪》用于请神灵往上界送文书给玉皇大帝的仪式项目，《城隍科仪》用于放亡魂的仪式项目，《金桥科》用于把亡魂接进家来供养。这些科仪唱本是第一天所要用到的。次日诵经，则唱诵《礼请科》《请佛科》《灵山科》，来礼请佛菩萨和各种神灵；并唱诵《琅函科》《请经科》，以请求经书。民间法师很重视请经，认为经书唱本在科仪活动中占有核心位置，具有权威性。

　　度亡法事有大有小，规模不同。短则三天，长则九天。其间差别主要在于诵经之后的上表——上表的内容有长有短。诵经、上表用到以下科仪唱本：《蒙山科》，用于超度孤魂野鬼；《悬幡请水科》，用于开坛以后的悬幡、祭水仪式；《度桥科》，超度旧亡者和新亡者；《弥陀科》，用于请佛祖为亡灵证盟；《地藏科》，请地藏菩萨开启地狱之门；《誊录科》，请誊录仙官来做记录；《车夫科》，请车夫来帮亡人托运钱财衣物；《目连》，唱地藏王目连救母故事，宣讲孝义；《东岳科》《太乙科》，祝生祝死，救苦救难。这些唱本有一个特点是：它的内部结构（文本所记录的仪程）和外部结构（法事活动中实际进行的仪程）是彼此对应的。法事仪程在科仪唱本内得到了详细描写。

在度亡仪式第三天或第三阶段，有支亡、犒赏、出殡、圆满等节目。其时用经书《观音科》供奉观音菩萨，用《十王科》供奉阎殿十王，用《十王宥罪宝忏全部》为亡者行忏悔，用《香水科》请102位祖师来超度亡人，用《河灯科》来放河灯超度水鬼，用《玉匣科》超度非正常死亡者，用《绕棺科仪》来同遗体告别。最后的《圆满科》则用于送神灵，为所有法事做总结。《圆满科》有云："道场圆满送如来，奉送我佛返莲台"，"文殊乘狮五台去，普贤驾象返峨眉"，"观音菩萨往南海，势智能仁赴清凉"，"天仙各归天宫殿，地藏驾猊转幽都"，"水府各归龙宫藏，阳元祀典各回宫"，云云。这些唱词，提到了仪式所降的各种神灵，主要是佛教神灵。

在超度亡人的经书中，有两类比较特殊的文献。一是《资亲荐祖》，也就是留给亡者家属的纪念册，记录亡者生卒和法事始末，其性质属于文书。二是《祖师科》与《香水科》，也就是法师度亡仪式的目录。我看过一本《祖师科》，记有祖师111人；又看过一本《香水科》，记有历代祖师102人。比较两者，可以窥见历代祖师的传承情况。

（二）用于祈雨的科仪唱本

祈雨也是古礼。上古时候有雩祭、曝巫、祷雨等祈雨仪式，记在《周礼》《礼记》《左传》《吕氏春秋》等书当中。这些仪式影响深远，比如曝巫，到近代，在道教的祈雨仪式当中还有遗存。黔南民间的祈雨仪式很隆重，有五天、七天、九天之说，也有"七七四十九天"之说。在黔南布依族苗族自治州龙里县羊场镇藕寨的法师罗有豪那里，即藏有为期九天的求雨科仪唱本。

从基本程序看，祈雨和度亡相近：第一天开坛，用《开坛科》《四值土地科仪》等科仪唱本；第二天请神，用《灵山科》《三元科》等科仪唱本；第三、四天诵经，上表册给神灵，使用《普庵科》《雷部科》《朝谒科》《迎尊科》《雷祖科》等科仪唱本；最后一天送神，用《饯送科》等科仪唱本。罗有豪法师说，在诵经之后，作为上表的内容，可以陆续添加一些科仪唱本。

同度亡相比，祈雨法事的形式更多样：既可以在寺庙举行，也可以在家庭举行；既可以单独举行，也可以同其他仪式相结合。比如在祈福禳灾的打清醮仪式中，有祈雨、止风、为牛马羊驱瘟疫等环节，要用到《牛王科》等科仪唱本。有一本《玉帝科》，其开篇赞词说："一点圆光辉遍照，四流甘露润群生"，"威镇天宫并地水，权操紫界与他方"。从其中关于"地水""甘露"等字眼看，它也是祈雨仪式所用唱本；而从书名看，仪式中有请玉帝的环节。

（三）用于祭村寨之神的科仪唱本

在我们搜集到的科仪唱本中，有很多是用于请神保佑村寨、驱除瘟疫的。《开坛科》《四值土地科仪》《悬幡请水科》《礼请科》《请佛科》《禳星科》《观音科》等就是这种唱本。它们所联系的祭村寨之神的仪式，流传很广泛，历史很悠久。比如哈尼族的祭祀歌便多是祭寨神之歌，有《祭寨神》《祭村中寨神歌》《祭树》《献泉井神词》《献请十二鬼神祭词》《叫寨魂》等。这些唱本用于每年正月第一个属牛日的寨神祭祀，包括以牲畜祭献神石、神树、泉井、土地等项目。纳西族同样有许多关于祭村寨仪式的经书，涉及除秽、烧天香、迎神灵、献牲、献饭、迎谷神等主题。

（四）用于治病保子的科仪唱本

治病保子仪式常见于黔桂等地，又称"架桥安花"。壮、侗、苗、瑶、仫佬、布依等民族的法师认为：桥是往来于阴阳两界的通道，法师可以通过做斋搭桥交通祖先，或打开病人的命路，或让天上的幼子下凡投胎；花则代表人之魂，女性怀孕是因为得到了花种，幼儿也需要护花童子来看守。因此，侗族有《阴阳书》等唱本，仫佬族有《安花歌》《架接命桥歌》《架桥安花解五鬼八难》等唱本，瑶族有《架桥》《求魂接花经》《还花祈子仪式唱》等唱本。黔南法师罗有豪为新婚夫妇祈求生子则通常用到《房门桥》《热桥》《造桥》等唱本。这些唱本用于祈长生、求子嗣或安抚有病害、受惊吓的儿童。

（五）用于法师打醮还愿的科仪唱本

打醮、还愿是两类常见的法事仪式。打醮源于道教，特点是用设坛求福禳灾的方式祭祀天神地祇，通常在年末农事毕的时候举行；还愿源于佛教，特点是采用表演傩戏的方式娱神驱鬼，通常在吉事告成的时候举行。根据《中国少数民族古籍总目提要》，在瑶族古籍中，打醮的唱本有《水府十殿昌用》，用于道场取水解秽仪式，在降水神和各路圣神时唱诵；有《清醮三时》，包含运动步灵延迎师造、请四班神目、香官点场奉送等节目。在布依族古籍中，还愿的唱本有《盘古前皇》和《阳扫灰场》，记述祭祀还愿、驱鬼逐疫的仪式；有《唱解书》和《送神歌本》，颂扬送子神仙，并且用对答方式歌送神仙。

在黔南布依族苗族自治州，有一种同打醮、还愿相类似的唱本，也就是法师受职仪式的唱本。这一仪式也以三天或五天为期。其基本程序是：头一天开坛、敬土地；末一天行祖师启，即由当事人宣读受职文书，正式成为法师；中间一天或三天诵经、上表。也就是说，头一天的程序类似于度亡；但由于是为活人做清醮，它在科仪唱本中改念"祈祥"，而非"度亡"。后两天的仪式内容也与度亡有相当大的重合：比如中间这一天的核心是用《南北科》《礼请科》《悬幡请水科》《灵山科》来奉请南普庵、北真武和各路神灵；末一天则采用《观音科》《誊录科》《河灯科》《祖师科》《香水科》《瑜伽焰口》《玉皇经》《供天科》《圆满科》等科仪唱本，与此对应，包含请观音、请誊录仙官、放河灯、拜祖师、请祖师度亡、诵施食经咒、诵《玉皇经》、诵《斋天经》、送神等仪式环节。

(六) 用于立碑的科仪唱本

立碑包括立新碑和改旧立新两种情况。有四个基本程序：第一焚香请神，第二焚烧符箓并放鞭炮，第三杀雄鸡，第四唱诵《山土科》。立新碑稍稍不同：另外增加一个看风水、择吉日的项目。唱诵《山土科》是立碑科仪的核心，有为新亡人立龙脉、安家的意义。

按照黔南布依族苗族自治州龙里县藕寨法师罗宗宝的说法，《山土科》用于小法事，不用于道场，所以不是特别重要的科仪唱本。但根据黔南布依族苗族自治州莫下寨已故祖师莫慈普（1835—1927）墓碑所记，其内容并不简单。比如，在唱诵《山土科》时，要礼请很多神灵，包括五方五帝等儒家所奉神灵，高皇大帝、太玄夫人、五灵五老真君、七十二候神君等道教神灵，南无愿遥闻菩萨、南无香供养菩萨摩诃萨、南无香云盖菩萨摩诃萨、南无增福寿菩萨等佛教神灵。其中道教神灵最多，可见这是以道教为中心，吸收儒教、佛教和民间信仰而形成的仪式。

(七) 用于迁居仪式的科仪唱本

这是一种小仪式，费时一天，通常包含烧香烛、安神位、杀鸡祈福、念安位咒等节目，主要使用两种以请神为主题的科仪唱本。一是《家土科》，宗旨是把地门龙神请到家中，以安镇诸邪。它和《山土科》一样，要奉请多方神灵。除各位菩萨、星君、神君、真君外，要奉请盘古先人、神农教嫁五谷尊神（即主管粮食的神）等族神，以及十二官神和各位土地神。二是《安神科》，宗旨是把众龙神请到家中，以保佑家族平安。除奉请左门神秦叔宝、右门神尉迟恭等神灵以外，它强调"报天恩、报地恩、报君恩、报亲恩、报师恩"。根据《国语》《荀子》等典籍，古代有一种"三本"观念，认为天地是生之本，先祖是类之本，君师是治之本。安位仪式就是在这一传统思想的指导下建立的。迁居仪式是一种同日常生活相关联的仪式，同它相近，各地还有上梁、开财门等一系列建筑仪式。

  以上资料主要采自多民族杂居地区。这些地区的居民既有汉族、苗族、壮族，也有彝族、哈尼族、布依族。尽管各族所占比例不同，但它们的民间科仪和唱本，其形态却大致相同。这是为什么呢？原因应该是：这些民族的信仰和日常仪式都受到汉族民间文化的影响。汉文化作为中间色，把五彩斑斓的各民族宗教文化协调起来了。比如，各族法师拥有同样的教育生态：同样的师徒传授方式，同样的科仪文献传承方式——同样在师徒间相互借阅抄写。又如，这些唱本全部写为汉字；在其中一种用于度亡仪式的《绕棺科仪》中，记有彭祖、颜回、秦始皇、楚霸王、韩信、石崇、孟尝君、孔子及其堂前七十二贤、孟子、李广、柳下惠、陈后主、张子房、尧、舜、梁武帝、高宗、太宗、仁宗等人物，说明它们有很深的汉文化渊源。假如把视野再放大一点，观看整个南方中国，我们也能看到相近的唱本功能结构，也就是主要服务于度亡、祈雨、打醮、还愿、立坛、立碑、迁居和其他祈禳事宜。前面说到的歌师唱本、师公唱本、道公唱本就是这样。就此而言，以上对民间唱本的分类，原则上是可以成立的——至少在农耕文化区可以成立。

三、如何为民间唱本编写目录

  在本讲开始的时候，我们谈到从文献学角度对民间音乐文献进行整理研究的意义：一方面可以提升中国音乐学，另一方面也可以提升文献学和人类学。现在我们先关注前一个问题：为什么说它能提升中国音乐学？回答是：主要因为它赋予民间音乐文献研究一个全面的眼光、一个可靠的基石。"全面"的意思是，作为文史学科的材料学，文献学是关于中国音乐学之基础的学科，"全面考察"是它的核心要求。"可靠"的意思则是，文献学拥有目录学、版本学、校勘学等支柱；这些支柱的作用，就是保证唱本作为学术对象的真实可靠性。

下面，我打算具体谈谈实施这种全面性、可靠性研究的办法——主要围绕民间唱本的目录编制，谈谈文献学方法的综合应用。

民间唱本研究，首要一步是编制目录，然后逐步形成具有全局意义的知识体系。《中国少数民族古籍总目提要》一书为此提供了重要经验。当然，它也提供了一些教训。教训就是：这部《中国少数民族古籍总目提要》尚缺少明确的、统一的分类，也就是未贯彻好"辨章学术，考镜源流"的原则。如何解决这个问题呢？最好的办法是加强标准化意识，提炼更细致的要项，结构成目录编制的体例，然后编写规范的目录。用这个办法来建立明确的、统一的分类。我曾经尝试过这一点，也就是把上面这个思路概括成一个模板（见表10-1）：

表10-1 以《赈济科仪》为例编民间唱本目录要项表

	要项	内容
标志性要项	文献名	赈济科仪
	性质	度亡仪式唱本
	用途	度亡仪式结束前一天，用来赈济孤魂野鬼
	著者	失名
	文献生成地点	贵州省黔南布依族苗族自治州龙里县
	传抄者、承用者	贵州省黔南布依族苗族自治州龙里县云雾乡莫下寨法师莫觉源（1930—2020）抄，其弟子龙里县羊场镇岱林村徐昭恒承用
	编、刊、抄、搜集年代	编、抄之年不详。2019年2月葛恩专搜集

(续表)

要项			内容
内容要项	主要内容		用赞咏法筵、召请孤魂、举旗赈孤、祈求观音、启教诸神的方式超度孤魂。包含"悲沉赞咏""读孤魂榜""法师祝牒"《往生咒》"参台科仪"等篇章。第22页末行记"运动乐音，参台行事"；第23页首行为一朱笔竖线，其后记"参台科仪"。据知此书是完整的科仪唱本，而非合抄之书
	特色内容	神名	大抵为佛教神，如"释迦如来""观音大士菩萨""南无悲增二大菩萨摩诃萨""启教大士""面然鬼王""鬼子母"等
		仪式行为	第2页末行"耶阿啰哦耶婆婆"之下小字记"读《孤魂榜》，毕，揭去榜文和牌位，拿到铁围旗下"云云；第3页"杳杳冥冥祝鬼王"八句之页眉记"念毕，打锣鼓到铁围旗边赈孤"云云
		音乐行为	第3页首行页眉处小字记"法师接念"，下为"杳杳冥冥祝鬼王"八句。第4页页眉小字记"到此念"，所念为"道场布就，济孤当行"四句。又有小字记"唱"字，所唱即"普洹洛伽光明山"一句；句后又记"念：'观音大士菩萨……'"。第15页有"念《往生咒》"等字。咒语之后第16页页眉处以小字记"对答"，指用对答方式唱诵"只坠天花似地台"等八句。第23页"道场成就"等四句之后记"唱时有手印"，指歌唱时的手部动作。正文佛号之前常以小字记"念"字，表念诵。此外，正文中亦记唱诵等音乐行为，如"口咏心哭泣，悲沉赞咏""大众矜恤，随声应和""法众虔诚，奏吟悲偈""教有真言，谨当持诵"等
		文体	有四字句、五字句、七字句、散文，亦有"七三七五"式词体
		角色	有弟子、斋主、法师、事主等仪式角色。第8页"释迦如来遗教"句下以小字记"弟子"，"叨掌赈济孤魂法事"句下以小字记"凡昧臣□□"。第9页首行"领同斋主"下记"△△△"，代表事主姓名。第15页有篇题"法师祝牒"
		标点符号	有"⚭""o""、"":"等四种标点符号，用朱笔。其中"⚭"记于诗体、词体、散文各章末尾和佛号尾部。"o""、"记于句读处。":"表引起下文，用在"一心奉请""教有真言，谨当持诵""破地狱真言曰"等句之后。第22页"再有破地狱印"后写"唵嘛阿㇏"，㇏表省略
		其他	书中偶注字音。如注"斛"字"音服"，注"罋"字"音杳"，注"胀"字"音丈"

(续表)

	要项	内容
形式要项		
版本信息	形态及编号	抄本，编号葛09。另有一种抄本《赈济科》，编号葛10，内容基本相同
	卷册	一册，不分卷
	书幅	宽15cm，高23.1cm.
	版型	无
	页数、行数、字数	共34页（17丁）。页6行，行12字左右
结构信息	封面及装订	牛皮纸封面，六眼线装
	封面题字	封面左题"赈济科仪"
	扉页	朱笔题"赈济科"
	衬页	无
	目录	无
	序文、题词	无
	正文首页首句	正文首页开篇云"道场洁备，赈济当行。口咏心泣，悲沉赞咏。吾今悲叹寒林宵，夜悄悄，水向石边流处冷，魂飞夕阳斜"云云
	正文末页末句	正文末页末二行为"南无尽虚空遍法界，参礼海会佛菩萨"
	书后跋文、题款	无
	书末衬页	无
备注要项	书写特征	凡词体文、咒文、有佛号之散文，各首首行皆抬头记写。"南无尽虚空遍法界"句下"菩萨"二字用小字记写
	特殊信息	末页用另笔抄写，为法师上法台之仪，多简体字。首行云："上座时一人于台口脚上，捧香大声地说。"其后为"净手捧檀香"五言四句。其后为"法师应说"，为七言四句。页背杂抄三条咒语云"唵嘛噶哩依哈啰斡资"云云 多处用硬笔（铅笔）书写，如第27页"参礼常住一切佛"句下硬笔写"巍巍万德佛陀耶"，第28页"参礼常住一切法"句下硬笔写"浩浩三乘达摩耶"，第29页"参礼十方一切僧"句下硬笔写"溶溶五德僧伽耶"，第30页"参礼海会佛菩萨"旁硬笔写"参礼佛法僧三宝"

表 10-2 这个模板，是以《赈济科仪》为例建立起来的，代表我对于民间唱本目录学的基本认识。其中有三个要点：第一，为唱本编目录，实质上是让它进入一个意义系统，赋予它学术生命。所以，只要你打算研究民间唱本，就要为自己所搜集到的标本编制目录，并预先设计一个可执行的标准。第二，每份唱本所记录的音乐，都是实现仪式功能的手段。所以，编制唱本目录有一个关键，即捕捉音乐与仪式相关联的信息。第三，任何事物都是通过比较、在运动中显示其特性的。所以，我们要吸收版本学、校勘学的认识和方法，提炼若干形式要项，以便于比较和分析。各位在研究实践中，不一定要完全模仿这个模板，但一定要理解这三个要点。

那么，模板中的各个要项，同以上三要点是什么关系呢？现在让我们做一点具体说明。

（一）关于"标志性要项"

标志性要项有文献名、性质、著者、文献生成地点、传抄者、承用者、编著年代、刊抄年代、搜集年代等细目。这些细目都很重要，不可缺少。其中文献名是一份文献最重要的标志，是它的标签，代表了作者、传抄者对唱本的自我认知。如果原文献失名，那么我们就要为它拟名。拟名有四个办法：其一从文献中寻找某种"自名"——比如副标题，或作者对本文献性质的表达；其二参考其他同性质的文献，为之拟名；其三对这份文献的功能或主要特性加以概括，用为文献名；其四依文献中首句命名——这也就是唐代白居易说的"首章标其目"，是古代民歌、说唱常用的办法。按照学术界的通常做法，这个拟名要用方括号"[ ]"括起来，以区别于原名。

其他几个细目关于这份文献的身份，也很重要，在见到这份文献时就应该预做准备，进行相关调查。其中性质之认定是细致分类的前提；

著者、传抄者、承用者代表唱本的传承系统；文献生成地点、编著年代、刊抄年代、搜集年代等等则体现唱本的历史位置和年代背景：应该尽可能详明地记写下来。比如关于本书的作者，若得知其朝代、籍贯、官职、字号等事，应该一并录入，以备参考。民间唱本有一特殊情况，即抄写者和承用者往往会郑重其事地在书中署上姓名。这反映了抄写者和承用者对技能传承、身份传承的重视，当然也要引起我们的重视。为什么要重视呢？因为这些信息既有助于识别抄本的源头，也有助于了解这本书作为知识的延续与传播的意义。著录文献生成地点、编著年代、刊抄年代、搜集年代也有这样的意义。总之，假如我们要对唱本的传承体系加以总结，那么，以上信息就是我们的依据。

（二）关于"主要内容"

内容要项有主要内容、特色内容两部分。所谓"主要内容"，指的就是内容梗概，也就是这本书的结构和核心体系。记梗概有两种方式：一种方式是对书的主旨和其中所记的内容——比如仪式过程、仪式特点——加以提炼。表 10-1 就用了这一方式。另一种方式是利用书中原有的篇目（篇名）来概括全书的结构，因为篇目代表了作者、抄写者自己对内容的概括。如果篇目太多，无法全部列出，那么，可以选择篇幅较长的篇目来做代表。但要注意两点：其一要记录篇目的总数，以便读者知道你所选篇目在全书中的比重；其二要在罗列篇目时注意尊重原书的篇次。这两种方式，汉代刘向在校书时都已经采用过了。《汉书》的说法是："每一书已，（刘）向辄条其篇目，撮其指意。"我们不妨说，前一种方式就是"撮其指意"，后一种方式就是"条其篇目"。"条其篇目"之所以重要，缘故在于：在古代，书是写在竹木简之上，以篇为单位而编连起来的。为了防止脱漏错位，整理书籍时要详细记录各篇的先后次第。现在书的情况不一样了，装订得很好；但逐条记录书籍篇目也有特殊意义。对于一般书而言，有助于完整呈现其知识线索和思想；对于唱本文献而言，则有助于呈现表演的次第和仪式的程序。

为民间唱本编目录，有一个特殊情况是要注意"合抄书"。在中国古代，凡付之于印刷的典籍，便重视书和书的分别，很少把不同的书混合起来；但手抄本却不是这样——为了节省纸张，往往有即兴的杂抄。一种情况是附抄，即主体上是一本书，附抄其他相关或不相关的内容；另一种情况则是合抄，即把关系大致相等的不同内容抄在一起。前一种情况（附抄）比较常见，一般可以按主体部分来确认书名；后一种情况（合抄）有多种表现，应该按具体情况来确定书名，比如使用多个书名的合名。

判断唱本是不是合抄，这件事很重要。抄书者其实会想到这一点，所以书中一般会用篇目名加以提示。不过，也有篇目名不鲜明的情况，这时，我们就要根据内容——比如故事和主题——来做判断了。如果一个唱本有几个内容，彼此有明确的区分（比如有不同的主题），那么，这篇唱本便可能是合抄本。还有一种方法，是参考下面说的"特色内容"——比如"神名"——来做判断。"神名"同内容的关系很密切。不同的教派有不同的神，不同的仪式要邀请不同的神，一篇唱本的不同段落也会表现不同的神。所以，我们要注意神和篇目的对应关系，根据神名来判断唱本内容的属性，进而判断唱本不同部分的关系。

（三）关于"特色内容"

内容要项的后一部分是"特色内容"，包括神名、仪式行为、音乐行为、文体、角色、标点符号等细目。记录这些细目有两大意义：一方面确认书的具体特性，方便统一为书目排序；另一方面有助于深入考察仪式细节，以便对同类唱本做比较研究。比如刚才说到的"神名"（包括佛号），便体现了唱本信仰体系的基本素材，从中可以了解它的宗教来源。另外,"仪式行为"和"角色"呈现仪式的结构,也有助于探究这一结构的形成过程;"音乐行为"和"文体"都是仪式内容的形式表现,往往代表法师所传承的行为习惯。把这些细目记录下来,可以弄清楚唱本的来龙去脉。

从形式求内容。

学术研究有一个很好用的方法,叫作"从形式求内容"。这是因为,形式是容易辨认的,而任何内容都要靠形式来承载、表现。所以,表 10-1 把"文体"和"标点符号"都归入"特色内容"这一类。也就是说,"从形式求内容"这句话是可以落实到实践的,也就是关注"文体""标点符号"以及唱本在书写上的种种讲究。比如唱本有一个讲究:唱诵之词往往用大字记写,"仪式行为""音乐行为"则往往用小字记写。这种书写形式的差别,便反映了唱本中的物质内容的层次:大字是声音的层次,小字是行为的层次。另外,传统乐谱的书写有一些特点:曲调名往往用花边圈起来,宫调名常常记于天头处,板眼一般以朱笔点出,等等。这些情况在唱本书写上也有所表现。总之,唱本中的仪式歌唱、仪式吟诵、仪式器乐等音乐内容,总是会通过它的书写方式得到表达。这种表达是有规律可以探寻的。

从黔南地区的唱本看,同仪式歌唱相关联的书写方式,主要表现为特殊的文体和特殊的标点符号。比如关于法师的独唱,唱词多用七言古诗之体,以四句为一小段,每段之末用梅花(ஃ)等符号做标记。这个标记有时写为☆号,在含义上相当于古代所谓"解",代表一个唱句或唱段结束,也代表乐器落板。孙晓辉博士写过一篇文章,题为《鄂西民间手抄唱本音声符号"ஃ"考释》,认为在鄂西手抄唱本中也有这一符号,歌师称之为"三娘环"或"三连环"。它代表唱腔落、锣鼓起的唱奏交替关系,主要用在以三接头开篇的长篇唱书当中,有时与短板"o"符号相对使用。我们也注意到:使用梅花符号的七言韵文,在公元9—10世纪的敦煌变文和讲经文

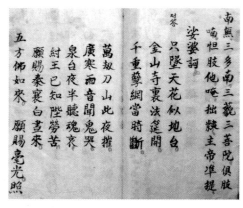

图10-2 《赈济科仪》中对答唱词书影

中已是常见的唱词文体,可见它有悠久的历史。与此相联系的情况是:在从歌唱转入朗诵的时候,黔南民间唱本中的七言诗体往往会转换为四言、五言的杂言体或散文体。这意味着,除了在戏曲、曲艺中常见的歌唱用诗赞体、朗诵用散文体的惯例以外,在黔南民间仪式中还保存了歌唱用诗赞体、朗诵用杂言体的传统。

在道场仪式中,一般有两种法师:一是主坛法师,也叫"领头法师";二是辅助法师,即其他法师。独唱通常由主坛法师承担,辅助法师则参加合唱与重唱。这些歌唱方式在唱本中也有明确的形式表现。比如合唱,尽管在词体上仍然像独唱一样采用七言诗体形式,但有一定的提示符号,比如"大众慈悲""大众志诚"等提示语。有一本名叫《度桥科》的唱本说:"大众慈悲,歌《扬芳赞》……⚭。"意思就是要合唱《扬芳赞》这篇词体歌词。这里的环线符号⚭,和梅花符号含义相近;但有时代表一个比梅花符号段落更长的唱段。比如《地藏科》有一段合唱,其中有8个梅花符号⚭和

一个环线符号♾。意思是：经过八个小的落板以后，有一个代表大段落结束的落板。

以上两种符号不仅用来表示独唱与合唱，而且用来表示重唱与"和唱"。重唱的提示符号是"♾ 二合"和"♾ 二合"。比如《地藏科》说："鞠躬退位，法事登坛。歌《扬芳赞》：南无香供养菩萨摩诃萨♾，二合。"意思是：做道场的法师分为左右两班，用两个声部重唱"南无香供养菩萨摩诃萨"。"和唱"也有特殊的提示符号。比如在《赈济科仪》中，有一段七言八句唱词，上注"对答"二字（图10-2）。此二字代表主坛法师唱第1、第3、第5、第7句，辅助法师则唱第2、第4、第6、第8句，歌唱时用木鱼伴奏。还有一种符号与此类似，即代表"举唱"的"举"字。"举唱"是类似于"和唱"的一种歌唱方式，通常由主坛法师独唱前两句，由辅助法师"和唱"其他各句。

相比起来，关于吟诵和器乐的书写符号要简单一些。表吟诵的符号主要是文字词语，比如用"却说""又说"等词语引起一段故事，用七言赞词加♾、♾等符号的方式表示唱本开篇。又比如用"念诵""念""诵叹""谨当宣读""臣朗然宣读"等术语表示不同的吟诵方式："振铃念诵"指一边奏击铜铃一边念诵，通常吟诵"真言"；"同诵叹"指大众一起吟诵，通常诵叹偈词；"念"指念诵杂言咒语，"谨当宣读""臣朗然宣读"则指诵读散文或骈文。至于表器乐，则有"运动铙音""击鼓三通""螺鸣法会演真诠"等说法，或者"金铃一响，大铁围开；金铃二响，小铁围开；金铃三响，城隍社庙开"等说法。这些说法也可以追溯到古代。比如唱本用吟诵开篇的方式类似于汉以来的古书"赞辞"；其诗体形式见于敦煌俗讲中的押座文；它通过击打乐器来表示落板的方式，是话本、弹词、宝卷、相声等民间说唱的常用方式，人称"定场诗"和"开场诗"。唱本中表器乐的那些书写，则反映了佛教仪式和佛教乐器对民间仪式的影响。

"文体"这个概念，原来是文学研究的概念，音乐研究者不太在意。但在唱本研究中必须改变这种情况。因为从历史角度看，文体是来源于某种音乐程式的；从现场情况看，仪式歌唱的功能也要靠特定的文体来实现。比如在黔南民间唱本中有这样几种文体：（1）词体。比如有一本名叫《总赞科》的唱本，记有《浪涛沙》《骂鱼郎》《梅花引》《水底鱼》《悲孤泣》《九条龙》等词牌。这种词体的特点是重视修辞，用于《四值土地科仪》《礼请科》《眷录科》《请佛科》等几十种科仪唱本。（2）"赞"体。例如有《灵山化财赞》《地藏化财赞》《玉帝化财赞》《请佛化财赞》《十王化财赞》《关土地化财赞》《大三皈依赞》《香花赞》《请水赞》《大八仙赞》《兰香子赞》等赞文，一般是七言体，用于合唱。（3）"偈"体，包括《菩萨偈》《熏香偈》《上帝偈》《供天章偈》《开经偈》。各偈使用不同的吟诵调，故唱本有云"大众志诚，同叹《菩萨偈》""运动海潮音，同赞《熏香偈》"云云，意思是采用《菩萨偈》《熏香偈》这两种合声诵唱，所唱各有特色。（4）"八句偈章"，也就是有反复的合唱。例如《城隍科仪》所记：

> 八句偈章，同声赞咏ぅ。发云地菩萨。（甲）
> 理民为国事如何，棋布森罗郡邑多ぅ。（乙）
> 民有宪章开知府，阴司阎君掌善恶ぅ。（丙）
> 配生注死分忠直，济苦除危般惹波ぅ。（丁）
> 愿降此日临法会，提拔亡者出涤河ぅ。（戊）

这里的符号ぅ代表反复歌唱"发云地菩萨"。也就是说，在乙、丙、丁、戊等处，众法师合唱完一句之后，要加唱"发云地菩萨"。这就是所谓

"同声赞咏"八句偈章之法。

除以上说到的 ⚶、☆、⚘、"二合"外,唱本常用的符号还有:三角号△,有时写为○号,连写,代表事主的姓名;云曲线符号⸹,代表省略;"十声""三称",表重复,"十声"代表每一句重复十遍,"三称"代表此句重复三遍。我们在为唱本编写目录的时候,要注意这些符号。

(四)关于"形式要项"

"形式要项"分两部分:"版本信息"和"结构信息"。"版本信息"的细目很多,各有其意义。其中"形态及编号"的用途是方便保存和查阅。各位是不是知道,人之所以要有名字,图书馆的书之所以要有编号,很大程度上是为了保存。没有名字和编号的人和物,都是容易失踪的。记"卷册"的目的有三:一是反映篇幅和结构,二是帮助辨识版本,三是考察流传。很多书,在一个地方印是"两卷"或"三卷",到另一个地方印就变成了"八卷"或"十卷",所以记卷册有助于辨识版本。记"书幅"的主要意义也是帮助识别版本;但它也有一个次要意义,即便于考察唱本的性质和抄写年代,因为以前抄手在抄书的时候,喜欢用同样幅长的纸来抄写性质相近的书,或者喜欢在同样的时间使用同样的纸。"版型"是关于刊印本的概念,指印在纸上的那个方框。它对于识别书的版本、确定刊刻的年代有重要意义。通常记版型的时候要记:版框尺寸,版心上方的花纹(白口、黑口或花口),版心中部的花纹(鱼尾的类型),鱼尾上下的题字,等等。细节很多,记刊本之前,最好参看一本关于古籍版本学的书。至于记录页数、行数、字数以及结构信息中的封面及装订、封面题字、扉页、衬页等等,主要目的也是为了方便做版本比较和版本研究。其中记页数有两个术语:一是"页",二是"丁"。"页"这个字,在古代是指单面印刷的一张纸,等于现在说的两页,因为现在一张纸通常印两面。为了避免歧义,日本、韩国文献学家常常使用"丁"这个字，代表一张或折叠或不折叠的纸（一纸一订）。我在编制目录时采用这一做法。

同"版本信息"相比，"结构信息"诸项和唱本书的内容关系更密切。比如"封面题字"便反映了书作者或抄写者对本书的关键认识：所题著者代表书的生产者，抄写者反映书的传承，书名代表作者、抄者所认可的书的性质。这些项目有时写在页背（封二）或扉页上面，有同样的意义。扉页指的是封面之后、正文之前有字的一页。扉页上的记录往往对封面题字加以补充，比如常常会记写此书的别名，印本扉页则常常记写刊印信息，等等。因此，必须加以重视，一一著录在目录中。和扉页相近似的是衬页。衬页指的是指封面之后、正文之前的空白页。一本书的页数，通常包括衬页、扉页等非正文书页，所以对衬页及其页数要加以记录。

从学术角度看，接下来的几个细目——结构信息中的目录、序文、题词、正文首页首句、正文末页末句、书后跋文、题款等，意义非常重要。因为序跋和题词往往交代全书制作背景，代表当事人——站在历史现场当中的人——对唱本的评判。"目录"是一份关于全书纲领的清单。有目录和无目录，实际上表现了唱本制作者编纂意识的强弱——有目录的唱本在文献性质上接近"典籍"，无目录的唱本在文献性质上接近"文书"。还有两项是记写"正文首页首句"和"正文末页末句"。它们有三个意义：其一反映该书的内容起讫、行文风格，其二体现该书的版本特征，其三表明该书的完整程度——因为书本最容易在首尾受损；各种残缺，首先会在一书的首尾表现出来。至于形式要项之后的备注要项，则可以记写关于此书书写习惯、年代特征的一切信息，比如藏印、夹页、批语、涂鸦，都应该以"书写特征"和"特殊信息"的名义记写下来。也就是说，如果把目录编制看成是只有技术性的工作，那么就错了；其实，这项工作有很多地方可以发挥我们的学术想象力。

四、民间音乐文献学的特点和意义

文献学有很多分支，上面我们着重讨论了目录学这个分支。其中有两个要点，值得再说一遍：第一，为民间音乐文献编目录，这件事很重要，是对其进行文献学研究的关键。这是因为，学术研究是开始于分类的，其首要一步是判别作为对象的资料或事物的性质。目录编制恰好具有这两个功能：一是分类的功能（古人的说法是"辨章学术"），二是通过分析事物来探察其结构及其性质的功能。我们之所以详细讨论目录要项，其缘故也在于，每一个目录要项，都是和文献性质的判定、文献的学术价值相联系的。第二，编目录的过程，实际上是精读民间音乐文献的过程，既要有音乐学、人类学的眼光，也要运用校勘学、版本学的思维和方法。比如表10-2介绍的目录模板，其中"版本信息"专栏所列各要项都是服务于版本比较的；而版本比较的主要方法就是校勘。如上所说：这样做的主要目的是了解民间音乐文献的年代属性、地域属性，了解它在传播中的位置，也就是了解它的来龙去脉。包含这些细节的目录，才会成为翔实可靠的学术指南。

由于时间关系，我来不及详细讲述民间音乐文献的校勘学、版本学、传注学。作为弥补，下面拟简单谈谈民间音乐文献学的特点。民间音乐文献学的意义，也就隐藏在这些特点当中。

在民间音乐文献目录与古典目录之间，有一些区别很明显。比如古典目录的时间下限在近代，而民间音乐文献却大量产生在近一二百年。古典目录所著录的图书大多来自历代官私收藏，而民间抄本却散落在民间——在各民族居住地。古典目录的经典分类是四分或七分，而民间音乐文献目录却要按其功能重新建立自己的分类体系。除此之外，前面说到，为了服务于音乐学和民族学，民间音乐文献目录还有一些特殊之处，为此要设计一个新的编纂体例。比如，现在可见的唱本文献往往经过很多年的传承，作者不明确，因而要重视对抄写者、承用者加以记录；民间音乐文献失名情况比较严重，为此要慎重考虑拟名的原则和方法；每一份文献都有自己的书写习惯，需要关注并给予说明；民间音乐文献实际上是仪式活动的文字表现，因此，要从功能角度考察它，确认它的性质，也确认它的结构；为了准确地完成这种性质确认，要记录神名、仪式行为、音乐行为、文体、角色等要项；其中文体一项，又要注意因唱、诵程式而造成的辞式变化；等等。由此看来，即使从文献学的角度看，民间音乐文献目录学也是一门崭新的学问。

民间音乐文献目录具有特殊性，因此民间音乐文献目录学是一门崭新的学问。

其次谈谈版本。尽管古人对版本的认识早在汉代便已出现，刘向《别录》有"一人持本，一人读书，若怨家相对"之说，但"版本"一词却是在宋代开始流行的。这是因为，古典版本学的经验，主要来自对印本和与之相关的抄本的整理研究；其对象，主要是典籍的雕版源流、传抄经过、纸地墨色、字体刀法、藏书印记、装潢形式。对于整理民间音乐文献，版本学的知识是有意义的——它提示我们有意识地搜集、整理同一种文献的不同版本，进而理解民间文献的流传。但是与古典文献相比，民间音乐文献的产生和流传有其特殊性，主要有两个特点：第一，民间音乐文献主要是手抄本，这使版本表现更加自由、形态更加复杂。民间音乐文献

不同版本的区别往往表现为书写形式的区别，因此，其版本学要关注书写与口头表达的异同。第二，民间音乐文献与仪式活动紧密相关，往往同时具有固态（整理本）、活态（传唱本）两种形态，因此，民间音乐文献版本学既要以仪式为单位来做考察，也要以文献承用人、传抄人为单位来做考察。民间音乐文献文本的背后是成体系的传承，所以，民间音乐文献版本学又要肯定每一版本的独特价值，关注每个版本的特征，重视考察版本之间的传播学关系，而不追求形式上的精本或善本。总之，民间音乐文献版本学的目标是明确每一份文献在传承谱系中的位置。我们所设计的唱本目录模板，很多要项便是服务于这一目标的。

> 民间音乐文献版本学的目标是明确每一份文献在传承谱系中的位置。

民间音乐文献既然有以上特点，那么，其版本研究便主要包括两个方面：一是确定年代——既确认特定音乐文献的年代属性，也确认它所代表的音乐实践或仪式实践的历史位置。怎样来确定年代呢？首先要从文献题识当中捕捉信息，其次要从文献内容当中捕捉信息，再次要从书写文献的字体和纸张当中捕捉信息，最后还要通过田野调查来获得信息。二是考察诸版本之间的关系，以确认其传承系统。具体做法是版本比较：除比较文献的结构、内容、字词差异、书写习惯和常用符号以外，要通过田野调查来了解文献的传播和传承。

再次谈谈民间音乐文献的校勘学。一般意义上的校勘学，其宗旨是通过资料比较，发现并纠正古籍在流传过程中发生的文字讹误。它采用对校、本校、他校、理校之法，具体目标是恢复一个接近原本的、具有标准意义的文本，即古所谓"正本""定本"。与之相比，民间音乐文献的情况大不相同：其文本往往得自田野，因此，既要呈现文献与文献之间的历史关系，又要呈现固态文本（用于阅读的文本）与活态文本（用于演唱的文本）之间的历史关系。也就是说，它既要用不同的文本相校勘，也要用现场记录和文本记录相校勘。为什么说"历史关系"呢？因为校勘的目的不是获得一个定本，而是获得对于每一唱本的不同形态的综合理解。这一点也是民间音乐文献研究的核心意义所在：一方面，我们要尊重唱本的每一个记录本，因为它代表了某种仪式形态；但另一方面，我们要特别重视那些传承时间较长的唱本——因为它们代表了历史的现场。我们访问过的法师也是这样看的，他们心目中都有以古本为"经典"的观念。同民族音乐学的现场相比，这种唱本更接近传统或仪式的核心。所以，民间音乐文献校勘学要重视"本"，亦即以唱本的固态形式为骨干、为目标，利用田野调查来丰富这一具有历史意义的文本。在这一点上，要注意避免西方民族音乐学的某种偏颇，重视中国民间仪式音乐的高文化特质。

> 民间音乐文献校勘学要重视"本"，亦即以唱本的固态形式为骨干、为目标，利用田野调查来丰富这一具有历史意义的文本。

以上这些话，可以概括为：民间音乐文献校勘学要有较强的功能意识，注意发现和保存每一种异文的功能意义。从操作角度看，要放弃古典校勘学的"正误"观念，注意在校勘工作中，保存那些反映文献流传的印记，保存那些反映传承主体的知识水平和书写习惯的异文。现在，我打算再以《赈济科仪》为例，来做一些补充说明。

我们在前面已经提到这本《赈济科仪》了：它是贵州省黔南布依族苗族自治州龙里县羊场镇岱林村徐昭恒法师承用的一件科仪唱本，以下称"甲本"。徐昭恒另外也藏有一种抄本影印本，题为《赈济科》，以下称"乙本"。在这两个版本之间，有以下几类异文：

（1）关于仪式项目。乙本正文起首云："道场清净，境界光明。大众志诚，诵扬佛号。释迦如来，度人不倦。兴权启教，阿傩陀尊者……引魂王菩萨，三途路上。三声佛号，维作证盟，运动铙音，门外赈济行事。"甲本无此段，意味着缺少一个"大众志诚，诵扬佛号"的项目。

（2）关于仪式诵辞。甲、乙两本第 16 页皆有一段"法师祝牒"，甲本于篇名下注云："日月照于天下，无处不明；鬼神察于人间，有求有应。具有牒文，谨当宣读。牒文读毕。一份钱财，加赞化纳。念《往生咒》。"《往生咒》词为"稽首皈依苏悉帝，头面顶礼七俱肢，我今称赞大准提，惟愿慈悲垂加护。南无三多南，三藐三菩陀，俱肢喃，怛肢他，唵，拙隶，主帝，准提娑婆诃"一段。乙本于篇名下注云："神之妙用，叹莫能穷。具有牒文，谨当宣读。读毕，加赞化纳。唱《准提咒》ξ。"无《往生咒》咒文，以 ξ 号表示省略了《准提咒》的文词。这两本的差别在哪里呢？其实就在"法师祝牒"的牒文。因为从甲本"我今称赞大准提"一句看，《准提咒》应该是《往生咒》的别名。这就是说，甲乙两本的仪式进程大致相同，所念咒文也相同；只是"法师祝牒"的牒文不同。

（3）关于仪式行为的记写。甲本第 2 页"南无……阿啰哖耶娑婆"下有小字注："读《孤魂榜》，毕，揭去榜文和牌位，拿到铁围旗下。"乙本注文仅为"读《孤魂榜》"四字，也有省略。

（4）关于音乐行为的记写。甲本第 4 页"道场布就"四言四句天头处有小字注："到此念。"其后"普洹洛伽光明山"句天头处有小字注："唱。"乙本无此二注。

（5）关于字词。乙本第 19 页有"开狱户，灭孤灾"句，甲本作"开狱户，灭亡灾"；乙本第 24 页有"金光明，心地宽"句，甲本作"金光明，心地观"。从字义看，乙本更合理。

（6）关于音注，二本各有详略。乙本第 14 页"遂"字旁注"音税"，"悦"字不注，"斛"字旁注"音胡"；甲本"遂"字不注，"悦"字旁注"音月"，"斛"字旁注"音服"。

（7）关于字体繁简。乙本第 17 页天头注"交替对叹"，下云"只坠天花似地臺，金山寺里法筵开，千重孽网当时断"云云；甲本天头注"对答"，其下"臺"字写为简体"台"，"里"字、"断"字写繁体（见图 10-2）。

我把以上这些异文列举出来，是想告诉各位：不要用对或错的眼光看待这些异文，而是重视它们，把它们写入校勘记。因为它们有助于判别文本之间的关系。比如第（1）项表明，乙本在仪式开始处多一项合诵佛号并"运动铙音"的环节。第（2）项表明，甲乙两本的仪式进程大致相同，属于同一个仪式系统，但有不同的师承。第（3）项记写仪式行为详略有别，表明二本之间不构成源流关系。第（4）项记写音乐行为的习惯有差别，乙本多有省略，甲本不省，联系第（3）项，可推测甲本的承用者是新手。第（5）项字词书写，乙本较合理，可推测乙本来自一个较早的抄本系统。第（6）项表明，甲、乙二本承用者识字水平相近，但所知范围不同。第（7）项关于字体繁简，乙本多写简体，可能出自一位较年轻的法师之手。总之，乙本代表了这份科仪唱本的较早的形态，而甲本的抄写年代则早于乙本。如果找到更多的版本来做校勘，我们就能建立一份《赈济科仪》版本系统图。我们知道，古典版本学也要求研究者提出这样一份版本系统图。但应该注意：两图的学术价值不同——民间音乐文献学的校勘学和版本学，主要意义不在于提出一个古本，而在于揭示一种仪式行为的传播和传承。

关于民间音乐文献学，可以说的话很多。首先当然要说，音乐研究者应该学好古典文献学。要理解章学诚所说的"辨章学术，考镜源流""部次甲乙……条别学术异同"，也就是理解文献学的核心精神——重视分类，重视比较，重视通过为文献排列次序而彰明学术。同时，要理解郑樵所说的"必究本末，上有源流，下有沿袭，故学者亦易学，求者亦易求"，也就是理解文献学的宗旨——致力于学术，透彻地阐明事物原委，既向读者提供明白的学理，也提供容易操作的轨范。事实上，这也就是《中国音乐文献学初阶》这本书希望达到的目标。

> 在音乐的名义下，建设一种新的文献学。

不过，当我们面对民间唱本来谈文献学的时候，我们也产生了新的愿望。这就是本讲开始时说到的那个愿望——在音乐的名义下，建设一种新的文献学。因为我们发现：民间音乐文献学研究，意味着对仪式音声和仪式行为的书写方式、书写符号进行研究。从范围看，它不仅要和故纸打交道，而且要和生机勃勃的现实生活打交道。不仅要改造印本时代奠定的文献学规则，使之包容抄本；而且要对抄本扩容，以便给逝去的声音留下尽可能大的空间。从方法看，它的校勘学，有时要用在现场观察和历史记录之间，既要注意吸收古典文献学的经验，建立完善的工作体例，又要注意对象的特质，避免抹杀唱本中具有生命力的那些东西。它的辑佚学，有时表现为对现场观察所得和历史考察所得进行重组,因此会重新构建"古本""史源""异文"等概念。所以,当我们在学术的名义下开辟民间唱本研究这一领域的时候,我们的选择意味着:文献学将要在音乐的名义下,结出一批新成果,也呈现一种新的形态。

附录一　古典文献学参考书解题

以"辨章学术，考镜源流"为宗旨的中国的文献学，被誉为中国学术的"根底之学"。从汉代开始，它就有比较系统的实践了；但它是沿着"术先学后"的发展轨迹，在20世纪定名的。其标志就是1928年郑鹤声、郑鹤春撰写的《中国文献学概要》。20世纪以来，文献学家继承刘向、刘歆父子开创的传统，重视通过目录学、版本学、校勘学的综合应用来解决古籍文献的实际问题，从理论上完善了"文献学"的系统，增加了传注学、辨伪学、辑佚学等分支学科。

文献学也称"校雠学"。"校雠"一词在古代原来专指校勘，后来发展成集版本、校勘、目录、典藏诸学为一体的学问。宋代郑樵《通志·校雠略》对校雠的内涵加以拓展，奠定了传统校雠学的基础。有清一代，校雠学日趋成熟，其内容涵盖版本考证、文字校勘、史实考订、古籍分类、目录编纂等方面。20世纪，张舜徽所著《广校雠略》（1945年出版），程千帆、徐有富所著《校雠广义》，对版本、校勘、目录等专业的文献学原则和方法做了梳理和总结。

20世纪50年代，北京大学创建了古典文献学专业，其他高校也逐渐设置了相关课程。1957年至1960年，王欣夫在复旦大学讲授文献学课程，讲课内容围绕目录、版本、校雠三方面展开。讲稿《文献学讲义》

经徐鹏教授整理，于 1986 年出版。这部著作大体上反映了 20 世纪 60 年代的学者对古典文献学学科体系的认识。1982 年以来，多种古典文献学著作次第出版，反映文献学学科建设已经走向成熟。这一时期的代表作有：张舜徽《中国文献学》，吴枫《中国古典文献学》，孙钦善《中国古文献学史》，程千帆、徐有富《校雠广义》，洪湛侯《中国文献学新编》。它们对传统的文献学做了全面总结，并结合学术史的发展在不同程度上丰富了古典文献学的内涵。

以下分类介绍几种具有代表性的文献学著作。

一、文献学总论

《中国文献学概要》，郑鹤声、郑鹤春著，1930 年初版，上海古籍出版社 2001 年再版。

本书撰写于 1928 年，1930 年由商务印书馆出版，后多次再版，被誉为"中国文献学的开山之作"。此书《例言》提出了"文献学"的定义，云："结集、翻译、编纂诸端，谓之文；审订、讲习、印刻诸端，谓之献。叙而述之，故曰'文献学'。"该书各章节即围绕这一定义展开：所谓"结集"，实际上指"目录"；"审订"，实际上指"校勘"；"印刻"，实际上指"版本"。其他几章的内容是："讲习"，叙述经学传承；"编纂"，介绍类书丛书；"翻译"，在中外文化交流的背景下考察文献的衍变与传播。该书的特点是：在继承古典文献学传统的基础上，试图从世界学术的潮流中审视文献学。

《中国文献学》，张舜徽著，河南人民出版社，1982 年。

张舜徽（1911—1992）是著名的历史文献学家。本书是张舜徽的代表作。20 世纪 40 年代，张舜徽曾撰写《广校雠略》（附释例三种，中华书局 1963 年版），在论述其治学经验之时，通过各章节标题明了文献学的原则与方法，亦即表明了"广校雠"传统的文献学思想。20世纪80年代，张舜徽整理旧稿，加以补充，写成这部《中国文献学》。

本书以较多的篇幅总结了前人的文献整理工作。全书分为12编、60章，论述了文献学的范围、任务、古代文献的流传、类别，并且介绍了古代文献的分类、文献散佚情况以及历代校雠学家整理文献的业绩。该书以国学为底蕴，以史学为归宿，被誉为"经、史、子、集无所不包"的"通人之学"。

《文献学讲义》，王欣夫述，上海古籍出版社，1986年。

本书是王欣夫（1901—1966）生前的授课讲义，经徐鹏整理出版。这部著作反映了20世纪60年代学术界对古典文献学学科体系的认识。

本书围绕目录、版本、校雠三方面展开，对文献学的演变概况做了论述。作者指出：编目录是为了介绍文化遗产，讲版本是为了检择可靠的材料，校雠是整理材料的方法。这三个内容本来是三位一体的，不应该分什么先后。作者还注意到新出土文献、海外所存中国文献以及现代学者在校雠学方面的成果。

2000年，上海古籍出版社出版"名家说——'上古'学术萃编"丛书。其中《王欣夫说文献学》一书，就是以《文献学讲义》为基础编成的。此书浓缩了王欣夫在文献学领域的研究成果及心得体会，是文献学研究的重要资料。

《中国古文献学史》（上、下），孙钦善著，中华书局，1994年。

这是第一部以"中国古文献学史"为名的专著。它以重要的文献学家及其著作为单元，从文献学的成果、方法和理论的角度，分七章梳理了先秦、秦汉、魏晋南北朝、隋唐五代、宋辽金、元明、清及近代的学术史。

本书资料丰富，经纬分明，史论兼备，立说公允。书中含有30多个专题，论及文献学家上百人，全面概括了古代典籍校订、编辑、使用、流传、保存的过程。

2001年，本书作者在保留原书框架的前提下，压缩例证和引文，修订出版了《中国古文献学史简编》一书，由高等教育出版社出版，2008年由北京大学出版社再版。2006年，本书作者将古文献学的理论、方法与经验成果相结合，出版了《中国古文献学》一书，由北京大学出版社出版，作为普通高等教育"十五"国家级规划教材之一。

《校雠广义》，程千帆、徐有富著，齐鲁书社，1988年至1998年。

这是四卷本文献学专著，从1982年起经过十几年的写作，包含版本、校勘、目录、典藏四部分。

本书特点在于：第一次全面叙述了自西汉刘氏父子创建、历代学者共同发展，至清儒而益臻完备的这门富于中国特色的学问。它并没有将该书写成校雠学史，而是重点论述了这门学科的实际应用。作为文学研究者，程千帆先生历来主张将文学批评建立在考据的基础上，将文艺学研究建立在文献学的基础上。本书落实了这一思想，因而特别对集部书的校勘做出了重点论述。鉴于其学术价值，一些学校也将《校雠广义》定为研究生的必读书。

《中国文献学新编》，洪湛侯著，杭州大学出版社，1994年。

本书以形体、方法、历史、理论四编立目，目的是建立文献学的完整体系。"形体"指文献的体裁和载体，"方法"指文献学的方法，"历史"指文献学史，"理论"指文献学家的思想。本书在"方法编"中，分述目录学、版本学、校勘学、辨伪学、辑佚学和编纂学等六种文献学分支。它同时重视编纂学，明确将其列为古文献学的组成部分。书后还附有相当数量的关于中国文献学研究成果的论文。

《中国古典文献学》，张三夕主编，华中师范大学出版社，2003年。

此书旨在推动高校学生加强中国古典文献学基础知识教育，因而具有简明、实用、富于时代性的特点，2018年修订出版第3版。书中以十个章节论述了古典文献的载体与类型、目录、版本、校勘、辨伪、辑佚、标点、注释、检索以及出土文献整理，简洁明快地囊括了古典文献学的所有内容。

书中凡涉及文献学专业知识的讲解，均有例文相参照。例如讲述古籍文献注释学，涉及名类及术语多达17种，然后更影印《十三经注疏》中《诗经·秦风·蒹葭》的首章来讲述序、正文、传、笺、疏的形式。作为高校教材用书，本书在每章结束处，附有思考题、练习题和进一步阅读书目。

二、目录学

目录学是关于文献分类的学问，也是呈现每一时代的知识结构的学问。古典目录有两大功用：一是记载古籍的存佚，用书目方式对某一时期的知识与学术加以总结；二是如宋郑樵《通志·校雠略》所说"类例既分，学术自明"，反映学术的源流。一部中国目录学史，并不是"书单史"，而是一部中国学术史。历代学者皆重视目录学的学术指导意义，认定它是做学问"第一要紧之事"，视它为学问的入门途径。

关于目录学，近来的理论著作有很多，今介绍以下几种。

《中国目录学史》，姚名达著，1936年初版，1957年重印，上海古籍出版社2005年再版。

本书是西学东渐以来第一部全面、系统地论述中国目录学发展历史的学术著作。它写于1935年至1936年，1936年初版，1957年重印。重印时附有王重民所作的后记，对原书进行订正，并对若干问题做了补充与说明。

本书开卷即先解释目录、目录学的概念和定义，目录学的种类和范围，目录学与其他学科的关系，颇具现代学科理论建设的规模。其主体部分采用"主题分述法"，分为十篇，即叙论、溯源、分类、体质、校雠、史志、宗教目录、专科目录、特种目录、结论。它在内容安排方面注意年代顺序，分类阐述了中国目录学的产生与发展，并概括叙述了西方图书分类编目理论传入中国以后中国目录学发生的变化。全书贯穿作者的目录学理念，即认为目录学是"将群书部次甲乙，条别异同，推阐大义，疏通伦类，将以辨章学术，考镜源流，欲人即类求书，因书究学之专门学术"。书中《四部分类源流一览表》《中国历代佛教目录所知表》等具有很高的工具价值。

《目录学发微》，余嘉锡著，1963年初版，中国人民大学出版社2004年再版。

余嘉锡（1884—1955）是著名的目录学家、史学家，以所著《四库提要辨证》而享盛名。本书也是他的代表作，是作者1930年至1948年在大学讲授目录学时的讲义。它概述了目录学的发展源流、各种体制的利弊得失、历代书目的类例沿革，被誉为"透辟精审""探微索隐"的作品。其中将目录之书归纳为三类：一是部类之后有小序，书名之下有解题的目录；二是有小序而无解题的目录；三是小序解题并无，只著书名的目录。本书往往与作者所著《古书通例》合编出版，以便彼此参阅。《古书通例》重点介绍古书之"文体""文法"，对于古书阅读、整理和辨伪等有实际指导意义。

《古典目录学浅说》，来新夏著，1981年初版，中华书局2003年再版。

本书是作者在南开大学讲解目录学多年的讲义，通常作为研习国学和古典目录学的基础读物。它分为"目录学概说""古典目录学著作和目录学家""古典目录学的相关学科""古典目录学的研究趋势"等四章,扼要介绍了古典目录学的分类、体制、功能,叙述了古典文献学的历史,并针对目录学的发展趋势提出了学科建设的构想,是关于目录学的最好的入门书。

《目录学教程》,彭斐章主编,高等教育出版社,2004年。

本书是教育部组织编写的高等学校图书馆学专业核心课程的教材。它的主要内容有:目录学的基本理论,中国目录学发展史,书目、索引、文摘与综述的编制原理,书目情报服务技术,书目工作的组织与管理理论,外国目录学理论,目录学的分支学科,国内外目录学的发展趋势,是一部具有图书情报学特色的目录学教材。

三、校勘学

"校勘"原称"校雠",意为比勘校对,即所谓"一人读书,校其上下,得谬误,为'校';一人持本,一人读书,若怨家相对,为'雠'"。作为一门学问,校勘学依附于经书注疏,建立于西汉。刘向、刘歆父子在整理皇家藏书的实践中,率先确定了校勘程序规范,即兼备众本、比勘文字、审定篇次、确立书名、厘定部居、叙述源流,由此奠定了校勘学的基础。唐宋时期,校勘学得到充分发展,出现了陆德明《经典释文》、颜师古《汉书注》、朱熹《昌黎先生集考异》、彭叔夏《文苑英华辨证》等成果,并在宋代出现了总结校勘原则、校勘通例的著作。到清代,校勘学进入繁盛期,成为乾嘉时期朴学的基础。这些校勘实践在近现代校勘学理论书中得到了总结,除俞樾《古书疑义举例》、刘师培《古书疑义举例补》、杨树达《古书疑义举例续补》、马叙伦《古书疑义举例校录》以外,有以下几种教科书:

《校勘学释例》，陈垣著，1931年由北京大学国学研究所印行，1959年中华书局重印，此后多次再版。

本书作者陈垣（1880—1971）是一位杰出的史学家，在宗教史、元史、年代学、辑佚学和史讳学等方面都有建树。他曾经进行《元典章》校补工作，后来从中选择若干典型的校例，归纳为校勘原则，编成《元典章校补释例》一书。此书就是《校勘学释例》的前身。《校勘学释例》将古籍产生窜乱讹误的现象归纳为五类，每类又归纳出致讹原因，进而提出了著名的"四校法"。这"四校法"指：（1）对校法，以同一祖本、不同版本的书对读，记录差异并做判断；（2）本校法，以本书前后记载互证，记录差异并做判断；（3）他校法，以其他在资料上相关的书对校，记录差异并做判断；（4）理校法，即推理校勘法，以充足的理由为根据，提出疑问并做判断。"四校法"是对中国长期以来校勘工作经验和方法的总结，代表了现代校勘学理论的建立。

《中国古代史籍校读法》，张舜徽著，中华书局1962年初版，上海古籍出版社1980年再版。

本书是一部从指导实践的角度编写的关于中国古籍阅读、校勘、版本识别以及辨伪、辑佚的著作。全书共分通论、分论、附论等四编，通过大量例证，分别讨论了校读古代史籍的基本条件、校书之法、读书之法、辨伪与辑佚之法。凡校读古籍容易碰到的问题，应该注意的方面，本书都做了阐述。

《校勘学大纲》，倪其心著，北京大学出版社，1987年。

本书在归纳古今校勘学成果的基础上，结合作者的校勘经验，讨论了古籍文献校勘的通例、历史、方法、出校原则、校勘记的写作等方面问题，并说明了校勘与辨伪、辑佚的关系。本书主要由三部分构成：校勘和校勘学的历史，校勘学的基本理论，进行校勘实践的方法和技能。书中也提出了关于校勘学的一些特殊看法，例如说：与校勘实践相比，中国始终没有建立校勘理论体系；《校勘学释例》仅采集《元典章》一种古籍，并不能广泛概括古籍整理的校勘特点；等等。

《汉语古籍校勘学》，管锡华著，巴蜀书社，2003 年。

本书比较全面地介绍了关于校勘和校勘学的知识。主要内容有：校勘学概要，校勘简史，古书讹误的一般情况，校勘的先导工作，校勘的方法，如何写校勘记，校勘前如何拟订体例、校勘后如何撰写说明，以及版本、目录知识在校勘工作中的运用。本书重视校勘学知识的现代运用，设有网络古籍资源及其检索与利用、网络古籍目录资源及其检索与利用、网络古籍的版本校勘问题等专论，并附有《古籍校点释例（初稿）（上）》《形近易讹字表》《历朝帝王名讳及其代字兼讳字简表》《校勘学论著要目》等资料，为校勘工作提供了实用的工具。

四、版本学

版本学是关于版本的源流真伪及其鉴别依据的学问。它研究图书在制作过程中的形态特征和流传过程中的变化，并考辨其真伪优劣。最初的版本研究是校雠工作的组成部分，例如西汉刘向、刘歆父子在整理皇家藏书的过程中搜集了不同传本进行校勘。印刷术兴起以后，图书刊刻过程中的讹误、差异、作伪以及图书在流传中的亡佚现象日益增多，促进了版本研究，于是在南宋出现了主要记载图书不同版本的专门目录。清代以来，版本研究成为专门之学，涌现了大批版本目录、题跋记和相关研究专著，例如清初钱曾据其藏书写成的《读书敏求记》。近代以来，以研究古籍版本为主的版本学与传统目录学、校勘学既相辅相成，又各有侧重，发展为相对独立的专门科学。以下书籍可以作为学习版本学的入门。

《版本学概论》，戴南海著，巴蜀书社，1989年。

本书对版本学知识做了全面介绍。其主要内容有：版本学概要；版本学与目录学、校勘学、历史学的关系；图书史，包括载体史、印刷史、装订史；版本鉴定诸方面，如版本的名词术语，鉴别版本的办法，活字本、抄本和批校本；历代版刻的优劣。本书并提出了学习版本学的步骤："当先览《书林清话》以了解其梗概，再目验《中国版刻图录》《四部丛刊》《古逸丛书》等书影，以见其版式字体，然后阅《增订四库简明目录标注》和《邵亭知见传本书目》，以窥某一书刊刻的源流，再借觅古椠以印证诸家题识，以达兼览之博，于是刊藏源流，则了然于胸了。"

《古书版本学概论》，李致忠著，书目文献出版社，1990年。

本书论述了古书版本学的起源、发展，并用很大篇幅讨论了鉴定古书版本的方法。它在广阔的历史文化背景下，多角度阐明了古籍版本鉴定方面的问题，因而较同类著述更具深度和广度。本书有一特点：所附善本书影均为中国国家图书馆珍贵的古籍藏品，具有较高的文物价值。

《中国古籍版本学》，曹之著，武汉大学出版社，2002年。

本书属于高等学校文科教材，分概论、源流、鉴定三篇，试图建立中国古籍版本学的完整体系。作者为此全面论述了中国古籍版本学、中国古籍版本源流、版本鉴定的基本原则与方法。其中特别有新意的部分是结合古籍版本的形式要素提出了多种分类方法，重点阐述了写本源流和雕版印刷的源流，以专章论述了考订一书版本源流的意义和方法。全书附有插图34幅。

《古籍版本学》，黄永年著，1985年陕西师范大学古籍研究所印行，江苏教育出版社2005年再版。

本书是一本篇幅不大但体系完备的版本学著作。它分为绪论、版本史和版本鉴别、版本目录等三个部分。其特点有二：一是将版本史与版本鉴别相结合，以此构建古籍版本学的学科体系。二是在书中提出了一些独特的版本学认识，例如：认为中国古籍的上限是春秋末战国初，此前的文献皆具档案性质，最早出现的古籍是由档案转变过来的"五经"；认为善本应区分为校勘性的善本和文物性的善本，或者说绝对的善本和相对的善本；认为雕版印刷的发明始于公元725年至775年间，早期雕版印刷品只限于民间日用的历书、字书、迷信品和宗教读本，这正是一种新技术刚发明而使用不太久的现象；等等。

《古籍版本学概论》，严佐之著，华东师范大学出版社，1989年。

本书是一部内容严谨、行文简洁的版本学著作。它包括版本认识、版本历史、版本鉴定、版本考订四个部分，既介绍了关于版本的知识，又讨论了从内容和形式两方面进行版本学研究的方法。其特点主要有二：一是采用选择典型、展开专题的方式叙述版本史，先按时代分述，后按抄、校、稿、印等形式分述；二是专设"版本的考订"一章，具体论述考订版本源流、比拣版本优劣的方法。书末附有《宋至清历代纪元暨帝讳简表》等，便于初学。

五、辑佚学

如果说校勘的目的是纠正古书在流传中产生的讹误，恢复其原貌，那么，辑佚的目的则是弥补古书在流传中的散失，依靠散存史料重建古本。辑佚是从众多书籍中寻章摘句，把已经散失的书籍拼凑起来，力求复原古本原貌。由于古典文献受到严重的人为毁坏和自然损伤，所以古代学者十分关注辑佚古书的工作，今存五代以前的集部书籍大多是辑佚书。关于辑佚学的概论性著作，主要有以下一种。

《中国古籍辑佚学论稿》，曹书杰著，东北师范大学出版社，1998年。

本书阐发了辑佚学的理论、历史沿革、主要成果和工作方法，建立了辑佚学的知识体系。全书共分十一章，分别讨论辑佚学的性质与对象、历代典籍的聚散存佚、辑佚的起源、宋以来辑佚学的进程、辑佚方法、佚文献的搜辑和考究等问题。书前有刘乾先序，称它是"第一部独立刊行且颇具规模的辑佚学专著，使辑佚学摆脱了附庸地位，真正成为一门独立的学科"。2003年，本书获第三届中国高校人文社会科学研究优秀成果奖。

六、辨伪学

辨伪也就是对伪书伪说加以辨正。辨伪包括古籍辨伪与学术辨伪，但通常指古籍辨伪。辨伪的目的是辨虚实、论得失，以正本清源、去伪存真。清代辨伪学家姚际恒《古今伪书考》指出辨伪乃是"读书第一义"。审定伪书伪说的工作贯穿了中国两千多年的学术史，但在20世纪前期最为昌盛。以下二书可资参考。

《伪书通考》，张心澂编，上海书店，1998年。

本书作者张心澂（1887—1973）是一位会计学专家，辨伪书、考古史是他的学术爱好。他以几十年心血撰成《伪书通考》这部集辨伪成果之大成的著作。本书以书名为纲目，广集各家辨伪之说，初版考辨伪书1059部，修订版增加到1104部，其中也包括作者自己对71部古籍的考辨。全书计分总论、经部、史部、子部、集部、道藏部、佛藏部七个部分，它不仅有助于了解各部书的涉伪比重，而且有助于了解中国辨伪学史的发展脉络，以及辨伪学在历朝历代的水平。在本书影响下，黄云眉撰写了《古今伪书考补证》一书，1959年由山东人民出版社出版；邓瑞全、王冠英主编了《中国伪书综考》一书，1998年由黄山书社出版。

《中国辨伪学史》，杨绪敏著，天津人民出版社，1999年。

本书把中国辨伪学分为四个时期：疑古思想的萌芽及辨伪学初起时期（先秦至南北朝）；辨伪学的发展时期（唐宋）；辨伪学的成熟时期（明清近代）；辨伪学的再发展时期（现当代）。它全面论述了中国古代辨伪学发展的历史，重点介绍了历史上从事辨伪学的主要人物及成就。

七、音乐文献学

音乐文献学是中国音乐学和古典文献学的交叉学科，重点研究目录学、版本学、校勘学、传注学、辨伪学、辑佚学等学科方法在中国音乐史学中的应用。关于音乐文献学的学科范围状况和发展，许多学者撰文讨论，发表了不同的意见，其中概论性的成果是以下一书。

《中国音乐文献学》，方宝璋、郑俊晖著，福建教育出版社，2006年。

本书编入"中国传统音乐学丛书"，主要服务于研究生教学。全书共分15章，前三章总论中国音乐文献学和音乐文献的目录、版本、校勘，其余12章分论各种类型的音乐文献。因此，本书主体上是一部介绍中国古代音乐文献的著作。它介绍的内容主要有：各史乐志、律志和艺文志中的音乐文献，会要会典书中的音乐文献，政书（"十通"）中的音乐文献，类书中的音乐文献，古代音乐著作，古代著述中的音乐篇章，近现代音乐著作，乐谱类文献，报刊类音乐文献，佛道音乐文献，机读型音乐文献。这些介绍采用选篇举例的方式，为中国音乐史研究提供了资料线索。

（孙晓辉初稿，王小盾改定）

附录二　音乐典籍在大型丛书中的分布

丛书，或称丛刊、丛刻、汇刻书、丛编、套书，是在一个总书名下汇集多种单独著作，以编号或不编号方式出版的图书。我国现存最早的丛书是南宋嘉泰元年（1201）俞鼎孙、俞经所编辑的《儒学警悟》。此书原有明抄本，长期流传不广，到1922年才由陶湘据抄本刊行问世；因此，人们多以宋代左圭的《百川学海》或元代陶宗仪的《说郛》为中国丛书始祖。到明代，出现了许多兼收四部的综合性丛书，例如《汉魏丛书》《唐宋丛书》《格致丛书》。清代中叶以后，中国丛书的种类更丰富，品质更精良，产生了反映清代经学成果的正、续《皇清经解》，反映清代辑佚学成果的《玉函山房辑佚书》《汉学堂丛书》和《古逸丛书》，以及反映清代校勘学、版本学成果的《抱经堂丛书》《士礼居丛书》和《知不足斋丛书》。此外有学者独撰的学术丛书，例如顾炎武的《亭林遗书》、王夫之的《船山遗书》；又有佛教、道教经籍丛书，例如《大藏经》和《道藏》。

从便于读者使用，有益于典籍流传和保存古籍的角度看，丛书有很大的优越性。首先，丛书所保存的往往是古籍中的善本、珍本、孤本，因此，它所收载的古籍比流传下来的单行本更有价值；其次，部头越大的书，越易于受到重视，易于保管，因此，丛书本比单刻本更易于流传。这样一来,当许多单行古籍由于战祸、灾害或其他原因陆续失传的时候,它们的丛书本却得以安然存世。据统计,现在人所能见到的中国宋元以前的著述,依赖于丛书而保存下来的占十之八九;收入丛书的明、清两代著作,其数量相当可观。

为此,在介绍音乐文献学的时候,应该介绍音乐典籍在大型丛书中的分布情况。

一、"四库"系列丛书

《四库全书》是中国古代最大的一部官修丛书。清乾隆以前的重要典籍,大都收载其中。20世纪90年代以来,作为对《四库全书》的补充,一系列大型丛书——《四库全书存目丛书》《四库禁毁书丛刊》《四库未收书辑刊》《续修四库全书》等陆续影印出版。这个系列是中国历史上的一项大型文化工程,对于学术界影响巨大。由于它的带动,"四库学"也成为显学。

关于"四库"系列丛书,现在有一份很管用的参考资料,即复旦大学图书馆古籍部编,上海古籍出版社2007年出版的《四库系列丛书目录·索引》。它是考察"四库"系列丛书内容和结构的重要工具。《四库系列丛书目录·索引》以《文渊阁四库全书》《续修四库全书》《四库全书存目丛书》《四库禁毁书丛刊》《四库未收书辑刊》等14种丛书为编制对象,其"目录"部分著录了这14种丛书中的历代古籍18000余种,其"索引"部分则采用四角号码检字法、笔画检字法、拼音检字法,编出几种检索工具。这部书目基本上反映了我国存世古籍的面貌,是我们考察历代音乐典籍之分布的向导。

(一)《四库全书》

这部大书编纂于清代乾隆之时,经十三年编成。全书分经、史、子、集四部 44 类 66 属，共收录古籍 3462 种 79338 卷，另有存目书籍 6793 种，是中国古代最大的一部官修丛书。

在《四库全书》中，音乐典籍主要分布在：经部的乐类，子部的艺术类，集部的词曲类。其分布之所以如此散漫，是因为古人有一种特殊的音乐等级观念，即认为音乐作品分别属于"乐""音""声"三级。《四库全书总目》在经部乐类序中谈到三者的区别："辨律吕、明雅乐者，仍列于经；其讴歌末技、弦管繁声，均退列杂艺、词曲两类中。"这就是说，在总目作者看来，"雅乐"是"乐"的代表，"弦管繁声"是"音"的代表，"讴歌末技"是"声"的代表。换句话说，经部乐类是"乐"的类属，其主要内容是雅乐和乐律，代表作品有《乐记》《乐书》《乐律全书》《律吕正义》《琴旨》等。集部词曲类是"音"的类属，其主要内容是"乐府之余音"，也就是脱离了仪式的乐章歌词，代表作品有《乐章集》《白石道人歌曲》《顾曲杂言》等。子部艺术类是"声"的类属，代表作品有《羯鼓录》《乐府杂录》，以及宋以后的琴书，如《琴史》《松弦馆琴谱》《溪山琴况》。

以上这种观念，在《礼记》一书中已有成熟的表达，但它仍然在历史上经历了某些演变。比如在宋以前，人们一直把七弦琴艺术看作雅乐，其琴谱也著录在"六艺略"乐类或"经部"乐类。但从宋代《遂初堂书目》开始，部分琴书进入子部杂艺类；而在《直斋书录解题》中，全部琴书都被编入子部杂艺类。这说明，古代人是根据音乐典籍的具体内容做等级判断的。当七弦琴艺术普及开来，完全离开宫廷，由服务于仪式的艺术、修身养性的艺术转变成琴人的艺术或娱乐的手段之时，琴书也就由关于"乐"的记录变成了关于"声"的记录。

以上说的是书籍分类。从资料分类的角度看，值得注意的是史部正史和政书，因为其中也有专门部类记录音乐，比如《史记》《汉书》《后汉书》《晋书》《宋书》《南齐书》《魏书》《隋书》《旧唐书》《新唐书》《旧五代史》《宋史》《辽史》《金史》《元史》《明史》《清史稿》载有16种乐志和8种律志；另外唐代杜佑《通典》有《乐典》，宋代郑樵《通志》有《乐略》，元代马端临《文献通考》有《乐考》。作为史部典籍，它们的记录是以宫廷活动为中心的，因而主要记载雅乐和乐律；但大量士人音乐和民间音乐，也在其中得到了反映。

由于《四库全书总目》卷帙浩繁，使用不便，所以纪昀等人又压缩删节，剔除"存目"，编成了《四库全书简明目录》20卷，著录图书3470种。此书于乾隆四十九年（1784）刊印，今有上海古籍出版社1985年重新排印本。其经部乐类、子部艺术类琴谱之属、集部词曲类南北曲之属，皆是音乐的类属。其中子部艺术类琴谱之属著录了《琴史》《松弦馆琴谱》《松风阁琴谱》《琴谱合璧》等4种图书，集部词曲类南北曲之属著录了《顾曲杂言》《御定曲谱》《中原音韵》等3种图书；经部乐类则著录了23种图书。后者的提要可以反映古代乐类典籍的基本内容，兹抄录如下：

《皇祐新乐图记》三卷。宋阮逸、胡瑗奉敕撰。书成于皇祐五年。时司马光主逸、瑗之论，而范镇则主房庶之说，相争莫已。大抵逸等以度起律未为不可，但以横黍起度，故乐声失于太高。盖律度生于算，二家算术皆不精，故均失之也。

《乐书》二百卷。宋陈旸撰。前九十五卷皆引诸经论乐之文，为之训义，后一百五卷，则论律吕本义、乐器、乐章及五礼之用乐者，为《乐图论》。引据浩博，考证亦审，惟辨二变、四清两条颇为纰缪。

《律吕新书》二卷。宋蔡元定撰。上卷为律吕本源，凡十三篇；

下卷为律吕辨证，凡十篇。大旨皆拘于古法而不通算术候气之说，尤万不可行。然儒者类称之，今亦录备一家。

《瑟谱》六卷。元熊朋来撰。详论鼓瑟之法。首为二图；次为谱例、指法；次为诗旧谱十二篇，即赵彦肃所传；次为诗新谱十三篇，则朋来所自造；次乐章谱，为学宫释奠所奏；终以后录，则古来论瑟之语也。

《韶舞九成乐补》一卷。元余载撰。原本久佚，今从《永乐大典》录出。所定舞图，皆根河洛以起数。唐虞之世，安有陈抟之图？殊为附会。然朱晳补《六笙》，皮日休补《九夏》，虽不合古，要视《子夜》《读曲》，终为近雅，亦不妨存其说也。

《律吕成书》二卷。元刘瑾撰。原本久佚，今从《永乐大典》录出。其书因蔡氏、彭氏之说，而参互推演，未能造微。然元一代无论乐之书，故录之以备一家。

《苑洛志乐》二十卷。明韩邦奇撰。前二卷皆注释律吕新书，后十八卷为邦奇所自撰。其说或不免好奇，而于律吕之原，较明人所得为密。

《钟律通考》六卷。明倪复撰。凡分二十七篇，间有杜撰，而于吕不韦、司马迁记黄钟之数各异，朱子、蔡元定论旋宫之法不同，亦颇能折衷，非苟作者。

《乐律全书》四十二卷。明朱载堉撰。书凡十种，大旨括于《律吕精义》一书，与蔡元定说多所异同，而特有心得，所见较元定为深，盖空谈、实算之别也。

《御定律吕正义》五卷。康熙五十二年，圣祖仁皇帝御撰《律历渊源》之第三部也。凡三编。上编二卷，曰正律、审音；下编二卷，曰和声、定乐；续编一卷，则取西洋律吕而考证以古法，皆积算析乎毫芒，叶奏通乎造化。所谓"金声玉振，集万古之大成"，非区区争积黍之纵横，辨编钟之高下者，所能窥其万一。

《御制律吕正义后编》一百二十卷。乾隆十一年，皇上御撰。凡分十类：曰祭祀乐，曰朝会乐，曰宴飨乐，曰导引乐，曰行幸乐，曰乐器考，曰乐制考，曰乐章考，曰度量权衡考，曰乐问。盖御制《律吕正义》，阐声气之元，此编备器数之用。虞弦轩乐，天地同和，允极作述之隆轨。

《钦定诗经乐谱全书》三十卷。乾隆五十三年奉敕撰。自汉魏以来，古乐散佚，雅音殆绝。世所传唐人《乐谱》十二篇，亦未详所受。我皇上体备中和，道隆制作，特命考寻古义于三百五篇，各正其宫调，谐其音律，定为箫谱、笛谱、钟谱、琴谱、瑟谱。泚泚乎夔旷之遗规，复见于今焉。

《钦定乐律正俗》一卷。乾隆五十三年奉敕撰。即刊附《诗经乐谱》之末。因明朱载堉所谱《立我烝民》《思文后稷》《古南风歌》《秋风词》四篇，协以曲牌、小令之调，鄙倍荒诞，有乖风雅。特命改定此谱，并附列载堉旧谱，纠其悖谬，以正世俗之惑。

《古乐经传》五卷。国朝李光地撰。取《周礼·大司乐》以下二十官为经，以《乐记》为之传，又有附《乐经》、附《乐记》。其《乐用》《乐教》二篇，则其孙清植以遗稿辑成也。《大司乐》一篇最为疑窦。光地所说，亦究未分明。其他则考据明确，得诸实验者多，故终非高谈乐理者所及也。

《古乐书》二卷。国朝应㧑谦撰。上卷论律吕本原，大旨本蔡氏《新书》，而参以朱子及注疏之说；下卷论乐器制度，则本陈祥道《礼书》及李之藻《頖宫礼乐疏》者为多。虽未精博，尚为简核。

《圣谕乐本解说》二卷。国朝毛奇龄撰。是时大学士伊桑阿有

《论乐疏》，其说本于"径一围三、隔八相生"之圣谕，故奇龄推阐考证，分条注释，以成此书。

《皇言定声录》八卷。国朝毛奇龄撰。因圣祖仁皇帝论乐圣谕，推衍奥义而自附其七调九声之说。

《竟山乐录》四卷。国朝毛奇龄撰。据明宁王权《唐乐笛色谱》申明其七调九声之说，以攻驳古人，殊为逐末而遗本。然言乐者既有此一家，亦可以资考核。书本奇龄所撰，而托于其父，故以其父之字题是书云。

《李氏学乐录》二卷。国朝李塨撰。塨尝学乐于毛奇龄，因以其师五音、七声、十二律器色相配之论，演为七图，而各为之说。其法以四、上、尺、工、五、六字，除一领调字，余字自领调，一声递高，又自领调，一声递低，圆转为用。大旨与笛色谱相出入。

《乐律表微》八卷。国朝胡彦昇撰。凡度律二卷，审音二卷，制调二卷，考器二卷。在近代讲乐之家，为有所心得。

《律吕新论》二卷。国朝江永撰。上卷分九篇，下卷分七篇。其大旨以琴音立说，盖即京房造均以弦求声之意。不知管音、弦音，生声取分，微有不同，不免有所牵合。然永精于算法，故能通律度之微妙，实多发前人所未发。

《律吕阐微》十卷。国朝江永撰。首录圣祖仁皇帝论乐五条，冠于卷首。然永实未见《律吕正义》，故于五线、六名、八形号、三迟速之类，多不能解。其著书大旨，则以郑世子《乐书》为宗，惟方圆周径用密率起算，与之微异。

《琴旨》二卷。国朝王坦撰。其考定音调，皆以《御定律吕正义》为本，而反复推明，多所阐发。在近时言琴诸家，独得其宗旨。

谨案：此书论琴音之律吕，与他家琴谱讲指法者不同，故不入艺术而附之于乐类。

　　右乐类，二十三部，四百八十三卷。

请注意《琴旨》提要中"此书论琴音之律吕，与他家琴谱讲指法者不同，故不入艺术而附之于乐类"云云。它说明，古人对音乐学知识做了道、器二分，他们是把乐律学知识当作"道"、当作"大乐"来看待的；相反，凡表演技巧则被当作"器"、当作"杂艺"来看待。

（二）《续修四库全书》

1994年，中国出版界、图书馆界、学术界联合启动了《续修四库全书》这一文化工程。2002年4月，《续修四库全书》书成，共1800册，收书5213种，较《四库全书》增加51%。其价值表现为，所收之书包括《四库全书》之外的现存古籍的精华：一是被《四库全书》遗漏、摒弃、禁毁或列入存目而确有学术价值的图书，如马致远、关汉卿、王实甫、汤显祖、孔尚任等人的戏曲作品和《三国志通俗演义》《西游记》《忠义水浒传》《红楼梦》等小说名著40种；二是乾隆中期至辛亥革命一百多年的书籍，既有清代中期以纪昀、戴震、翁方纲、彭元瑞、任大椿、孙希旦、王念孙、阮元等人为代表的乾嘉学派的著作，又有清代后期以魏源、龚自珍、康有为、梁启超、严复、章太炎、王国维为代表的新学著述。

《续修四库全书》在装帧和编纂形式上也有特色。其经、史、子、集的封面分别饰为绿、红、蓝、赭四色，计经部260册、史部670册、子部370册、集部500册。装帧典雅，制作精美。在编纂、出版过程中，该书编辑部曾向中国国家图书馆、上海图书馆等82家藏书单位商借底本；每种入选图书，均选取最佳版本影印，其中有大量的宋元刻本和名家稿本。总之，这是继18世纪编修《四库全书》之后，又一次在全国范围内对中国古典文献进行的大规模清理与汇集。

在《续修四库全书》中也有大量音乐文献。今将其主要著作表列如下（见表 F2-1）：

表 F2-1 《续修四库全书》著录音乐文献表

类　别	书　名	作　者	册　号
经部乐类	《乐书要录》十卷（存卷五至七）	题［唐］武曌撰	113
	《律吕新书笺义》二卷附《八音考略》一卷	［宋］蔡元定撰，［清］罗登选笺义	
	《大乐律吕元声》六卷、《大乐律吕考注》四卷	［明］李文利撰，［明］李元校补	
	《雅乐发微》八卷	［明］张敔撰	
	《乐律纂要》一卷	［明］季本撰	
	《乐典》三十六卷	［明］黄佐撰	
	《乐经元义》八卷	［明］刘濂撰	
	《李氏乐书》六种、《四圣图解》二卷、《乐记补说》二卷、《律吕新书补注》一卷、《兴乐要论》三卷、《古乐筌蹄》九卷、《皇明青宫乐调》三卷	［明］李文察撰	114
	《律吕正论》四卷、《律吕质疑辨惑》一卷	［明］朱载堉撰	
	《太律》十二卷、《外篇》三卷	［明］葛中选撰	
	《大成乐律全书》一卷	［清］孔贞瑄撰	
	《律吕新义》四卷、附录一卷	［清］江永撰	
	《乐经或问》三卷	［清］汪绂撰	
	《乐经律吕通解》五卷	［清］汪绂撰	115
	《乐器三事能言》一卷	［清］程瑶田撰	
	《律吕古谊》六卷	［清］钱塘撰	
	《燕乐考原》六卷	［清］凌廷堪撰	
	《晋泰始笛律匡谬》一卷	［清］凌廷堪撰	
	《乐律心得》二卷	［清］安清翘撰	
	《管色考》一卷、《荀勖笛律图注》一卷、《律吕臆说》一卷	［清］徐养原撰	
	《古今乐律工尺图》	［清］陈懋龄撰	
	《律话》三卷	［清］戴长庚撰	
	《律吕剩言》三卷	［清］蒋文勋撰	

（续表）

类别	书名	作者	册号
经部乐类	《古今声律定宫》八卷	［清］葛铭撰	116
	《庚癸原音》四种、《律吕通令图说》一卷、《律易》一卷、《音调定程》一卷、《弦徽宣秘》一卷	［清］缪阆撰	
	《音分古义》二卷附一卷	［清］戴煦撰	
	《声律通考》十卷	［清］陈澧撰	
	《乐记异文考》一卷	［清］俞樾撰	
	《律吕元音》一卷、附录一卷	［清］毕华珍撰	
	《乐律明真解义》一卷、《乐律明真明算》一卷、《乐律明真立表》一卷、《乐律拟答》一卷	［清］载武撰	
子部艺术类	《琴操》二卷、《补遗》一卷	［汉］蔡邕撰，［清］孙星衍校辑	1092
	《碣石调·幽兰》一卷	［南朝梁］丘明传谱	
	《臞仙神奇秘谱》三卷	［明］朱权辑	
	《太音大全集》五卷	［明］袁均哲编	
	《重修正文对音捷要真传琴谱大全》十卷	［明］杨表正辑	
	《琴书大全》二十二卷	［明］蒋克谦辑	1092—1093
	《太古正音琴经》十四卷、《太古正音琴谱》四卷	［明］张大命辑	1093
	《西麓堂琴统》二十五卷	［明］汪芝辑	1094
	《万峰阁指法闷笺》不分卷、《大还阁琴谱》六卷、《溪山琴况》一卷	［清］徐祺撰	
	《琴学心声谐谱》二卷	［清］庄臻凤撰	
	《琴谱指法》二卷	［清］徐常遇辑	
	《五知斋琴谱》八卷	［清］徐祺辑	1094—1095
	《治心斋琴学练要》五卷	［清］王善撰	1095
	《琴谱新声》六卷、《指法》一卷、《琴说》一卷、《鼓琴八则》一卷	［清］曹尚䌹等辑	
	《琴学内篇》一卷、《外篇》一卷	［清］曹庭栋撰	
	《琴律谱》一卷	［清］陈澧撰	
	《音调定程》一卷、《弦徽宣秘》一卷	［清］廖阑编辑	
	《与古斋琴谱》四卷、《补义》一卷	［清］祝凤喈撰	

（续表）

类别	书名	作者	册号
子部艺术类	《琴律指掌》不分卷（一名《琴律揭要》）	[清]娄启衍撰	1095—1096
	《敦煌曲子谱》一卷		
	《敦煌舞谱》二卷		
	《魏氏乐谱》一卷	[日]魏皓编	
	《管色考》一卷	[清]徐养原撰	
	《琵琶谱》三卷	[清]华秋蘋、华文桂辑	
	《弦索备考》六卷	[清]为光等撰	
	《借云馆曲谱》二卷	[清]华文彬辑	
	《南北派十三套大曲琵琶新谱》二卷、附录一卷	[清]李祖棻辑	
	《泉南指谱重编》六卷	[清]林鸿编	
集部词曲类	《刘知远诸宫调》十二卷（存卷一至卷三、卷一一、卷一二）		1738
	《古本董解元西厢记》八卷	[金]董解元撰	
	《太和正音谱》二卷	[明]朱权撰	
	《广辑词隐先生增定南九宫词谱》二十六卷	[明]沈璟撰，[清]沈自晋重定	1747
	《一笠庵北词广正谱》十八卷附《南戏北词正谬》一卷	[清]徐庆卿辑，[清]李玉更定	1748
	《汇纂元谱南曲九宫正始》不分卷	[清]徐庆卿辑，[清]钮少雅订	1748—1750
	《新编南词定律》十三卷、首一卷	[清]吕士雄等辑	1751—1753
	《新定九宫大成南北词宫谱》八十一卷、闰一卷、目录三卷	[清]周祥钰、邹金生等辑	1753—1756
	《纳书楹曲谱正集》四卷、《续集》四卷、《外集》二卷、《补遗》四卷、《纳书楹四梦全谱》八卷	[清]叶堂撰	1756—1757
	《遏云阁曲谱》不分卷	[清]王锡纯辑，[清]李秀云拍正	1757—1758
	《曲品》三卷附一卷	[明]吕天成撰	1758
	《远山堂剧品》不分卷、《远山堂曲品》不分卷	[明]祁彪佳撰	
	《青楼集》一卷	[元]夏庭芝撰	
	《南词叙录》一卷	[明]徐渭撰	
	《曲律》四卷	[明]王骥德撰	
	《乐府传声》不分卷	[清]徐大椿撰	

（续表）

类别	书名	作者	册号
集部词曲类	《剧说》六卷	[清]焦循撰	1758—1759
	《花部农谭》一卷	[清]焦循撰	1759
	《顾误录》一卷	[清]王德晖、徐沅澂撰	
	《录鬼簿》二卷、《录鬼簿续》一卷	[元]钟嗣成撰	
	《今乐考证》十二卷	[清]姚燮撰	
	《元曲选》一百卷	[明]臧懋循辑，[明]陶宗仪等撰	1760—1762
	（以下元明清剧本略）		1763—1782

二、其他丛书

（一）《说郛》

这是私人所编纂的大型丛书，由元末明初人陶宗仪编纂，书名的字面含义是"五经众说"。原包括一千多种书，每书不全录，仅摘取一部分，主要是汉魏至宋元的各种笔记，多为"士林罕见"之书。明末清初，云南姚安人陶珽又对《说郛》加以增补，编为120卷。顺治三年（1646），李际期宛委山堂刻印《说郛》120卷本，以及陶珽《说郛续》46卷，世称"宛委山堂本"。1919年，张宗祥据京师图书馆所藏几种明抄本校定《说郛》。其书于1927年由商务印书馆排印行世，计存100卷725家。此本大体保存了陶宗仪所编书的面貌，世称"涵芬楼本"。1988年10月，上海古籍出版社将以上两种《说郛》以及《续说郛》汇为一集，影印出版，定名为《说郛三种》。这是中国当代出版的最大的丛书之一。

张宗祥校定的涵芬楼本《说郛》共100卷。其中卷四有《法显记》，卷一二有《教坊记》《北里志》，卷一八有《碧鸡漫志》，卷二〇有《琵琶录》，卷三七有《琴书类集》，卷五八有《醉乡日月》，卷六五有《羯鼓录》,卷六七有《骠国乐颂》。这些书含有大量音乐史料。

李际期编定的宛委山堂本《说郛》共 120 卷。其中卷五有《乐稽耀嘉》等二十多种纬书,卷一九有《碧鸡漫志》,卷二三有《启颜录》,卷五三有《天基圣节排当乐次》《乾淳教坊乐部》《杂剧段数》,卷六八有《东京梦华录》,卷七八有《北里志》《教坊记》《青楼集》《丽情集》,卷八四有《比红儿诗话》,卷九四有《醉乡日月》,卷一〇〇有《琴曲谱录》《雅琴名录》《琴声经纬》《琴笺图式》《杂书琴事》《古琴疏》《乐府解题》《骠国乐颂》《唐乐曲谱》《籁纪》《啸旨》《玄真子渔歌记》《筚篥格》《柘枝谱》《管弦记》《鼓吹格》《乐府杂录》,卷一〇二有《琵琶录》《羯鼓录》,卷一一四有《太清楼侍宴记》《延福宫曲宴记》《保和殿曲宴记》《周秦行纪》《东城老父传》。这些书也可以看作音乐学专著,其中含有大量音乐史料。

陶珽所辑《说郛续》46 卷,亦有宛委山堂本。其中卷三二有明林希恩撰《歌学谱》、张蔚然撰《三百篇声谱》、田艺蘅撰《阳关三叠图谱》,卷四四有明潘之恒撰《曲中志》《秦淮剧品》《曲艳品》《剧评》。这些书也含有大量音乐史料。

(二)《玉函山房辑佚书》和《续编》

《玉函山房辑佚书》是清代山东学者马国翰(1794—1857)的辑佚学巨著。全书分经、史、诸子三编。其中经编 429 部 535 卷,辑录 433 种佚书;史编 8 部 8 卷,辑录 8 种佚书;子编 148 部 158 卷,辑录 153 种佚书。共辑录佚书 594 种,每种皆有编者所写的叙录。本书在作者生前雕版,但未刊印,同治九年(1870)由丁宝桢协助泺源书院印刷 100 册。此后经多次重印,今有上海古籍出版社 1990 年影印本、广陵书社 2004 年影印本。

马国翰死后 9 年,王仁俊(1866—1913)出生于江苏吴县。王仁俊喜好辑佚之学，25岁即辑成《十三经汉注四十种辑佚书》。而在此前两年，他已经开始遵照《玉函山房辑佚书》的体例进行大规模的辑佚工作。到光绪二十年（1894），完成《玉函山房辑佚书续编》和《玉函山房辑佚书补编》。《续编》共辑录唐以前佚书272种，计经编153种、史编40种、子编84种；《补编》共辑录唐以前佚书141种。王仁俊另外又著有《经籍佚文》一书，辑录116种四部古籍佚文，计经部15种、史部22种、子部77种、集部2种。1989年，上海古籍出版社将《玉函山房辑佚书续编》《玉函山房辑佚书补编》《经籍佚文》影印出版，题为《玉函山房辑佚书续编三种》。

在《玉函山房辑佚书》经编乐类，有如下音乐图书：汉阳成子长《乐经》一卷，汉刘向校定《乐记》一卷，汉刘德《乐元语》一卷，汉扬雄《琴清英》一卷，梁武帝《钟律纬》一卷、《乐社大义》一卷，陈释智匠《古今乐录》一卷，北魏信都芳《乐书》一卷、《乐部》一卷、《琴历》一卷，北周沈重《乐律义》一卷，隋萧吉《乐谱集解》一卷，唐赵惟暕《琴书》一卷。另外在经编纬书类中，有魏宋均注《乐纬动声仪》一卷、《乐纬稽耀嘉》一卷、《乐纬叶图征》一卷。

在《玉函山房辑佚书续编》经编乐类，有《琴操》一卷。另外在经编纬书类中，有《乐纬》一卷，以及魏宋均注《乐纬动声仪》一卷、《乐纬叶图征》一卷。

在《玉函山房辑佚书补编》和《经籍佚文》中，未见音乐图书。

（三）《古逸丛书》

此书是综合性善本古籍丛书，始辑于清代，分初编、续编、三编共三种。最初编辑者黎庶昌（1837—1897），贵州遵义人，光绪七年（1881）担任清政府驻日公使。在日本期间，同随员杨守敬一起访求散佚古本，编成《古逸丛书》，由杨守敬负责监刻；并于光绪十年（1884）年印成百部，运回中国。全书采录图书 26 种，共 200 卷。

辛亥革命后，张元济主持商务印书馆，竭力倡导影印古籍。遂继完成《四部丛刊》《百衲本二十四史》之后，仿照黎庶昌之例，博访稀见珍本，陆续辑成《续古逸丛书》。此续编共收书 47 种，由商务印书馆影印出版，今有江苏古籍出版社 2001 年影印本。1982 年，国务院古籍整理出版规划小组恢复工作，又辑编《古逸丛书三编》，汇集宋元旧刊的精品、孤本共 43 种，陆续由中华书局印行。

在黎庶昌、杨守敬刻印的《古逸丛书》中，有两部图书同音乐有关。其一是《日本国见在书目》，书中著录"乐家"书目"二百七卷"，其书名如下：

《古今乐录》十三卷（陈沙门智匠撰）；《古今乐纂》一卷；《雅乐录》一卷；《乐书要录》十卷；《乐歌》五卷；《歌调》五卷；《乐图》四卷；《琴经》一卷（蔡伯谐［喈］撰）；《琴操》三卷（晋广陵相孔衍撰）；《琴法》一卷（越赵耶絜撰）；《琴录》一卷；《琴德谱》五卷；《琴用手法》一卷；《杂琴谱》百廿卷；《弹琴用手法》一卷；《雅琴录》一卷；《院咸图》一卷；《弹琴手势法》一卷；《筢芭谱》十一卷；《横笛》十八卷；《尺八图》一卷；《律吕施宫图》一卷；《十二律相生图》一卷。

其二是日本东京神光院所藏唐抄本琴谱《碣石调·幽兰》。此谱原由南朝陈丘公明所传，初唐时抄写，是中国琴学史上最重要的资料。

（四）《四部丛刊》

这是一套大型古籍影印丛书，由张元济主持辑录，商务印书馆出版于 1919 年至 1936 年间。它采录书籍的特点有三：一是注意收入古籍中

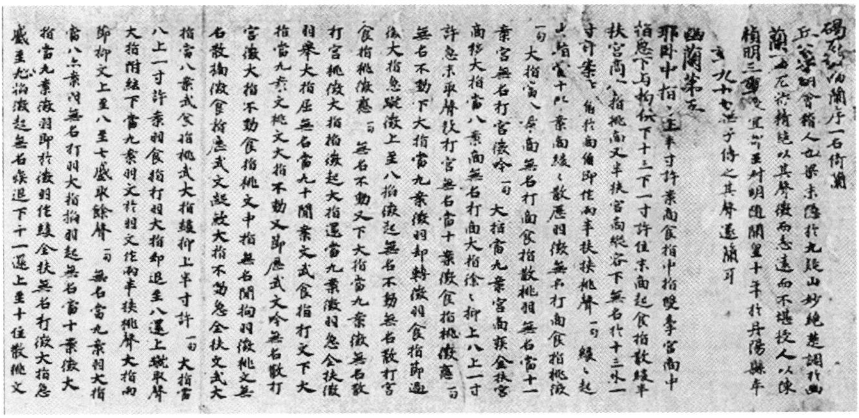

图 F2-1　琴谱《碣石调·幽兰》

的必读书、必备书；二是尽可能选用当时所能找到的最好的版本；三是注意弥补空白，发掘了一些从未面世的稿本。故此书对唐以前的著作收入较多，宋元以后的书籍则取舍较严。所收书主要来源于上海涵芬楼、江南图书馆、江南书寓以及其他藏书家的珍本藏书。它汇集了四部要籍的宋元明刊善本及旧抄名校本，故以版本精善而享有盛名。

全书分为三编，初编刊行于1919年至1922年，续编刊行于1934年，三编刊行于1936年。全三编共计收书504种、3134册。每编内皆分经、史、子、集四部。

《四部丛刊》也收录了一些音乐史料书。例如初编集部有宋姜夔所撰《白石道人诗集》2卷、《集外诗》1卷、《诗说》1卷、《歌曲》4卷、《歌曲别集》1卷和《附录》1卷，乃影印上海涵芬楼藏江都陆氏刊本；有宋郭茂倩所辑《乐府诗集》100卷，乃影印上海涵芬楼藏汲古阁刊本；有元杨朝英所辑《朝野新声太平乐府》9卷，乃影印蒋氏密韵楼藏元刊本。续编子部中有宋沈括所撰《梦溪笔谈》26卷，乃影印明刊本并附张元济所撰《校勘记》1卷。三编集部中有元阙名所编《梨园按试乐府新声》

3卷附校记1卷，乃影印瞿氏铁琴铜剑楼藏元刊本并附卢前校记。这些都是中国音乐文献的重要典籍和重要版本。

（五）《丛书集成初编》和《续编》

《丛书集成》是王云五主编的大型丛书，由商务印书馆于1935年起分批出版。全书集合了宋代至清代的各种重要丛书。其编纂方法是：先选择宋代至清代较为重要的丛书100部，得子目6000余种；去其重复，得4000余种；然后印制（多数排印，少数影印），统一版式，统一编号，以便于排架管理和查找。为照顾需要，也为传播孤本，它按注意实用、注意罕见两个标准来选择丛书。这样它便包罗了常见古籍，既便于一般人藏书，也便于学者治学。尽管书中有一些标校失误、排印错误的问题，但它很受读者欢迎，和《四部丛刊》一样，被视为近代出版史上的经典之作。

因抗日战争爆发，《丛书集成》未按原计划出全，实际上只印行了3000多种。到20世纪90年代初，中华书局为补齐这部大型丛书，遂按《丛书集成初编目录》完成了对其余近千种图书的重新排印工作。这就是说，对于《丛书集成初编》的完整印行，《丛书集成初编目录》是起了重要作用的。这部目录1935年由商务印书馆随书出版，1960年上海古籍书店修订再版，1983年订正重编本再版，编录了《丛书百部提要目录》《丛书百部提要》《丛书集成初编类次》《丛书集成初编目录》《书名索引》《未出书名索引》等资料，是查看《丛书集成初编》的重要工具。根据这份目录，《丛书集成初编》艺术类中有"音乐"小类，收录了以下图书：

第1659册：《乐府杂录》一卷，[唐]段安节撰，影《守山阁丛书》本；《羯鼓录》一卷，[唐]南卓撰，影《守山阁丛书》本；《乐书要录》三卷，［唐］佚名撰，据《佚存丛书》本。

第 1660 册：《韶舞九成乐补》一卷，［元］余载撰，影《墨海金壶》本；《律吕成书》二卷，［元］刘瑾撰，影《墨海金壶》本；

第 1661 册：《琴言十则》一卷（附《指法谱》一卷），［元］吴澄撰，影《学海类编》本；《乐律举要》一卷，［明］韩邦奇撰，影《学海类编》本；《竟山乐录》四卷，［清］毛奇龄撰，据《龙威秘书》本排印。

第 1662 册：《李氏学乐录》二卷，［清］李塨撰，据《龙威秘书》本排印；《律吕新论》二卷，［清］江永撰，影《守山阁丛书》本。

第 1663—1664 册：《赓和录》二卷，［清］何梦瑶撰，影《岭南遗书》本。

第 1665—1666 册：《燕乐考原》六卷，［清］凌廷堪撰，据《粤雅堂丛书》本排印。

第 1667 册：《乐县考》二卷，［清］江藩撰，据《粤雅堂丛书》本排印；《律吕元音》一卷，［清］毕华珍撰，据《小万卷楼丛书》本排印。

第 1668—1670 册：《乐经律吕通解》五卷，［清］汪烜撰，据《粤雅堂丛书》本排印。

第 1671 册：《皇祐新乐图记》三卷，［宋］阮逸、胡瑗撰，据《学津讨源》本排印；《琴操》二卷，［汉］蔡邕撰，据《读画斋丛书》本排印；《汉铙歌十八曲集解》一卷，［清］谭仪撰，据《灵鹣阁丛书》本排印。

第 1672 册：《香研居词麈》五卷，［清］方成培撰，据《读画斋丛书》本排印。

第 1673 册：《碣石调·幽兰》一卷，［南朝陈］丘公（字明）撰，影《古逸丛书》本；《瑟谱》六卷，［元］熊朋来撰，影《指海》本。

第 1674 册：《绿绮新声》二卷，［明］徐时琪撰，影《夷门广牍》本。

第 1675—1679 册：《诗经乐谱》三十卷（附《乐律正俗》一卷），［清］高宗敕撰，影《聚珍版丛书》本。

就在中华书局出齐《丛书集成初编》的时候，上海书店也出台了一项重要举措——在1994年影印出版了《丛书集成续编》，选取明清及民国时期的丛书180部，删除各丛书相重复以及与《丛书集成初编》相重复的书，共收录古籍3200余种。它在编排方式方面放弃了《丛书集成初编》所用的现代学科分类法，改用传统的四部分类法，按经、史、子、集分类编排。它的印刷方式也不同于《丛书集成初编》，不再采用排印方式，而是按原书影印。它精装为16开180册，其中1—20册为经部，21—75册为史部，76—97册为子部，98—180册为集部。它选择丛书的标准有三：流传稀少，学术价值较高，研究工作实用。

《丛书集成续编》收录了比较丰富的音乐文献，见于以下书籍：

第 7 册：《毛诗古乐音》四卷，［清］张玉纶撰。

第 11 册：《乐书正误》一卷，［宋］楼钥撰。

第 12 册：《泰律》十二卷、《外篇》三卷，［明］葛仲选撰；《晋泰始笛律匡谬》一卷，［清］凌廷堪撰；《圣谕乐本解说》一卷，［清］毛奇龄撰；《泰律补》一卷，［清］闵为人撰；《律吕古谊》六卷，［清］钱塘撰；《律吕臆说》一卷，［清］徐养原撰；《管色考》一卷，［清］徐养原撰；《荀勖笛律图注》一卷，［清］徐养原撰。

第 40 册：《钦定满洲祭神祭天典礼》六卷，清乾隆二十二年敕撰;《昭代乐章恭纪》一卷,［清］张玉书撰;《大唐郊祀录》十卷,［唐］王泾撰。

第 87 册:《瑟谱》十卷,［明］朱载堉撰;《琴学八则》一卷,［清］程雄撰;《投壶考原》一卷,［清］丁晏撰;《琴况》一卷,［清］徐祺撰;《琴声十六法》一卷,［清］庄臻凤撰;《忘忧清乐集》一卷,［宋］李逸民辑;《投壶新格》一卷,［宋］司马光撰;《琴史》六卷,［宋］朱长文撰。

第 164 册:《戏曲考原》一卷,王国维撰。

第 165 册:《通艺录》四十九卷,［清］程瑶田撰。

需要说明的是:20 世纪,中国出版了两套《丛书集成续编》。另一套《丛书集成续编》是 1988—1991 年,由台北新文丰出版公司编辑并出版的。它所"续"的是《丛书集成新编》。这部《新编》搜集汇印了 200 种重要丛书,所含自先秦至清代的著作达 4000 余部,1984—1986 年由台北新文丰出版公司出版。而台北版的《续编》则网罗了 148 种丛书。

(六)《词话丛编》

这是一部关于词学的专科丛书,由近人唐圭璋编纂。它初刊于 1934 年,收录评述词人、词作、词派"及言本事之书",自宋王灼《碧鸡漫志》起凡 60 种,190 卷。1959 年,它修订增补了 25 种词书。现在通行的是 1986 年中华书局 5 册本,收录词学专著 85 种。其中与词乐相关的书籍有:

《时贤本事曲子集》一卷,［宋］杨绘撰,赵万里辑本;

《古今词话》一卷,［宋］杨湜撰,赵万里辑本;

《碧鸡漫志》五卷，[宋]王灼撰，《知不足斋丛书》本；

《能改斋词话》二卷，[宋]吴曾撰，《守山阁丛书》本《能改斋漫录》卷一六、卷一七乐府；

《苕溪渔隐词话》二卷，[宋]胡仔撰，耘经楼刊本《苕溪渔隐丛话·前集》卷五九、《后集》卷三九乐府；

《拙轩词话》一卷，[宋]张侃撰，《四库珍本》本《拙轩集》卷五；

《魏庆之词话》一卷，[宋]魏庆之撰，日本宽永十六年刊本《诗人玉屑》卷二一，附录《中兴词话》；

《浩然斋词话》一卷，[宋]周密撰，《武英殿聚珍版丛书》本《浩然斋雅谈》下卷乐府；

《词源》二卷，[宋]张炎撰，蔡松筠校本，附录杨守斋《作词五要》；

《乐府指迷》一卷，[宋]沈义父撰，《花草粹编》校本；

《吴礼部词话》一卷，[元]吴师道撰，《知不足斋丛书》本《吴礼部诗话》附；

《词旨》一卷，[元]陆辅之撰，胡元仪原释，《百尺楼丛书》本；

《渚山堂词话》三卷，[明]陈霆撰，明嘉靖刊本；

《艺苑卮言》一卷，[明]王世贞撰，《弇州山人四部稿》本；

《爰园词话》一卷，[明]俞彦撰，蕙风簃藏本；

《词品》六卷、《拾遗》一卷，[明]杨慎撰，明嘉靖刊本；

《窥词管见》一卷，[清]李渔撰，《笠翁全集》本；

《西河词话》二卷，[清]毛奇龄撰，《西河全集》本；

《本事词》二卷，[清]叶申芗撰，天籁轩刊本；

《乐府余论》一卷，[清]宋翔凤撰，辑自词集；

《填词浅说》一卷，[清]谢元淮撰，《碎金词选》本；

《声执》二卷，陈匪石撰。

（七）《古本戏曲丛刊》

这是目前规模最大、内容最丰富的戏曲作品总集。它按照年代顺序和文献类别，收录元明清杂剧和戏文传奇等戏曲作品，兼收曲选、曲谱和曲目，全面而系统地展现了中国古代戏曲文献的整体面貌。其编纂过程为：

1. 1953年至1958年，编定出版《古本戏曲丛刊》初集至四集

这四集都由郑振铎主持。《初集》由商务印书馆影印出版于1954年，收录元杂剧和元、明时期戏文传奇100种。其中《新刊奇妙全相注释西厢记》为海内外孤本。《二集》由文学古籍刊行社影印出版于1955年，在所收明代传奇100种中，有文林阁刻本《张子房赤松记》《高文举珍珠记》《刘秀云台记》等稀见剧本。《三集》由商务印书馆影印出版于1957年，收入明清易代之际吴炳、李玉、朱佐朝、张大复、盛际时等作家传奇100种，其中绝大部分为梨园抄本。《四集》出版于1958年，收录元、明两代的杂剧，其中杂剧总集8种，包括著名的《脉望馆钞校本古今杂剧》，总计370多个剧本，主要是元人杂剧。

2. 1964年，编定出版《古本戏曲丛刊九集》

郑振铎先生殉职后，由中国科学院文学研究所（今中国社会科学院文学研究所）承担《丛刊》编辑任务，在吴晓铃主持下，组成由赵万里、傅惜华、阿英、周贻白、周妙中等学者参加的新的编委会。1962年将较易结集的宫廷大戏10种（均为中国国家图书馆、故宫博物院等处收藏的清内府抄本及朱墨或五色套印本），编为《古本戏曲丛刊九集》，交由中华书局上海编辑部付印，1964年出齐。

3. 1985 年至 1986 年，编定出版《古本戏曲丛刊五集》

此集由吴晓铃、邓绍基、刘世德、吕薇芬、么书仪等学者合作编成，由上海古籍出版社影印出版。该集收录明后期至清乾隆时期的戏曲作品 85 种，包括数种日本、法国等海外收藏而国内已佚的戏曲版本。

4. 2016 年至 2019 年，编定出版《古本戏曲丛刊》六、七、八集

2012 年，《丛刊》六、七、八集列入《2011—2020 年国家古籍整理出版规划》，仍由中国社会科学院文学研究所负责编纂。研究所遂与中国国家图书馆出版社合作，确定篇目，搜集底本，于 2016 年出版了《古本戏曲丛刊六集》，其中收录清代顺治到乾隆时期的传奇和戏曲别集 77 种，共计 109 种剧目；于 2019 年出版了《古本戏曲丛刊七集》和《古本戏曲丛刊八集》，收入清代乾嘉时期传奇、杂剧共 152 种。而且，与之相配合，文学研究所与中国国家图书馆出版社合作，以大 32 开精装版式，陆续重刊了《古本戏曲丛刊》初集、二集、三集、四集、五集、九集。

《古本戏曲丛刊》一至九集，共收入戏曲作品 1000 种以上。

（八）《大正新修大藏经》《中华大藏经》

这是两部通行的大型佛教丛书。《大正新修大藏经》略称《大正藏》，是在 1924 年（日本大正十三年）编校，1934 年印行的佛教经籍集成书。编校印行者是一个专门的机构，即大正一切经刊行会。这部大藏经由三个部分组成：一为正藏 55 册，二为续藏 30 册，三为别卷 15 册。共 100 册，收入佛教典籍共 3493 部、13520 卷。它在编辑体例上注意按佛经结集的年代先后排列各经：经藏分为阿含、本缘、般若、法华、华严、宝积、涅槃、大集、经集、密教 10 类，律藏包括弥沙塞部、摩诃僧祇部、昙无德部、萨婆多部、解脱戒经和菩萨戒等，论藏分为释经论、毗昙、中观、瑜伽、论集等 5 类；杂藏分为经疏、律疏、论疏、诸宗、史传、事汇、外教和目录等 8 类。续藏 30 册主体上收载日本僧侣著述，但有 1

册专收敦煌古逸经、律、论疏和疑伪经。另外，图像12册收入日本各寺院所藏的历代佛教画像及各种曼荼罗图共363种；总目3册收入77种目录，包括中国历代各版藏经目录和日本各寺院所藏的写本和刻本藏经目录。这是一部学术性较强但校核工作稍嫌粗放的佛教典籍总汇。

《中华大藏经》是中国进入新时期以后，在政府支持下，由学术界整理编辑的一部新版汉文大藏经。它由任继愈主持，始编于1982年，并在1994年底完成《中华大藏经（汉文部分）正编》。1997年，北京中华书局将其装订为106册出版，2004年又出版了其《总目》。这部大藏经不同于《大正藏》，特点有四：其一，它是影印本，主体上以1148年至1173年在山西刻印的稀世孤本《赵城金藏》为基础。其二，它在版本上求精，在内容上求全，对勘了包括《房山石经》在内的8种大藏经，共收录典籍4200余种，23000余卷。其三，它以般若经、宝积经为首，其编排次序大体上反映了佛经在中国译出或撰著的过程。其四，它是整部《中华大藏经》的组成部分，接下来还要编纂《中华大藏经（汉文部分）续编》。这部《续编》将包括印度典籍部、南传典籍部、藏传典籍部、汉传注疏部、汉传撰著部、史传地志部、忏仪部、疑伪经部、论衡部、外教部、目录音义部等部类。

以上两部丛书都载录了大批音乐资料；但这些资料分散见于各经，并不集中。为便于佛教音乐、佛教文学和佛教语言学研究，王小盾、何剑平编著了《汉文佛经中的音乐史料》一书，2002年由巴蜀书社出版；2014年，又增补修订为《汉文佛经音乐史料类编》一书，由凤凰出版社出版。这部书从《大正新修大藏经》《中华大藏经》中抄出各种音乐资料共90万字，分类编排，一方面展现了这两部大型佛教丛书中的音乐资料的情况，另一方面也以文献方式展现了一部佛教音乐史，以及一部从印度到中国再到日本的佛教音乐传播史。

《汉文佛经音乐史料类编》一书对汉文佛经中的音乐及其相关艺术史料做了系统整理。它分为"音乐神话""佛国世界的音乐""音声中的哲学""早期佛教与俗乐""如来音声""菩萨音声""佛教音乐传入中土""中土佛教音乐""日本所传的佛教音乐"等14章，每章下分若干类，各类按年代先后提供经过简单校勘的关于音乐史、乐律学、乐器学的资料。中国佛教人士在编集佛经的过程中，将长期传承的同类性质的经典综合在一起，称之为"随类收经"。《汉文佛经中的音乐史料》的编辑也参考这一原则，在编次上以《大正藏》的历史结构为参照系，以反映佛经中的音乐记录在时间上的相对顺序。书末所附录的《征引佛经目录》，亦大体上按诸经所属时代编排而成。总之，本书的特点是注意按"辨章学术，考镜源流"的原则来进行资料汇编，一方面根据佛教产生、发展的逻辑顺序来划分主题，另一方面根据佛经产生、东传的历史阶段来组织材料。通过这部书，可以了解佛教音乐生长、发展进而东传的过程。

(九)《道藏》

《道藏》是道教经籍的总集，是按照一定的编纂意图将许多经典编排起来的大型道教丛书。从唐朝初年开始编纂。现存之《道藏》是在明成祖永乐四年（1406），由第四十三代天师张宇初及其弟子张宇清奉诏主持编修的。嗣后在明英宗正统九年（1444），由通妙真人邵以正校正增补，于正统十年刊印。故后世称之为《正统道藏》。明神宗万历三十五年（1607），第五十代天师张国祥又主编成《续道藏》。正、续《道藏》共收入各类道书1476种，5485卷。《道藏》中的各种典籍，都按"三洞四辅十二类"的分类方法编排。"三洞"即洞真部、洞玄部、洞神部；"四辅"即太玄部、太平部、太清部、正一部；"十二类"为本文类、神符类、玉诀类、灵图类、谱录类、戒律类、威仪类、方法类、众术类、记传类、赞颂类、章表类。通行本为文物出版社、上海书店、天津古籍出版社于1988年影印的正、续《道藏》，共36册。

从内容角度看，《道藏》中的音乐资料包含以下类别：

1. 言说丹道的歌词

道教的丹道家们喜欢用歌词来言说丹道。这类音乐资料构成《道藏》音乐资料的主体。被尊为"万古丹经之祖"的《周易参同契》（汉末魏伯阳撰），其《鼎器歌》具有发端意义。

与丹道相关的音乐资料主要分布在以下部类：

（1）三洞玉诀类。其中言说内丹的歌词有：俞琰注《吕纯阳真人沁园春丹词批注》中的《沁园春词》；原题陈抟注《阴真君还丹歌注》中的《还丹歌》；张无梦所撰《学仙辨真诀》后附的《子母歌》；张伯端撰，翁葆光注，戴起宗疏《紫阳真人悟真篇注疏》卷八的《石桥歌》。

（2）三洞方法类。其中言说外丹的歌词有《还丹金液歌注》。言说内丹的歌词则有：《金晶论》中"后述金丹大药金晶铅汞龙虎真假歌一十一首"；李简易所撰《玉溪子丹经指要》卷下《解张紫阳赠白龙洞刘道人歌》；《修真十书》60卷中所收《醉思仙歌》13首、《丹诀歌》、《丹髓歌》34首、《卫生歌》《体壳歌》《劝道歌》。

（3）三洞众术类：分外丹、内丹两部分。

言说外丹的歌词：《悬解歌》；《白云仙人灵草歌》；原题黄童君批注《魏伯阳七返丹砂诀》有四言八句歌词10首；《稚川真人校证术》有歌7首，即《金汞丹砂术歌》、《火候歌》（3首）、《所以宝歌》《炼丹歌》《真一子金丹歌》；张元德所撰《丹论诀旨心鉴》有歌诀2首。

言说内丹的歌词：正阳真人钟离权所述《破迷正道歌》；黄玄钟所撰《蓬莱山西灶还丹歌》（2卷）；柳冲用所撰《巨胜歌》；原题通玄先生所撰《玄珠歌》；《太清玉碑子》书之后半载有歌诀，依次是《瑶瓶歌》

《太上诀付天师》《太清经口诀》《阴长生歌》《龙虎诀》《五金歌》《大还丹歌》《皇人三一法》《杨真人歌》《金液大还丹歌》；《大还丹照鉴》篇前有"北西南东中五方五歌"；《许真君石函记》中有《丹砂证道歌》；宋先生、毛日新所编《了明篇》中有《遇真歌》《解迷歌》；王庆升所撰《三极至命筌蹄》有《述赞纯阳真人霜天晓角》《炼药指真歌》；郑德安所撰《金液大丹口诀》中有《安乐歌》。

（4）四辅太玄部。其中言说内丹的歌词有：高象先所撰《真人高象先金丹歌》，薛道光所撰《还丹复命篇》中的《丹髓歌》，左掌子所撰《证道歌》，陈朴所撰《陈先生内丹诀》中的"九转歌"，陈楠所撰《翠虚篇》中的《紫庭经》《大道歌》《罗浮翠虚吟》，王道渊所撰《还真集》卷中尾部的《回风混合歌》九章、《修真歌》《混然歌》《中阳歌》《悟真歌》《还丹歌》《步虚词》五章，赵宜真所撰《原阳子法语》中的《还丹金液歌》。

（5）四辅太平部。其中言说外丹的歌词有：董师元、成君所撰《龙虎元旨》中歌词7首。

（6）四辅正一部。其中言说内丹的歌词有：玄全子所编《诸真内丹集要》集中的钟离权正阳真人《还丹歌》，张紫阳真人《石桥歌》，纯阳吕真人《玄牝歌》《大丹歌》《性命歌》，天来子《青龙歌》《白虎歌》，刘海蟾真人《还丹破迷歌》《鼎器歌》。

除散见于诸道书中的歌词外，《道藏》中还有一批丹经歌集。

其中三洞方法类有以下丹经歌集：《诸真论还丹诀》集录歌诀18首，有《玉壶颂》10首、《青霞子赞金碧龙虎经》《真鼎》《赞魏伯阳参同契》《明水火》《明火候》《明至药》《容成公内丹歌诀》《曹圣图铅汞歌》；元阳子所编《还丹歌诀》，上卷载《古神仙身事歌》《吴真君歌》《铅汞三五一咏》《真晓真人诀》《魏真人歌》《逍遥子还丹结集》《峨眉窦真人九转诗》《青城罗真人上明皇白金小还丹歌》《太白韩蕴中火记歌》《杨行真人歌》，下卷载《还丹金液歌》。

其中众术类有以下丹经歌集：《还丹肘后诀》中卷《饵还丹应候歌》，下卷《证道歌》《黄芽歌》《金丹铅汞歌》《快活丸歌》《金晶歌》；《大丹篇》辑录丹经歌诀多首，有《龙虎上经》《黄牛山金碧歌》《龙虎三伏兼通幽微火候黄芽歌》、《刘真人歌》2首、《九霄真君大丹歌》7首、《彭真君歌》、《鬼谷先生九转金液大还丹歌》2首、《裴相公大丹歌》等。

其中太玄部有以下丹经歌集：《金虎白龙诗》；《内丹秘诀》选辑内丹歌诀共7篇，即《内丹赋》《阴丹诗》《海蟾子还丹赋》《至真歌》《牛颏先生赠马处士歌》《青城山后岩栖谷子灵泉井歌》。

2. 用于科仪的歌词

《道藏》中用于科仪的歌词，其体式主要有歌、赞、颂三种。主要分布在三洞的威仪类和赞颂类。

威仪类的科仪歌词有：宁全真授，林灵真所编《灵宝领教济度金书》中的《赞偈应用品》；又《金箓十回度人三朝开收仪》1卷；又杜光庭所编《太上黄箓斋仪》中的《步虚旋绕》《次吟投龙颂》《旋行礼诵七真赞》；又《无上黄箓大斋立成仪·修奉应用门》卷三六汇列的各种赞、颂；又《洞玄灵宝钟磬威仪经》末章的《常鸣钟磬偈》。

赞颂类的科仪歌词有：张商英所编《金箓斋三洞赞咏仪》3卷；又《三洞赞颂灵章》3卷、《上清诸真章颂》《太上洞玄灵宝智慧礼赞》《灵宝九幽长夜起尸度亡玄章》《洞玄灵宝六甲玉女上宫歌章》《众仙赞颂灵章》《洞玄灵宝升玄步虚章序疏》《诸真歌颂》。

正一部的科仪歌词见于以下典籍：吕太古、马道逸所编《道门通教必用集》（9卷）；又《洞真太上素灵洞元大有妙经》《上清高上龟山玄箓》《太上九真明科》。

又《续道藏》所载《洞玄灵宝玉京山步虚经》《高上玉宸忧乐章》《上

清金章十二篇》、《徐仙翰藻》14卷。

3. 用于阐发全真教旨的歌词

《道藏》中用于阐发全真教旨的歌词皆出于全真教徒之手。例如王嚞等人善于用歌曲宣传教义，诱化士人，"化愚迷歌曲如咒"，写下了大量宣扬全真教旨、劝人修道的歌词。音乐成了全真教传播教义的一种方式。其资料主要分布在《道藏》的太平部，例如：

王嚞所撰《重阳全真集》13卷。其中卷九录有歌词16首，依次为：《了了歌》《竹杖歌》《窈窈歌》《元元歌》《得得歌》《惺惺歌》《劝道歌》《自叹歌》《秘秘歌》《定定歌》《逍遥歌》《玄玄歌》《达达歌》《赠友歌》《铁罐歌》《悟真歌》。

谭处端所撰《谭先生水云集》3卷，卷上有歌4首，依次为"无相""骷髅"和"落魄"二首。

王处一所撰《云光集》4卷，卷三有歌3首，依次为《朝元歌》《会真歌》《普救歌和丹阳韵》。

刘处玄所撰《仙乐集》5卷，卷二有《三字歌》。

丘处机所撰《磻溪集》6卷，卷三有《青天歌》8首。

彭致中所编《鸣鹤余音》9卷，卷九收歌4首，依次为马丹阳《太空歌》、冯尊师《悟真篇》、吕洞宾《证道歌》、景阳《得道歌》。

4. 仙歌

仙歌实际上是以仙人名义创作的歌词，类似于扶乩辞。其资料主要分布在《道藏》三洞的本文类，例如《灵宝无量度人上品妙经》（61卷）中的"空洞谣歌"，《太上诸天灵书度命妙经》中的"诸天真人玉女歌"，《太上洞玄灵宝真文要解上经》中的《东华上房灵妃歌》及青童大君、太虚真人、西城真人、小有真人曲，《洞神八帝妙精经》中的《阳歌九章》。

而太平部《无上秘要》（100 卷，存 68 卷）卷二〇的《仙歌品》，则是对仙歌的专项辑录。

5. 其他音乐资料

《道藏》中关于音乐科仪的资料，较重要的是寇谦之所撰《老君音诵诫经》1 卷。此书见于洞神部戒律类，又名《乐章诵诫新法》《太上老君乐音诵诫》《音乐新正科律》。其主旨是提出建立道教音诵科仪来革除三张弊病。

《道藏》中最具代表性的音乐典籍有两部，一是洞玄部赞颂类《玉音法事》3 卷，二是洞神部表奏类《大明御制玄教乐章》1 卷。《玉音法事》卷上和卷中记录道教曲谱，采用曲线记谱法，共保存有谱道曲 50 首；卷下记录斋醮科仪的程序以及成套的歌词。《大明御制玄教乐章》则包括《醮坛赞咏乐章》《洪恩灵济真君乐章》及《大明御制天尊（玄天上帝）词曲》，采用传统的工尺谱，记录道曲 14 首。

《道藏》音乐资料还见于以下三种汇编性的典籍：一是太玄部张君房所编《云笈七签》122 卷。此书征引道经 700 余种，收录大量音乐资料，例如卷七三有《古龙虎歌》及歌词 10 首，卷九六《赞颂歌》专收诸经的赞、颂、仙歌，卷九七《歌诗》有《太微玄清左夫人歌》《灵凤歌》《女仙张丽英石鼓歌》《汉初童谣歌》等。二是正一部《上清道宝经》5 卷，其中有《妓乐品》，列有歌曲、乐舞、乐器等内容。三是洞神部众术类梅彪所撰《石药尔雅》，其中有《叙诸经传歌诀名目》，载有歌诀所在书名近百种。

歌诀是道教常用的文体，亦见于《道藏》各个部类。例如洞真部众术类有《秤星灵台秘要经》，经中记录了关于星命之术的歌诀《洞微限歌》《洞微大数休咎歌》；洞神部方法类有《胎息抱一歌》，全书为 20 首关于养气的歌诀；正一部有张继先的《三十代天师虚靖真君语录》，其中卷三有《大道歌》《虚空歌》《休歇歌》《和元规任从他歌》《橐龠歌》《靖通庵歌》《野轩歌》等关于修道方法的歌诀。另外，正一部有邓柟、章希贤等人《道法宗旨图衍义》，后附《雷霆体用歌》；《续道藏》有《水镜录》，载劝人行善、戒杀生害命的《劝杀牛歌》。

（本篇由孙晓辉、王皓提供初稿，王小盾改写）

附录三　类书中的音乐资料

类书是一种资料类编性质的工具书,以辑录古籍原文资料为内容特点。数量很多,中国古代类书总共有 1000 多种,仅《四库全书》就收录类书 65 种。从编排形式上看可以分为两类:一是按类编排的类书,二是按韵编排的类书。

类书在分类方面有一定的传统,亦即根据古来的宇宙观和当时人的阅读需要,大致划分为天、地、人、事、物等五大部类。"天"部主要收集天文、气象、灾害、神怪等方面的资料,"地"部主要收集地理、山川、古迹等方面的资料,"人"部主要收集帝王君臣事迹等方面的资料,"事"部主要收集政治、经济、文化等方面的资料,"物"部主要收集博物、农艺、医学、工艺等方面的资料。

中国类书发端于古代杂家著作之书,例如《淮南子》即是一部"博采群说,分诸部类"的书。汉末魏晋之际,随着骈体文的兴起,文章讲究对偶,重视典故,于是产生了第一部类书《皇览》。《三国志·魏书·文帝纪》记载这件事说:魏文帝曹丕"好文学,以著述为务,自所勒成,垂百篇。又使诸儒撰集经传,随类相从,凡千余篇,号曰《皇览》"。裴松之注解《三国志·魏书·杨俊传》则说它"通合八百余万字"。

从唐代开始,历代皇帝和学者都重视类书编纂,使类书成为中国古代最重要的资料宝藏。音乐研究者要查找资料,显然要使用类书。考虑到这一点,我们特地选择《北堂书钞》《艺文类聚》《初学记》《白氏六帖事类集》《文苑英华》《册府元龟》《玉海》《太平御览》《事林广记》《永乐大典》《古今图书集成》等 11 部类书,对其中的音乐文献做一介绍。

一、《北堂书钞》

通行本:光绪十四年(1888)南海孔氏影校宋刊本的三种影印本,一为中国书店 1989 年影印,一为学苑出版社 1998 年影印,一为清华大学出版社 2003 年董治安主编《唐代四大类书》影印。

这是我国现存最早的一部类书,虞世南编纂于隋炀帝时期。它的通行本有 160 卷,分帝王、后妃、政术、刑法、封爵、设官等 19 部,每部之下再分小类。全书征引古籍 800 多种,是隋朝以前古籍资料的一个总汇。音乐史料集中在其中"乐部",即卷一○五至卷一一二,共 8 卷。除"乐部"外,存有关于音乐史料的部类有"帝王部"的艺能、制作,"武功部"的鼓、金钲、铙、鞞、铎、角,"仪饰部"的鼓吹和"岁时部"的律篇。

《北堂书钞》有三种书写体式:第一式是正文、注文结合式,即在每一类目中先用大字摘录有关词、句,再用双行小字注明出处、上下文、有关解释和虞世南的按语;第二式是有正文无注文式,仅摘出词句,标明出处;第三式是说明式,有按语而无摘句和注。"乐部"属于第一式,体例较完备。其音乐子目包括:

乐部一:乐总。从《礼记·乐记》《乐纬》《尚书》等文献中摘录有关雅乐性质、功能的音乐理论材料。其中引经部资料最多,例如引《乐记》多达 29 条。

乐部二:歌篇。内容包括歌唱的来源、功能、创作、技巧、善歌之人、歌曲名等。引史部资料较多。

乐部三：舞篇。内容包括舞的来源、功能、形式、舞器、用舞场合、舞名、舞姿、善舞之人等。引集部资料较多。

乐部四：钟、铎、磬、鼓、鼓吹。主要载录关于"八音"之中金、石、革类乐器的资料。包括各种乐器的来历、声音、功能、相关史事。

乐部五：瑟、琴。主要载录关于瑟、琴两种乐器的资料，包括琴、瑟的来源、功能、器名、曲名、善奏者、演奏法、相关史事。

乐部六：筝、筑、箜篌、琵琶、笙、簧、竽。载录关于这些乐器的资料，包括其来源、形制、演奏场合、善奏之人、曲名、相关史事。

乐部七：箫、笛、篪、埙、龠、茄、缶、柷敔、筲虡。载录关于这些乐器的资料，包括其形制、音色、种类、制作材料、功能、善奏之人、相关史事。

乐部八：四夷、倡优、律。"四夷乐"收录关于四夷乐功能、机构和名称的资料；"倡优"收录关于倡优名、相关史事及百戏的资料；"律"收录关于律的性质、产生、种类、候气说、调律、乐律学史的资料。

综上所述，《北堂书钞》的音乐内容大体上分为"乐""歌""舞""器""律"五大部分。

二、《艺文类聚》

通行本：上海古籍出版社1965年点校本，清华大学出版社2003年《唐代四大类书》影补南宋绍兴刻本，上海古籍出版社2013年影印上海图书馆藏宋刻本。

这是我国现存最早的一部官修类书，由唐代欧阳询等人编纂。全书100卷，分天、地、人、事、物等46部，每部之下又分若干子目。全书征引古籍1431种，对校勘古籍、辑录佚文具有很高的价值。

音乐史料在该书"岁时部"律类、"人部"讴谣类、"仪饰部"鼓吹类均有分布，但集中见于"乐部"，即卷四一至卷四四，共 4 卷。其内容包括：

乐部一：论乐。主要收录经部的音乐理论资料。内容依次有乐的定义、产生、功能，相关史事，百戏、雅乐、四夷乐、钟磬编悬、八音、各地歌舞。后半部分采录乐府古诗，共 114 篇。

乐部二：乐府。主要记录汉魏六朝乐府作品，始于魏武帝《短歌行》，迄于隋卢思道《夜闻邻妓诗》，共 116 篇。末附阮籍《乐论》。

乐部三：舞、歌。分别记录"舞"和"歌"的定义、相关史事、品种、功能、善歌舞之人、歌态舞姿等。"舞"之后半有"诗""赋"两项，收录咏舞的作品；"歌"之后半有"赋""笺"两项，收录咏歌的作品。

乐部四：琴、筝、箜篌、琵琶、笳虡、箫、笙、笛、筘。主要收录关于弦乐器和管乐器的资料，分别涉及各种乐器的产生、形制、功能、类别、善奏之人以及其他相关史料。其中有琴、筝、箜篌、琵琶四种弦乐器，箫、笙、笛、筘四种管乐器。

综上所述，《艺文类聚》的音乐史料分为"乐""歌""舞""器"四大部分。和《北堂书钞》相比，它主要的特点是突出"乐府"，使之与"歌"分列。

三、《初学记》

通行本：中华书局 1962 年点校本，清华大学出版社 2003 年《唐代四大类书》影印清光绪九年（1883）孔氏刻本。

这是唐玄宗命令徐坚等人编纂的一部类书，目的是便利皇子作文时查找辞藻典故。全书 30 卷，分为天、岁时、地、州郡、帝王等 23 部，部下再分子目。每个子目中包含叙事、事对、诗文三项内容。其资料来自隋朝以前的古籍。

该书音乐史料主要见于卷一五、卷一六，即"乐部"两卷。此外，在"礼部上"的祭祀、郊丘、宗庙、社稷，"礼部下"的释奠、飨燕、婚姻、挽歌等类目中，也有关于音乐的记载。关于律的记述散见在各部之中，例如"天部下"的雹、"岁时部"的春、夏、秋、冬、冬至、岁除等。

本书"乐部"两卷：上卷为乐舞卷，有雅乐、杂乐、四夷乐、歌、舞等子目；下卷为乐器卷，有琴、筝、琵琶、箜篌、钟、磬、鼓、箫、笙、笛等子目。其内容如下：

雅乐。"叙事"部分主要记录雅乐的来源、性质以及五声、八音、六律、六吕、六代乐舞、秦乐、汉乐、魏乐、乐悬等事物。"事对"部分除上述内容外，另记录乐的功能、乐制、演奏、乐器、歌舞和相关史事。

杂乐。收录关于郑声、古艳曲、百戏的资料。其中"事对"部分亦记有关于杂乐、新声的资料，"诗"部分记有 20 首关于杂乐、新声的作品。

四夷乐。"叙事"部分的资料大多关于古代乐官和音乐种类，"事对"部分另记有关音乐作用和史事的资料，"诗"部分记有 2 首相关诗歌。

歌。资料内容包括歌的定义、产生、种类、善歌者、古歌曲、汉歌曲、古乐府、晋以后歌曲等，"事对"部分亦记有关于歌的功能、歌名、伴奏乐器、歌态的资料，"赋"部分有 2 首听歌赋，"诗"部分有 4 首相关诗作。

舞。资料内容包括舞的定义、功能、舞队、种类、历代舞名、舞名和地名的对应、古之舞曲等。"事对"部分还有舞器、舞姿的内容，"赋"部分有 4 首观舞赋，"诗"部分有 18 首咏舞诗。

本书"乐部下"按按弦乐器、打击乐器、吹奏乐器的次序叙录。

按弦乐器：载录关于琴、筝、琵琶、箜篌的资料，包括诸乐器的来源、功能、形制、古器之名、善奏之人和乐曲类型。

打击乐器：载录关于钟、磬、鼓的资料，包括诸器的形制、编制、来源、种类及古器名。

吹奏乐器：载录关于箫、笙、笛的资料，包括诸器的来源、形制、种类、善奏者、乐器时令及相关史事。

综上所述，《初学记》的音乐史料大致分为"乐""歌""舞""器"四类。它沿袭《艺文类聚》的乐器分类，亦即把诸乐器分为按弦乐、打击乐、吹奏乐三类。至于它将"乐"分为"雅乐""杂乐""四夷乐"三类，则反映雅、俗、胡三分的音乐观念已经形成。

四、《白氏六帖事类集》

通行本：文物出版社 1987 年影印旧藏宋刊本，上海古籍出版社 1992 年"四库类书丛刊"《白孔六帖》本，清华大学出版社 2003 年《唐代四大类书》影印 1933 年吴兴张氏所印南宋刻本。

本书是唐代白居易编纂的类书，共 30 卷。除卷一、卷九各有"律吕"一门外，卷一雪、风、雷、雹、霜、春、夏、秋、冬、寒等类目中，卷二〇地祇、郊天等门类中，均散见有音乐史料。而有关音乐的记载则集中在本书卷一八。

卷一八"乐"类分为以下 30 门：

> 乐（附感人）、制乐、知音、淫乐、六代乐、四夷乐、鼓宗、女乐、掌乐、杂戏（附俳优）、乐器、歌（附王者歌、杂歌、行歌）、舞（附王者舞、杂舞）、琴、瑟、筝、琵琶、箜篌、鼓、钟、簨虡、磬、笙、箫、笛、笳、竽、缶、籥、啸。

在这30门中，前十门可归为"乐"部。其中"乐"门摘录有关雅乐来源、功能的资料；内附"感人"门则强调雅乐的功用，包括听觉感受、表演形式。"制乐"门主要记述乐的产生、功能、历代制乐典故和曲名资料。"知音"门主要记述声、音、乐的区别，音的功能及关于知音的史事。"淫乐"门记述淫乐的危害、种类及其相关史事。"六代乐"门摘录关于六代乐舞的资料。"四夷乐"门记述历代四夷乐的种类、机构、乐人、功能及相关史事。"鼓宗"门摘录有关音乐机构及乐官制度的资料。"女乐"门记述女乐的用途及后房史迹。"掌乐"门述及乐官职能及李延年、伶伦等乐官。"杂戏"门则摘录有关丸剑陆离、鱼龙杂蹋等杂戏的资料。

第十一门为"乐器"门，收录关于乐悬、二律、舞器、簨虡等雅乐器的资料。

第十二门、十三门为"歌""舞"门。"歌"门是关于歌唱技巧、善歌者、歌曲名、歌唱种类、功能的记录。其后附"王者歌"，录有《八阕》《大风歌》等及相关史事；"杂歌"录有《易水之歌》和孔子、庄子等人的歌唱史事；"行歌"摘录有关衔枚氏、朱买臣等人行歌的史料。"舞"门记录舞的形式、种类、功能及制度。后附"王者舞"，内容包括乐舞制度、乐舞功能及《云门》《大武》等舞；"杂舞"记述了巴渝舞、荆艳楚舞、白纻舞、剑舞等舞。

第十四门至第三十门为乐器部分，依次有弹拨乐器、打击乐器、吹奏乐器三类。弦乐器含琴、瑟、筝、琵琶、箜篌等门，分别记述诸乐器的来源、功能、演奏者、器名、曲名、形制、材料及相关史事。打击乐器含鼓、钟、簨虡、磬等四门，分别记述诸乐器的器名、来源、式样、乐律、演奏形式、职官、相关史事和功用。吹奏乐器含笙、箫、笛、筬、竽、缶、籥、啸等门，分别记述诸乐器的来源、善奏之人、机构、种类、形制和相关史事。

《白氏六帖事类集》出于白居易的门生之手，体例繁杂，所采资料多不标记出处；但它保留了很多有价值的资料，特别可贵的是收录了唐代文献中律、令、格、式的若干条文。由于唐代令、格、式原书已佚，所以通过此书可以考知原书的性质和内容。例如唐代国家令式中有《乐令》，亦即政府以著令的法律形式对音乐建制加以规定。凡关于"二部伎""十部伎""雅乐乐悬"所用乐器工衣的具体规定，都出自唐代《乐令》。《白氏六帖事类集》卷一六（《白孔六帖》卷五八）论鼓吹，曾引用《乐令》云："《乐令》：诸道行军，应给鼓角者，三万人已上，给大角十四具，大鼓二十四面；二万已上，角八具，鼓十四面；万人已上，角六具，鼓十面；不满万人，临时量给。军三分减一。"这为我们了解《乐令》，进而了解唐代音乐制度，提供了可信的史料。

五、《文苑英华》

通行本：中华书局 1966 年整理影印本。

《文苑英华》属于文学类书。其编纂始于宋太宗太平兴国七年（982），完成于雍熙三年十二月（987 年 1 月）；经几代人编纂校订，到南宋宁宗嘉泰四年（1204）刻毕付印。全书 1000 卷，按文体分为赋、诗、歌行、杂文、中书制诰、翰林制诰等 38 类，每类之中又按题材分为若干子目，例如赋类下分天象、岁时、地、水、帝德、京都等 42 目。该书所选作品上起南朝梁，下迄晚唐五代，计作家近 2200 人，作品近 20000 篇。其中唐代的作品最多，约占十分之九。

《文苑英华》中有颇多类别与音乐相关，如"赋"类中的音乐赋（卷七一至卷八二），"诗"类中的"乐府"（卷一九二至卷二一一），"音乐"（卷二一二至卷二一三），"歌行"（卷三三一至卷三五〇），以及"翰林制诰"

等政令中的音乐记录。

在汉唐时期，音乐赋是一种重要的音乐文学体裁。自王褒《洞箫赋》以来，它便成为汉赋中独立的体裁形式。由于它有特殊的题材和艺术手法，故古人对它做了记录与保存，在《文苑英华》赋类中体现为特殊的门类"乐"。其内容如下：

乐一：《筝赋》《金錞赋》《琵琶赋》《笙赋》《洞箫赋》《埙赋》。

乐二：《箜篌赋》《笛赋》《玉磬赋》《泗滨浮磬赋》《笙磬同音赋》《子击磬赋》《鲍赋》《太常观乐器赋》《观乐器赋》。

乐三：《太常观四夷乐赋》《太学释奠观古乐赋》《冬至日陪位听太和乐赋》《太常新复乐悬冬至日荐之圜丘赋》《吴公子听乐赋》《吴公子听乐观风赋》《钧天乐赋》《云韶乐赋》。

乐四：《君臣相遇乐赋》《献凯乐赋》《霓裳羽衣曲赋》《功成作乐赋》《作乐崇德赋》《律和声赋》《奉制试乐为御赋》《大合乐赋》。

乐五：《箫韶九成赋》《闻韶赋》《乐九成赋》《洞庭张乐赋》《乐理心赋》《乐出虚赋》《齐人归女乐赋》《埙篪相须赋》。

乐六：《无声乐赋》《审乐知政赋》《乐德教胄子赋》。

乐七：《焦桐入听赋》《无弦琴赋》《五色琴弦赋》《孔子弹文王操赋》《钟期听伯牙鼓琴赋》《钟期听琴赋》《朱丝绳赋》《昭文不鼓琴赋》。

乐八：《吹竹学凤鸣赋》《笛声似龙吟赋》《宣尼宅闻金石丝竹之声赋》《听歌赋》《歌赋》《歌响遏行云赋》《善歌如贯珠赋》。

乐九：《观舞赋》《舞赋》《开元字舞赋》《两阶舞干羽赋》《舞中成八卦赋》《国子舞赋》《湖南观双柘枝舞赋》《鸜鹆舞赋》。

钟鼓：《霜钟赋》《夜闻山寺钟赋》《观铸钟赋》《洪钟赋》《鼓钟于宫赋》《长乐钟赋》《敢谏鼓赋》《谏鼓赋》《数里鼓赋》《六街鼓赋》。

杂伎一：《拔河赋》《汉武帝后庭秋千赋》《内人马伎赋》《长竿赋》《季

秋朝宴观内人马伎赋》《千秋节勤政楼下观舞马赋》《勤政楼花竿赋》《内人蹴球赋》《气球赋》。

杂伎二：《裴将军剑舞赋》《绳伎赋》《楼下观绳伎赋》《透橦童儿赋》《都庐寻橦赋》《竞渡赋》《木人赋》《吞刀吐火赋》。

"诗"类中有"乐府"门 20 卷、"音乐"门 2 卷、"歌行"门 20 卷。"乐府"门收录汉唐乐府诗 200 多题，"音乐"门 2 卷内容如下：

音乐一：乐、琴、筝、笙、琵琶、箜篌、箫、笛、杂乐。

音乐二：歌、舞、歌妓。

"歌行"门中亦有"音乐"2 卷，内容如下：

音乐上：《方响歌》《听钟歌》《华原磬》《慈恩寺石磬歌》《送尹补阙元凯琴歌》《雅琴篇》《宜城放琴客歌》《琴歌》《听董庭兰弹琴兼寄房给事》《琴歌送别》《听从叔琴弹三峡流泉歌》《李湖州孺人弹筝歌》《郑女弹筝歌》《宴席赋得姚美人抬筝歌》《观李中丞美人轧筝歌》《刘禅奴弹琵琶歌》《琵琶引》《琵琶行》。

音乐下：《李供奉弹箜篌歌》《箜篌引》《赵瑟》《调瑟词》《五弦弹》《五弦行》《武昌老人说笛歌》《小笛弄》《小童薛阳陶吹觱篥歌》《听安万善吹觱篥歌》《薛阳陶觱篥歌》《吹笙歌》《吹笙引》《丘少府小鼓歌》《鼙鼓行》《观公孙大娘弟子舞剑器行》《拂舞歌词》《霓裳羽衣舞歌答微之》《胡旋女》《独摇手》《西川座上听金五云唱歌》《秦娘歌》。

其他各卷的音乐内容有：

卷四九七"策"类"礼乐"门，收录《议礼乐》《议沿革礼乐》《复乐》《议祭祀》《忠敬质文损益》等 5 道策文。

卷五〇三"判"类"乾象律历"门，收录 23 道判文。

卷五〇七"判"类"礼乐"门，收录《国公嘉礼判》《九文六采判》《负剑辟呾判》《乐请置判悬判》《燕弓矢舞判》《教击编钟判》《奏〈安代乐〉判》

《典乐羽籥判》《四品女乐判》《怒心鼓琴判》《学生鼓琴判》《回风变节判》《五品女乐判》等共 26 道判文。

卷五〇八"判"类"乐"门，收录《乐官乐司请考判》《夷乐鞮鞻判》《旄人奏散判》《瞽相判》《乐悬画蚡蟥判》《钟官所铸判》《笙师不施春牍判》《笛判》《琴有杀声判》《学琴不进判》《学歌玄宴判》《乐师教舞判》《习结风伎判》等 19 道判文。

卷七六一"议"类中有"庙乐"门，收录《定宗庙乐议二首》《论立对〈破阵〉〈庆善〉二舞议》《鲁议》等 4 首议文。

卷八三二"记"类中有"歌乐"门，收录《琴会记》《王氏广陵散记》《歌者叶记》等 3 首记文。

六、《册府元龟》

通行本：中华书局 1960 年整理影印明崇祯本。

本书由宋代王钦若等人编撰，1000 卷。共分为帝王、闰位、僭伪、列国君、储宫、宗室、外戚、宰辅、将帅、台省、邦计、宪官、谏诤、词臣、国史、掌礼、学校、刑法、卿监、环卫、铨选、贡举、奉使、内臣、牧守、令长、宫臣、幕府、陪臣、总录、外臣等 31 部。每部分门编纂，以年代为序分为 1104 门。"册府"指帝王藏书的地方，"元龟"是古代用以占卜国家大事的大龟，书名"册府元龟"的意思是作为后世帝王治国理政的借鉴。该书虽不注明材料出处，只取六经子史，不录小说杂著中的材料，但有很多唐、五代史料仅见于该书；即使与正史重复者，也有校勘价值。

音乐资料集中见于本书"掌礼部"的"作乐"门，以及"牧守部"的"谣颂"门、"总录部"的"知音"门。

卷五六五至卷五七〇为"作乐"门，各篇概述礼乐沿革，并按时代顺序叙述历代雅乐的制作，例如六代乐舞、房中乐、四时舞等。卷五七〇为"夷乐"部分，先总述四夷乐的机构、功能，再按时代顺序叙述历代夷乐。

卷六八一前半为"谣颂"门，其中各段概括谣颂的起源与教化功能，并列举历代谣颂。

卷八五六至卷八五七为"知音"门，其中各篇概述音乐的功用、音乐和政治的关系，并列举知音之人（自伶伦至王朴共103人）及相关史事。

七、《玉海》

通行本：江苏古籍出版社、上海书店1987年影印本，广陵书社2003年影印本，所据皆为清光绪九年（1883）浙江书局刊本。

本书由南宋王应麟编撰，200卷，分为天文、律历、地理等21大类，下分天文图、天文书等240余小类，多记典章制度方面的史实，兼收诗文辞藻。

音乐内容见于本书"律历""音乐"两大类。"律历"类在卷六至卷一三，共8卷，包括律吕、度量衡、历法、漏刻、时令、迎气、读时令、改元等小类。"音乐"类在卷一〇三至卷一一〇，亦8卷，包括乐、乐章、乐舞、夷乐、乐器、杂乐器等小类。其主要部分细目如下：

卷六"律吕上"：宓羲律法；黄帝律本、十二笛、竹律、律管、玉管、十二律、舜昭华琯、玉琯、昭华玉；舜六律；周玉律；周六律六同、十二律、铜管；周七律、七音；孔子律；邹衍律；汉张苍律；汉协律、太初音律；汉律准、京房六十律、律术；汉太常铜律；汉钟律；汉刘歆钟律书；汉灵台时律；汉随月律、十二月均、定典律；汉候气玉律、竹律、乐均。

卷七"律吕下"：晋律笛、周玉尺、铜竹律；晋铜律吕、古铜管；

宋三百六十律、梁钟律议；后魏器物准图；梁钟律纬、四通十二笛；隋律谱；唐竹律；唐铜律、铜斛、铜秤；唐大乐钟律；唐七音；建隆重造十二律管、黄钟九寸管、王朴律准、建隆新尺；乾德拱辰管；至道十二律图；咸平随月律、皇祐随月律；景祐十二律图、康定钟律制议并图；景祐观文殿观律准、御篆律准；景祐玉律；景祐律管；景祐新定钟律、新尺、律管；景祐较太常钟律；皇祐乐律、七音；皇祐律吕旋相图、律尺龠；皇祐新律；平律书、元丰大乐十二均图；元祐十二律；政和黄钟徵角调；律吕新书。

卷一〇三"乐（乐书、燕乐）"：伏羲神农少昊乐、伊耆氏乐、女娲充乐；黄帝咸池云门、承云、英韶；黄帝军乐、恺乐；颛顼六茎、承云、六莹、帝喾五英、九招、六列、六英；尧大章、大咸、十五弦瑟；舜大磬、韶箾、招乐、九招、六列六英、二十三弦瑟、九磬、箫韶、舜庙堂乐、籥舞；舜七始乐；舜五乐；舜南风乐；舜乐歌；五帝诗乐；舜乐名、九奏乐；禹大夏、夏籥九成、禹承夏乐；禹九招乐、禹度数声乐；汤大濩、九招、韶濩、护乐、晨露乐、殷桑林乐、二乐；文王辟雍乐、汉辟雍乐；周大武、象武、武宿夜、驺虞；周六代乐、六乐、三乐；周房中乐；周勺、三象乐、象乐；周恺乐；周燕乐、缦乐；周祴乐；周金奏乐；周乐仪；周乡乐；周四时祭乐、养老乐；周乐歌、乐章；鲁四代乐、禘乐、四代乐器；吴季札观周乐；晋赐魏绛金石乐、齐君臣相说乐。

卷一〇四"乐二"[①]：汉制氏雅乐、宗庙乐、休成乐；汉昭容礼容乐；汉安世房中乐；汉修六代乐；汉庙乐；汉乐记、河间乐、郊庙诗歌；汉乐元语；汉神乐；汉四时乐；汉正乐定员；汉古兵法武乐、黄门

---

① 广陵书社影光绪九年浙江书局刊本作"乐一"，当误。

武乐、黄门鼓吹、鼓吹曲；汉乐六家；汉乐元起；汉乐经；汉南郊乐、郊祭乐；汉郊庙乐器；汉四品乐、十二门诗、五方乐；汉食举乐；汉大予乐；汉月令迎气乐、乐经、黄钟乐器、总章乐；汉雅乐埙篪鹿鸣；汉阙里作六代乐；汉九宾乐；汉八能乐、八能陈音；汉五乐、太常乐；汉清乐；魏乐论；魏复古乐、雅乐四曲、魏太钧乐；晋雅乐、登歌乐、正德乐；梁对乐七十八家、郊禋宗庙三朝乐；梁养德乐；梁乐社大义；后魏乐书；隋议正乐；隋乐府志、乐论、乐典；隋乐谱、乐论、清乐、七部九部乐。

卷一〇五"乐三"：唐乐二十一家；大唐雅乐、十二和、新乐书、武德定乐、开元三和乐；唐旋宫乐；唐九部乐、十部乐、十四国乐、二部乐；唐凯乐；唐功成庆善乐；唐破阵乐；唐景云河清歌、四部燕乐、承天乐、景云乐；唐一戎大定乐、八弦同轨乐、夷来宾曲；唐上元乐、圣寿乐；唐五方师子乐、太平乐；唐太常四部乐；唐开元雅乐、大唐乐；唐龙池乐、圣寿乐、小破阵乐、光圣乐、君臣相遇乐、唐二部乐；唐金风乐；唐三殿观乐；唐宝应长宁乐、广平太一乐、八弦同轨乐；唐继天诞圣乐、定难曲、顺圣乐、奉圣乐、中和乐舞、麟德殿观新乐；唐赐乐；唐六乐；唐乡饮大射乐；唐乐书要录；唐古今乐记、陈古今乐录；唐太乐令壁记、唐历代乐仪、新纂乐书；后周正乐、十二顺、雅乐八十四调；建隆新定乐舞；乾德雅乐、文武舞、建隆十二安、乐章曲名、乾德黄钟九寸管、建隆重造十二律管、王朴律准新式、庙舞；淳化朝元殿雅乐歌；太宗万国朝天乐、平晋乐、雅乐谱、祥符龙图阁太宗圣制曲名；景德乐纂、崇政殿观太常新乐、乐谱；祥符宫架乐；天圣承明殿阅大乐；天圣乐书总要；景祐登歌乐；景祐乐本图、古今乐纂；景祐乐髓新经；景祐广乐记、乐髓新经、御制雅乐声谱、郊庙乐章、大乐图、崇政殿观新乐、延福宫阅乐器；景祐乐府奏议；景祐太乐图义；康定御撰审乐要纪；皇祐崇政殿阅雅乐、御撰明堂乐曲音谱、大乐新录；皇祐大安乐；皇祐紫宸殿奏新乐、新乐图记；元丰新乐、大乐记；元祐范镇乐、延祐殿观新乐、元祐乐议；崇宁大晟乐；崇宁陈旸乐书；绍兴射殿奏新乐、朝会乐；绍兴化成殿乐；庆元乐书。

卷一○六"乐章"：葛天氏歌、八阕、八曲；禹康歌；周九德歌；周九夏、三夏、祴乐；周登歌、彻歌、六歌、十二调；周郊社歌；周恺歌；汉十九章歌、邹子乐、乐府歌谣诗乐、初诗、郊庙诗歌；汉登歌、九歌、雅歌、百官诗颂；汉食举乐十三曲；汉鼓吹铙歌；魏鼓吹曲；晋短箫铙歌；晋郊祀明堂乐章、郊庙朝享礼乐、宗庙歌诗；晋食举乐歌诗、乐府歌诗、燕乐歌辞；晋四箱乐歌、宋四箱乐歌；后魏乐府曲名；隋雅乐歌辞；唐贞观乐章；唐清乐六十三曲、正声乐调、汉清乐；唐鼓吹七十五曲、铙歌鼓吹曲；唐英雄乐曲、宗调四曲；唐郊庙燕会乐曲、咸亨乐章；唐开元乐章；唐朝会乐章；唐霓裳羽衣曲、按乐图、金凤乐、君臣相遇乐；唐法曲、宜春北院、云韶府、仙韶院；唐云韶乐图、仙韶曲、开元雅乐；唐玉宸宫调；唐定难乐曲；唐万斯年曲；唐播皇猷葱岭西曲、大中新曲；唐乐府古今题解；建隆十二乐章；建隆长春乐曲、乾德万岁升平乐；乾德鼓吹曲；乾德五瑞乐、四瑞乐、淳化五瑞曲、祥符五瑞曲；开宝箫韶部、云韶部；太宗亲制乐曲；淳化钧容乐；淳化乡饮乐章；祥符封禅乐章、祥瑞乐章；祥符瑞云乐章；祥符圣制恭谢荐享乐章；祥符奏云韶乐；宋朝铙歌鼓吹曲；天圣蕊珠殿观稼乐；天圣皇太后乐章；天圣朝会曲；景祐御制十三曲、郊庙曲、御制乐章；皇祐御制明堂乐曲、乐章、乐舞、合宫歌、大乐曲谱、明堂乐曲三谱、嘉祐御制乐章；皇祐崇政殿阅雅乐、大乐新录；皇祐钧容乐；至和禘祫乐章；元丰朝会乐；绍兴郊庙乐章；绍兴系声乐府、乐府集；淳熙明堂乐章；风雅十二诗谱。

卷一〇七"乐舞"：黄帝云门舞；颛顼承云舞；陶唐氏舞；舜韶舞、舞干羽、箾舞、八伯乐舞；夏六佾、六列；禹万舞；商万舞、干舞；周六舞、帔舞、羽舞、皇舞、旄舞、干舞、人舞、小舞、汉灵星舞；周象舞、大武舞；周六代舞；周三舞；周箾舞；周合舞、汉大乐律，周八佾；鲁六羽、六佾；汉宗庙乐舞、武德文始五行舞、昭德文始四时五行舞、盛德文始四时五行舞；汉祠泰一后土乐舞；汉鼙舞；汉万舞、八佾舞；汉八佾云翘育命舞；汉大武舞、武德舞、登歌八佾舞、汉宗庙乐、汉百官颂；汉磬舞；汉巴俞舞；魏凤翔、灵应、武颂、大韶、大武、昭武舞、三祖庙舞、大钧；晋宣武宣文舞、正德大豫舞；后周六舞；隋三调四舞；唐治康凯安舞；唐三大舞、七德舞、九功舞、上元舞；唐六朝乐舞；唐六合还淳舞；唐紫极舞；唐中和乐舞；唐景云承天乐舞、四部舞；唐八舞、三舞；唐太宗舞图；唐勤政楼舞马；建隆新定乐舞；乾德文武二舞、淳化朝元殿二舞、景祐武舞九器；淳化朝元殿二舞；祥符盛德升闻之舞；祥符同和定功舞、太宗圣制雅乐诗；天圣厚德无疆舞；天圣郊庙乐舞；皇祐御制明堂乐舞；嘉祐御制祫享乐舞；治平大英之舞；元丰定二舞容节；元丰帝临嘉至舞；元丰方丘乐舞；元祐朝会二舞仪式；政和明堂乐舞。

卷一〇八"四夷乐"：夏九夷献乐舞；周四夷乐；周扶娄乐；汉巴俞乐、舞；汉砀极乐；汉狄鞮乐；汉摩诃兜勒曲、于阗乐；汉西南夷献乐；汉白狼槃木乐诗、远夷乐德慕德怀德歌诗；隋高昌献乐；唐十四国乐；唐新罗献女乐；唐龟兹乐；唐南诏奉圣乐；唐骠国乐舞图、骠国献乐颂；唐高丽献乐；唐日本献乐；唐胡部新声；建龙外国献歌舞；乾德高丽部乐；至道西南夷歌舞；元丰崇政殿奏蕃乐。

卷一〇九至卷一一〇"乐器"：钟（细目略）、磬（细目略）、琴瑟（细目略）、鼓（细目略）、杂乐器（细目按竹、匏、土、木排列，有箫、管、笛、笙簧、苇籥、埙篪、竽、钟笙、筑、筘等分类)。

《玉海》对于辑校唐宋音乐文献有重要价值。例如唐刘贶《太乐令壁记》已佚,北宋《崇文总目》经部乐类著录《太乐令壁记》,称其书分"乐元、正乐、四夷乐合三篇",而《玉海》卷一〇五引南宋《中兴馆阁书目》的著录则甚为详细:

> 上卷乐元:歌一、诗二、舞三、扦四、律吕五。
> 中卷正乐:雅乐六、立部伎七、坐部伎八、清乐九、西凉乐十。
> 下卷四夷乐:东夷十一、南蛮十二、西戎十三、北狄十四、散乐十五、乐量十六、陈仪十七、兴废十八。

更重要的是,《玉海》对唐宋音乐史实做了准确命名,为全面了解唐宋音乐提供了基本线索。

八、《太平御览》

通行本:中华书局 1960 年缩印上海涵芬楼影宋本。

此书由宋太宗命李昉等 14 人编纂,始于太平兴国二年(977),成于八年(983)。初名《太平总类》,因太宗按日阅览,故改题《太平御览》。全书 1000 卷,分 55 部,每部之下又分若干子目。该书以引证广博见称,据书首"《太平御览》经史图书纲目",全书共引图书 1690 种,连同杂书、诗、赋、铭、箴等,引书实为 2579 种。因所引用的古书十之七八失传,故本书是保存古代佚书资料最为丰富的类书,也是现存类书中保存五代以前文献资料最多的类书。

此书每条引证皆清晰完整,其体例是先写书名,次录原文,按时间先后排列。所采多为经史百家之言。正文作大字；注文作双行小字，附于本句之下；较其他类书更为明晰。

此书卷五六三至卷五八四为"乐部"，共 22 卷。各卷内容如下：

卷五六三至卷五六五：雅乐上，雅乐中，雅乐下，律吕。"雅乐"的内容主要有三：一为乐的来源、作用、乐悬之制、雅乐机构、乐律及相关史事；二为乐的作用、乐律及相关史事；三为六代乐、歌与舞的关系及相关史事。"律吕"部分述及六律、六同、伶伦作律、候气法等事项。

卷五六六：历代乐。本卷所记始于葛天氏之乐，迄于唐高宗自制乐章，述及各代之乐。

卷五六七：鼓吹乐，四夷乐。"鼓吹乐"部分记录鼓吹之定义、汉鼓吹曲、魏鼓吹曲、凯乐用乐及仪式过程，亦记有相关史事。"四夷乐"部分所记始于《诗》所云"以雅以南"，又记录鞮鞻氏掌四夷之乐、靺师掌教靺乐等事，涉及四夷乐之管理机构、种类、相关史事，并涉及禅国、扶娄国、龟兹、疏勒、安国、骠国、高昌、南诏、扶南、天竺、高丽、百济以及西凉、康国等国之乐。

卷五六八：宴乐，女乐。"宴乐"所记始于南朝宋《寿阳乐》、南朝齐《杨叛儿》，并记隋七部乐、九部乐、清乐的来源及其流变以及唐十部乐、坐立部伎、燕乐曲名，较多篇幅为唐宋燕乐史事。"女乐"所引始于《左传》，先后记录女乐的用途、著名艺人及相关史事。

卷五六九：优倡，淫乐。"优倡"部分所引始于《春秋元命包》，记录百戏、歌舞戏及相关史事。"淫乐"部分所记以"郑声"为首，先后述及淫乐的定义、种类和相关史事。

卷五七〇至卷五七三：歌一，歌二，歌三，歌四。此四卷内容包括：歌的定义、歌的产生、歌的掌教、善歌者、著名歌曲、著名歌舞戏、歌唱技巧、歌的种类，以及《莫愁乐》《淫豫歌》等歌曲的创制。

卷五七四：舞。本卷所引始于《诗·宾之初筵》，其后述及舞的功能、舞队、六代乐舞、舞的掌教、种类、善舞之人、舞名、舞姿、舞器及相关史事。

卷五七五至卷五八四："乐器"10卷，每种乐器依次记录其名义、品质、掌教者、制作和演奏、相关史事和评论。乐器依次有：钟、錞于、磬、瑟、筝、筑、准、琴（三篇）、笛、篪、管、籥、箫、筎、笙、竽、簧、埙、鼓、柷敔、筒虡、琵琶、羯鼓、觱篥、五弦、六弦、七弦、太一、方响、缶、铎、铙、镯、角、铜钵、壤、抚相、舂牍、拍板。

九、《事林广记》

通行本：上海古籍出版社 1990 年影印《和刻本类书集成》本，又有中华书局 1963 年影印元至顺本。

《事林广记》是部民间类书，作者为宋元之间人陈元靓。原书成于宋末，故原书各卷所征引的资料都止于南宋。后因元明之间书坊不断翻刻，增补了许多内容。现存本皆是经过增改的元明印本和日本刻本，故又称《新编纂图增类群书类要事林广记》或《纂图增新群书类要事林广记》。其中三种较重要，即 1963 年中华书局影印元至顺间建安椿庄书院刻本，1976 年日本汲古书院影印元禄十二年（1699）刻本（编入《和刻本类书集成》），1999 年中华书局影印元后至元六年（1340）郑氏积诚堂刻本。

同其他类书相区别，《事林广记》主要有两大特征：一是包含较多关于民间日用的资料，其中有大量音乐资料；二是附载插图，故书中留存有珍贵的乐谱。其中音乐资料，在积诚堂本和椿庄书院本中分布于音乐、音谱、文艺三类，在和刻本中则分布于律历、文艺、器物、音乐举要、乐星图谱、古代乐舞、玳筵行乐七类。以下主要据上海古籍出版社影印和刻本概述其内容。

本书共94卷，其中甲集12卷、乙集4卷、丙集5卷、丁至壬集各10卷、癸集13卷。甲集卷五为"律历气数门"，有"黄帝制律"等24个小类；丁集卷四为"文艺直诀"，有"抚琴要略"等20个小类；戊集卷二为"文艺类"，有"圆社散语""齐云社规""下脚文"等65个小类；戊集卷六为"器物纪原"，有"墨""砚""琴"等43个小类；戊集卷七为"器物原始门"，有"钟""磬""鼓"等35个小类；戊集卷八为"音乐举要门"，有"律吕宫商图""宫调结声正讹""管色指法"等18个小类；戊集卷九为"乐星图谱门"，有"黄钟宫图""大吕宫图""太簇宫图"等12个小类；戊集卷一〇为"古代乐舞门"，有"云门大卷""大咸""六茎"等20个音乐小类，以及"博戏全胜"等8个游戏小类；癸集卷一二之首为"玳筵行乐"，有"举令行酒""卜算子令""浪淘沙令"等8个小类。

戊集是本书图谱较多的一集。其中《乐星图谱》之首即有《律吕隔八相生图》和《律生八十四调》之表，全篇的主要内容是用俗字谱符号来说明八十四调各调所用音阶，并对照排列雅乐调名和燕乐调名。末尾部分则为说明图谱性质的《总叙诀》，以及关于图谱使用法的三种口诀《八犯诀》《四犯诀》《寄煞诀》。这都是研究古代犯调理论的重要资料。

关于琴乐方面的资料，除戊集卷六所引《帝王世纪》《桓谭新论》外，丁集卷四"抚琴要略"有琴谱总说、右手指谱、左手指谱、琴谱直解。一本下有琴曲6首，曲后附论琴杂著13则。6首琴曲分别为《开指黄莺鸣》（谱间有歌词）、《宫调》《商调》《角调》《徵调》《羽调》，均不分段，是现存最早的一套琴曲小品集。

戊集卷二"文艺类"是关于宋代蹴球、唱赚音乐及表演的专篇。其中所谓"圆社"，指的是蹴球戏的团体；其中所谓"遏云"，则指筵会上的唱赚。故本卷有圆社市语（中吕宫）《圆里圆》，为唱赚歌词一套（9曲）。歌词前的《遏云要诀》，讲述唱赚的规则和唱法；《遏云致语》中的《鹧鸪天》，为唱赚演唱前所用的曲牌名。歌词之后为鼓板谱《全套鼓板棒数》，以及唱赚谱《愿成双》。后者是一套用俗字谱记写的用于民间酒宴的唱赚谱。若与金董解元《西厢记诸宫调》比较，可知这套《圆里圆》赚词由《愿成双令》《愿成双慢》《狮子序》《本宫破子》等曲牌组成，是带赚的缠令。它是现存所知年代最早的唱赚谱。

戊集卷八"音乐举要"中的《宫调结声正讹》《管色指法》，可以和张炎《词源》相比证，看作宋元歌曲理论的总结。

比较而言，和刻本是较善之本。它以"乐""律"分述，编纂体例较整饬；其中包含的音乐资料相对来说也更加丰富。但为更准确地了解宋代音乐，有必要将这三种版本的相关信息补充、整合。这才是正确使用《事林广记》音乐文献的最佳途径。

十、《永乐大典》

通行本：中华书局 1986 年影印本。

此书是我国历史上规模最大的一部类书，共 22937 卷，11095 册，约 3.7 亿字。由明代解缙等人编成于永乐年间。本书以单字为目，按洪武正韵排列各字，围绕字目汇集明以前经、史、子、集、佛经、道藏、医书等多方面的资料。其体例是在每字下先注音、义，次录各韵书、字书所注反切、释义，再罗列该字楷、篆、隶、草各体，最后分类汇辑各书中与该字有关的天文、地理、人文、名物以及诗词典故、杂艺等各项记载。由于本书卷帙过多，工费浩繁，故未刊印，仅在永乐、嘉靖年间先后缮写两部。这两部都散失在后来的兵灾之中，目前留存在世的残本仅有 800 卷左右。

《永乐大典》残本中没有保留"乐"字部分，但在卷五四五三、卷五四五四"郊"字中保存了"郊祀神位"的资料，其中涉及雅乐祭祀仪式音乐。另外，在卷一三九六五至卷一三九九一共 27 卷中，收有戏文 33 种。今仅存最后一卷，内收《小孙屠》《张协状元》《宦门子弟错立身》三种，为今存最早的南戏剧本，可资认识早期南戏的真面目，有助于探讨南戏的渊源及其与后世戏剧的关系。

《旧五代史》是二十四史中唯一的辑佚书，通行本是由清代四库馆臣邵晋涵从《永乐大典》辑录的。其中《旧五代史·乐志》保存了关于五代乐更替的资料，特别是关于后周王朴律的资料。

十一、《古今图书集成》

通行本：中华书局 1934 年缩印铜活字本。

本书是我国现存规模最大的一部类书，清代陈梦雷等人编撰。全书 10000 卷，分历象、方舆、明伦、博物、理学、经济等六个汇编，各汇编下分典，典下再分部，共 32 典、6117 部。各部下的资料按分类原则编排，共分汇考、总论、图、表、列传、艺文、选句、纪事、杂录、外编等 10 类。"汇考"按年代汇集文献，记述大事；"总论"收录各书针对某一问题的概述；"列传"辑录与主题有关的传记资料；"艺文"采集相关诗文词赋；"选句"摘录对偶词句；"纪事"摘录琐细小事；"杂录"收录难以编入"汇考""总论""艺文"的资料；"外编"收录"杂录"之外的史余资料。除此之外还有"图表""图像""地图""考证"等项目。目前通行的版本均来自雍正铜活字本，包括：中华书局 1934 年据雍正铜字本缩印本，中华书局、巴蜀书社 1986 年据雍正铜字本重印改装本，齐鲁书社 2006 年影印国家图书馆藏雍正铜字本，台湾东吴大学中文系 1999 年以雍正铜字版为蓝本制成电子本。

有关音乐的内容集中编入"经济汇编"的"乐律典",共 136 卷,分为以下各部:

> 乐律总部、律吕部、啸部、歌部、舞部、钟部、镈部、钲部、铙部、镯部、铎部、方响部、钹部、磬部、琴瑟部、琵琶部、箜篌部、筝部、阮咸部、五弦部、管部、箫部、籥部、篴部、笛部、横吹部、笳部、角部、贝部、觱篥部、笙部、竽部、埙部、缶部、瓯部、鼓部、鼓吹部、柷敔部、筑部、应部、牍部、雅部、拍板部、壤部、筍虡部、杂乐器部。

其中卷一至卷三七为"乐律总部汇考",按时代顺序汇录从上古至清康熙年间重要音乐史事。卷三八、卷三九为"乐律总部总论",从各书中摘录音乐资料。卷四○至卷四三为"乐律总部艺文",主要摘录相关诗文作品,其次为"乐律总部选句"。卷四四至卷四六为"乐律总部纪事""乐律总部杂录"和"乐律总部外编",所记录的音乐史事多出于子史杂著。

卷四七至卷六五为"律吕部汇考",按文献年代顺序摘录乐律学资料。卷六六至卷六九为"律吕部总论",从各书中摘录关于乐律学的议论。卷七○为"律吕部艺文"和"律吕部选句",收录有关钟律、管律、葭灰、积黍、元声等乐律事项的文学作品。卷七一为"律吕部纪事""律吕部杂录""律吕部外编"。其中"汇考""总论"均摘录明朱载堉《律吕精义》。

卷七二为"声音部汇考"及"总论""艺文""选句""纪事""杂录""外编"。所录资料均有关音响、声类的描写,例如"汇考"摘录陈侍中王叔《斋籁纪》,"艺文"收录唐张彦振《响赋》、宋欧阳修《秋声赋》等。

卷七三为"啸部汇考"及"艺文""选句""纪事""杂录""外编"。所录资料均关于长啸,例如"艺文"有晋成公绥《啸赋》等。

卷七四至卷七九为"歌部汇考"和"总论",卷八〇为"歌部艺文"和"选句",卷八一至卷八三为"纪事",卷八四为"杂录""外编"。所录资料均关于歌唱和歌曲,例如"汇考"录有唐吴兢《乐府古题要解》、王灼《碧鸡漫志》的片段,"总论"录有宋陈旸《乐书》的片段,"艺文"收录唐许敬宗《上恩光曲歌词启》、杨师道《听歌管赋》、谢偃《听歌赋》、杨迺《舜歌南凤赋》、阎伯玙《歌赋》、沈郎等人《霓裳羽衣曲赋》、沈亚之《歌者叶记》、元稹等人《善歌如贯珠赋》、宋胡翰《古乐府诗类编序》等。

卷八五至卷八八为"舞部汇考""总论""艺文一",卷八九至卷九〇为"舞部艺文二""选句""纪事""杂录""外编"。所录资料皆关于舞蹈,例如"汇考"摘录《柘枝谱》《教坊记》和朱载堉《小舞乡乐谱》等,"总论"摘录陈旸《乐书》等,"艺文一"中录有张衡《观舞赋》、傅毅《舞赋》,"艺文二"中录有《晋白纻舞歌》《晋杯盘舞歌诗》、岑参《田使君美人舞如莲花北鋋歌》、白居易《霓裳羽衣舞歌答微之》等。

卷九一至卷一三六为乐器部分。

《古今图书集成》是古代音乐史料的集大成者。所收资料纵贯先秦至明清,编排有系统,容量繁富,便于检索;但所标出处不甚详明,校勘也不精,所以在使用中一定要核对引文的原文。

总之,在中国古代类书中,音乐资料非常丰富。其编排特点是:多按"乐""歌""舞""器""律"五部依次记述。早期类书多以"乐""歌""舞""器"属"人""事"部;并把"乐""律"分述,以"律"属"天"部。到《古今图书集成》,虽然作"乐""律"分述,但将其合编为"乐律典"。在"乐器"部中,尽管保留了按"八音"分类的遗迹,但大多数类书是根据表演实践，在钟、磬之后，依次做弹拨乐器、打击乐器、吹奏乐器三类陈述的。由此可见，类书的编纂体例反映了音乐观念和音乐思想的变迁。

（武汉音乐学院田甜、孙晓辉提供初稿，王小盾校改定稿）

附录四　日本、韩国古代音乐文献目录

在中国古代,"目录"是文献学的重要体裁。作为"目"和"录"的合称,它既包含篇名或书名(称"目"),也包含对"目"的说明和编次(称"录")。因此,编纂目录,并不是简单地罗列文献名称,而是要表达对于文献内在逻辑的理解,为"辨章学术,考镜源流"提供基本条件。为展示韩国、日本所藏音乐典籍的基本面貌,特将有关书谱编为以下三份目录。关于越南古代乐书的目录,请参考我和他人一起主编的《越南汉喃文献目录提要》一书。

一、《韩国音乐学资料丛书》分册目录

韩国学者在音乐文献学方面做了很多工作。除翻译、注解音乐文献外,他们编写了大量音乐学资料索引,包括韩国音乐学论著索引、各种仪轨典籍的主题索引、

图 F4-1　位于首尔南部的韩国国立国乐院

老唱片索引。其中仅宋芳松、金圣惠所编,即有《韩国音乐学论著解题》系列,以及《韩国音乐关联学位论文总目》,分别由韩国精神文化研究院、民俗苑等机构出版。另外,金英云等人编纂了《朝鲜王朝实录音乐记事资料集》,共8册,亦分别由韩国精神文化研究院、民俗苑等机构出版。不过,朝鲜半岛最重要的音乐文献,却集中在《韩国音乐学资料丛书》当中。这是由韩国国立国乐院编辑的一套音乐学丛书,至今仍在陆续出版,其主体则出版于1979—2008年间,共40册。以下是这40册书的目录。

表F4-1 《韩国音乐学资料丛书》所收文献表

类别	书名	作者和年代	主要内容	册号
乐书	《三国史记·乐志》	金富轼,成书于高丽仁宗二十三年(1145)	据中国典籍《通典》《册府元龟》《北史》等叙述了高句丽、百济乐舞;又独立地叙述了新罗音乐及其乐器和乐舞	27
	《高丽史·乐志》	成书于朝鲜文宗元年(1451)	2卷,分别叙述高丽雅乐、高丽唐乐和俗乐	27
	《乐学轨范》	成伣、柳子光、申末平等,编成于成宗二十四年(1493)	关于朝鲜时代礼乐制度和仪轨的音乐书籍,共9卷3册。以图文形式记载了当时祭享、朝会、宴享使用的乐舞及其理论、仪轨、乐谱、乐器、冠服	26
	《乐院故事》	李世弼,撰于肃宗二十二年(1696)	2篇,上篇为乐章注说,下篇载黄廷《芝川集》、李廷龟《月沙集》以及若干奏疏	21
	《诗乐和声》	正祖四年(1780)编撰	乐书,共10卷,包括乐制源流、乐律本元、乐悬法象、乐器度数、乐经合旋、乐经均调、乐歌拟谱、度量衡谱等部分,记录朝鲜太祖以来历代乐制,以世宗朝最详	12
	《乐通》	正祖十五年(1791)编纂	为恢复古乐而编写的乐书。含乐律、乐调、乐器、乐谱、乐悬、乐舞等6篇。其中乐器部分参考了康熙五十二年(1713)的《律吕正义》	21

(续表)

类别	书名	作者和年代	主要内容	册号
乐书	《乐书孤存》	丁若镛，编撰于纯祖十六年（1816）	音乐理论书，4册12卷。包括"论""辨""驳""查""订"诸文体，共78篇。每篇前录中国典籍原文及诸家注疏，末加考论	21
	《兰溪遗稿》	朴埙撰，成书于纯祖二十二年（1822）	诗、疏、杂著、朝贺仪节、家训等文的合集，其中有39篇同礼乐相关	21
	《歌曲源流》	朴孝宽、安玟英编于高宗十三年（1876）	时调集，记录传世时调800多首。包含曲调、歌之风度形容、梅花点长短、长鼓长短点数排布、曲调别、时调数、连音标之关系、所传男唱女唱的歌曲曲数等内容	5
	《增补文献备考·乐考》	成书于隆熙二年（1908）	包括律吕制造、候气法、历代乐制、乐器、乐歌、乐舞、乐人等内容。共19卷	27
音乐仪轨	《丰呈都监仪轨》	丰呈都监编成于仁祖六年（1628）	关于仁庆宫正殿举行的内宴节次的记录。包括辛亥年（1611）、甲子年（1624）、庚午年（1628）三次记录	13
	《进宴仪轨》，又名《肃宗己亥进宴仪轨》	进宴厅编成于肃宗四十五年（1719）	肃宗己亥年九月廿八日景贤堂大殿进宴、九月三十日光明殿中宫殿进宴的仪轨。包括爵官、用乐节次、乐器乐工的组成等内容	13
	《仁政殿乐器造成厅仪轨》	仁政殿乐器造成厅编成于英祖二十一年（1745）	关于仁政殿乐器设置与制造的仪轨书	23
	《景慕宫乐器造成厅仪轨》	景慕宫乐器造成厅编成于正祖元年（1777）	关于景慕宫乐器设置与制造的仪轨书	23
	《社稷乐器造成厅仪轨》	社稷乐器造成厅编成书于纯祖四年（1804）	关于社稷乐器设置与制造的仪轨书	23
	《慈庆殿进爵整礼仪轨》	进爵都监厅编成于纯祖丁亥年（1827）	音乐仪轨书。包含图式、乐章、奏乐节次、移文、仪仗、工伶等内容。共2卷	13

(续表)

类别	书 名	作者和年代	主要内容	册号
音乐仪轨	《纯祖戊子进爵仪轨》	编成于纯祖戊子年（1828）	仪轨书。包含慈庆殿班次图、进爵图、乐人仪仗配置图、呈才图、乐章、仪注、仪卫、内外宾、工伶、乐器风物等内容。共2卷	3
	《纯祖己丑进馔仪轨》	编成于纯祖己丑年（1829）	仪轨书。包含明政殿进馔班次图、慈庆殿进馔图、呈才图、器物图、乐章、仪注、仪卫、内外宾、工伶、乐器风物等内容。共2卷，另有附编	3
	《进馔仪轨》（《宪宗戊申进馔仪轨》）	编成于宪宗十四年（1848）	仪轨书。包含通明殿班次图、进馔图、乐人仪仗配置图、呈才图、乐章、呈才乐章、仪注、仪仗、仪卫、工伶、乐器风物等内容。共3卷	6
	《进馔仪轨（辛丑）》	编成于高宗光武五年（1901）	明宪太后望八之庆的进宴仪轨。包含庆运堂进馔班次图、呈才图、器具图、乐章、仪注、馔品、器用、排设、仪仗、仪卫、内外宾、赐馔诸臣、工伶、乐器风物等内容。共3卷	23
	《进馔仪轨（辛丑）》	编成于高宗光武五年（1901）	高宗五旬之庆进宴仪轨，包含图式、筵设、乐章、仪注、馔品、器用、排设、仪仗、仪卫、内外宾、赐馔诸臣、工伶、乐器风物等内容。共3卷	24
乐舞谱	《世宗庄宪大王实录乐谱》	世宗（1419—1450年在位）时编录	即《世宗实录》卷一三六至卷一四七，包含《定大业》《保太平》《发祥》《凤来仪》等祭祀舞乐谱。每行32井	20
	《世祖惠庄大王实录乐谱》	世祖（1455—1468年在位）时编录	即《世祖实录》卷四八至卷四九，将世宗所创乐谱改为十六井间谱。为宗庙祭祀乐谱	20
	《大乐后谱》	徐命膺编于英祖三十五年（1759）	前谱为唐乐系乐谱，有《步虚子》《洛阳春》谱；后谱主要为乡乐谱，包括世祖朝俗乐谱、时用《保太平》《定大业》谱，以及时用乡乐谱	1
	《时用舞谱》	约在英祖、正祖之间（1725—1800）	旧掌乐院所传《保太平》《定大业》之乐的六佾舞图谱。图绘，每图有译文。1册42页（84面）	4
	《俗乐源谱》	约为高宗二十九年（1892）	宗庙祭礼乐谱。共7卷。卷六为玄琴、伽倻琴、琵琶谱，卷七为方响谱	11
	《呈才舞图笏记》	高宗三十年（1893）	关于宫中宴会舞蹈的说明和描写。包含《凤来仪》《献仙桃》等38支舞蹈。1册55页（110面）	4

（续表）

类别	书　名	作者和年代	主要内容	册号
弦乐器谱	《琴合字谱》	安瑺等编于明宗十六年（1561），宣祖五年（1572）印行。	玄琴、杖鼓、笛、唐琵琶等乐器的技法图和曲谱。井间谱，包括《郑石歌》《翰林别曲》《感君恩》《平调北殿》《羽调北殿》《与民乐》《步虚子》等22曲	22
	《时用乡乐谱》	壬辰（1592）以前	六大纲十六井间谱。所记曲调有《纳氏歌》（平调）等26曲，其中包括《城皇饭》等巫乐曲	22
	《梁琴新谱》	梁德寿，编成于光海君二年（1610）	玄鹤琴乐谱，共29章。第一部分解说玄鹤琴的由来和演奏技巧，第二部分著录乐谱9曲，第三部分著录《感皇恩》（平调四篇）谱及金斗南的跋文	14
	《玄琴东文类记》	李得胤，编成于光海君十二年（1620）	玄琴历史资料的集成。包括中国史籍中的七弦琴资料、《三国遗事》等朝鲜古代史籍中的资料、朝鲜士大夫有关玄琴的诗歌和记文。后半为"古今琴谱闻见录"，抄录安瑺琴谱、赵晟琴谱以及李得胤所演奏的乐谱	15
	《白云庵琴谱》	约为1610年至1681年间	玄琴谱，简易井间谱。22曲。前有谱字解释，后有退溪、白云庵2篇歌词	16
	《琴谱新证假令》	申晟，编于肃宗六年（1680）	玄琴谱。前部记演奏手法和乐律；后部为曲目，共29曲，与《玄琴东文类记》略同	2
	《新作琴谱》	英祖（1725—1776年在位）以前	玄琴谱，肉谱。有平调8曲、羽调6曲、界面调3曲	16
	《琴谱》	1680年至1776年之间	玄琴谱，井间谱。有《平调北殿》等23曲，包括诗调歌辞9曲。前后有琴论，引用中国古籍	16
	《拙翁漫录》	编成于嘉庆元年（1786）	伽倻琴谱，简易井间谱。谱为《数大叶》等6曲。前有《伽倻琴手法录》及伽倻琴图	16
	《浪翁新谱》	约编于正祖十二年（1788）	玄琴谱	14
	《游艺志》	徐有矩，编于正祖（1777—1800年在位）年代	玄琴谱，33曲。前有对玄琴谱字术语的解释，后有"唐琴字谱"（古琴谱）、"洋琴字谱""笙簧字谱"	15
	《欧逻铁丝琴字谱》	李圭景，译编于纯祖年代（1801—1834）	朝鲜后期从中国引进的乐器洋琴的乐谱。包括创始、律名、字点、制形、藏弃、鼓弦、琴铭、典考等内容	14

(续表)

类别	书 名	作者和年代	主要内容	册号
弦乐器谱	《东大琴谱》	抄写于纯祖十三年（1813）	玄琴谱，前半部转抄《梁琴新谱》，后半部为《灵山》《会山》11曲之谱	22
	《三竹琴谱》	高宗（1864—1896年在位）时赵滉编	玄琴谱，十六井间谱。包含《洪基厚谱》（纯祖三十三年左右誊写）的内容，共67曲	2
	《女唱歌谣录》	约1883年	歌曲谱，肉谱14曲	16
	《峨琴古谱》	编成于高宗甲申年（1884）	前为玄琴谱，26曲；后为洋琴谱，12曲。皆汉字借音式	2
	《律谱》（响 铧洋琴谱）	李响铧，编于高宗甲申年（1884）	洋琴谱，汉字借音式，含《灵山会像》16曲 另有《乐琴论》《律器论》《歌舞论》等内容	2
	《七弦琴谱》	尹用求，编写于1885年	古琴谱。井间谱，用杖鼓长短符号。前有叙、徽琴式、调弦法，谱为《本灵山》等18曲	16
	《竹醉琴谱》	编成于光绪庚寅年（1890）	玄琴谱，采自《梁琴新谱》。有调弦法、按弦法合字、琴图等内容	7
	《西琴歌曲》	编成于高宗二十九年（1892）	洋琴谱，汉字借音式，27曲	2
	《徽琴歌曲谱》	尹用求编于高宗三十年（1893）	玄琴谱，井间谱，有27曲。另有调弦法等内容	7
	《协律大成》	编成于1893年以后	乐谱集。包括《洋琴乐谱》《歌曲乐谱》《歌词辞说》《徽琴歌曲谱目录》等。其中《歌曲乐谱》含连音标说明、歌唱技法介绍，以及828首歌曲谱。《歌词辞说》是关于《名妓歌》《关东别曲》等8首歌词的解释，和1876年编纂的《歌曲源流》相似	14
	《琴学切要》	高宗年代（1864—1907）	玄琴合字谱。有《步虚词》等13曲。前为《弹琴凡例》《调弦法》，后有《东国历代历年》	31
	《芳山韩氏琴谱》	韩玗锡编于1916年	玄琴谱	14
	《东大律谱》	抄写于1921年	琴谱，肉谱，谱字与《东大伽倻琴谱》同一系统。14曲，34页	22

(续表)

类别	书名	作者和年代	主要内容	册号
弦乐器谱	《黑红琴谱（单）》	编成于1930年	黑书玄琴谱，红书洋琴谱，故名。肉谱，谱字皆为韩文	7
	《琴谱（初入门）》	不详	玄琴谱，汉字借音式，有17曲。另有执匙法、调弦法、按弦法、缀徽法、七弦考等内容	2
	《琴谱》	不详	玄琴谱，井间谱，有14曲。另有执匙法、调弦法、按弦法、缀徽法、七弦考等内容	2
	《东大伽倻琴谱》	不详	伽倻琴谱，肉谱。录《灵山》《会山》等10曲，共20页	22
	《琴谱》（增补）	不详	玄琴谱。前半的内容和《梁琴新谱》相同，后半有《数大叶羽调》等6曲	7
	《洋琴谱》（《一襄琴谱》）	不详	洋琴谱，汉字借音式。有《灵山会相》等四十余曲，另有五音图和洋琴全图	7
	《园客遗韵》	不详	洋琴谱。有《本灵山》等36曲	7
	《玄琴正音统论》	不详	玄琴谱	14
	《灵山会象》	不详	玄琴谱	14
	《琴谱古》	不详	玄琴谱。有《中大叶平调》等17曲。前有琴雅部之合字、清法、新谱、按弦法，琴乡部之打量法等条目，采自《梁琴新谱》	15
	《琴谱精选》	不详	玄琴谱。汉字借音式，兼用杖鼓长短表记法。包含《灵山会相》《小还入》《吹打》等部分。	15
	《洋琴谱》	不详	洋琴谱。有《本灵山》《细声还入》等11曲。记谱法与《西琴谱》《一襄琴谱》略同。	15
	《张琴新谱》	不详	洋琴谱，汉字借音式。有《长灵山》等19曲。	15
	《玄琴谱》	不详	洋琴谱，汉字借音式。有《上灵山会尚》等9曲。	15
	《琴谱》	不详	玄琴谱，汉字借音式。有《羽调调弦》等13曲。	15
	《西琴谱》	不详	洋琴谱。摘录《一襄琴谱》《梁琴新谱》的内容，有《灵山会相》等18曲。	15

（续表）

类别	书　名	作者和年代	主要内容	册号
	《杨琴曲谱》	不详	洋琴谱，汉字借音式，有杖鼓长短符号。谱为《本灵山》等13曲。	15
	《洋琴注册》	不详	洋琴谱，汉字借音式。有《长灵山》等16曲。	15
	《寓意山水》	不详	玄琴谱，律字谱，有杖鼓长短符号。录《灵山会像》13曲。	16
	《峨洋琴谱》	不详	洋琴谱，肉谱（歌唱谱），有杖鼓长短符号。录56曲。	16
	《学圃琴谱》	不详	玄琴谱。记录玄琴的由来和体制，谱为《灵山会觞》等32曲，肉谱。	16
	《琴歌》	不详	歌曲谱，肉谱，有杖鼓长短符号。谱为《羽调初大叶》等24曲。	31
	《歌曲琴谱》	不详	歌曲谱，肉谱。谱为《平调灵山》及《屈原》《黄河远上》《李太白》《诸葛亮》等86曲。	31
弦乐器谱	《峄阳雅韵》《羲遗》《琴谱（单）》《（高大）琴谱A》《（高大）琴谱B》《渔隐谱》	不详	略	17
	《韩琴新谱》《南熏遗谱》《琴隐琴谱》《新增琴谱》《琴谱》《洋琴谱》《（庆大）琴谱》	不详	略	18
	《清音古宝》《江外琴谱》《仁寿琴谱》《海山遗音》《（扬琴）与民乐谱》《（歌曲）玄琴谱》《琴学入门》	不详	略	19

附录四　日本、韩国古代音乐文献目录　｜　425

（续表）

类别	书名	作者和年代	主要内容	册号
弦乐器谱	《朝鲜音律谱》《（雅乐部）大筝谱》《（雅乐部）觱篥谱》《（雅乐部）唐笛谱》《（雅乐部）短箫谱》《（雅乐部）玄琴谱》	不详	略	25
	《（雅乐部）伽倻琴谱》《（雅乐部）奚琴谱》《（雅乐部）洋琴谱》《（雅乐部）牙筝谱》《（雅乐部）磬钟谱》	不详	略	28

二、日本雅乐古籍目录

日本雅乐兴起于平安时代。它源于中国、朝鲜半岛和南亚的仪式音乐，作为宫廷音乐而在日本得到传承。其性质相当于越南的雅乐和韩国的国乐。因此，以下这份目录，一方面反映了日本宫廷音乐的面貌，另一方面也反映了中古时期中国音乐、朝鲜半岛音乐东传的成果。其中有五个需要注意的细节：第一，日本雅乐诸品种都接受了大陆音乐影响，所以凡重要的古代雅乐文献，都列入这份书目。第二，所谓"乐书"，不包括乐谱和佛教声明文献，因为这两种文献数量太多，不胜枚举。第三，凡多卷本书，在书名之下注明卷数，一卷本或卷数不明的不注。第四，凡有通行本的，注明版本，手抄本或复印本不注。第五，所著录的乐书迄于19世纪中叶，即日本历史上的封建末期，也就是幕府锁国政治结束之时。

1.《新撰横笛谱序》，南宫贞保亲王（870—924）撰。序文有云"从延喜十一年迄二十年，劝诱不倦，传授已毕，仍新造谱为之楷模"，故写于延喜二十年（920）之后。贞保亲王是清和天皇第四子，号南院式部卿宫、桂亲王。其所序《新撰横笛谱》是横笛谱集成之书，原书已佚，今仅存此序，载见《大正新修大藏经》第84卷。同一年，作者还编写了一份著名的琵琶谱，即《南宫琵琶谱》。可见日本的乐书编撰是从乐谱开始的。

2.《五重十操记》，雅乐古文献。由尾张滨主所著《五重记》及南宫贞保亲王所著《十操记》组成。《五重记》是关于雅乐修道的理论；《十操记》是演奏理论，主要从"七体"（大曲、中曲、小曲、中弦、喘吹、曳累、连词）、"三差"（中大曲、中小曲、中吹）等角度论述音乐体裁及其演奏。《群书类从》第12辑《管弦部》收录。

3.《新猿乐记》，汉文笔记，记录平安时代中期的猿乐表演。藤原明衡（989—1066）著，写成于康平年间（1058—1065）。藤原明衡是平安时代中期的文人，善和歌。本书记录了猿乐演出的"咒师、侏儒舞、田乐、傀儡子、唐术、品玉、轮鼓、八玉、独相扑、独双六、无骨、有骨"等十二种伎艺类型以及"延动大领之腰支、琵琶法师之物语、福广圣之袈裟求"等十余种剧目，并介绍了当时猿乐表演者的技术水平及生存状况。《群书类从》第9辑《文笔部》收录。

4.《怀竹抄》，关于横笛的乐书。作者为笛师大神惟季（1029—1094）的弟子，姓名及编写时间不详。此书记录大神惟季的口述资料，前半部分主要介绍横笛的历史、种类、演奏法、与演奏相关的故事、演奏者逸事及相承次第，后半部分记录笛之外的筝、琵琶等乐器之音律。内容包含横笛之图、可吹笛样、笛音取事、舞付音取、调子秘事、笛谱事、笛工事、调子合法、管弦七声、案谱法等项目，是关于雅乐横笛的系统的理论著作。《群书类从》第12辑《管弦部》收录。

5.《傀儡子记》，是一篇三百余字的小品文，记录平安后期傀儡子的生活方式。大江匡房（1041—1111）作于其晚年。内容包括同傀儡伎艺相关的歌谣、今样、古川样、足柄、片下、催马乐、黑鸟子、田歌、神歌、掉歌、辻歌、满周、咒师、别法师等事项。《群书类从》第 9 辑《文笔部》收录。

6.《龙鸣抄》2 卷，关于横笛的乐书，大神基政（1079—1138）撰，成书于长承二年（1133）。全书对雅乐曲及其演奏作了简明的解说。上卷为"吕"，所录关于壹越、双调、大食、乞食等调及狛乐（日本所传高丽乐）；下卷为"律"，所录关于平调、黄钟、盘涉等调。《群书类从》第 12 辑《管弦部》收录。大神是传习横笛的家族，所以以上两种书都出自大神家族。

7.《夜鹤庭训抄》，平安时代后期的乐书，藤原伊长作。这个藤原伊长身世不明，或许出身于贵族。因为"藤原"是日本的大姓，公元 669 年由天智天皇所赐，9 世纪下半叶成为政坛上最显赫的家族。本书多记"秘说"，内容关于管乐器的穴名、弦乐器的弦名及其演奏法，包括各曲的调性与曲名。《群书类从》第 12 辑《管弦部》收录。

8.《信西古乐图》（见图 F4-2），关于雅乐、散乐、杂伎的图谱集，别称《唐舞图》《唐舞绘》《信西舞乐图》。作者信西（1106？—1160），出家前原名藤原通宪，曾担任正五位下少纳言之职。此书所

图 F4-2 《日本古典全集》本《信西古乐图》一页

录都是单色图，内容包括唐乐舞、林邑乐舞、师子舞、散乐杂伎、奏乐等。今存本皆为江户时期的抄本，亦有《日本古典全集》影印本。

9.《舞乐要录》2卷，别称《诸寺大法会舞乐要录》，僧侣觉教（1167—1242）撰于安元二年（1176）以后。本书是一份比较详明的法会节目单，记录自延长六年至安元二年（928—1176）的大法会仪式乐舞，包括塔供养、堂供养、舞乐曼陀罗供、御八讲、朝觐行幸、御贺、相扑会等活动中的大小舞曲。《群书类从》第12辑《管弦部》收录。

10.《管弦音义》，又名《七音义释》《音义抄》。僧侣凉金作于文治元年（1185），后由四天王寺僧侣传承。本书以笛为本位论述日本雅乐的乐调，包括"横笛图相高下轮转图""返音轮转图""笛孔名五音图""五行相生图""相生轮转图""七音义释"等项目。《群书类从》第12辑《管弦部》收录。

11.《梁尘秘抄》24卷，后白河天皇(1127—1192年，1155—1158年在位)编写，成书于1187年前后。本书主要收录11世纪后半至12世纪末流行歌曲"今样"的作品。本编10卷是作品集；附编《口传集》14卷是记事卷，即该书的音乐部分。全书大部分佚失，只留下本编卷一、卷二的局部，《口传集》卷一〇的全部以及卷一的残篇。《口传集》卷一一至卷一四也保存下来了，其内容包括关于唱物、乐器、音律的秘传，关于神乐、东游、催马乐、朗咏、今样、伽陀之事项的记录。尽管难以释读，但可资窥见当时音乐的面貌。《梁尘秘抄口传集》今有多种活字印本，载见《御撰集》《日本歌谣集成》等书。

12.《木师抄》，关于琵琶的乐书。藤原孝道（1166—1237）所传，记写者不详。主要记载妙音院藤原师长(1138—1192)的言论。《群书类从》第12辑《管弦部》收录。

13.《胡琴教录》2卷，作者不详，成书于12世纪后期。本书从介绍琵琶形制开始，记述了关于琵琶的事项39条。其中相当部分来自藤原师长的传授，是日本琵琶三大流派（妙音院流、桂流、西流）之经验的集合。有汉文本和假名文本。《群书类从》第12辑《管弦部》收录假名文本。

14—15.《残夜抄》《杂秘别录》，琵琶博士藤原孝道所作乐书。其中《杂秘别录》别名《孝道记》，成书于嘉禄三年（1227），记录雅乐舞曲的舞踏法、演奏法、装束、表演等，所记包括《玉树》《贺殿》《胡饮酒》《菩萨》《武德乐》《陵王》《新罗陵王》等39曲，其中有高丽曲4曲。《群书类从》第12辑《管弦部》收录。

16.《八音抄》，关于琵琶艺术的乐书，作者及编写年代不详。本书记录藤原孝道关于琵琶制作、修复等事的口传资料。《群书类从》第12辑《管弦部》收录。

17.《御琵琶合》，别名《琵琶合》《承久二年御琵琶合》《顺德院御琵琶合》。是关于承久二年（1220）三月一日琵琶合演的日记。这一天，后鸟羽上皇在仙洞御所聚集了琵琶名品26件，分左右二部进行了13回合的竞演。本书今有多种传本。《群书类从》第12辑《管弦部》收录。

18.《孝道教训抄》，又名《教训抄》《西园寺殿教训抄》，藤原孝道作。本书不同于狛近真之《教训抄》，篇幅较小，主要向琵琶初学者介绍演奏心得，以风香调、返风香调、黄钟调、双调、清调、平调等琵琶乐调的演奏法为中心内容。《续群书类从》第19辑《管弦部》收录。

19.《新夜鹤抄》，藤原孝道作于安贞二年（1228）。其内容包括古今相违子细事、风香调、黄钟调、啄木之音等四部分，记录了关于乐谱及其演奏的要诀。有日本宫内厅书陵部所藏写本。

20.《知国秘钞》2卷，又名《知国抄》。藤原孝道临终时作，成书于安贞三年（1229）。上卷主题有：琵琶，打乐器，拍子，乐曲演奏，吹物，歌谣。下卷主题有：顺次往生讲式，唱歌词章，七曲，异传。通行本有《伏见宫旧藏乐书集成》本。

以上文献，有6种出自藤原孝道之手。

21.《乐道相承系图》，雅乐传承谱系集。藤原定辅（1163—1227）抄写于承久二年（1220）。本书收录雅乐相传系谱十篇，即：（1）《凤笙师传相承》；（2）《筚篥师传相承》；（3）《源氏催马乐师传相承》；（4）《藤氏催马乐师传相承》；（5）《胡饮酒相承》；（6）《采桑老相承》；（7）《荒序舞相承》；（8）《拨头相承》；（9）《还城乐相承》；（10）《师子吹相承》。《续群书类从》第19辑《管弦部》收录了其中大部分篇章，但改变了原貌，即把《凤笙师传相承》《筚篥师传相承》独立成二篇，其它8种统统编入《催马乐师传相承》。

22.《教训抄》10卷（见图F4-3），综合性乐书，南都乐所左舞人狛近真（1177—1242）撰。成书于天福元年（1233）。本书详述舞曲故实、演奏记录、院政期以后的舞乐实态，内容丰富，被推为日本"三大乐书"之首。本书分两个部分：前五卷为"歌舞口传"，记录狛氏家族所传承的公事曲、大曲、中曲及相关故实；后五卷为"伶乐口传"，记录舞蹈法、乐器演奏法和相关事物的起源和沿革。通行本有《日本思想大系》本、《日本古典全集》本、《续群书类从》本。

23.《舞乐府合钞》，对雅乐狛氏流派之舞乐秘说的记录。顺良房圣宣撰，成书于宽元三年（1245）以前。按狛近真是乐家狛氏的第六代传人，即《教训抄》作者。他在临终之时，曾把遗书、乐书、日

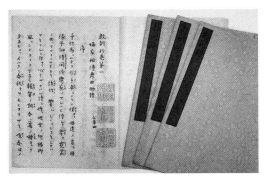

图F4-3 《教训抄》书影

记等物传授给顺良房圣宣。本书所记录的就是关于狛近真所传秘籍的要领。

24.《新撰要记钞》2卷，关于雅乐狛氏流派舞乐演奏的秘说，南都兴福寺的梵音声明师深观房印圆撰。本书根据圣宣所保存的狛近真所传秘籍撰写，成书于作者师从圣宣期间，即宽元三年（1245）以前。记录雅乐狛氏流派舞乐演奏秘说，包括壹乐调 19 曲、沙陀调 10 曲、双调 2 曲、太食调 12 曲、乞食调 5 曲、平调 20 曲、性调 4 曲、盘涉调 19 曲、黄钟调 15 曲、水调 5 曲。《续群书类从》第 19 辑《管弦部》收录。

25.《吉野乐书》，在吉野吉水院传存的雅乐乐书，又名《吉水院乐书》《管弦记》《南朝御所持乐记》。撰者不详。成书于延应元年（1239）以后。本书杂抄乐人乐家的口传故实，内容包括《胡饮酒》《采桑老》等舞乐曲的传承，羯鼓、琵琶等器乐的传承，御神乐、朗咏、催马乐等本土音乐的传承，以及御游次第、法会次第等仪式项目。《续群书类从》第 19 辑《管弦部》收录。

26.《古今著闻集》20 卷，琵琶师橘成季著，成书于建长六年（1254）。全书分为神祇、释教、政道忠臣、公事、文学等 30 类，收录 700 多则故事。其中卷六、卷七收录了 55 则关于管弦歌舞的故事，另外在卷一五、卷二三还有关于管弦起源和秘曲的故事。通行本有《校注新订日本文学大系》本、《日本古典文学大系》本。

27.《掌中要录》3 卷，狛真葛（1232—1288）所撰乐书，有弘长三年（1263）抄本，由《续教训钞》作者狛朝葛抄写。《续群书类从》第 19 辑《管弦部》收录。

28.《续教训抄》，综合性乐书，卷数不详。狛朝葛（1249—1333）撰，故又称《朝葛教训抄》《朝葛记》。成书于文永七年（1270）。作者狛朝葛是《教训抄》作者狛近真之孙。本书仿《教训抄》，对狛氏流派所传承的雅乐做了综合记录。《续教训抄》原书散逸，《国朝目录》《乐书目录类篡》记其完整本为 20 卷。今所见《日本古典全集》本共 16 册，第 1—3 册是"狛氏舞内嫡家相传部"，记录乐曲的表演程序、演出故实及乐家秘说；第 4 册与《教训抄》卷二内容相近；第 5 册与《教训抄》卷三内容相近；第 6 册记录舞乐事；第 7 册是"舞样和唐装束"；第 8 册记录乐律知识；第 9 册记录管弦乐器的穴名和演奏秘说；第 10—12 册是"吹物部"，所记关于笞笙、筚篥、狛笛、太笛、中管、尺八等乐器及诸乐秘传；第 13—14 册记录日本历朝佛教信仰活动；第 15—16 册是"御节次第"，以日记的形式记录御节活动。书中所混入的他书内容占七分之一以上。有《日本古典全集》活字本。

29.《文机谈》6 卷，文机房隆圆著，成书于弘安年间（1278—1288）。本书讲述琵琶西流的历史及其间的传承关系，由此涉及琵琶的起源、东传日本的过程，以及关于筝、笛、今样、催马乐、朗咏的逸事。内容重要，故有多种单行校订本。

30.《琵琶系图》，关于雅乐琵琶传授谱系的乐书，撰者不详，有写于正应四年（1291）的题记。本书记录了自廉承武、贞敏、贞保亲王以来的琵琶艺术的传承，共记载了 58 个人物。

31.《韵律肝心集》，三种乐书的合集，剑阿（1261—1338，镰仓时代真言密教学僧，号明忍房，金泽称名寺二世长老）编。第一种乐书为《新撰横笛谱》，仅存序文（见本书目第 1 条）。第二种乐书为《管弦肝心集》，原作者不明，内容为"笛孔名五音图""悉昙藏第二""甲乙图""返音图""三笛会图""笙与笛合图"等，篇尾有写于天养元年（1144）七月二十七日的题记。第三种乐书为《丝竹管弦抄》，记录了对五音、八音、十二调子、管弦乐器演奏的解说，有嘉禄三年（1227）题记。有日本宫内厅书陵部所藏写本。

32.《乐所补任》2卷，别称《乐人补任》，作者不详。本书记录平安末期至镰仓初期约150年间雅乐寮乐所中乐人任职的情况。上卷记天仁元年（1108）至保元三年（1158）的事项，下卷记平治元年（1159）至弘长二年（1262）的事项，故其成书时间应当在13世纪后期。按平安时代的雅乐寮包含三个组成部分：一是大歌所，二是乐所，三是内教坊，乐所是掌管雅乐乐师的机关。本书逐年介绍乐所的组织结构，每位乐师的官职、姓名、年龄、所属氏族和音乐分工，从人事角度反映了这一时期日本雅乐的发展面貌。《群书类从》第4辑《补任部》收录。但此本有许多错漏，可参看福岛和夫《关于〈乐所补任〉及其逸文》，载《雅乐界》昭和五十三年（1978）第54号。

33.《琵琶传业次第》，关于琵琶秘曲的传授谱系的乐书，西园寺实兼（1249—1322）写成于应长元年（1311），内容是西园寺流的琵琶秘曲传授次第，始于妙音院师长（1138—1192）《乐家传业式抄》。此书有伏见宫旧藏本，由宫内厅书陵部保存。

34.《阿月问答》，关于乐律问题的问答记录，由两种《音律事》合成。作者应是西园寺家族中的人。前一种包含"吕律各有七声""诸弦管并调子有十二律事""就阿月两通书条之不审事"等条目；后一种包含"西园寺殿与阿月御问答之事""宰圆僧都问答律变之事""大食调七声"等条目。有《鱼山丛书》本、绫小路家抄本。

35.《琵琶血脉（藤木流）》，关于雅乐琵琶传授谱系的乐书，其题记由源资守写于应长元年（1311）。全书共记录历代琵琶师108人，亦以廉承武、藤原贞敏（807—867）、贞保亲王的直系传承为开端。此后有资通、经信以来的桂流（经信流）人物23人，有信明、贤圆以来的西流（院禅流）人物24人。传本今藏日本国立国会图书馆。

36.《乐家系图》，雅乐乐人系谱，有正和二年（1313）五月藤原维城题记。全书记录 12 家地下乐人的系谱，包括多氏、狛氏、丰原氏、大神氏、户部、和迩部、三宅氏、安倍氏、中原氏、清原氏、玉手氏、尾张氏。今存抄本为伏见宫本，藏宫内厅书陵部。

37.《丝竹口传》2 卷，俊镜作，成书于嘉历二年（1327）。本书记录笛、琵琶、筝等管弦乐器及其制作、演奏、相关秘曲等事，所引书有《乐书要录》《妙音院殿谱》《三五要略》《夜鹤庭训抄》等。《群书类从》第 12 辑《管弦部》收录。

38.《音乐根源钞》，关于雅乐曲目的乐书残本，作者不详。今所见有两种版本：第一种是天理图书馆所藏金泽文库影印本，明忍房剑阿（1261—1338）所抄。此本由两部分组成：第一部分为"音乐根源钞"，记录唐乐六调子共 68 曲的来历和作者，以《皇帝破陈乐》为首条，以《越殿乐》为末条。第二部分为《新秘记》残篇，抄录"有舞乐日记""各调子吹次第""大法会次第"等事项，所记舞曲共 45 曲。第二种是上野学园大学日本音乐资料室所藏写本。此本由三部分组成，第一部分为"音乐根源钞"，第二部分为"乐教译解"篇，第三部分为舞乐（唐乐、高丽乐）目录。

39.《寻问钞》2 卷，乐书，关于雅乐演奏的典故、口传经验、秘说，撰者不明。成书于贞和四年（1348）以前。上卷题"《寻问钞上（付大鞨钲鼓）》"，下卷题"《寻问钞下（付大鞨壹鼓）》"。本书详述"打物"鞨鼓、太鼓、钲鼓、壹鼓相关故实、口传、秘说等，采录《教训抄》《续教训抄》《竹儳眼集》《古今著闻集》等书而成。行文为问答体风格。《日本乐道丛书》第 2 编收录。

40.《打物简要钞》，关于雅乐演奏的乐书，狛葛荣（1310—1375）撰。本书记录延文四年（1359）南都狛流向舜仙房尧融传授的雅乐内容。有乐岁堂抄本、窪家旧藏本。

41.《琵琶血脉（延文本）》，关于雅乐琵琶传授谱系的乐书，有正亲町忠季写于延文四年（1359）的题记。全书共记录历代琵琶师 198 人，包括藤原贞敏、贞保亲王等人。传本中有享保年间邦永亲王手抄本。

42.《神乐血脉》，关于雅乐传承谱系的乐书，绫小路敦有（1323—1400）撰。绫小路是一个以神乐郢曲、琵琶、笛、筝、笙篥为祖业的家族，敦有又是这个家族中特别重视传承的人物，故著有《殿上燕醉部类》《御游部类记》《和琴血脉》《郢曲相承次第》等乐书。本书记录了以下五个神乐世家的谱系：其一是多氏流，始于自然麿（？—886）；其二是源家流，始于源经信；其三是藤家流，始于中御门赖宗；其四是二条流，始于藤原敦家；其五是山科流，始于藤原实教。《续群书类从》第 19 辑《管弦部》收录。

43.《和琴血脉》，关于雅乐和琴传授谱系的乐书，绫小路敦有撰。本书记录起于嵯峨天皇的和琴师传系图。书末附录《丝管要抄》。《续群书类从》第 19 辑《管弦部》收录。

44.《郢曲相承次第》，关于雅乐传授谱系的乐书，绫小路敦有撰。永和元年（1375）十二月奏进崇光天皇。本书以小传形式记录了宇多源氏（源家流）的师承谱系，始于敦实亲王（893—967），迄于绫小路敦有的父亲绫小路有赖（1295—1329），共 12 人。书中小传资料多采自平安时代、镰仓时代的古记录，如《枕草子》《明月记》《山槐记》《顺德院御记》《宇治左府记》《后伏见院御记》《后深草院御记》《经光卿记》等。《续群书类从》第 19 辑《管弦部》收录。

45.《秦筝相承血脉》，关于雅乐筝传承谱系的乐书，作者不详。本书叙述自唐代孙宾以来的筝道传承，共记录筝师 329 人（有重复），其中女性筝师 109 人。除名字外，并注记各人的别名和世系。据推算，本书产生在 14 世纪。《群书类从》第 12 辑《管弦部》收录。

46.《筝相承系图》，关于雅乐筝传承谱系的乐书，又名《应永本筝相承系图》。卷首记录早期筝艺传授之三说：刘娘授藤原贞敏说，孙宾授左大臣源信说，唐人授石川色子说。其次为本说，记录了自嵯峨天皇、源信以来的传承，列名295人（有重复），其中女子98人。末尾称北朝后小松天皇（1382—1412年在位）为"当今"，可见此书的写作年代。传本今藏上野学园大学日本音乐史研究所。

47.《凤笙师传相承》，关于雅乐笙传承谱系的乐书，作者不详。原无书名，由日本和学讲谈所命名，一名《凤笙事·相承事》。本书叙述自藤原基经（836—891）以来的笙乐传授史，成书于15世纪。《续群书类从》第19辑《管弦部》收录。

48.《琵琶血脉》，关于雅乐琵琶传授谱系的乐书，作者不详。本书记录自遣唐使藤原贞敏以来的琵琶艺术传承。藤原贞敏是在仁明天皇承和五年（838）入唐的，师承唐代琵琶博士廉承武，故本书以廉承武为日本"琵琶血脉"的开端。这一传承中经第三代南宫贞保亲王、第十一代藤原孝道、第十六代土御门少将通行（？—1482），结束于第十九代"伊贺守散位源宪延"。据推算，本书大约产生在15世纪和16世纪之交。《群书类从》第12辑《管弦部》收录。

49.《御游抄》5卷，由绫小路有俊（1419—1468出家）写出初稿，再经中御门宗纲（1445—1525）增删，于文明十七年（1485）九月抄写而成。本书围绕御游这一活动，从《李部王记》《左经记》《匡房卿记》《土右记》《中右记》等数十种日记中，抄写关于清暑堂御神乐、内宴、中殿御会、朝觐行幸、御贺、御产、御元服、御着袴、御书始、御会始、临时御会、临时行幸、立后、任大臣等仪式项目的资料。《续群书类从》第19辑《管弦部》收录。本书可注意之处是，它重点在于抄录资料，而不是记载秘传。这在此前的日本乐书中不多见。其原因应当在于，经过始于 1467 年的"应仁之乱",雅乐受到毁坏,需要从古文献中寻找重建雅乐的依据。

50.《大家笛血脉》,关于笛乐传承谱系的乐书,又名《大神氏笛相传系图》。作者不详。本书所记笛乐传承谱系分为两个部分:其一为笛师传授史,以尾张滨主为传授始祖,中经大神基政、狛行高、狛近真、兴福寺僧明遍、景光,结束于政主、政千,共记录笛师 47 人;其二为"我朝嫡庶次第",以藤原基经为始祖,中经村上天皇(926—967)、辅仁亲王(1073—1119)、四条隆良、四条隆显等,结束于四条大纳言隆资(1292—1352)、山科中将教言(1319—1389)、中御门少将宗泰(1328—1410)等人。据此推算,本书成书在 14 世纪、15 世纪之交。《续群书类从》第 19 辑《管弦部》收录。

51.《体源钞》13 卷 20 册,丰原统秋(1450—1524)撰,成书于永正九年(1512)。本书是对雅乐做综合论述的乐书,为日本"三大乐书"第二种。前九卷以类书方式记录笙之事、乐事和乐曲乐谱,并分类介绍吹物、打物、弹物、中国乐器及舞乐;后四卷补记御游、神乐、歌物及相关乐器、乐曲及乐人谱系。作者是京方笙乐家丰家本流第 22 代的代表乐人,精于乐道和书道。应仁、文明大乱之后,他感于乐道将绝,遂作此书。书中多方引用《续教训抄》《十训抄》《古今著闻集》等书。今有《日本古典全集》排印本。

52.《舞曲口传》,别称《舞曲秘说》,丰原统秋作于永正六年(1509),由室町幕府第十代将军足利义植授意编写。本书记录雅乐舞曲的曲名、曲种、曲态、作者及相关本事,所记有《安摩》《皇帝破阵乐》《团乱旋》等 77 曲。《群书类从》第 12 辑《管弦部》收录。

53.《乐所系图》,关于雅乐乐师传承谱系的书,今存本为三条西实隆(1455—1537)所抄。全书著录乐所所辖地下乐人 10 家 596 人,下限为 16 世纪初期,与丰原统秋(他是三条西实隆的密友)所著《体源抄》的谱系下限相当。全书内容依次为:目录;舞人左方一流、右方二流:左方狛氏 152 人,右方多氏 86 人,异流右方山村氏 16 人;凤笙一流:丰原氏 119 人;龙笛三流:户部氏 29 人,大神氏 120 人,玉手氏 32 人;筚篥三流:安倍氏 27 人,中原氏 8 人,三宅氏 7 人。在人名下往往注记其地位、官职、所用乐器等。

54.《五节间郢曲事》,别称《绫小路俊量卿记》《郢曲秘抄》《五节间舞郢曲秘抄》,绫小路俊量(1451—1518)的日记,成书于永正十一年(1514)。绫小路是传承郢曲、和琴、筝、笛等雅乐艺术的世家。本书记录了郢曲在宫廷五节仪式中的使用情况,包括丑日帐台试的后町廊乱舞、寅日殿上渊醉和御前试中的露台乱舞、巳日清暑堂的御神乐。《群书类从》第 5 辑《公事部》收录。

55.《乐家录》50 卷(见图 F4-4),别称《大成录》,日本"三大乐书"第三种。京都方筚篥乐家安倍氏本家第十八代传人安倍季尚(1623—1708)编写,成书于元禄三年(1690)。本书是雅乐百科全书,涵盖了江户时期雅乐知识的诸多方面,包括神乐、催马乐和社寺仪式之程序,管弦乐、鼓乐、舞乐之作法,乐器和装束,乐律和乐人系谱,并对记录雅乐的前代文献做了收集和考证。本书所记项目有:(1)神乐(曲说、歌字)、人长、催马乐(曲说、歌字),(2)和琴、筝、琵琶、凤笙、筚篥、横笛,(3)三管

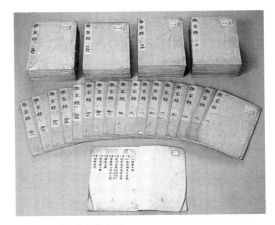

图 F4-4 《乐家录》书影

总论、弦、桦制法、弦管系图，(4) 鞨鼓、太鼓、钲鼓、壹鼓、三之鼓、鸡娄、韬鼓、揩鼓，(5) 三鼓（加节、总论、用说）、口传名说、乐曲训法、奏法（故实、分类），(6) 本邦乐说、乐考，本朝律管、律吕算法、声调考正，(7) 番舞、舞、舞乐装束、舞面、甲图、音乐珍器、乐器，(8) 年中奏乐、佛前奏乐，(9) 乐人姓氏并家纹，(10) 旧处乐工、旧例、类话、疑惑等。共1183章。有《日本古典全集》排印本。

56.《新撰乐道类聚大全》30卷，别称《乐道类集》。冈昌名（1681—1759）编写，编集于亨保至延亨年间（1716—1747）。作者是四天王寺乐人，本姓太秦，又名昌信、昌隆。本书是雅乐乐书的集成，包罗宏富。其中卷一为《乐律集解》，卷二为《乐器制造集》，卷三、卷四为《乐曲制传记》，卷五、卷六为《雅乐曲调传》，卷七为《乐调便览》《十操记图解评注》，卷八至卷一三为《管弦教录》，卷一四至卷一八为《钟鼓类集》，卷一九为《舞曲集要》，卷二〇为《舞乐装束书》，卷二一为《神乐要录》，卷二二为《催马乐要录抄》，卷二三为《梁尘要录》，卷二四、卷二五为《古今乐话》，卷二六为《算律和解》，卷二七、卷二八为《祭要乐录》，卷二九为《乐律杂记》，卷三〇为《乐道杂记》。今有日本早稻田大学图书馆所藏写本一种，20册，30卷。

57.《万乐和汉考》22卷，关于雅乐的资料汇辑，又名《和汉考》。四天王寺乐师东仪兼陈（1673—1754）编纂，成书于享保十八年（1733）。据目录，本书各卷内容依次为：《十操记》，《五重记》，筝谱，琵琶谱，《胡琴教录》，凤笙谱，笙篥谱，《龙笛要录》，《怀中谱》，《博雅谱》，古谱，打物案谱，舞乐谱左《掌中要录》，古谱，右舞，神乐哥、付物，《郢曲·催马乐·风俗·东游》，和琴，琴事，《乐书要录》，诸家拔萃并大尝会记，舞装束古今，乐考，《书经》乐扁（篇），《礼记》乐扁（篇），《史记评林》乐扁（篇），本尚考声调考正。今存仅五卷，即第一卷至第四卷，以及第九卷。

58.《乐书类聚》，伏见宫邦永亲王（1676—1726）编，成书年不详。本书是伏见宫家所存乐书的总汇。3册，不分卷，共收录雅乐书26种。第1册内容是《木师抄拔书》《知国秘钞》《管弦案谱》（《续教训抄》中一节）。第2册内容是《琵琶名物等作样》《御琵琶合记》《琵琶合（承久二年三月一日）》《乐家传业式》《琵琶弦縒作法》《光严院殿御记〈玄象〉〈牧马〉事》、《琵琶传业事》（采自《愚记》）、《拍子事》《当家御比巴事》《龙鸣抄中不审仪》、《极万奥书》（筝谱事）、《三五和释抄》。第3册内容是《名器秘抄》《〈万秋乐〉说说》《御游》《大永四年七月》《三个深秘》《三五奥秘录》《〈万秋乐〉序大鼓说说事》《手拨合事》《怀竹抄》《琵琶血脉》、《文机谈》（卷二）。有日本宫内厅书陵部所藏写本。

59.《歌舞品目》10卷，雅乐辞书。小川守中（1760—1823）著。本书是关于雅乐用语的辞典，网罗日本雅乐相关的名词，引证其出典、历代解说，加以注解。"其书为体，立门分类，引彼征我，考据精核"。其分类项目：卷一皇朝乐目、异域乐名、乐府铺设、典乐伶伦；卷二律吕声调；卷三八音纪原；卷四器具名义；卷五奏乐泛称、曲度体裁、乐曲色目；卷六别名同异、亡逸曲名、案谱字例；卷七咏歌协律、管龠弄吹；卷八诸弦挡弹、钟鼓节拍；卷九舞曲通称、曲名舞佾、左右答舞；卷十各曲服饰、舞器章服、进退叙立、乐容状态、荣爵缠头。其卷首有安政四年（1857）正月池内奉时的序文。通行本有《续史籍集览》本、《日本古典全集》本。

60.《乐书目录类纂》2册，雅乐目录书。小川守中（1763—1823）编。本书是和文乐书、汉文乐书的总目录。其上册为中国部分，含乐书143项、歌辞35项、曲簿13项、声调10项、钟磬4项、管弦10项、舞5项、鼓吹4项、琴69项，共计293种书籍；下册为日本部分，含神乐

7项、催马乐9项、东游4项、风俗3项、朗咏10项、歌曲总类6项、舞曲18项、琵琶18项、筝9项、和琴1项、笙13项、篳篥10项、笛22项、钟鼓11项、乐器总类1项、乐曲总类50项、律吕9项、琴3项，共204种书籍。上下合计著录497种乐书。《日本乐道丛书》第7编收录。

61.《山鸟秘要钞》32卷，京都方篳篥安倍氏本家第二十三代传人安倍季良（1775—1857）编写，成书于文政十三年（1830）。本书记录家传的雅乐典故和理论，按仁、义、礼、智、信分为五部。因大部分散佚不见，故今存者为残卷，例如《鱼山丛书》"鼻"第六五所收录者属"义"之二，讨论古律新律等问题。

62.《地下家传乐人传》33册，乐人传记书。三上景文著，编成于天保十五年（1844）。按景文是新清和院欣子内亲王（1779—1846）家的北面侍从。日本古代人物，按尊卑分为华族、公家、堂上公家、下级公家、武家等。《地下家传》是六位（相当于六品）以下诸乐人的家谱集，主要辑录地下官人（立于堂下的乐官）的家谱，登录乐人的生年、叙位、仕履及卒年。另外也包括亲王家、公家众、诸门迹、东西两本愿寺的侍从官人的家谱，多载其官历补任之事。其中第10—13册为乐人传，依次记录了以下乐人：京都的多氏、丰原氏、山井（太神）氏、安倍氏，南都的辻（狛）氏、芝（藤原）氏、上（狛）氏、东（狛）氏、奥（狛）氏、洼（狛）氏、久保（狛）氏，天王寺的东仪（太秦，后赐安倍）氏、东仪（太秦）氏、东仪（安倍）氏、林氏、林（太秦）氏、冈（太秦）氏，在江户的乐人南都右方人、南都寺侍和以上诸氏的残存系谱。有《日本古典全集》排印本。

三、明清乐书谱目录

"明清乐"是日本的乐种名称。它代表自明朝末年以来传入日本的中国传统音乐的全部遗存。其中"明乐"指魏皓辑录的《魏氏乐谱》,及其所代表的具雅乐特色的音乐作品,约 50 首;"清乐"则指从中国传入的明清时代的俗曲,其数量在 200 首左右。以下是关于"明清乐"的书谱目录。按每书的出版时间(个别为抄写时间)顺序编为 1—111 号。"成书年月"包含各书的初版、再版时间;初版之书有序号,再版之书无序号(其序号见于"藏地"栏)。在"藏地"栏中,"上"

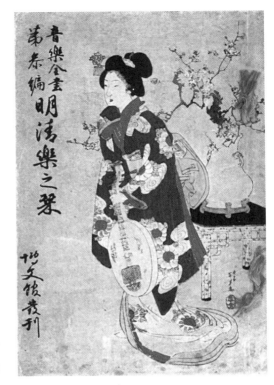

图 F4-5 《明清乐之刊》书影

代表上野学园大学日本音乐史研究所,"国"代表日本国立国会图书馆,"东"代表东京艺术大学图书馆,"高"代表国学院高等学校,"中"代表中尾松泉堂古典目录,"长"代表长崎县立图书馆,"京"代表京都大学图书馆。在"书名"栏中,"雪月花"代表"雪"一册、"月"一册、"花"一册,共 3 册;"元亨利贞"代表"元"一册、"亨"一册、"利"一册、"贞"一册,共 4 册,其余类推。其中"上"字或加框,作"⬚上",意为波多野太郎赠予上野学园大学日本音乐史研究所之书,其详见下文《波多野太郎所藏清乐曲谱提要》。

附录四 日本、韩国古代音乐文献目录 | 443

表 F4-2　明清乐书谱目录表

序号	成书年月	书名	编撰者、抄者	出版地	藏地
1	1767.7	古乐苑抄（上中下）	芥徵卿三郎订	皇都书肆、斯文堂	上
2	1768年初	魏氏乐谱（全1）	魏皓子明编辑，平信好师古考订	艺香堂	东，高
3	1808.12	由绪书/续由绪书	钜鹿佑五朗、钜鹿笃		东
4	1831	花月琴谱	葛生斗远（龟龄轩葛生斗远）	大阪	上，长
5	1837	清乐曲谱	河间八平治	长崎	长
6	1837	清朝俗歌译	月下老人泰和		上
7	1839	越琴谱	木村蓬中	姬路樊圃堂	长
8	1859	清风雅谱	镝木溪庵（镝木德胤）	江户鉴水亭	长
9	1860.10	月琴词谱（观生居月琴词谱）2册	秋琴大岛克编，隈田立校	伊势津	上，长
10	1872.5	声光词谱（天地人）	平井连山	大阪飞来堂	上，高，长
11	1874	西晋遗音	小曽根乾堂	长崎	长
12	1877	明清乐谱	平井连山	大阪	长
13	1877.9	明清乐谱摘要（全2）	佐佐木	京都	上，国，东，长，京
14	1877	明清乐歌谱集（全2）	宇喜多子十郎		中
15	1877.7	月琴乐谱（元亨利贞）	中井新六	大阪群仙堂	上，国，长（缺"利"册）
16	1877.9	明清乐谱（花）	吉见重三郎	京都	国
	1877.9	明清乐谱（雪月花）	吉见重三郎	京都	高
	1877.9	声光词谱（雪月花）	吉见重三郎	京都	上
17	1877.10	月琴手引草（全1）	山本小三郎	京都	国
18	1877.11	清乐曲牌雅谱（全3）	河副作十郎	大阪杏村书舎	上，国，长
19	1877.12	明清乐谱（全1）	柴崎孝昌	静冈	上，国
20	1877.12	花月余兴（全5）	平井连山	大阪群仙堂	上，长
21	1878.1	声光词谱（天地人）	平井连山、长原梅园	大阪	国
22	1878.1	明乐花月琴诗谱（全2）	村上复雄编	大阪	国
23	1878.7	明清乐教授本（全1）	平井连山	大阪飞来堂	国，京
	1878.10	清风雅谱（全1）	镝木德胤撰，驹井贞享校	东京	上（见第8）

（续表）

序号	成书年月	书 名	编撰者、抄者	出版地	藏 地
24	1878.11	清乐秘曲私谱（乾坤）	中井新六著刊	大阪群仙堂	上，国
25	1878	西秦曲谱	醉多道士	东京	长
26	1879.7	からのはうた（全1）	颖川源三郎	长崎	上，长
27	1879.8	清乐歌谱（全1）	盐谷五平	长崎	上，国，长
28	1880.10	大清乐谱（乾坤）	山下国义	东京川流家斋	上，长
	1881.2	大清乐谱（乾）	山下松琴著，小林松堂校		国
	1881.7	清风雅谱	镝木溪庵	静冈	国（见第8）
29	1881.7	清风雅调（全1）	堀越琴九		上
30	1881.8	清乐歌谱（乾坤）	鹫塚俊谛	名古屋九星阁	国，长
31	1881	西秦乐意谱	乐浪亭崎园		上
32	1882.1	清乐歌谱（全1）	村田桂香	静冈	国，长
33	1882.3	清乐雅谱（全1）	村田桂香	静冈	国，长，京
34	1882.12	月琴はや觉	藤林美纳著刊	东京	上（2），国
35	1983.4	丝竹洒桮（第五）	西村三郎	东京	上
36	1883	清乐韵歌词谱	秋山鹿园	东京	长
37	1883	清风雅谱	得我女史		长
38	1883.11	清乐雅唱（乾）	太田连	东京畏三堂	国，长
39	1883—1884	清风雅唱	富田溪莲	东京畏三堂	国（坤），长（1—3编）
40	1884.	清风柱础（全1）	富田溪莲	东京清风舍	上，长（2本）
41	1884.1	弄月词谱（天之卷）	松邻长原编		国
42	1884.5	清乐词谱	长原梅园辑，长原村田校	东京	上（3本）
43	1884.6	清风雅唱（第二）	富田宽（溪莲）	东京畏三堂	上，长
44	1884.7	洋峨乐谱（乾坤）	高柳精一	富山高冈聚奎堂	上，长
	1884.8	清风雅谱	镝木溪庵	东京畏三堂	国（见第8）
	1884.8	清乐词谱（卷二）	长原梅园	东京	上，长（见第42）

（续表）

序号	成书年月	书 名	编撰者、抄者	出版地	藏 地
45	1884.11	增补改定清风雅谱（全1）	镝木德胤撰，镝木七五郎增补	东京文开堂	上（2本），国，长
46	1885.3	弄月余音（天地人）	长原弥三郎	长野松本水琴堂	上，长
47	1885.7	袖珍月琴めくら杖	野村正吉	东京蔓霄堂	国
48	1885.8	声光月琴词谱（天地人）	吉见重三郎	东京	国，高
	1885.8	清乐词谱（卷二）	长原梅园	东京	上，长（见第42）
49	1887.4	明清乐谱（雪月花）		京都	国
50	1887.4	声光词谱（雪月花）	吉见重三郎		上
51	1887.5	清风歌唱（全1）	秋山鹿园著，石川松仙校	东京	国，长
52	1887.8	月琴乐谱（雪月花）	永田祇	福井	国
	1887.8	清风雅谱（全1）	镝木德胤撰，驹井贞享校	东京畏三堂	国，上（见第8）
	1887.10	明清乐谱（雪月花）	吉见重三郎	福井	长（见第50）
53	1887.10	清乐谱（乾坤）	一色亲子等	名古屋	国
	1887.10	增补改定清风雅谱（全1）	镝木德胤撰，驹井贞享校	东京二书堂	上（见第45）
54	1887.12	新撰月琴乐谱（全2）	永田祇	福井	国
55	1888.2	清风雅唱（外编）	友田文子编，富田溪连阅	东京吟松堂	上（2），国，长
56	1888.3	清乐合璧（全1）	山田信（山田松声）	东京	国，长
57	1888.5	月琴杂曲清乐の栞（正续）	冈本纯	東京东云堂	上，国，长
	1888.6	清风雅谱（全1）	镝木德胤撰，驹井贞享校	东京古香阁	上（2本，见第8）
58	1888.9	清乐意谱	富樫悌二	新潟	上
59	1888.9	西奏乐意谱（卷之上）	富樫悌二		上
60	1888.10	月琴俗曲爪音の余兴	长原梅园	东京	上，国，长
61	1889.3	抱月雅唱（全1）	大场琴痴	东京	上（3本）
	1889.3	抱月雅唱（乾坤）	大场则泰（琴痴）	长野听雪山房	国
62	1889.4	雅俗必携月琴自在（全1）	山本有所	东京	上，国，长
	1889.4	月琴俗曲爪音の余兴（续编）	长原梅园	东京	长（见第60）
63	1889.5	月琴俗曲今样手引草（全1）	长原梅园	东京泛爱堂	国，长

（续表）

序号	成书年月	书名	编撰者、抄者	出版地	藏地
64	1889.10	清风雅曲（坤）	黑泽喜世	东京	国
65	1889.12	清乐余唱（全1）	富樫悌三	新潟	国
	1890.5	清风雅谱（全1）	镝木德胤撰，驹井贞享校	东京古香阁	上（见第8）
66	1891.1	清风雅调（全1）	山本有所	原市町	国
67	1891.6	新韵清风雅唱	富田宽（富田溪莲）	东京畏三堂	上，长
68	1891.8	月琴俗曲ひとりずさ	井上辅太郎	前桥	国
69	1891.10	清乐独习の友	四灶讷治	东京共益商社	上，国，长
	1892.6	清风雅唱（乾坤）	富田宽（富田溪莲）	东京吟松堂	上，长（见第67）
	1892	清风雅谱（全1）	镝木德胤撰，驹井匏享校	东京古香阁	上，长（见第8）
70	1892.12	清乐词谱和解	田中参（田中从吾轩）	东京文学馆	国，长
	1893.1	月琴俗曲爪音の余兴	长原梅园	东京	上，国（见第60）
71	1893.3	才子必携清乐十种（全1）	山本有所	东京	上，长（题《月琴独习清乐十种》）
72	1893.4	清乐横笛独时习	广川正	东京	上
73	1893.6	清乐曲谱	冲野胜芳（冲野竹亭）	东京音乐杂志社	国，长
74	1893.8	三味线月琴曲筝曲独稽古	冈本纯	东京	长
75	1893.9	清风雅谱月琴独稽古	楢崎富子	福冈博多	上，国
76	1893.9	明笛清笛独案内	町田樱园（町田久）	东京东云堂	上（2本），长
77	1893.10	清风词谱	田中久	东京	上（2本）
78	1893.12	月琴杂曲集	土岐达	大阪	国
79	1894.3	明清乐之栞	百足登	东京博文馆	国，长
	1894.3	明清乐谱（雪月花）	吉见重三郎	京都	上（见第16）
80	1895.12	清乐曲谱寒泉集	高柳精一	高冈	国
81	1896	新撰明笛和乐独习之栞	长原春川		长
82	1897.7	月琴胡琴明笛独案内	平井联山、川原梶三郎	大阪诚信堂	上
	1897.9	月琴杂曲清乐の栞（正编）	冈本纯	东京	长（见第57）
	1898.1	清风柱础（全1）	富田溪连	东京文锦堂	上，长（见第40）

(续表)

序号	成书年月	书 名	编撰者、抄者	出版地	藏 地
83	1898.3	明清乐谱	柚木初次郎	高冈	国
84	1898.3	清乐速成月琴杂曲自在	北条静琴（静琴乐士）	东京盛林堂	上，长
85	1898.4	订正清风雅谱（全1）	镝木德胤、富田溪莲订	东京	上
	1898.4	洋峨乐谱	高柳精一	富山高冈聚奎堂	京（见第44）
	1898.5	月琴杂曲清乐の栞（续编）	冈本纯	东京东云堂	长（见第57）
	1898.5	明笛清笛独案内	町田樱园	东京	长（见第76）
	1898.8	明清乐之栞	百足登	东京博文馆	上（见第79）
86	1898.8	新谱杂曲月琴独习	町田樱园	东京	国
87	1898.10	明笛独习	后藤露溪	大阪	国
88	1900.9	明笛胡琴月琴	山田要三	大阪	国
89	1900	新撰清笛杂曲集	荒井花游	东京山田清琴斋	上，长
90	1901.5	明笛流行俗曲	后藤露溪	大阪	国
91	1901.8	月琴胡琴明笛独稽古	秋庭缝司	大阪	国，京
	1902.11	新撰清笛杂曲集	荒井花游	东京	上，长（第5版，见第89）
92	1906.2	月琴清笛胡琴清乐独稽古	箸尾竹轩	大阪	长（第6版）
93	1906.8	新撰明笛和乐独习之栞	长原春田	东京青木嵩山堂	国，长
94	1909.5	明笛尺八独习	津田峰子	东京修学堂	国，京
95	1909.8	明笛清笛独习案内	香露园主人	东京松阳堂	国，京
96	1909.11	明清乐独なまび	大冢寅藏	东京	国
97	1910.7	明笛胡琴月琴独习新书	好乐散人（矢岛嘉平次）	大阪矢岛诚进堂	长（第20版）
98	1910.8	清笛明笛独习自在	町田樱园	东京	国
99	1912.2	月琴清笛胡琴日本俗曲集	箸尾竹轩（箸尾虎之助）	大阪青木嵩山堂	长（第7版）
100		明笛清笛独稽古	玉笛道人		上
101	1804—1817	清唱		写本	上
102	1930	清秦乐意谱	长崎商公会议所事业课	长崎	长
103		からの端呗	颍川藤左卫门	长崎	长
104		清乐必携谱集全书	富田溪莲	东京吟松堂	长

（续表）

序号	成书年月	书名	编撰者、抄者	出版地	藏地
105		俗乐早学月琴秘咏	溪水先生	东京吟松堂、文锦堂	长
106		月琴胡琴明笛独案内	平井联山	大阪	长
107		清风雅唱外篇	须原畏三	东京畏三堂	长
108		清乐必携	澄川松籁	东京须原屋	长
109		清乐秘曲三国史曲谱（四不像）		东京音乐杂志社	长
110		月琴正宗	山本有所	东京	长
111		清乐十种	南瓜道士	爱清馆	长

以上 111 种书，就其主体而言，其实是日本所存明清乐曲谱的刊本书。它们明确著录了编撰者、出版地等信息，故方便编为一目。我在阅览这些书的同时，也看过大量抄本明清乐曲谱。但后者缺少必要信息，不知作者、年代和传抄地，故未被编入以上目录。不过，通过各种公私图书馆的藏书目录，这些抄本书仍有踪迹可以追寻。比如在《长崎谈丛》第 27 辑（1940 年），刊有长崎人中村重嘉所编《清乐书目》，其中著录有《清乐天地》《西秦乐意录》《清新乐词》《曲乐少令》《月琴歌谱》《清乐歌谱》《西奏乐意诗》《清唱唐音》等手抄本清乐谱；又如长崎县立图书馆有中村文库目录，著录了《胡琴谱》《五知斋琴谱》《三国志》《清乐》《西奏乐意》《西奏乐意诗》《西奏乐音谱》等帖本或折本手抄曲谱，见该馆 1966 年所编《乡土资料目录》；再如在下文展示的《波多野太郎所藏清乐曲谱提要》中，著录有《清风雅谱》《大清乐月琴谱》《月琴曲谱》《清风雅唱》《松风弹琴》《清乐词谱》《月琴俗曲》《西秦乐意》等手抄本乐谱。另外，在东京的书市上，仍然可以买到一些或手抄或刊印的明清乐书谱。比如我曾在神保町古书会馆购到一轴手抄的《清风雅谱》长卷，标价仅 5000 日元。总之，传承至今的明清乐曲谱，特别是清乐曲谱，其

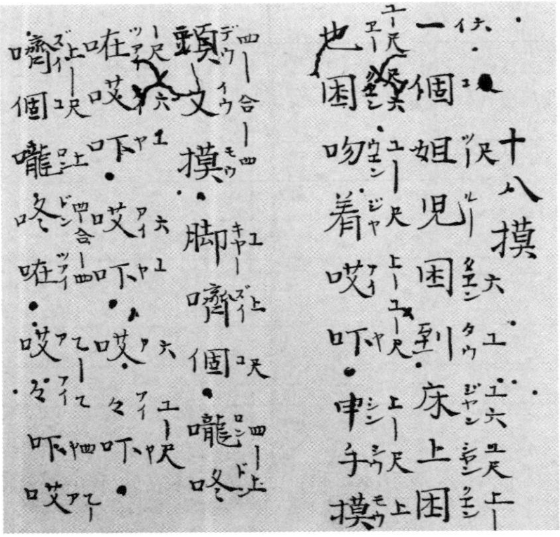

图 F4-6 《扛风弹琴》一页

数量是非常可观的。

关于明清乐书谱的搜集和保存，首先值得一提的是波多野太郎（1912—2003）教授。他是一位著名的中国语言文学研究者，专长中国古代戏曲史，先后任职于日本横滨市立大学和东洋大学。他收藏了很多明清乐书谱。这些书谱现在都藏在上野学园大学日本音乐史研究所。2009年，我曾在上野学园大学日本音乐史研究所见过一种《扛风弹琴》（见图F4-6），即是波多野太郎教授在1987年捐赠的。其书为竖折抄本，单面19大折，另有空页5大折。所录曲目有《算命曲》《九连环》《茉梨花》《十八摸》《厦门流水》《月花集》《久闻歌》《漫板流水》《四季曲》《散花乐》《平和调》《如意串》《鱼心调》《德健流水》《哈哈调》《补矼匠》《金线花》《银纽丝》《平板调》《三五七》《将军令》《流水调》《西皮调》《二凡调》《溪庵流水》等29曲。因无序跋、目录、题署，故此书年代不明，也未编入任何目录。不过，这一谱是特例；波多野太郎教授所藏明清乐谱的绝大部分，乃见于其所著《月琴音乐史略暨家藏曲谱提要》一文。此文于1977年10月发表，刊在《横滨市立大学纪要》人文科学第7篇之上。其中所记明清乐书谱共53种。为便于读者了解明清乐谱本的内容和结构，今一一介绍如下：

《波多野太郎所藏清乐曲谱提要》

1.《花月琴谱》一册，葛生斗远著。

收录工尺谱 4 曲，即越调《厦门流水》《高山流水》曲，平调《前弹》《新声高山流水》曲。收录歌词 22 曲，越调含《九连环》《凤阳调》《算命曲》《含艳曲》《四节曲》《漳州曲》《久闻》《哈哈调》等曲，平调含《脚鱼壳》《补矼》《月花集》《尼姑思还》《三国志碧破玉》《桐城歌》《双碟翠》《四不像》《金线花第一排》《第二排》《第三排》《银扭排第一排》《第二排》《第三排》等曲。附读音，无刊记，有天保二年（1831）跋文。据次年（1832）藤原资爱跋，编者即"龟龄轩葛生斗远"。这位龟龄轩曾游学长崎，向清人学习月琴。

2.《月琴词谱》二册，大岛克著。

书首冠有王剋《月琴说》。全书收录工尺谱 30 曲、歌词若干。其上卷曲谱有越调《操音》《算命曲》《全艳曲》《九连环》《凤阳调》《四节曲》《久闻》《厦门流水》《脚鱼壳》《补矼》等曲，平调《前弹》《月花集》《厦门流水》《漳州曲》《高山流水》《尼姑思还》《前弹流水》《哈哈调》《清平调三排》《敦煌乐》《估客乐》《枫桥夜泊》《折杨柳》《思归乐》《江陵乐》《阳关曲》《静夜思》《桃叶歌》《平蕃曲》《同调》等曲。曲谱之后配歌词。在上卷末尾录曲谱 30 排、词谱 72 排。弹法分越、平二调，以谱为先，以词为后，确立了曲谱和词句相配列的体制，但上下卷未附发音。其下卷曲谱有平调清朝新声秘曲《关门流水》《金线花第一排》《第二排》《第三排》《银扭丝第一排》《第二排》《第三排》《三国志双碟翠》等曲。其后附记目次，曰《三国志三排》《碧破玉》《桐城歌》《四不像》《壳花声》《将军令》《流魂歌》《采茶曲》《仙人赏》云云。又附录咏阮诗和月琴谱。万延元年（1860）十月刊于伊势津。按大岛克号秋琴，江户人，曾在长崎游学月琴，著有《独弦琴谱》等多种。

3.《声光词谱》天地人三帖，平井连山著。

工尺谱集。天之卷收录《员头》《员头环》《算命曲》《九连环》《茉梨花》《剪剪曲》《四季曲》《四季》《中山流水》《纱窗》《流水》《卖脚鱼》《哈哈调》《胡蝶飞》《蓬莱岛》《粲瓦砾》《柳青娘》《高山流水》《新声高山》《朝天子》《二王引》《补缸匠》《桃林宴》《万寿寺宴》《青阳寿》《松山流水》《新流水》《林氏流水》《漫波流水》等29曲，地之卷收录《员头串》《员头连》《厦门流水》《久闻》《唢呐皮》《想思曲》《竹林流水》《二反》《梅花流水》《久闻歌》《亲母闹》《巧韵串》《月花集》《清元流水》《如意串》《二凡》《漳州曲》《平板调》《洋洋流水》《清音流水》《著中四季》《德健流水》《四季如意》《溪庵流水》《娥娥流水》《新西皮》《二凡串》《断板》《二凡断》《尼姑思还》《第二排》《鱼心调》等32曲，人之卷收录《将军令》《二凡调》《清平调》《耍歌》《武鲜花》《金钱花》《第二排》《第三排》《银钮丝》《第二排》《第三排》《西皮调》等12曲。据明治五年（1872）卢白逸民跋，精于清乐者有平井连山、长原梅园二女史。此书刊记缺落，兹追记后篇目次如下：《仁宗不谂母》《雷神洞》《碧破玉》《桐城歌》《双蝶翠》《四不像》《翠赛英碧破玉》《翠赛英桐城花》《同：双蝶翠》《串珠连》《乌夜啼》《关雎》《秋风辞》《甘露殿》《梁父吟》《林冲夜奔》。按平井连山居住在浪华，本书应刊于大阪飞来堂。

4.《月琴乐谱》四册，中井新六著刊。

书首有明治十年（1877）序，文曰"距今殆百年，始传我邦。曩清客江芸阁之来寓崎阳也，盛于一时"云云。书分元、亨、利、贞四册。元之部收录工尺谱8曲，即《算命曲》《九连环》《剪剪花》《林梨花》《四季》《纱窗》《卖脚鱼》《哈哈调》。亨之部开端有识语，云天保年间，东都连山、梅园两女史，从其父平井均卿游，善书画，工月琴云云。按此识语所言即天保元年（1830）至明治十年（1877）事。亨之部所录有《万寿寺宴》《凤阳调》《补矼匠》《亲母闹》《漫波流水》《久闻》《月花集》《漳州曲》《富贵双联》《满江红》《鱼心调》《尼姑思还》《第二排》《将军令》等曲。利之部所录有《耍歌》《耍棋》《武鲜花》《金钱花》《第二排》《第三排》《银纽丝》《第二排》《第三排》《不谂母流水》《流水》《清平调》《甘露殿》《关雎》《月宫殿》《风中柳》《宫中乐》《月下独酌》《思归乐》《秋风辞》《梁甫吟》《乌夜啼》《千秋岁》等曲。贞之部所录有《三国志碧破玉》《同：桐城歌》《双蝶翠》《同：四不像》《翠赛英·碧破玉》《翠赛英·双蝶翠》《同：串珠连》《雷神洞·前段》《同：后段》《林冲夜奔》等曲。全书于歌词右旁记工尺谱，并附读音。明治十年（1877）七月刊于大阪。

5.《声光词谱》雪月花三帖，吉见重三郎著。

工尺谱集。封面题《明清乐谱》，书首冠以胡琴、月琴图。雪之卷收录《员头》《员头环》《算命曲》《九连环》《茉梨花》《剪剪花》《四季曲》《四季》《中山流水》《纱窗》《流水》《卖脚鱼》《哈哈调》《橹歌》《胡蝶飞》《蓬莱岛》《粢瓦矶》《柳青娘》《高山流水》《新声高山》《朝天子》《二王引》《补矼匠》《桃林宴》《万寿寺宴》《青阳寿》《松山流水》《新流水》《林氏流水》《漫波流水》等曲；月之卷收录《员头串》《员头连》《厦门流水》《久闻》《唢呐皮》《相思曲》《竹林流水》《二反》《梅花流水》《久闻歌》《新母闹》《巧韵串》《月花集》《清元流水》《如意串》《二凡》《漳州曲》《平板调》《洋洋流水》《清音流水》《著中四季》《德健流水》《四季如意》《溪庵流水》《娥娥流水》《新西皮》《二凡串》《断板》《二凡断》《尼姑思还》《第二排》《鱼心调》等曲；花之卷收录《将军令》《二凡调》《清平调》《耍歌》《武鲜花》《金钱花》《第二排》《第三排》《银纽丝》《第二排》《第三排》《西皮调》《月宫殿》《耍棋》《松风流水》《茉梨花里》《平板调里》《四季如意里》等曲。未录歌词。书尾列举曲目如下：《算命曲广东调》《湘江浪广东调》《九子连环广东调》《月宫殿》《碧破玉三国志》《桐城歌三国志》

《双蝶翠三国志》《不谙母流水》《雷神洞》《乌夜啼》《梁甫吟》《小重山》《林冲夜奔》《赤壁》《琵琶行》。此书明治十年（1877）九月刊于京都，明治二十年（1887）四月再版。别本有明治十五年（1882）刊本，题《声光月琴词谱》，刊于东京。作者吉见为长崎人。

6.《清乐曲牌雅谱》三册，河副作十郎（何杏村）著刊。

工尺谱集。书首有光绪三年（1877）六月胡震序、明治十年（1877）季夏著者自序，其后冠以渡边冻月《律说图》。全书收录《员头》《员头环》《算命曲》《九连环》、《含艳曲》（茉梨花）、《四季曲》《四节曲》、《红绣鞋》（月花集）、《剪剪花》《漳州月花集》《纱窗》《脚鱼卖花》、《卖甲鱼》（平和调）、《流水》《厦门流水》《高山流水》、《关门流水》（新声高山）、《补矼匠》《同：歌》《凤阳调》《胡蝶飞》《漳州曲》《朝天子》《亲母闹》《如意串》《哈哈调》《哈哈歌》《桃林宴》《橹歌》《荡舟十八摸》《漫波流水》《员头串》《员头连》《久闻曲》《同》《散瓦砾》《蓬莱岛》《平板调》、《鱼心调》（报花名）、《鱼心调》（报花名）、《唢呐皮》《想思曲》《巧韵串》《思归曲》《溪庵流水》、《林德健流水》（林氏流水）、《二排》（德健流水）、《阳关曲》、《将军令第一排·尼姑思还》（三五七）、《第二排》《第三排》《将军全歌》《将军令第三排》《尼姑下山》《武鲜花》《耍棋》《耍歌》《清平调》《小石调》《乌夜啼》《富贵双联曲》《西皮调金钱花前弹》《金钱花第一排》《第二排》《第三排》、《银纽丝》（云间月第一排）、《第二排》《第三排》《仁宗不谙母》《流水》《男西皮调》《二凡》《雷神洞前段》《同：后段》《碧破玉》《桐城歌》《双蝶翠》《四不像》《串珠连》等79曲。附记工尺别曲、白话发音及其片假名。后记中预告续刊《孟浩然》《水浒传》二曲。并有何杏村序，云"昔于长崎行焉，渐及京摄"云云，说明月琴音乐流行路径。按此书明治十年十一月刊于大阪。作者何杏村为长崎归化人（华人）、通译事，河副作十郎是其日本名。

7.《花月余兴》五帖，平山きん著。

工尺谱集。卷一收录《员头》《员头环》《员头串》《员头连》《算命曲》《九连环》《林梨花》《剪剪花》《四季曲》《四季》《中山流水》《纱窗》《流水》《卖脚鱼》《厦门流水》《哈哈调》《橹歌》《胡蝶飞》《蓬莱岛》《粲瓦砾》《月花集》《亲母闹》《柳青娘》《高山流水》《唢呐皮》《凤阳调》《想思曲》《巧韵串》《新声高山》《富贵双联》《竹林流水》《梅花流水》等32曲；卷二收录《朝天子》《二王引》《补缸匠》《青阳寿》《万寿寺宴》《桃林宴》《松山流水》《新流水》《林氏流水》《漳州曲》《如意串》《洋洋流水》《清元流水》《平板调》《著中四季》《德健流水》《二反》《娥娥流水》《四季如意》等19曲；卷三收录《久闻》《新西皮》《二凡串》《二凡断》《漫波流水》《溪庵流水》《断板》《鱼心调》《尼姑思环》《第二排》《将军令》《二凡调》《西皮调》《满江红》等14曲；卷四收录《耍歌》《耍棋》《武鲜花》《金钱花》《第二排》《第三排》《银纽丝》《第二排》《第三排》《不谂母流水》《清平调》《甘露殿》《关雎》《月宫殿》《宫中乐》《月下独酌》《思归乐》《秋风辞》《梁甫吟》《乌夜啼》《千秋岁》等21曲；卷五收录《三国志碧破玉》《同：桐城歌》《同：双蝶翠》《同：四不像》《翠赛英·碧破玉》《翠赛英·桐城歌》《翠赛英·双蝶翠》《翠赛英·串珠连》《雷神洞·前段》《同：后段》《林冲夜奔》等11曲。明治十年（1877）十二月刊于大阪。书末有广告，云追刻《月琴乐谱》四帖，《月琴手引草》一辑一帖、二辑一帖及三辑，并追刻《清乐秘曲私谱》。又云刻本书《歌之部》三册，未见。按平井号连山，大阪人。

8.《清风雅谱》一帖，镝木溪庵平德胤著。

工尺谱集。收录《韵头》《韵头环》《韵头串》《算命曲》《九连环》《茉梨花》《厦门流水》《月花集》《久闻歌》《漫板流水》《四季曲》《散花落》《平和调》《如意串》《鱼心调》《德健流水》《哈哈调》《补缸匠》《全线花》

《第二排》《第三排》《银纽丝》《第二排》《第三排》《平板调》《三五七》《第二排》《将军令》《流水调》《西皮调》《二凡调》《溪庵流水》《碧破玉》《桐城歌》《双蝶翠》《四不像》等36曲。书末附载《操阮十戒十二欲》《阮有宜操》《阮有不宜操》等文。据溪庵安政六年（1859）跋，其月琴曲由长崎人荷塘一圭传授，属清人林德健、师匠颍川春渔系统。书有明治十一年（1878）十月东京刊本，又有明治二十年（1887）八月东京刊本、明治二十三年（1890）五月东京刊本。明治三十一年（1898）翻刻。

9. 《清乐秘曲私谱》乾坤二帖，中井新六著刊。

工尺谱集。乾卷收录《三国志碧破玉》《三国志四不像》《翠赛英·碧破玉》《翠赛英·桐城歌》《翠赛英·双蝶翠》《翠赛英·串珠连》等曲；坤卷收录《雷声洞》前后段。附白话发音。明治十一年（1878）十一月刊于大阪。序云"盖方今清乐之行于世，虽日炽月盛"云云，可见中国音乐之流行。按中井为大阪人，居所名群仙堂。

10. 『からのはうた』一帖，颍川源三郎著。

工尺谱集。自序云其月琴歌由祖父传译。书为残本，收录《算命》《九连环》《四季》等曲，附歌词、工尺谱读音，并以别行书写假名译文。明治十二年（1879）七月刊于长崎。按颍川源三郎通称藤左卫门，为长崎士族。

11. 《清乐歌谱》一册，盐谷五平著刊。

曲艺曲词集，收录《打芦柴》《水浒传·林冲雪夜走梁山泊》《同：武太郎卖烧饼》等曲。其后收录《林冲雪夜走梁山泊》与《武太郎卖烧饼》二曲之工尺谱，附歌词及其读音。明治十二年（1879）八月刊于长崎。书前有自序，叙述月琴音乐之历史，云："崎俗自古善月琴者，皆得传于华人。故其曲调与彼不异。中世其传渐衰。天保间，江南林德健来航，专擅其技。一时从学者数十人。得其传者，津田南竹、岩永子成、盐谷雀园、秀莲、瑞莲女子等也。今三人皆归道山，惟雀园翁、秀莲女存。"按盐谷五平号筐所逸士。

12.《大清乐谱》乾坤二帖，山下国义著。

工尺谱集。书首冠以乐器图，包括月琴、云琴、蛇皮、琵琶、胡琴、笛、阮咸等乐器。乾卷收录《算命曲》《九连环》《四季曲》《橹歌》《纱窗》《哈哈调》《亲母闹》《脚鱼卖》《补缸》《南京四季》《尼姑思环》《月花集》《杉山流水》《朝天子》《林梨花》《游板》《日日有》《平板》《林氏流水》《银纽丝》《将军令》《鱼心调》《霜降郎》《断板》《西皮断》《巧韵》《西皮》《久闻》《莫命》《凤阳调》《唢呐皮》《厦门流水》《行板》《平板串》《西皮》《拜月光》《金钱花》等 37 曲；坤卷收录《二凡》《三国志·碧破玉》《同：桐城歌》《同：双蝶翠》《同：四不像》《同：串珠连》等 6 曲，以及北管《八板起头谱》《花园走马弹谱》《三月看芙蓉曲谱》《四不正弹谱》《柳青娘弹谱》《十月怀胎曲谱》《看东山弹谱》《忆叙弹谱》《上天梯曲谱》《大过场弹谱》《中过场弹谱》《长亭分别曲谱》《三点梅弹谱》《四季相思曲谱》《鲜花调曲谱》《倒卷珠帘（别名梳妆）》《双飞蚨蝶曲》《湘江浪曲谱》《到春来曲》《西秦顶板》《九子连环曲谱》《叹五更曲谱》《五更啼》《河调》《算命曲谱》《西皮扫板·梆子》《西皮慢板》《西皮中板相丝》《二王扫板》《二王慢板》《二王叹板倒板》《二流板起头》等 32 曲。未录歌词。明治十三年（1880）十月刊于东京川流家斋。按山下国义号松琴，祖籍长崎，迁居东京。

13.《西秦乐意谱》一帖，乐浪亭崎园著。

工尺谱集。收录《算命曲》《九连环》《四季曲》《橹歌》《纱窗》《哈哈调》《亲母闹》《脚鱼卖》《补缸》《南京四季》《尼姑》《月花集》《杉山流水》《朝天子》《林梨花》《游板》《日日有》《平板》《林氏流水》《银纽丝》《将军令》《鱼心调》《霜降郎》《断板》《西皮断》《巧韵》《西皮》《久闻歌》《莫命》

《凤阳调》《唢呐皮》《厦门流水》《行板》《平板串》《西皮》《并月花》《金钱花》等 37 曲。未录歌词，无刊记。封面题"辛巳之冬"。据知此书刊于辛巳年，即明治十四年（1881）。

14. 『月琴はや觉』一帖，藤林美纳著刊。

工尺谱集。收录《韵头》《韵头环》《韵头串》《算命曲》《九连环》《茉梨花》《厦门流水》《月花集》《久闻花》《漫板流水》《四季曲》《散花乐》《平和调》《如意串》《鱼心调》《德健流水》《哈哈调》《补矼匠》《金线花》《第二排》《第三排》《银纽丝》《第二排》《第三排》《平板调》《三五七》《第二排》《将军令》《流水调》《西皮调》《二凡调》等 31 曲。未录歌词。明治十五年（1882）十二月刊于东京。

15. 『丝竹遇栞』袖珍一册，西村三郎著。

琴歌义太夫狂歌之书，为其第五部分月琴之部。收录大清乐曲 11 曲，即《算命曲》《九连环》《脚鱼卖》《纱窗》《哈哈调》《亲母闹》《四季曲》《林梨花》《将军令》《银纽丝》《久闻曲》。附注读音，未录曲谱。明治十六年（1883）四月刊于东京。

16. 《清乐词谱》二卷二帖，长原梅园著。

工尺谱集。上卷收录《员头》《员头环》《员头串》《员头连》《算命曲》《九连环》《厦门流水》《四季曲》《橹歌》《久闻歌》《中山流水》《科插串》《唢呐皮》《哈哈调》《粲瓦砾》《蓬莱岛》《流水》《桃林宴》《如意串》《漫波流水》《巧韵串》《二凡串》《新西皮》《笑调令》《二凡》《德健流水》《新流水》《平板调》《清音流水》《二反》《花园走马》《朝天子》《林氏流水》《尼姑思环》《第二排》《将军令》《断板》《西皮调》《二凡调》《游童子》《同》《同》《青阳寿》《柳青娘》《清元流水》《二王引》《胡蝶飞》《洋洋流水》《峨峨流水》《太平乐》《月宫调》《相思曲》《秋篱香》《清响流水》《一笑乐》《满香园》《梅仙流水》《松风流水》《登仙乡》《欧洞春》《玉洞春》《鹤舞游》《连同》《松山流水》《竹林流水》《梅花流水》《好州乐》《梅树亭》《雪中乐》《梅板吟》《新声高山》《高山流水》《月照花》《昭君怨》《二凡断》《四季如意》《花月调》《松园流水》《月下逢》《泛舟乐》《翠竹流水》《梅枝宴》《松扇调》《寒松吟》《弄月》《阮咸调》等86曲，都无歌词。下卷收录《纱窗》《林梨花》《剪剪花》《四季》《凤阳调》《补矼匠》《亲母闹》《久闻》《漳州曲》《月花集》《卖脚鱼》《富贵双联》《万寿寺宴》《广东算命曲》《九子连环》《湘江浪》《步步娇》《耍棋》《凉州令》《漫波流水》《银纽丝》《第二排》《第三排》《庄子梦蝶》《鱼心调》《满江红》《双双蝶》《飘飘蝶》《金钱花》《第二排》《第三排》《漳州四季调》《高山流水》《浣花流水》《月宫殿》《武鲜花》等36曲，附词句读音和工尺谱。明治十七年（1884）五月刊于东京。按长原女士为东京人。

17.《清乐词谱》第二卷一帖，长原梅园著。

工尺谱集。收录《纱窗》《剪剪花》《四季》《凤阳调》《补矼匠》《亲母闹》《月花集》《卖脚鱼》《富贵双联》《万寿寺宴》《广东算命曲》《九子连环》《湘江娘》《步步娇》《耍棋》《凉州令》《漫波流水》《银纽丝》《第二排》《第三排》《庄子梦蝶》《鱼心调》《荷叶杯》《满江红》《双双蝶》《为谁回》《飘飘蝶》《金钱花》《第二排》《第三排》《漳州四季调》《高山流水》《浣花流水》《月宫殿》《武鲜花》等35曲，附注歌词读音。明治十七年（1884）五月刊于东京。按长原为东京人。

18.《清风雅唱》第二辑一帖，富田宽著。

歌辞集。书首有五音十二律配当图，显示明乐与清乐的差异。收录《赵匡胤打雷神洞》《林冲夜奔》《孟浩然踏雪寻梅》等三支曲艺歌曲，兼录歌词和说白，在汉字右侧注明其片假名读音——为中国南方所传音。书尾有富田宽跋文。明治十七年（1884）六月刊于东京畏三堂。按富田宽号溪连，属静冈士族。

19.《洋峨乐谱》二册，高柳精一著。

工尺谱集。分乾、坤二卷。乾卷卷首有月琴、提琴、清笛图，坤卷卷首有琵琶、洞箫图。乾卷收录以下95曲之工尺谱：《韵头》《韵头环》《韵头串》《韵头连》《算命曲》《九连环》《中山流水》《橹歌》《胡蝶飞》《柳青娘》《林梨歌》《四季曲》《四季》《四节曲》《剪剪花》《纱窗》《流水》《厦门流水》《哈哈调》《散花乐》《月花集》《桃林宴》《久闻歌》《相思曲》《二王引》《补矼匠》《巧韵串》《剪剪花里》《青阳寿》《新西皮》《二凡串》《高山流水》《如意串》《二反》《蓬莱岛》《漳州曲》《报花流水》《万寿寺宴》《著中四季》《松山流水》《得健流水》《新声高山流水》《清元流水》《朝天子》《清音流水》《富贵双联》《溪庵流水》《平板调》《断板》《久闻》《林氏流水》《鱼心调》《平板调里》《二凡》《娥娥流水》《新流水》《四季如意》《洋洋流水》《二凡断》《耍棋》《梅花流水》《纱窗里》《竹林流水》《松风流水》《四季如意里》《林梨花里》《二凡调》《漫波流水》《西皮调》《尼姑思还》《第二排》《将军令》《金线花》《第二排》《第三排》《银纽丝》《第二排》《第三排》《耍歌》《武鲜花》《宫中乐》《月宫殿》《梁甫吟》《清平调》《关雎》《乌夜啼》《千秋岁》《归思乐》《秋风辞》《月下独酌》《甘露殿》《风中柳》《三国志碧破玉》《桐城歌》《双蝶翠》，未录歌词。坤卷收录以下44曲之工尺谱：《算命曲》《九连环》《林梨花》《剪剪花》《四季》《纱窗》《卖脚鱼》《哈哈调》《四节曲》《万寿寺宴》《凤阳调》《补矼匠》《亲母闹》《漫波流水》《久闻》《月花集》《漳州曲》《富贵双联》《鱼心调》《尼姑思还》《第二排》《将军令》《耍歌》《耍棋》《金线花》《第二排》《第三排》《银纽丝》《第二排》《第三排》《武鲜花》《清平调》《月宫殿》《乌夜啼》《甘露殿》《关雎》《风中柳》《月下独酌》《归思乐》《秋风辞》《千秋岁》《三国志·碧破玉》《桐城歌》《双蝶翠》。歌词右旁注工尺谱字及读音，各加一行。有绵山遯叟所作序，云"盖传吾邦殆百年。阅其词曲，按其韵调，概出于明乐，而古乐府流亚也"云云。又云："今也月琴之行，不独都人士之把玩而已，普及边陬之氓，上尺工音发荜门蓬户中，是亦欢虞之余泽哉。"明治十七年（1884）七月刊于富山高冈。

20.《增补改定清风雅谱》一帖，镝木溪庵平德胤著。

工尺谱集。收录《韵头》《韵头环》《韵头串》《茉梨花》《厦门流水》《月花集》《久闻歌》《漫板流水》《四季曲》《散花乐》《平和调》《如意串》《鱼心调·精花名》《德健流水》《哈哈调铁马行》《补矼匠》《金线花》《第二排》《第三排》《银纽丝》《第二排》《第三排》《平板调》《三五七》《第二排》《将军令》《流水调》《西皮调》《二凡调》《溪庵流水》《碧破玉》《桐城歌》《双蝶翠》《四不像》《笑调令》《桃花宴》《富贵连》《朝天子》《巧韵串》《唢呐皮》《西皮断》《蓬莱岛》等42曲，与明治十一年版略有异同。书末有明治十七年（1884）十月镝木七五郎跋文。同年十二月刊于东京。

21.《增补改定清风雅谱》一帖，镝木溪庵原著，镝木七五郎增补。

工尺谱集。收录原著之外之9曲，即《笑调令》《桃林宴》《富贵连》《朝天子》《巧韵串》《唢呐皮》《西皮断》《二凡串》《蓬莱岛》。明治十七年（1884）十一月刊于东京文开堂。按溪庵名德胤，东京人；七五郎为其子。据七五郎跋文，溪庵从学于长崎人颍川春渔。

22.《清风柱础》一帖，富田溪连著。

工尺谱集。收录《员头连》《紧板》《朝天子》《花园走马》《十八摸》《素绫台》《柳雨调》《纱窗》《燕子门》《八板》《富贵连》《断板》《亲母闹》《行板》《泊船盱眙》《唢呐皮》《连同》《南京调》《桃林宴》《光虹调》《板尺》《十送郎》《潺湲调》《胡蝶飞》《平板串》《大过场》《中过场》《流》《青阳寿》《班本二王》《流水曲》《交板》《橹歌》《蓬莱岛》《庆春来》《睡蝶起》《梁花调》《六凡》《龙争玉》《湘江落》《昭君怨》《笑调令》《西皮断》《霜降郎》《小楼范》《清戛玉》《二黄调》《石上水声》《西调》《倒卷珠帘》《游板》《巧韵串》《三字令》《二王引》《四美图》《耍棋》《科插串》《倒板》《雁儿落》《阿船串》《漳州曲》《立板》《二凡串》《修板》等 64 曲。未录歌词。明治十七年（1884）刊于东京清风舍。按富田溪连名宽，静冈县士族。

23.《弄月余音》一帖，长原松邻著。

工尺谱集。分天、地、人三部。天部收录《员头》《员头环》《青阳寿》《二凡串》《桃林宴》《胡蝶飞》《橹歌》《二反》《唢呐皮》《断板》《花园走马》《二王引》《蓬莱岛》《柳青娘》《相思曲》《太平乐》等 16 曲。地部收录《算命曲》《九连环》《茉莉花》《剪剪花》《四季》《哈哈调》《亲母闹》《月花集》《久闻》《漳州曲》《久闻歌》《著中四季》《平板调》《万寿寺宴》《将军令》《鱼心调》《清平调》《二凡调》《月宫调》《湘江浪》《梁甫吟》《乌夜啼》等 22 曲。人部收录《四季曲》《粲瓦础》《流水》《厦门流水》《中山流水》《松山流水》《四季如意》《林氏流水》《新流水》《清音流水》《德健流水》《洋洋流水》《高山流水》《新声高山》《娥娥流水》《漫波流水》《松风流水》《竹林流水》《梅花流水》《茉梨花里》《四季如意里》《溪庵流水》《金钱花》《第二排》《第三排》《月宫殿》等 26 曲。明治十八年（1885）三月刊于长野县松本。按松邻为长原弥三郎之别号，大阪人。

24.《清风雅唱》外篇一帖，友田章连著。

工尺谱集。收录《纱窗》《凤阳调》《十二红·六花六节》《仁宗不认母》《流水》《万寿寺宴》《月宫殿》《武鲜花》《耍棋》《耍歌·南京歌》《二排·桐城歌》《三排·双碟翠》《四排》等曲，又收录森田廉士与富田溪连共著的《慕先师》《清风调》《四爱景·昭君怨》等曲，以及富田溪连所作的《秋江月》《二出》《漳州曲》《将军令》《十八摸》等曲。附录歌词和工尺谱发音。明治二十一年（1888）二月刊于东京。按作者友田文子，号章连，东京人，为富田溪连弟子。

25.《清乐意谱》一帖，富樫悌二著。

工尺谱集。收录《算命曲》《九连环》《四季》《橹歌》《脚鱼卖》《尼姑思还》《凤阳调》《纱窗》《亲母闹》《补缸》《林梨花》《将军令》《月花集》《巧韵》《鱼心调》《南京四季》《金钱花》《同二》《同三》《林氏流水：一、二、三》《厦门流水》《金钱花初引：一、二、三》《游板》《朝天子》《莫命》《流水》《银纽丝：一、二、三》《平板串》《哈哈调》《唢呐皮》《西皮：一、二、三、四、五》《平板》《日日有》《霜降郎》《行板》《西皮断》《断板》等曲。自称日本俗曲，不录汉字歌词。明治二十一年（1888）九月刊于新潟。

26.『月琴杂曲清乐の栞』一帖，半溪老渔著。

工尺谱集。书首有图说。全书收录《算命曲》《九连环》《茉梨花》《月花集》《久闻花》《四季曲》《平和调·卖鱼娘》《鱼心调·猜花名》《韵头》《韵头环》《韵头串》《厦门流水》《漫板流水》《德健流水》《溪庵流水》《西皮调》《二凡调》《金钱花》《月宫殿》《散花乐》《如意》《哈哈调》《银纽丝》《第二排》《第三排》《平板》《第二排》《将军令》《碧破玉》《桐城歌》《双蝶翠》《燕子门》《长恨歌》等曲。缺日本俗曲部分与刊记。《算命曲》《鱼心调》附载歌词和译文。有明治二十年（1887）五月序，书刊于次年。

27.《抱月雅唱》乾卷一帖，大场秦痴著。

工尺谱集。收录《员头》《算命曲》《九连环》《厦门流水》《纱窗》《四季曲》《橹花》《林梨花》《剪剪花》《久闻歌》《中山流水》《哈哈调》《凤阳调》《粲瓦砾》《流水》《蓬莱岛》《四季》《唢呐皮》《桃林宴》《补缸匠》《亲母闹》《如意串》《漫波流水》《月花集》《卖脚鱼》《久闻》《漳州曲》《二凡串》《德健流水》《富贵双联》《万寿寺宴》《花园走马》《新流水》《平板调》《朝天子》《满江红》《步步娇》《耍棋》《西皮调》《漳州四季》《断板》《尼姑思还》《第二排》《将军令》《银纽丝》《第二排》《第三排》《金钱花》《第二排》《第三排》《鱼心调》《二凡调》《广东算命曲》《九子连环》《湘江浪》《游童子》《耍歌》《抱月调》《月宫殿》《武鲜花》等 60 曲。明治二十二年（1889）三月刊于东京。按大场名利泰，号琴痴，东京士族。

28.《雅俗必携月琴自在》一帖，山本有所著。

工尺谱集。书首有清乐合奏之图。全书收录《韵头》《算命曲》《九连还》《茉莉花》《德健流水》《七言绝句》等日本俗曲。除中国绝句外未录歌词。明治二十二年（1889）四月刊于东京。其清乐合奏之图有单行彩色本，刊于该年五月。

29.《清笛杂曲集》一帖，荒井花游著。

工尺谱集。收录《算命曲》《九连环》《茉梨花》《厦门流水》《月花集》《久闻歌》《慢板流水》《四季曲》《德健流水》《西皮调》等清曲以及日本笛琴俗曲。书首有山田乐器店主所作序文，写于明治三十三年（1900）；并载清笛图解、音阶记号及解说。次有出版目录，列镝木溪庵《清风雅谱》、北条静《清乐速成自在》《月琴杂曲自在》、成斋《清乐独习自在》等书。明治三十三年（1900）刊于东京，三十五年（1902）第五版。

30.《新韵清风雅唱》一帖，富田宽著。

曲艺工尺谱集。书首有律配当图。正文为《清风雅唱》第三部分，收录《赵匡胤打雷神洞》前后段以及《林冲夜奔》《孟浩然踏雪寻梅》等曲。附注工尺谱所唱音和白文所读音。书尾有著者跋文。明治二十四年（1891）六月刊于东京。按富田宽号溪连。

31.《清乐独习之友》横缀一册，上卷，四灶讷治著。

五线谱乐谱集。书首有关于月琴、龙笛、胡琴的解说，并有关于操琴法和音谱的说明。全书收录《清国国歌》《梅花流水》《竹林流水》《松山流水》《月宫殿》《二凡调》《西皮调》《银纽丝》《同第二排》《同第三排》《金线花》《同第二排》《同第三排》《溪庵流水》《德健流水》《将军令》《流水调》

《散花乐》《平和调》《平板调》《月花集》《哈哈调》《久闻歌》《燕子门》《如意串》《厦门流水》《四季曲》《柳雨调》《十二红》《纱窗》《茉梨花》《九连环挂揲》《九连环》《算命曲》《算命曲挂拨》等35曲。排印为五线谱，未录歌词。明治二十四年（1891）十月刊于东京。按四灶为东京人。

32.《清风雅唱》乾卷一帖，富田宽著。

工尺谱集。收录《算命曲》《茉梨花》《红绣鞋·月花集》《四季曲·四部曲》《久闻歌》《卖鱼娘·平和调》《铁马行·哈哈调》《报花名·鱼心调》等曲。用大字印本文，附工尺谱及其读音。明治二十五年（1892）六月刊于东京吟松堂。按富田宽号溪莲斋，东京人，为镝木溪庵门人。

33.《清风雅唱》坤卷一帖，富田宽著。

工尺谱集。收录《秋江别·金线花》《第二排》《第三排》《云间月·银纽丝》《好喜欢》《月老传》《尼姑思还·三五七》《二排》《三排》《将军令想郎经》《三国志送二嫂·碧破玉》《探子报·桐城歌》《曹府宴·双蝶翠》《灞陵别·四不像》等曲，于歌词读音右旁注工尺谱。书尾列目录，云"《雷神洞》《林冲夜奔》《孟浩然》，其他数曲，次号追刻"云云。明治二十五年（1892）六月刊于东京。扉页题"第弍号"。

34.《才子必携清乐十种》一帖，山本有所著。

工尺谱集。书首冠以各种乐器图说。正文收录《韵头》《韵头环》《算命曲》《同：唐韵》《九连环》《同：唐韵》《茉梨花》《同：唐韵》《久闻歌》《同：唐韵》《卖鱼娘·平和调》《同：唐韵》等曲。《算命曲》之后诸曲于工尺谱右侧注歌词，于工尺谱左侧注发音。明治二十六年（1893）三月刊于东京。按山本居住在群马原市。

35.《清乐横笛独时习》一帖，广川正著。

工尺谱集。书首冠奏法图说。收录《韵头》《韵头环》《韵头串》《算命曲》《九连环》《茉梨花》《厦门流水》《月花集》《久闻歌》《慢板流水》

《四季曲》《散花乐》《平和调》《如意串》《鱼心调》《德健流水》《哈哈调》《补矼匠》《金线花》《第二排》《第三排》《银纽丝》《平板调》《三五七》《第二排》《将军令》《流水调》《西皮调》《二凡调》《溪庵流水》《碧破玉》《桐城歌》《双蝶翠》《素绫台》《纱窗》《十二红》《蓬莱岛》《平板串》《石上水声》等39曲。明治二十六年（1893）四月刊于东京。

36.《清风雅谱月琴独稽古》横缀一册，栖崎富子著。

工尺谱集。书首冠月琴、提琴、龙笛、胡琴图。正文收录《韵头》《韵头环》《尼姑思还》《脚鱼卖》《哈哈调》《南京四季》《亲母闹》《月花集》《林梨花》《鱼心调》《将军令》《林氏流水》《纱窗》《慢板流水》《平板》《广东算命》《九子连环》《湘江浪》《行板》《巧韵》《月宫殿》《断板》《蓬莱岛》《梁花调》《燕子门》《韵头串》《金钱花》《式排》《叁排》《银纽丝》《式排》《叁排》《西皮》《雷神洞·二凡前弹》《二凡台排》《式排》《叁排》《四排》《五排》《六排》《七排》《孟浩然踏雪寻梅·前弹行板》《仁宗不谂母流水》《男西皮》《三国志碧破玉·前弹韵头还》《桐城歌》《双蝶翠》《四不像·前弹韵头》等48曲。明治二十六年（1893）九月刊于博多。按栖崎为福冈市人。

37.《明笛清笛独案内》一帖，町田久著。

工尺谱集。书首冠清笛解说，论及清笛谱与月琴谱之差异，明笛谱与清笛谱之差异。正文收录《凤阳调》《广东算命曲》《剪剪花》《长恨歌》《林梨花》《林梨花词谱》《松竹梅流水》《富贵双联》等曲，并录若干日本曲。中国乐曲除《松竹梅流水》外，皆在左旁注歌词及读音。明治二十六年（1893）九月刊于东京。

38.《清风词谱》一帖，田中久著。

工尺谱集。收录《韵头》《韵头环》《韵头串》《算命曲》《九连环》《茉梨花》《厦门流水》《月花集》《久闻歌》《慢板流水》《四季曲》《散花乐》

《平和调》《如意串》《鱼心调》《德健流水》《哈哈调》《补矴匠》《金线花》《第二排》《第三排》《银纽丝》《第二排》《第三排》《平板调》《三五七》《第二排》《将军令》《流水调》《西皮调》《二凡调》《溪庵流水》《碧破玉》《桐城歌》《双蝶翠》等35曲，并收录新曲《员头连》《燕子门》《朝天子》《紧板》《西皮断》《柳雨调》《蓬莱岛》《清戛玉》《石上水声》《光虹调》《桃林宴》《潺湲调》《橹歌》《月宫殿》《素绫台》《十二红》《花园走马》《睡蝶起》《南京调》等19曲。明治二十六年（1893）十月由东京清乐书房编刊。

39.『明清乐之栞』一册，百足登编。

本书为博文馆所刊《音乐全书》之一种。书首有关于月琴、笛、琵琶、提琴、蛇皮线、太鼓、折木、木琴等乐器的解说。正文收录《算命曲》《九连环》《剪剪花》《茉梨花》《纱窗》《橹歌》《久闻歌》《如意串》《哈哈调》《月花集》《厦门流水》《平板调》《松山流水》《四季曲》《银纽丝》《第二排》《第三排》《梅花流水》《德健流水》《将军令》《慢板流水》《柳青娘》《鱼心调》《凤阳调》《胡蝶调》《金剪花》《第二排》《乌夜啼》《西皮调》《三国志·碧破玉》《双蝶翠》《桐城歌》《唢呐皮》等33曲之工尺谱，并录日本俗曲。其特点是：曲谱与歌词分为两组，歌词旁附注中国读音。明治二十七年（1894）三月刊于东京博文馆。本书为三十一年（1898）第六版。

40.《月琴胡琴明笛独案内》横缀一帖，平井联山、川原梶三郎著。

工尺谱集。开篇冠以月琴、明笛（亦称清笛、横箫、龙笛）、胡琴之解说。正文收录《韵头》《算命曲》《九连环》《茉梨花》《剪剪花》《四季》《纱窗》《哈哈调》《久闻歌》《月花集》《凤阳调》《卖脚鱼》《平和调》《鱼心调》《二凡调》《漫波流水》《金线花》《将军令》等曲，并附注歌词读音。另外附录《算命曲》《九连环》《林梨花》《剪剪花》《纱窗》《哈哈调》《月花集》的歌词读音。亦收录唱歌、军歌、俗曲。明治三十年（1897）五月刊于大阪之矢岛诚进堂。按平井联山名明，擅清乐。

41.《清乐速成月琴杂曲自在》一帖，静琴乐士著。

工尺谱集。书首冠以月琴、提琴、胡琴、蛇皮线、携琴、阮咸、琵琶、清笛之图说。凡日本国歌俗曲以外皆收录工尺谱。《新曲玉美人》《新曲什番》二曲未录歌词。有著者序文，言及曾在台湾从广东人杨乾之等乐师传习清乐。明治三十一年（1898）三月刊于东京。按静乐居士为清琴斋山田乐器店店主，音乐家。

42.《明笛清笛独稽古》一帖，玉笛道人著。

曲谱集，分清乐与日本俗乐两部分。书首有解说。清乐部分收录工尺谱《算命曲》《九连环》《纱窗》《茉梨花》《十二红》《厦门流水》《平板调》《将军令》《慢板流水》《德健流水》《西皮调》等11曲。书尾增补《剪剪花》《如意串》《三国志碧破玉》为附录，但《碧破玉》后部及刊记已残缺。刊行年月未详。

43.《清唱》写本一帖，抄者不详。

工尺谱集。收录《算命曲》《九连环》《四季》《林梨花》《红绣鞋》《剪剪花》《鱼心调》《卖脚鱼》《久闻》《哈哈调》《凤阳调》《漳州曲》《补矼匠》《流水曲》《西皮雷神洞》等15曲。大约抄写在文化年间（1804—1817）。

44.《清朝俗歌译》，写本一帖，月下老人泰和书。

明清曲谱的日文译本。内容为三宅瑞连女士向中国人林德健所学歌曲诸辞之大意。书首为译者月下老人泰和的序文，写于天保八年（1837）仲秋。正文收录《金钱花》《同第二排》《同第三排》《赵玄郎打雷神洞》《双蝶翠》《四不像》《劈破玉》《桐城歌》《讨芦柴》《九连环》《卖鱼婆》《四季曲》《孟浩然踏雪寻梅》《刘智远看瓜打瓜精》《亲母闹》等15曲。每曲曲名下简述此曲梗概。偶有误字，实为不太成熟的抄本。据购入此书时书店老板所言，此为高野辰之氏藏书，有"斑山文库"之红印。据查，在高野辰之博士所著《艺渊耽溺》一书自序文末，写有"斑山高野辰之记"云云。

45.《清风雅谱》写本一帖，抄者不详。

工尺谱集。收录《纱窗》《蓬莱岛》《潺湲调》《燕子门》《唢呐皮》《龙争玉》《石上水声》《流》《连同》《流水曲》《胡蝶飞飞》《漳州曲》《断板》《大过场》《清戛玉》《柳雨调》《桃林宴》《素绫台》《十送郎》《西皮断》《巧韵串》《员头连》《朝天子》《梁花调》《耍棋》《凤阳调》《橹歌》等26曲。未录歌词。

46.《大清乐月琴谱》写本一帖，抄者不详。

工尺谱集。收录《金钱花》《柳青娘》《湘江浪》《凤阳调》《上天梯》《忆钮》《看东山》《二凡》《怀胎》《西奏》《四季如意》《四季如意里》《唢呐皮》《游板》等14曲。

47.《月琴曲谱》写本一帖，抄者不详。

工尺谱集。收录《韵头》《韵头环》《韵头串》《算命曲》《九连环》《茉梨花》《厦门流水》《月花集》《久闻花》《慢板流水》《四季曲》《散花乐》《平和调》《如意串》《鱼心调》《德健流水》《哈哈调》《补矼匠》《金线花》《二排》《三排》《银纽丝》《二排》《三排》《平板调》《三五七》《二排》《将军令》《流水调》《西皮调》《二凡调》《溪庵流水》《桃花宴》《碧破玉》《桐城歌》《双蝶翠》《四季如意》《花月调》等38曲。有花卉插图，用中国布封装。

48.《清风雅唱》写本一帖，抄者不详。

工尺谱集。收录《耍棋》《慕先师》《四爱景·昭君怨》《秋江月》《二出》《漳州曲》《将军令》《十八摸》《串珠连》《南京歌》《大行山》《月花集》《四季曲》《卖鱼娘·平和调》《猜花名·鱼心调》《铁马行·哈哈调》《哈哈调》《醉飞燕》《灞陵别·四不像》等 19 曲。书中有双行小字注云"建溪庵先师碑于墨堤长命寺时，作此曲追荐"云云。诸曲有歌词，附注读音。

49.《松风弹琴》写本一帖，抄者不详。

工尺谱集。收录《算命曲》《九连环》《茉梨花》《厦门流水》《久闻歌》《慢板流水》《四季曲》《散花乐》《如意串》《鱼心调》《德健流水》《哈哈调》《金钱花》《第二排》《第三排》《银纽丝》《第二排》《第三排》《平板调》《三五七》《第二排》《将军令》《流水调》《西皮调》《元凡调》《溪庵流水》等 26 曲。

50.《月琴曲谱》写本一帖，抄者不详。

工尺谱集，无书名。收录『無名のもの』《算命曲》《九连环》《厦门流水》《久闻歌》《科插串》《唢呐皮》《哈哈调》《粲瓦砾》《流水》《桃林宴》《如意串》《慢波流水》《巧韵串》《二凡串》《新西皮》《笑调令》《二凡》《德健流水》等 19 曲。未录歌词。

51.《清乐词谱》写本一帖，抄者未详。

工尺谱集。收录《中山流水》《新流水》《平板调》《清音流水》《二反》《花园走马》《朝天子》《林氏流水》《尼姑思还》《第二排》《将军令》《断板》《西皮调》《二凡调》《纱窗》等 15 曲。书末附载江户歌。未录歌词。

52.《月琴俗曲》写本一帖，抄者未详。

俗曲谱集。俗曲之后收录《唐诗音度》2 曲，于诗句之后抄录译诗，并用朱笔附注工尺谱。推测写于日清、日俄战争期间（1894—1905）。

53.《西秦乐意·调》横缀写本一册，瑞兰著。

工尺谱集。收录《韵头童谣》《同·秘曲》《算命曲》《九连歌》《四季曲·南京笛谱》《卖甲鱼·鱼卖娘》《林梨花》《四季曲》《铁马行·哈哈调》《流水》《厦门流水》《补矼》《清平调》《纱窗》《尼姑思还》《平和调》《久闻歌》《如意》《耍棋》《亲母闹》《橹歌》《日日有》《将军令》

《鱼心调·投花名》《流水》《林氏流水》《月花集》等 27 曲，未录歌词。书末署"大唐福州府林德健直门月琴舍瑞兰"。封面题"天"字，似曾抄写"地""人"二篇。

综上可知：考察域外汉文音乐文献，研究域外汉文音乐文献，这是一项艰巨而前程远大的事业。我们可以把相关目录作为路线图，快速到达高地，进入探索。

后 记

本书是我和音乐研究者相互交流的产物。其中大部分内容我曾经在不同的课堂上讲过。特别是2007年11月、2011年11月我在中国音乐学院开设了两次系列讲座。来自本院以及中国艺术研究院、中央音乐学院、清华大学、北京大学等单位的八十多位教师和研究生全程听取了演讲，并提出许多富于启发性的问题和意见。那两次讲座的题目就是"中国音乐文献学初阶"。

2014年1月，本书由北京大学出版社出版。出版方曾担心销量不好，提出改名为《文史导读》。本书因循初衷，未改；却不料上市以后受到欢迎，成为各音乐学院研究生课程的教材，很快售罄。这说明，面向学科建设的图书其实有旺盛的需求。或者说，中国音乐文献学虽然弱小，却是一个富于生机的学科。正是为了满足这一学科持续发展的需要，今对本书做了较全面的修订。一方面，增加了讨论音乐史料编纂工作、讨论版本学与辑佚学、讨论民间音乐文献的第六讲、第七讲、第十讲；并根据我近年来收集整理的长崎音乐史料，对第八讲和附录四中关于"明清乐"的论述做了较大幅度的修订。另一方面，在金溪博士协助下，改正了本书前五讲中几十处错误；在孙晓辉教授协助下，对本书前三种附录做了必要的增删；在学术助理张娇协助下，完善了第四篇附录中的日本乐书目录。所增加的几讲，也吸收了我和余作胜、葛恩专、孙可臻等青年朋友合作研究的成果。这样一来，呈现在读者面前的，便可以说是一本较为完整、较为准确的关于东亚音乐文献及其研究方法的新书了。我为此感到欣慰。

在本书修订再版之际，我想，不妨对上文使用的"学科"概念稍加解释。我以前并不喜欢这一概念，认为它出自管理需要，有一定的行政色彩。但现在，《中国音乐文献学初阶》的际遇改变了我的看法——它提醒我，"学科"其实意味着教育对于学术的干预。首先，这本书属于"名师大讲堂"丛书，对象是广义的学生，也就是有比较明确的知识需求的一群人。面对他们，我必须放弃散漫的写作习惯，而划定合理的工作边界，以便构造相对完整的知识体系。作为这种边界和体系的代表，"学科"是一个有效的概念。其次，人类求知能力最旺盛的阶段，是接受高等教育的阶段。这本书的读者就处在这个阶段。他们的知识结构有某种共通性，要求写作者加以配合。这种配合，其实就是"商量""培养"意义上的学科建设。再次，进行知识创造和知识传播，有一个重要步骤，即对实践经验进行加工和提炼。倘若这是富于学术原创性的实践，填补了某一种知识空白，那么，相应的知识创造就有学科意义。古人关于德行科有颜渊、闵子骞等人，言语科有宰我、子贡等人，政事科有冉有、季路等人，文学科有子游、子夏等人的说法，所说的正是这种对经验知识加以分类的"学科"。

总之，对于我来说，《中国音乐文献学初阶》是具有特殊意义的一本书。它让我站在学术与教育的交叉点上，实践与理论的交叉点上，音乐学与文献学的交叉点上，来思考，来写作；使我行文之时，眼前总是有一些熟悉的面庞，有一个可以自由打开的学术帷幕。不过我也会怀疑，这样的写作是否能够继续。按以前同出版社的约定，在《经典之前的中国智慧》之后，我将陆续提交《汉书艺文志新知》《中国音乐文学史：六个阶段和六组关键词》等书稿。今天，我居然有一丝忧虑：怕自己不能履行十年前这份艰难的承诺。

王小盾，2020年天赐节